Die Erreichbarkeit des Arbeitnehmers während des Erholungsurlaubes

Schriften zum
Unternehmens- und Wirtschaftsrecht

Herausgegeben von Marcus Bieder, Andreas Fuchs,
Lars Leuschner, Markus Stoffels und Dirk A. Verse

Band 33

PETER LANG

Anna Merkel

Die Erreichbarkeit des Arbeitnehmers während des Erholungsurlaubes

PETER LANG

Bibliografische Information der Deutschen Nationalbibliothek
Die Deutsche Nationalbibliothek verzeichnet diese Publikation in der Deutschen Nationalbibliografie; detaillierte bibliografische Daten sind im Internet über http://dnb.d-nb.de abrufbar.

Zugl.: Heidelberg, Univ., Diss., 2021

Gedruckt auf alterungsbeständigem, säurefreiem Papier.

D 16
ISSN 2364-0863
ISBN 978-3-631-87176-8 (Print)
E-ISBN 978-3-631-87416-5 (E-PDF)
E-ISBN 978-3-631-87417-2 (EPUB)
DOI 10.3726/b19465

Peter Lang – Berlin · Bern · Bruxelles · New York · Oxford · Warszawa · Wien

Diese Publikation wurde begutachtet.

www.peterlang.com

Meinen Liebsten

Vorwort

Die vorliegende Arbeit wurde von der Juristischen Fakultät der Ruprecht-Karls-Universität Heidelberg im Wintersemester 2021/2022 als Dissertation angenommen. Rechtsprechung und Literatur wurden bis einschließlich November 2021 berücksichtigt.

Mein erster Dank gebührt meinem Doktorvater Herrn Professor Dr. Markus Stoffels für die Betreuung dieser Arbeit, insbesondere dafür, dass er mir bei der Ausarbeitung des Themas zuverlässig mit Rat unterstützend zur Seite stand. Für die Aufnahme in diese Schriftenreihe danke ich neben Herrn Professor Stoffels auch den Professoren Fuchs, Bieder, Leuschner und Verse. Herrn Professor Dr. Thomas Lobinger danke ich für die zügige Erstellung des Zweitgutachtens.

Von ganzem Herzen danke ich meiner Familie und meinen Freundinnen, vor allem meiner Mutter Monika Merkel und meiner Schwester Mona Merkel, die mich während der Studien- und Promotionszeit liebevoll unterstützt und ermutigt haben. Sie sind mein wichtigster Rückhalt und ohne sie wäre ein Gelingen der Arbeit nicht möglich gewesen. Ihnen ist die vorliegende Arbeit gewidmet.

Ludwigshafen im Dezember 2021

Anna Merkel

Inhaltsübersicht

Inhaltsverzeichnis

Abkürzungsverzeichnis

a.A.	andere(r) Ansicht
Abs.	Absatz
AGB	Allgemeine Geschäftsbedingung(en)
AiB	Arbeit im Betrieb (Zeitschrift)
AP	Arbeitsrechtliche Praxis (Nachschlagewerk des Bundesarbeitsgerichts)
ArbG	Arbeitsgericht
ArbRB	Der Arbeits-Rechts-Berater (Zeitschrift)
ArbZG	Arbeitszeitgesetz
Art.	Artikel
AuA	Arbeit und Arbeitsrecht (Zeitschrift)
AuR	Arbeit und Recht (Zeitschrift)
BAG	Bundesarbeitsgericht
BB	Betriebs Berater (Zeitschrift)
BeckRS	Beck online Rechtsprechung
Begr.	Begründer
BetrVG	Betriebsverfassungsgesetz
BGB	Bürgerliches Gesetzbuch
BGBl.	Bundesgesetzblatt Teil I
BGH	Bundesgerichtshof
BITKOM	Bundesverband Informationswirtschaft, Telekommunikation und neue Medien e. V
Bl.	Blatt
BT-Drucks.	Bundestags-Drucksache
BUrlG	Mindesturlaubsgesetz für Arbeitnehmer
BYOD	Bring Your Own Device
DB	Der Betrieb
ders./ dies.	Derselbe/ dieselbe, dieselben
DJT	Deutscher Juristentag
EU	Europäische Union
EuGH	Europäischer Gerichtshof
EuZA	Europäische Zeitschrift für Arbeitsrecht
f., ff.	Folgende
Fn.	Fußnote
GewO	Gewerbeordnung

GK	Gemeinschaftskommentar
GmbHR	Die GmbH-Rundschau (Zeitschrift)
GRCh	EU-Grundrechte-Charta
Hdb	Handbuch
HK	Handkommentar
Hrsg.	Herausgeber(in)
i.V.m.	in Verbindung mit
IT	Informationstechnik
jM	juris - Die Monatszeitschrift (Zeitschrift)
LAG	Landesarbeitsgericht
LG	Landgericht
lit.	littera
Ls.	Leitsatz
m.w.N.	mit weiteren Nachweisen
MMR	MultiMedia und Recht (Zeitschrift)
MünchKomm	Münchener Kommentar
NJW	Neue Juristische Wochenschrift (Zeitschrift)
NK	Nomos-Kommentar
Nr.	Nummer(n)
NZA	Neue Zeitschrift für Arbeitsrecht
NZA-RR	Neue Zeitschrift für Arbeitsrecht Rechtsprechungsreport (Zeitschrift)
OK	Onlinekommentar
PersR	Der Personalrat – Personalrecht im öffentlichen Dienst (Zeitschrift)
PK	Praxiskommentar
RAG	Reichsarbeitsgericht
RdA	Recht der Arbeit (Zeitschrift)
RL	Richtlinie
Rn.	Randnummer
S.	Seite(n)
s.o.	siehe oben
SAE	Sammlung Arbeitsrechtlicher Entscheidungen
sog.	sogenannt
SR	Soziales Recht (Zeitschrift)
SWK	Stichwortkommentar
THW	Technisches Hilfswerk
u.A.	unter anderem
v.	von/vom

v.a.	vor allem
vbw	Vereinigung der Bayerischen Wirtschaft e.V.
vgl.	vergleiche
ZD	Zeitschrift für Datenschutz
ZfA	Zeitschrift für Arbeitsrecht
ZIP	Zeitschrift für Wirtschaftsrecht
ZRP	Zeitschrift für Rechtspolitik
ZTR	Zeitschrift für Tarifrecht

Einführung

Gegenstand der Untersuchung

Viele Arbeitnehmer sind in beruflichen Angelegenheiten längst nicht nur während der Arbeitszeit, sondern auch in ihrer Freizeit erreichbar. Diese Entwicklung betrifft auch die Urlaubszeit und damit den Erholungsurlaub. Umso überraschender mag es zunächst scheinen, dass sich die Rechtsprechung mit den Rechtsfragen zur Erreichbarkeit des Arbeitnehmers im Urlaub noch nicht befassen musste. Die Präsidentin des *Bundesarbeitsgerichts Schmidt* betont jedoch, dass niemand in beruflichen Angelegenheiten ständig erreichbar sein müsse.[1] Inwieweit diese Einschätzung rechtlich begründet und tragfähig sein kann, ist ebenso interessant wie die Auswirkungen, die sich aus der Erreichbarkeit für die Erfüllung des Urlaubsanspruchs ergeben.

Das Urlaubsrecht ist in seiner Auslegung durch die Judikatur des *Europäischen Gerichtshofs* geprägt, wodurch sich die Rechtsprechung des *Bundesarbeitsgerichts* in den letzten Jahren erheblich verändert hat.[2] Manch einer im Schrifttum stellt schlicht fest, dass das Urlaubsrecht europäisch geworden sei.[3] Mitunter heißt es, der *Europäische Gerichtshof* entwickele eine bis ins Detail ausdifferenzierte Dogmatik des Urlaubsrechts und lasse dabei eine ausgeprägte Entscheidungsfreude erkennen.[4] Andere betonen, dass sich mit Art. 7 der „regelungsarmen" Richtlinie 2003/88/EG und dem recht kurzen Bundesurlaubsgesetz zwei Rechtsquellen derart ineinander verkeilt haben, weshalb im Urlaubsrecht weiterhin mit Kontroversen zu rechnen sei.[5] Daraus resultiert der Wunsch nach mehr Zurückhaltung des *Europäischen Gerichtshofs* in Detailfragen des Urlaubsrechts.[6] Indes bleibe es spannend im Urlaubsrecht.[7]

---

1 So die Präsidentin des BAG *Ingrid Schmidt* 2013 im Interview mit der Frankfurter Allgemeinen Zeitung, verfügbar unter *https://www.faz.net/aktuell/wirtschaft/recht-steuern/stress-am-arbeitsplatz-niemand-muss-staendig-erreichbar-sein-12059337.html*, - eingesehen am 18.08.2021.

2 Als besonders bedeutsam ist die Entscheidung in Sachen *Schultz-Hoff* hervorzuheben: EuGH v. 20.01.2009 - C-350/06, NZA 2009, 135.

3 *Rudkowski*, NJW 2019, 476, 480.

4 *Mehrens/Witschen*, EuZA 2019, 326

5 *Arnold/Zeh*, NZA 2019, 1, 6.

6 *Arnold/Zeh*, NZA 2019, 1, 6.

7 *Mehrens/Witschen*, EuZA 2019, 326, 349.

Dass es im Urlaubsrecht spannend bleibt, zeigt sich auf unionsrechtlicher Ebene nicht nur mit Blick auf die Rechtsprechung des *Europäischen Gerichtshofs*. Vielmehr ist dies bezüglich der Erreichbarkeitsthematik auf Ebene anderer Organe der *Europäischen Union* derzeit erkennbar. Das *Europäische Parlament* hat sich entschlossen, der *Europäischen Kommission*, die für Gesetzesvorhaben initiativberechtigt ist, einen Richtlinienvorschlag zum Recht auf Nichterreichbarkeit vorzulegen. Der Vorschlag bezieht sich ausdrücklich auch auf den unionsrechtlich geschützten Jahresurlaub.[8] Inwieweit dieses Vorhaben verwirklicht werden wird, ist noch offen. Gleichwohl lässt das Vorhaben aufhorchen und verdeutlicht den Einfluss der *Europäischen Union* auf das Urlaubsrecht.

Der *Urlaubssenat* des *Bundesarbeitsgerichts* – dies ist der *Neunte Senat* -[9] wirkt im Hinblick auf neu aufkommende Rechtsfragen im Urlaubsrecht eher zurückhaltend und tendiert dazu, zunächst den *Europäischen Gerichtshof* im Wege des Vorabentscheidungsverfahrens anzurufen.[10] Dies lässt die wachsende Unsicherheit im Umgang mit urlaubsrechtlichen Fragen in Anbetracht des europäischen Einflusses erkennen. Die Bedeutung des Unionsrechts ist bei der Auslegung und Anwendung des nationalen Urlaubsrechts keinesfalls zu verkennen. Feststeht, dass das normenmäßig eigentlich kleine Rechtsgebiet Urlaubsrecht auch durch die unionsrechtlichen Vorgaben und aufgrund des wirtschaftlichen Wertes des Urlaubsanspruchs, ein Rechtsgebiet mit komplexen und praxisrelevanten Rechtsfragen ist.[11] Praxisrelevante Rechtsfragen zum Urlaubsrecht ergeben sich schließlich auch im Zusammenhang mit der Erreichbarkeit im Urlaub.

Urlaub ist die schönste Zeit des Jahres. In einer repräsentativen Umfrage des *Bundesverbands Informationswirtschaft, Telekommunikation und neue Medien (BITKOM)* gaben im Sommer 2020 gleichwohl 70 Prozent der berufstätigen Deutschen an, im Urlaub beruflich erreichbar zu sein.[12] Für den Weihnachtsurlaub

---

8 Entwurf eines Berichts mit Empfehlungen an die Kommission zum Recht auf Nichterreichbarkeit, 2019/2181(INL), v. 28.07.2020, Ausschuss für Beschäftigung und soziale Angelegenheiten.

9 Siehe Geschäftsverteilungsplan BAG, abrufbar unter *http://www.bundesarbeitsgericht.de/download/2021/gvpl_2021.pdf*, - eingesehen am 18.08.2021.

10 So jüngst bei der Frage nach der zeitlichen Rückwirkung der Mitwirkungsobliegenheit für den Verfall des Urlaubsanspruchs, BAG v. 07.07.2020 – 9 AZR 401/19, AP BUrlG § 7 Nr. 95.

11 *Krause*, Arbeitsrecht, § 13 Rn. 2.

12 Pressemitteilung abrufbar unter *https://www.bitkom.org/Presse/Presseinformation/7-von-10-Berufstaetigen-sind-im-Sommerurlaub-dienstlich-erreichbar*, - eingesehen am 18.08.2021.

2020 gaben dies 61 Prozent der Umfrageteilnehmer an.[13] Der Grund hierfür ist ebenfalls mit 61 Prozent die (scheinbare) Erwartungshaltung des Vorgesetzten zum Erreichbarkeitsverhalten.[14] Den *BITKOM*- Hauptgeschäftsführer *Rohleder* veranlassten diese Zahlen dazu, von einem „Wandel der Arbeitskultur" zu sprechen.[15] In einer repräsentativen Umfrage des Instituts *YouGov* in Kooperation mit der *Initiative Neue Qualität der Arbeit (INQA)* aus dem Juli 2018 berichteten 37 Prozent der befragten Beschäftigten von Erfahrungen mit der Kontaktaufnahme durch den Arbeitgeber oder durch Kollegen im Urlaub.[16]

Während die Erreichbarkeit in diesem Ausmaß lange Zeit bereits mangels ausreichender technischer Kommunikationsmöglichkeiten zur Überwindung der oftmals räumlichen Distanz im Urlaub zwischen Arbeitgebern und Arbeitnehmern keine Problematik darstellte, hat sich dies durch die rasche Fortentwicklung mobiler Kommunikationsformen grundlegend geändert. Mittlerweile wird von einer Erreichbarkeitskultur gesprochen.[17] Die Grenzen zwischen dem Privatleben und der Arbeit sind durchlässiger geworden.[18] Die zunehmende Digitalisierung hat insgesamt einen erheblichen Einfluss auf das Arbeitsrecht wie ein Blick in die einschlägige Literatur zeigt.[19]

Die „Immer-und-Überall-Erreichbarkeit"[20] macht im Urlaub keine Pause, obgleich sie mit dem Grundgedanken des Urlaubes als arbeitsfreier Zeit nicht vereinbar zu sein scheint. Mit dem Erreichbarkeitsbegriff lässt sich das Herstellen einer gewissen Nähe verbinden, nach allgemeinem Sprachverständnis

13 Pressemitteilung abrufbar unter *https://www.bitkom.org/Presse/Presseinformation/6-von-1o-Berufstaetigen-sind-im-Weihnachtsurlaub-dienstlich-erreichbar*, - eingesehen am 18.08.2021.

14 Pressemitteilung abrufbar unter *https://www.bitkom.org/Presse/Presseinformation/6-von-1o-Berufstaetigen-sind-im-Weihnachtsurlaub-dienstlich-erreichbar*, - eingesehen am 18.08.2021.

15 Pressemitteilung hierzu abrufbar unter: *https://www.bitkom.org/Presse/Presseinformation/70-Prozent-Berufstaetigen-Urlaub-fuer-Chef-erreichbar*; - eingesehen am 18.08.2021.

16 Umfrage abrufbar unter: *https://yougov.de/news/2018/08/08/gut-ein-drittel-hat-auch-im-urlaub-keinen-feierabe/*, - eingesehen am 18.08.2021.

17 *Menz*, Erweiterte arbeitsbezogene Erreichbarkeit, S. 24.

18 *Durlach/Renaud*, AuR 2017, 196.

19 Etwa *Kramer*, mit seinem Kommentar zum IT-Arbeitsrecht und *Däubler*, Digitalisierung und Arbeitsrecht - Internet, Arbeit 4.0 und Crowdwork.

20 Begriff bei *Pfeiffer*, Schriftliche Stellungnahme zum öffentlichen Fachgespräch des Ausschusses Digitale Agenda am Mittwoch, dem 30. September 2015 BT-Ausschussdrucksache 18(24)70, S. 10.

betrifft sie den Fall, dass versucht wird, mit jemanden in Verbindung zu treten.[21] Die Nähe besteht jedenfalls gedanklich und kommunikativ. Der Arbeitnehmer hält nach diesem Verständnis daher selbst im Urlaub die Verbindung zur betrieblichen Sphäre aufrecht. Vorstellbar sind unterschiedliche Konstellationen der Erreichbarkeit. Sie kann wegen organisatorischer Fragen, etwa nach einem benötigten Passwort, bis hin zur Zuschaltung in eine Telefonkonferenz vom Urlaubsort aus entstehen.[22] Der Erholungsurlaub ist indes kein Luxusgut, wie er bisweilen wohl von einigen Arbeitnehmern wahrgenommen wird.[23] Er ist notwendiger Bestandteil eines Stressmanagements, das insbesondere für die psychische Gesundheit bedeutsam ist und entscheidend zum Erhalt der Leistungsfähigkeit beiträgt.[24] Solange der Erholungsurlaub als Luxusgut empfunden wird, besteht die Gefahr der Fehleinschätzung, dass eine gewisse Gegenleistung, etwa in Form der Erreichbarkeit schlichtweg dazugehört oder erwartet werde. Die berufliche Erreichbarkeit während des Erholungsurlaubes ist keine Randerscheinung, sondern, wie dies die Umfragezahlen verdeutlichen, ein Thema aus der Arbeitspraxis. Gerade während des Urlaubes empfinden Arbeitnehmer die Erreichbarkeit als unangemessen und mitunter als belastend.[25] Die Erreichbarkeit kann somit den Urlaub stören.

Das Bundesurlaubsgesetz enthält keine ausdrückliche Regelung zum Umgang mit der Erreichbarkeit im Urlaub. Eine rechtliche Einordnung kann folglich allein anhand einer Auslegung des Bundesurlaubsgesetzes, insbesondere unter Berücksichtigung des Gesetzeszwecks sowie unter Beachtung der Einbettung des Anspruchs in die schuldrechtliche Dogmatik erfolgen. Beide Arbeitsvertragsparteien benötigen im Umgang mit den Rechtsfragen Gewissheit, an der es derzeit fehlt. Diese kann Arbeitnehmern hilfreich sein, um ihre Rechte und Pflichten im Umgang mit der Erreichbarkeit im Urlaub zu kennen und in der Folge wahrzunehmen.

---

21 Zum Verb erreichen: Duden online, abrufbar unter *https://www.duden.de/rechtschreibung/erreichen*, - eingesehen am 18.08.2021.

22 *Däubler*, Digitalisierung und Arbeitsrecht, Vorwort S. 5.

23 Darauf hinweisend *Daum*, RdA 2020, 179, 180.

24 Tagesspiegel-Interview v. 26.06.2011, *Honert*, Interview mit Oberarzt: „Viele wissen gar nicht, was sie entspannt", auf die Frage, „Warum braucht der Mensch eigentlich in Entspannung?" abrufbar unter: *https://www.tagesspiegel.de/wirtschaft/relaxen-viele-wissen-gar-nicht-was-sie-entspannt/4322474.html*, - eingesehen am 18.08.2021.

25 *Menz*, Erweiterte arbeitsbezogene Erreichbarkeit, S. 19, 23, 26.

Forschungsstand

Im Schrifttum gibt es bereits einige Überlegungen zur rechtlichen Beurteilung der Erreichbarkeit des Arbeitnehmers während des Urlaubes. Hervorzuheben ist eine ausführlichere Darstellung, die sich mit mehreren Aspekten in diesem rechtlichen Zusammenhang befasst, gleichzeitig aber weiterführende Fragen oft nur andeutet oder, da sich zudem mit dem Arbeitszeitrecht beschäftigt wird, nicht behandelt.[26] Viele der weiteren Darstellungen zur Erreichbarkeit sind nicht derart vertiefend, als dass sie der Komplexität der aufkommenden Rechtsfragen entsprechen können.[27] Beachtung findet die Thematik vor allem hinsichtlich der Auswirkungen einer tatsächlichen Anfrage an den Arbeitnehmer für die Erfüllbarkeit des Urlaubsanspruchs. Die Meinungen im Schrifttum reichen von der Annahme der generellen Rechtsfolge der Nichterfüllung bis hin zur Differenzierung anhand eines Merkmals, das über den Eintritt der Erfüllungswirkung entscheiden soll oder einer im Einzelfall anhand mehrerer Faktoren vorzunehmenden Prüfung bezüglich der Erfüllung des Urlaubsanspruchs. Manche Autoren widmen sich zusätzlich den Rechtsfolgen der Erreichbarkeit auf sekundärer Ebene.

Ähnlich viel Beachtung findet die Frage, ob es den Arbeitsvertragsparteien möglich ist, wirksam die Erreichbarkeit während des Urlaubes zu vereinbaren. Die Lehre orientiert sich an einer Entscheidung des *Neunten Senats* des *Bundesarbeitsgerichts* zu einem anderen, jedoch in gewisser Hinsicht vergleichbaren Sachverhalt, nämlich zum Rückruf des Arbeitnehmers aus dessen Urlaub.[28] Im Hinblick auf diese beiden Fragestellungen sind die Ansätze und Überlegungen bereits recht ausdifferenziert. Gleichwohl sind diese Ansätze einer genaueren Betrachtung zugänglich, denn eine dogmatische Begründung der Ergebnisse ist unentbehrlich und in weiten Teilen bislang nur unzureichend erfolgt. Sie ist indes für einen rechtssicheren Umgang mit den Fragestellungen unabdingbar.

---

26 Eine ausführliche Erörterung der Thematik findet sich jedoch bei *Freyler*, die sie allerdings als Teilaspekt des Mobile Office betrachtet und zusätzlich zur Darstellung der arbeitszeitrechtlichen Problematik behandelt, in: Mobile Office, im Wesentlichen S. 225 – 292.

27 Etwa *Falder*, NZA 2011, 1150, 1155-1158; *Richter*, AuR 2011, 16 ff.; *Krause*, Gutachten B 71. DJT, im Eigentlichen B 55-B 57; weitere Dissertationen, die das Thema am Rande behandeln: *Maier*, Erweiterte berufsbezogene Erreichbarkeit, S. 162-165; *Körlings*, Mobile Erreichbarkeit von Arbeitnehmern, S. 91-94; *Ossoinig*, Regulierung von Wissensarbeit, S. 109-116; *Okoye-Montis*, Urlaubszweck und Urlaubsstörungen, S. 204-206.

28 BAG v. 20.06.2000 - 9 AZR 405/99, NZA 2001, 100.

Zudem wird das Bestehen einer zumindest auf gewisse Situationen beschränkten Erreichbarkeitspflicht des Arbeitnehmers im Urlaub diskutiert. Das Schrifttum geht nahezu einstimmig vom generellen Ausschluss einer Erreichbarkeitspflicht im Regelfall aus, bejaht eine besondere Pflicht aber in betrieblichen Notsituationen. Einige Überlegungen erfolgen parallel zu den vom *Bundesarbeitsgericht* entschiedenen Fällen des Widerrufs der Urlaubserteilung und des Rückrufs aus dem Urlaub. Manche Stimmen im Schrifttum lehnen nicht nur eine Erreichbarkeitspflicht des Arbeitnehmers im Urlaub ab, sondern erkennen darüber hinaus ein positives Recht des Arbeitnehmers auf seine Nichterreichbarkeit an.

Kurzum sind einige Fragestellungen im Zusammenhang mit der Erreichbarkeit im Urlaub bekannt und Lösungsansätze hierzu entwickelt worden. Dagegen sind andere Rechtsfragen bisweilen weitgehend unbeachtet geblieben oder noch gar nicht gestellt worden. Um eine gewisse Rechtssicherheit im Umgang mit den Rechtsfragen zu erlangen und etwaigen Unsicherheiten vorzubeugen, bedarf es einer kritischen Auseinandersetzung mit bekannten Ansätzen, einer ausführlichen Darstellung, welche die vorhandenen Lücken schließt und neue, bisher nicht bedachte Rechtsfragen aufwirft und auf diese Antworten findet. Dies bildet den Anlass, die sich stellenden Rechtsfragen zur Erreichbarkeit des Arbeitnehmers im Urlaub umfassend zu untersuchen und dabei zu neuen Erkenntnissen zu gelangen, die zu einem rechtlich nachvollziehbaren Umgang mit der Thematik beitragen.

Gang der Untersuchung

Die Arbeit soll sich der Erreichbarkeitsthematik im Wesentlichen auf drei Rechtsebenen widmen. Zum einen soll es generell um Rechte und Pflichten der Arbeitsvertragsparteien im Umgang mit der Erreichbarkeit im Urlaub gehen. Die zweite Ebene betrifft die konkreten Auswirkungen der Erreichbarkeit auf die Erfüllbarkeit des Urlaubsanspruchs. Daran anschließend sind auf dritter Ebene Folgeansprüche zu erläutern. Die gefundenen Ergebnisse sollen Anlass dazu sein, aufzuzeigen, ob Änderungen erforderlich sind und von welcher Stelle aus sie vorzugsweise erfolgen könnten.

Zu Beginn der Arbeit sind die Rechtsquellen zum Erholungsurlaub darzustellen, um sodann eine normative Einordnung des Urlaubsanspruchs vornehmen zu können. In Anbetracht der zunehmenden Bedeutung des europäischen Rechts, ist ein Augenmerk auf das unionsrechtliche Urlaubsrecht mit seinen normativen Grundlagen und seiner Fortentwicklung durch die Rechtsprechung des *Europäischen Gerichtshofs* zu richten. Angesichts der späteren Einordnung der Erreichbarkeitsproblematik sind der Vorgang der Urlaubserteilung sowie die Rechtsfolgen der Urlaubsgewährung zu erläutern. Besonderes Augenmerk gilt ferner dem Urlaubszweck, dem im Bereich der Urlaubsstörungen besondere Bedeutung zukommt. Dieser ist präzise herauszuarbeiten und seine Bedeutung für die Erfüllung des Urlaubsanspruchs ist aufzuzeigen.

Maßgeblich ist dabei der Erfüllungstatbestand, der die Grundlage für die Beurteilung der Erreichbarkeit als Erfüllungshindernis im Laufe der weiteren Untersuchung bildet. Als schuldrechtlicher Anspruch aus dem Arbeitsverhältnis folgt der Erfüllungstatbestand der schuldrechtlichen Dogmatik. Vor diesem Hintergrund ist es für die Entwicklung rechtlich nachvollziehbarer Lösungsansätze unerlässlich, diese dogmatischen Ansatzpunkte im Zusammenhang mit den Besonderheiten des Urlaubsrechts zu beleuchten.[29]

Am Anfang des zweiten Kapitels ist die Erreichbarkeit begrifflich einzuordnen, um klarzustellen, auf welche Situationen sich die rechtliche Betrachtung bezieht. Ferner ist zu untersuchen, ob der Arbeitnehmer verpflichtet sein kann, dem Arbeitgeber seine Erreichbarkeit aufgrund der Besonderheiten des Arbeitsverhältnisses im Urlaub zu gewähren und sofern dem so sein sollte, in welchem Ausmaß diese Pflicht besteht. Diese Frage ist schließlich im Hinblick auf mögliche arbeitsrechtliche Folgen der Erreichbarkeitsverweigerung bedeutsam. Sofern eine Erreichbarkeitspflicht (teilweise) abgelehnt wird, könnte dem Arbeitnehmer im Gegenteil vielmehr ein Recht auf seine Nichterreichbarkeit zustehen.

Im Anschluss daran sind die Auswirkungen der beruflichen Erreichbarkeit während des Urlaubes zu erörtern, wobei sich die Untersuchung vorerst auf den gesetzlich geschuldeten Urlaubsanspruch beschränkt, bevor in der weiteren Darstellung die Unterschiede zum vertraglich geschuldeten Mehrurlaub gesondert aufzuzeigen sind. Die Folgen der Erreichbarkeit für die Erfüllbarkeit des Urlaubsanspruchs bilden den Schwerpunkt der Arbeit. Interessant sind die verschiedenen Umstände der Erreichbarkeitssituationen, die sich in verschiedener Weise auf die Erfüllung sowie auf das Erlöschen des Urlaubsanspruchs auswirken. Diese Besonderheiten sind jeweils zu erarbeiten. Die bereits angedeuteten kontrovers diskutierten bisherigen Ansätze zu den Folgen einer tatsächlich auftretenden Erreichbarkeitssituation sind darzustellen und jeweils einer kritischen Stellungnahme zu unterziehen. Entscheidend ist hierbei in erster Linie, ob sie sich dogmatisch auf den Erfüllungstatbestand, der bei der Frage des Erlöschens

---

29 Vgl. dazu *Schinz*, jM 2016, 193, 194; *ders.*, jM 2020, 148, 149, nach dem das Leistungsstörungsrecht das dogmatische Gerüst für die Lösung urlaubsrechtlicher Probleme ist.

des Urlaubsanspruchs in Folge der Erfüllung trotz Erreichbarkeit maßgeblich ist, beziehen lassen, mithin, ob sie im Gesetz, das heißt im Bundesurlaubsgesetz und dem allgemeinen Schuldrecht, namentlich im Leistungsstörungsrecht, fundiert sind. Auf dieser Grundlage ist ein eigener stimmiger Ansatz unter der Fortführung bisheriger Lösungsansätze auf einer dogmatischen Grundlage zu entwickeln, der rechtlich belastbar ist.

Zu beachten ist in der Folge, wie sich die Erfüllungsproblematik auf den Anspruch auswirkt, namentlich ob und wie der Urlaubsanspruch erlischt. Interessant ist in diesem Zusammenhang die Möglichkeit einer analogen Anwendung des § 9 BUrlG, dessen rechtliche Wirkung für das Bestehen des Urlaubsanspruchs zunächst aufzuzeigen ist. Sodann ist zu erwägen, ob eine analoge Anwendung des § 9 BUrlG als besondere, außerhalb des allgemeinen Leistungsstörungsrechts stehende urlaubsrechtliche Norm überhaupt zulässig ist oder ob sie als reine Ausnahmevorschrift nicht auf andere Urlaubsstörungen, insbesondere auf die Situation der Erreichbarkeit im Urlaub übertragbar ist. Die analoge Anwendung des § 9 BUrlG auf die Erreichbarkeitssituation wird in der Literatur bislang nur angedeutet, ohne dass näher auf diese Möglichkeit eingegangen und ihre Bedeutung im Vergleich zur schuldrechtlichen Rechtsfolge hervorgehoben wird. Dies mag in Anbetracht einer scheinbar vorhandenen urlaubsrechtlichen Lösung überraschen und verdient deshalb besondere Aufmerksamkeit.

Ferner soll auf der Grundlage der gefundenen Ergebnisse zum gesetzlichen Urlaubsanspruch eine Gegenüberstellung zum vertraglich geschuldeten Mehrurlaub erfolgen. Zu beleuchten sind die Gestaltungsoptionen ebenso wie die Gestaltungsgrenzen, um herauszufinden, welchen konkreten Mehrwert der übergesetzliche Urlaubsanspruch den Parteien als Gestaltungsobjekt bietet. Im Ergebnis ist festzuhalten, durch welche Parteien, in welcher Form und Weise, die Erreichbarkeit geregelt werden kann.

Das dritte Kapitel widmet sich der Darstellung der dem Arbeitnehmer infolge der Erreichbarkeit entstandenen oder fortbestehenden Ansprüche. Besonderes Augenmerk gilt zum einen der neuen Rechtsprechung des *Bundesarbeitsgerichts* zu der Mitwirkungsobliegenheit des Arbeitgebers bei der Urlaubsgewährung und dabei den Besonderheiten nach einer Erreichbarkeitssituation. Ebenso ist zu untersuchen, welche Besonderheiten aus dem schuldrechtlichen Schadensersatzrecht zu beachten sind und zudem, inwieweit einerseits dem Arbeitnehmer und andererseits dem Arbeitgeber ein Unterlassungsanspruch bezüglich der Erreichbarkeit entsteht.

Ziel des vierten Kapitels ist es, eine bislang unbesehene Konstellation mit einigen rechtlichen Besonderheiten zu skizzieren. Namentlich betrifft dies die Erreichbarkeit des Betriebsratsmitgliedes während des Urlaubes als

Sonderkonstellation. Bei näherer Betrachtung ergeben sich in diesem Bereich viele Rechtsfragen, die ebenso wie ihre Beantwortung nicht zuletzt auf das allgemeine Verständnis des Verhältnisses zwischen Arbeitgeber und Betriebsrat zurückzuführen sind, da sie den Zustand des Ehrenamtes während des dem Betriebsratsmitglied in seiner Rolle als Arbeitnehmer zustehenden Urlaubes betreffen. Das Urlaubsrecht ist auf diese Weise mit dem Betriebsverfassungsrecht verknüpft. Bei der Betrachtung dieser Rechtsfragen ist mithin zum einen das Grundverhältnis von Arbeitgeber und Betriebsrat relevant und zudem, was dieses Ehrenamt auszeichnet. Zugleich ist bedeutend, inwieweit die Erreichbarkeit überhaupt Bestandteil der Betriebsratsarbeit ist. Näher zu erörtern ist sodann in Bezug auf die Betriebsratsarbeit, wie sich die Erreichbarkeit im Urlaub auf die Erfüllbarkeit auswirkt und ob dem Betriebsratsmitglied Ansprüche gegen den Arbeitgeber entstehen können. Die Konstellation ist nicht schon ohne Weiteres parallel zur üblichen vorstehenden berufsbezogenen Erreichbarkeit des Arbeitnehmers zu beurteilen.

Vor dem Hintergrund der in den vorherigen Kapiteln gewonnen Erkenntnisse, ist im fünften Kapitel der Regelungsbedarf zu erörtern. Jedenfalls auf den ersten Blick vermag es in Anbetracht der Umfrageergebnisse zur geschäftlichen Erreichbarkeit verwundern, dass die Rechtsprechung bislang zu den aufgeworfenen Rechtsfragen keine Stellung nehmen musste. Einige Unternehmen bieten ihren Arbeitnehmern Modelle zum Umgang mit der Erreichbarkeit an, aus denen Rückschlüsse auf betriebliche und gegebenenfalls auf gesetzliche Regelungsmöglichkeiten folgen können. Bedeutsam ist, auf welche Weise Rechtsklarheit in diesen Fragen entstehen kann und ob dazu ein legislatives Handeln oder Lösungen auf betrieblicher Ebene vorzugswürdig sind. Gegebenenfalls ist eine Kombination dieser Ansätze erfolgsversprechend. Nicht zuletzt kommt es darauf an, dass entsprechende Bestimmungen in der Praxis effektiv umsetzbar sind.

Erstes Kapitel: Der Urlaubsanspruch

Der gesetzliche Urlaubsanspruch ergibt sich aus §§ 1, 3 Abs. 1 BUrlG. Daneben kann dem Arbeitnehmer ein weiterer, auf einer vertraglichen Rechtsgrundlage beruhender Urlaubsanspruch zustehen, der Mehrurlaub.[30] Letzterer soll zunächst in der weiteren Untersuchung unberücksichtigt bleiben, um ihn sodann an späterer Stelle ausführlicher mit Blick auf die Erreichbarkeitskonstellation zu erläutern. Um die Ausgangslage für die folgenden Rechtsfragen zu bestimmen, ist eine Auseinandersetzung mit den gesetzlichen Urlaubsregelungen und der Erfüllung des Urlaubsanspruchs nicht nur geboten, sondern erforderlich, um die Erfüllung im Zusammenhang der Erreichbarkeit, untersuchen zu können.

§ 1 Rechtsgrundlage und Zweck des Urlaubsanspruchs

I. Das Bundesurlaubsgesetz

Das Bundesurlaubsgesetz enthält in §§ 1, 3 Abs. 1 BUrlG den Anspruch des Arbeitnehmers auf bezahlten Erholungsurlaub. Der im Bundesurlaubsgesetz geregelte Anspruch ist von Urlaubsregelungen für Beamte und Angestellte des öffentlichen Diensts sowie von speziellen Urlaubsarten wie dem Bildungsurlaub, dem Sonderurlaub und dem Zusatzurlaub zu unterscheiden.[31] Der Erholungsurlaubsanspruch bestimmt sich für Beamte nach § 89 Bundesbeamtengesetz sowie nach den landesrechtlichen Vorschriften der jeweiligen Urlaubsordnung.[32] Für Angestellte des öffentlichen Dienstes als Arbeitnehmer gelten neben den Normen des Bundesurlaubsgesetzes die jeweils günstigeren Normen der Tarifverträge des öffentlichen Rechts, wie etwa § 26 TVöD, als Rechtsgrundlage ihres Urlaubsanspruchs.[33] Der bereits erwähnte Mehrurlaub beruht auf vertraglichen Vereinbarungen und geht nach der Anzahl der Urlaubstage über den gesetzlichen Anspruch hinaus. Im Wesentlichen ist er eine Ergänzung zum gesetzlichen Urlaubsanspruch, wobei den Vertragsparteien die Regelungsmacht über ihn

---

30 Überblickartige Darstellung des Mehrurlaubes *Powietzka/Rolf*, BUrlG, § 1 BUrlG Rn. 2.

31 Hierzu *Leinemann/Linck*, Urlaubsrecht, Einleitung Rn. 4; Schaub/Koch/*Koch*, Arbeitsrecht von A-Z, Sonderurlaub; *Krause*, Arbeitsrecht, § 13 Rn. 17 f.; zum unbezahlten Urlaub auch *Heilmann*, Urlaubsrecht, G. Einzelvertragliche Urlaubsvereinbarungen, „Unbezahlter Urlaub", S. 285; Küttner-Personalbuch/*Poeche*, Bildungsurlaub Rn. 1.

32 Dazu näher Neumann/Fenski/Kühn/*Neumann*, BUrlG, § 2 BUrlG Rn. 23 f.

33 Siehe auch hierzu näher Neumann/Fenski/Kühn/*Neumann*, BUrlG, § 2 BUrlG Rn. 24.

zusteht.[34] Nachfolgend soll der gesetzliche Urlaubsanspruch für Arbeitnehmer nach dem Bundesurlaubsgesetz von Interesse sein.

1. Historische Entwicklung

Das Bundesurlaubsgesetz, genauer das Mindesturlaubsgesetz für Arbeitnehmer, ist mit Wirkung zum 1. Januar 1963 in Kraft getreten. In ihm sind die wesentlichen nationalen Regelungen zum Erholungsurlaub enthalten. Daneben gibt es Sonderbestimmungen in Spezialgesetzen, wie in § 19 des Jugendarbeitsschutzgesetzes oder in den §§ 56-64 des Seearbeitsgesetzes. Dem Beschluss zum Erlass des Bundesurlaubsgesetzes ging eine längere Debatte um einen entsprechenden Gesetzentwurf voraus.[35] Bis zum Gesetzesbeschluss gab es keinen kodifizierten gesamtdeutschen Urlaubsanspruch. In der Zeit vor 1945 lehnte das *Reichsarbeitsgericht* einen Erholungsurlaubsanspruch ohne vertragliche oder tarifvertragliche Grundlage noch ab.[36] Die rechtswissenschaftliche Literatur erkannte, soweit es an einer ausdrücklichen Bestimmung fehlte, den Urlaubsanspruch entweder aufgrund der Fürsorgepflicht des Arbeitgebers an oder gewohnheitsrechtlich.[37] Viele Länder kodifizierten den Urlaubsanspruch, doch an einer bundesweiten Regelung, die zur Rechtsvereinheitlichung hätte beitragen können, fehlte es.[38]

In der dritten Wahlperiode des Bundestages brachte die SPD-Bundestagsfraktion im November 1959 erstmals einen Gesetzentwurf zu einem Urlaubsgesetz ein.[39] Die Kompetenz zum Erlass eines solchen Gesetzes ergab sich für den Bund in Form einer konkurrierenden Gesetzgebungskompetenz für das Arbeitsrecht aus Art. 70, 74 Abs. 1 Nr. 12, Art. 72 Abs. 1 GG.[40] Noch bevor der Ausschuss für Arbeit abschließend darüber beraten konnte, war die Wahlperiode beendet und das Gesetzesvorhaben vorerst gescheitert. Ziel des erneuten Einbringens eines Gesetzentwurfs durch die SPD-Fraktion in der vierten

---

34 Siehe dazu etwa BAG v. 19.02.2019 – 9 AZR 541/15, NZA 2019, 982, 983 Rn. 35.

35 Vertiefte Darstellung bei Neumann/Fenski/Kühn/*Neumann*, BUrlG, Einleitung Rn.10-28.

36 RAG v. 23.03.1935 - RAG. 264/34, ARS 23, 170, 172; v. 10.11.1937 – RAG. 113/37, ARS 32, 147.

37 *Hueck*, Festschrift Hedemann 1938, S. 325; *Dersch*, Die Urlaubsgesetze, Rn. 78; für die Ableitung aus der Fürsorgepflicht etwa *Nikisch*, in: Arbeitsrecht, § 39 S. 520 f.

38 Hierzu Neumann/Fenski/Kühn/*Neumann*, BUrlG, Einleitung Rn. 12, 15, 18; GK-BUrlG/*Bleistein*, Einleitung, Rn. 8-12.

39 BT Drucksache 1376.

40 Klarstellend: BVerfG v. 22.04.1958 - 2 BvL 32/56; 2 BvL 34/56; 2 BvL 35/56, NJW 1958, 1179.

Wahlperiode im Januar 1962 war, einerseits die Zersplitterung von Urlaubsregelungen durch Ländergesetze aufzuheben und einheitliche Regelungen zu verfassen.[41] Andererseits sollte das Gesetz zu einer Erhöhung des Mindesturlaubes gegenüber den damals in geltenden Ländergesetzen auf zwölf Tage festgesetzten Urlaubes führen.[42] Bereits im Zusammenhang mit dem Gesetzentwurf aus der dritten Wahlperiode gab es Bedenken, dass eine bundesgesetzliche Regelung die Tarifautonomie schwächen könne, da den Tarifpartnern ihr Handlungsspielraum genommen werde.[43]

Diesen Bedenken begegnete der Ausschuss für Arbeit in der vierten Wahlperiode, indem er die Eigenschaft des Gesetzes als bloße Mindestregelung, die zusätzliche tarifvertragliche Inhalte nicht verhindere, betonte.[44] Die Anzahl der Urlaubstage war einer der wesentlichen Unterschiede zwischen dem Gesetzentwurf der SPD-Fraktion einerseits und dem der CDU/CSU-Fraktion andererseits. Letztlich einigte sich der zuständige Ausschuss auf eine Staffelung der Höhe des Urlaubsanspruchs gemäß dem Vorschlag der Unions-Fraktion. Zunächst sollten jedem Arbeitnehmer 15 Urlaubstage, mit Vollendung des 35. Lebensjahres 18 Urlaubstage zustehen. Das Gesetz wurde am 7. Dezember 1962 in dritter Lesung beschlossen[45] und erhielt am 21. Dezember 1962 die nach Art. 84 Abs. 1 GG nötige Zustimmung durch den Bundesrat.[46] Am 12. Januar 1963 wurde das erste bundesweite Urlaubsgesetz, das Mindesturlaubsgesetz für Arbeitnehmer (Bundesurlaubsgesetz), im Bundesgesetzblatt verkündet und trat mit Wirkung zum 1. Januar 1963 in Kraft.[47]

In der Folgezeit wurde das Bundesurlaubsgesetz weniger durch Gesetzesänderungen geprägt, sondern vielmehr durch die Rechtsprechung.[48] Die praktisch wichtigste Änderung des Bundesurlaubsgesetzes war die Erhöhung der Anzahl der Urlaubstage auf 24 Werktage im Jahr 1994

---

41 Ausschussbericht Drucksache IV/785 unter A.II.

42 Ausschussbericht Drucksache IV/785 unter A.II.

43 Vgl. beispielsweise Plenarprotokoll 5832 C und 5833 A Deutscher Bundestag — 3. Wahlperiode — 107. Sitzung, Bonn, Mittwoch, den 16. März 1960.

44 Ausschussbericht Drucksache IV/785 unter A.II.

45 Plenarprotokoll 2282 Deutscher Bundestag — 4. Wahlperiode — 51. Sitzung. Bonn, Freitag, den 7. Dezember 1962.

46 Plenarprotokoll 277 D Bundesrat - 252. Sitzung - Bonn, den 21. Dezember 1962.

47 Bundesgesetzblatt Teil I, Bonn am 12. Januar 1963, S. 2-4.

48 Neumann/Fenski/Kühn/*Neumann*, BUrlG, Einleitung, Rn. 47.

aufgrund von Artikel 7 Absatz 1 der europäischen Richtlinie 93/104/EG.[49]

2. *Erwägungen des Gesetzgebers*

Wie es in der Begründung zum später im Wesentlichen beschlossenen Gesetzentwurf und im Ausschussbericht heißt, soll der Zweck des Bundesurlaubsgesetzes die Erhaltung und Wiederauffrischung der Arbeitskraft sein.[50] Vor dem Hintergrund des Wandels von der Industriegesellschaft hin zur Dienstleistungsgesellschaft wurde betont, dass das Bedürfnis nach Erholung trotz der abnehmenden körperlichen Arbeit nicht geringer werde.[51] Die Anforderungen würden im Gegenteil durch die Technisierung und Automatisierung sowie das erhöhte Arbeitstempo steigen.[52] Neben der pragmatischen Überlegung der Rechtseinheit wurde der Gesundheitsschutz als wesentlicher Gesetzeszweck hervorgehoben. Das Schutzbedürfnis der Arbeitnehmer ist daher ein wesentlicher Gesetzeszweck.[53] Der seinerzeit für das Urlaubsrecht zuständige *Sechste Senat* des *Bundesarbeitsgerichts* bezeichnete den Erholungszweck als sachliche Grundlage des Bundesurlaubsgesetzes.[54]

Auffällig ist die Erkenntnis, das Urlaubsrecht im engen Zusammenhang mit dem Arbeitszeitrecht zu betrachten. Ein längerer Urlaub sei aus gesundheitlicher Sicht wichtiger als eine Arbeitszeitverkürzung.[55] Dieser enge Zusammenhang ist systematisch auch im Unionsrecht, namentlich in der Richtlinie 2003/88/EG über bestimmte Aspekte der Arbeitszeitgestaltung, der sogenannten Arbeitszeitrichtlinie erkennbar. Teile des Schrifttums stellen den Zusammenhang zwischen Urlaubs- und Arbeitszeitrecht als eine Art Stufenverhältnis dar. Der Urlaub sei ein „Mehr" gegenüber den Regelungen des Arbeitszeitrechts.[56] Während die tägliche und die wöchentliche Ruhezeit eine kurz- beziehungsweise mittelfristige

---

49 Beschlussempfehlung und Bericht des Ausschusses für Arbeit und Sozialordnung BT-Drucks 12/6990— 12. Wahlperiode, S. 45; dazu Neumann/Fenski/Kühn/*Neumann*, BUrlG, Einleitung, Rn. 49.

50 BT-Druck IV/207 Begründung A. S. 3; Ausschussbericht BT-Drucks IV/785 A.II.

51 BT-Drucks IV/207 Begründung A. S. 3 f.

52 BT-Drucks IV/207 Begründung A. S. 3 f.; Ausschussbericht BT-Drucks IV/785 A.II.

53 Vgl. Ausschussbericht BT-Drucks IV/785 A.II.

54 BAG v. 28.01.1982 - 6 AZR 571/79, AP BUrlG § 3 Rechtsmissbrauch Nr. 11.

55 BT-Drucks IV/207 Begründung A. S. 4, dazu *Daum*, RdA 2020, 179, 180.

56 *Körlings*, Mobile Erreichbarkeit von Arbeitnehmern, S. 92.

Erholung und Regeneration bieten, sei der Urlaub als jährliche Ruhezeit eine dritte Phase, die für eine langfristige Erholung und Regeneration sorge.[57]

II. Unionsrechtliche Urlaubsregelungen

In den vergangenen Jahren kam es zu zahlreichen wegweisenden Entscheidungen des *Europäischen Gerichtshofs* im Bereich des Urlaubsrechts.[58] Die Entscheidungen haben erheblichen Einfluss auf das nationale Verständnis und die Anwendung des Bundesurlaubsgesetzes durch die nationalen Gerichte. Der unionsrechtliche Urlaubsanspruch ist in Art. 7 Abs. 1 der Richtlinie 2003/88/EG und Art. 31 Abs. 2 GRCh geregelt. Diese bilden die normative Grundlage für die urlaubsrechtlichen Entscheidungen des *Europäischen Gerichtshofs*.

1. Art. 7 Richtlinie 2003/88/EG

Die Arbeitszeitrichtlinie 2003/88/EG verpflichtet die Mitgliedstaaten in Art. 7 Abs. 1, die erforderlichen Maßnahmen zu treffen, damit jeder Arbeitnehmer einen bezahlten Mindestjahresurlaub von vier Wochen in Anspruch nehmen kann. Die Bedingungen für die Inanspruchnahme und die Gewährung sollen sich nach den nationalen Regelungen und Gepflogenheiten richten. Die Arbeitszeitrichtlinie geht, wie sich aus Erwägungsgrund 1 ergibt, auf eine Änderung der Vorgängerrichtlinie 93/104/EG zurück, in welcher der bezahlte Jahresurlaub in gleicher Weise geregelt war. Die Regelung in Art. 7 RL 2003/88/EG wird als das „Herzstück" des unionsrechtlichen Urlaubsanspruchs bezeichnet.[59]

In einer Reihe von Entscheidungen betonte der *Europäische Gerichtshof*, dass Art. 7 Abs. 1 RL 2003/88/EG unmittelbare Wirkung im Arbeitsverhältnis mit einem staatlichen Arbeitgeber zukommt, sofern der Mitgliedstaat die Richtlinie nicht fristgemäß oder unzulänglich in nationales Recht umgesetzt hat.[60] Denn die

57 *Körlings*, Mobile Erreichbarkeit von Arbeitnehmern, S. 92; ähnlich auch *Plüm*, NZA 2013, 11, 13; Vergleich zwischen Pausen, Ruhezeiten und Erholungsurlaub zu finden auch bei *Gaul/Boewer*, Probleme des Urlaubsrechts, S. 31.

58 Darstellung wichtiger Urteile des EuGH bis 2013 bei *Höpfner*, RdA 2013, 16 ff.; zu den Urteilen aus 2018: *Rudkowski*, NJW 2019, 476.

59 *Mehrens/Witschen*, EuZA 2019, 326, 327; *dies.*, in: Preis/Sagan, Europäisches Arbeitsrecht, § 8 Rn. 1.

60 Siehe dazu u.a.: EuGH v. 24.01.2012 –C – 282/10 (Maribel Dominguez/Centre informatique du Centre Ouest Atlantique, Préfet de la région Centre), NZA 2012, 139, 141 f. Rn. 33 f., 38 f.; v. 06.11.2018 – C – 596/16, C-570/16 (Stadt Wuppertal/Bauer; Willmeroth/Broßonn), NZA 2018, 1467, 1471 Rn. 70 ff.; v. 06.11.2018 – C-619/16 (Kreuziger/Land Berlin), NZA 2018, 1612, 1613 Rn. 20.

Regelungen in der Richtlinie seien inhaltlich bestimmt und uneingeschränkt.[61] Den Mitgliedstaaten werde ohne weitere Bedingungen eine Verpflichtung zur Erreichung eines Ziels mit einem festgelegten Urlaubszeitraum von vier Wochen auferlegt.[62] Gegenüber privaten Arbeitgebern kommt der Richtlinie keine unmittelbare Wirkung zu, da Richtlinien dem Verbot der horizontalen Wirkung zwischen Privaten unterliegen.[63] Wenngleich sich der Arbeitnehmer gegenüber dem Arbeitgeber daher nicht unmittelbar auf die Gewährleistungen des Art. 7 Abs. 1 RL 2003/88/EG berufen kann, ist dennoch zu beachten, dass die Arbeitsgerichte den Inhalt des Urlaubsanspruchs nach dieser Richtlinie im Wege der richtlinienkonformen Auslegung des nationalen Urlaubsrechts, gegebenenfalls durch richterliche Rechtsfindung,[64] umsetzen müssen. Dieses Ergebnis leitet der *Europäische Gerichtshof* aus Art. 288 Abs. 3 AEUV her.[65] Die Grenze der Auslegungsfähigkeit sei erst erreicht, sofern die Auslegung zu einem Ergebnis contra legem führen würde.[66] Das *Bundesarbeitsgericht* will diese Grenze funktionell verstehen, sodass sie erst erreicht sei, wenn die richterliche Rechtsfindung eindeutige Vorgaben des Gesetzgebers umgehen würde. Bis zu dieser Grenze soll eine richtlinienkonforme Auslegung zulässig sein.[67] Die Richtlinie wirkt sich durch die unionsrechtskonforme Auslegung folglich mittelbar auf die Rechte und Pflichten der privaten Arbeitsvertragsparteien aus.[68]

2. *Art. 31 Abs. 2 GRCh*

Nach Art. 31 Abs. 2 GRCh hat jeder Arbeitnehmer das Recht auf bezahlten Jahresurlaub. Seinem Wortlaut zufolge - „hat das Recht auf"- verleiht Art. 31 Abs. 2 GRCh Arbeitnehmern einen Anspruch.[69] Die Tragweite des Art. 31 Abs. 2

---

61 EuGH v. 06.11.2018 – C – 596/16, C-570/16, NZA 2018, 1467, 1471 Rn. 70.

62 EuGH v. 24.01.2012 – C-282/10, NZA 2012, 139, 141 Rn. 34.

63 EuGH v. 26.02.1986 - Rs 152/84, NJW 1986, 2178, 2180 Rn. 48.

64 Zum weiten Verständnis der richterlinienkonformen Auslegung BAG v. 24.03.2009 - 9 AZR 983/07, NZA 2009, 538, 544 Rn. 65.

65 EuGH v. 24.01.2012 – C-282/10, NZA 2012, 139, 141 Rn. 27; v. 06.11.2018 – C-684/16 NZA 2018, 1474, 1478 Rn. 58 f.

66 EuGH v. 04.07.2006 - C-212/04 (Konstantinos Adeneler u.a./Ellinikos Organismos Galaktos), NZA 2006, 909, 911 Rn. 110.

67 BAG v. 24.03.2009 - 9 AZR 983/07, NZA 2009, 538, 544 Rn. 65; v. 24.01.2006 - 1 ABR 6/05, NZA 2006, 862, 867 Rn. 43.

68 *Höpfner*, RdA 2013, 16, 19; Neumann/Fenski/Kühn/*Neumann*, BUrlG, § 1 BUrlG Rn. 5.

69 Der EuGH erkennt darin eine „zwingende Formulierung", v. 06.11.2018 – C-684/16, NZA 2018, 1474, 1479 Rn. 73 f.

GRCh ist zwischen dem *Europäischen Gerichtshof* und weiten Teilen der Literatur umstritten. In der Praxis kommt ihr wegen der ohnehin unionsrechtskonformen Auslegung nationalen Rechts durch die Gerichte nur geringe eigenständige Bedeutung zu. Gleichwohl verdeutlicht sich anhand dieser Diskussion der Einfluss des *Europäischen Gerichtshofs*, der mit der Anerkennung einer weiteren Rechtsgrundlage weitere Möglichkeiten zur Begründung seiner Entscheidungen erhält. Zudem verdeutlicht sich, wie kritisch die Lehre die Rechtsprechung des *Europäischen Gerichtshofs* in urlaubsrechtlichen Fragen bewertet.

a) EuGH: Unmittelbare Anwendbarkeit des Art. 31 Abs. 2 GRCh

Während der *Europäische Gerichtshof* die rechtliche Einordnung des Art. 31 Abs. 2 GRCh zunächst offenließ,[70] klärte er diese Frage in seinen Entscheidungen in den Rechtssachen *Bauer und Broßonn*[71] sowie *Max-Planck-Gesellschaft/Shimizu*[72]. Er kam zu dem Ergebnis, dass nationale Gerichte dem Art. 31 Abs. 2 GRCh entgegenstehendes nationales Recht, das nicht unionsrechtskonform auslegbar sei, in einem Rechtsstreit zwischen Privaten nicht anwenden dürften.[73] Dies folge aus dem Anwendungsvorrang des Unionsrechts.[74] Bei dem Recht auf bezahlten Jahresurlaub handele es sich um einen wesentlichen Grundsatz des Sozialrechts der Union.[75] Überdies mache Art. 31 Abs. 2 GRCh das Recht der Arbeitnehmer nicht von den Voraussetzungen nach den Rechtsvorschriften und Gepflogenheiten der Mitgliedstaaten abhängig.[76] Er sei daher zwingend formuliert, was seinen Charakter als wesentlicher Grundsatz des Sozialrechts verdeutliche.[77] Eine Abweichung sei nur unter den strengen Voraussetzungen des Art. 52 Abs. 1 GRCh und unter Beachtung des Wesensgehalts dieses Grundsatzes

---

70 EuGH v. 26.03.2015 – C-316/13 (Gérard Fenoll / Centre daide par le travail La Jouvene, Association de parents et damis de personnes handicapées mentales [APEI] dAvignon), NZA 2015, 1444, 1446 Rn. 44.

71 EuGH v. 06.11.2018 – C-569/16, C-570/16, NZA 2018, 1467, 1470 Rn. 53 ff.

72 EuGH v. 06.11.2018 – C-684/16, NZA 2018, 1474, 1479 Rn. 74.

73 EuGH v. 06.11.2018 – C-684/16, NZA 2018, 1474, 1480 Rn. 80 f.

74 *Wietfeld*, EuZA 2012, 540, 545.

75 Siehe dazu u.a.: EuGH v. 06.11.2018 - C-570/16, NZA 2018, 1467, 1472 f. Rn. 80 ff.; v. 06.11.2018 – C-569/16.

76 EuGH v. 06.11.2018 – C-569/16, C-570/16, NZA 2018, 1467, 1473 Rn. 84; v. 06.11.2018 - C-684/16, NZA 2018, 1474, 1479 Rn. 73.

77 EuGH v. 06.11.2018 – C-569/16, C-570/16, NZA 2018, 1467, 1473 Rn. 84; v. 06.11.2018 C-684/16, NZA 2018, 1474, 1479 Rn. 73.

zulässig.[78] Die Dauer des Jahresurlaubes und die Voraussetzungen für seine Wahrnehmung ließen sich durch unions- oder nationalrechtliche Bestimmungen festgelegen.[79] Art. 51 Abs. 1 GRCh stehe der Annahme eines zwingenden Charakters, mithin der unmittelbaren Anwendbarkeit im Privatverhältnis, nicht entgegen.[80] Denn auch Art. 21 Abs. 1 GRCh, der Diskriminierungen aufgrund verschiedener aufgezählter Merkmale verbietet, gelte trotz der Formulierung in Art. 51 GRCh unmittelbar zwischen Privaten.[81]

b) Lehre: Kritik an der unmittelbaren Anwendung

Die Entscheidung des *Europäischen Gerichtshofs*, Art. 31 Abs. 2 GRCh zum Grundrecht zu erklären und ihm so unmittelbare Wirkung zwischen Privaten anzuerkennen, ist auf viel Kritik gestoßen.[82] Bereits vor dieser Rechtsprechung ging mancher davon aus, der *Europäische Gerichtshof* werde dieses Verständnis seinen Entscheidungen in urlaubsrechtlichen Fragen künftig zugrunde legen.[83] Die Klärung lässt die Kritik an der Rechtsprechung des *Europäischen Gerichtshof* zum Urlaubsrecht indes nicht verstummen. Kritiker dieser Entscheidung bemühen vielmehr die Argumentation des *Europäischen Gerichtshofs*, um zu erläutern, was gegen die unmittelbare Anwendbarkeit sprechen soll.[84] So stehe Art. 31 Abs. 2 GRCh nicht ausdrücklich unter einem Konkretisierungsvorbehalt, er sei aber auf einen solchen zwingend angewiesen, da keinerlei inhaltliche Ausgestaltung erkennbar sei, nicht einmal zur Urlaubsdauer.[85] An dieser Unbestimmtheit scheitere die Annahme eines zwingenden Charakters, da die jeweiligen mitgliedstaatlichen Regelungen nicht in Frage gestellt werden sollten.[86] Dies

---

78 EuGH v. 06.11.2018 – C-569/16, C-570/16, NZA 2018, 1467, 1473 Rn. 84; v. 06.11.2018 C-684/16, NZA 2018, 1474, 1479 Rn. 73.

79 EuGH v. 06.11.2018 – C-569/16, C-570/16, NZA 2018, 1467, 1473 Rn. 85; v. 06.11.2018 C-684/16, NZA 2018, 1474, 1479 Rn. 74.

80 EuGH v. 06.11.2018 – C-569/16, C-570/16, NZA 2018, 1467, 1473 Rn. 89; v. 06.11.2018 C-684/16, NZA 2018, 1474, 1479 Rn. 78.

81 EuGH v. 06.11.2018 – C-569/16, C-570/16, NZA 2018, 1467, 1473 Rn. 89; v. 06.11.2018 C-684/16, NZA 2018, 1474, 1479 Rn. 78.

82 Etwa *Rudkowski*, NJW 2019, 476; *Mehrens/Witschen*, EuZA 2019, 326, 328 f., *Wutte*, EuZA 2019, 222, 230.

83 *Höpfner*, RdA 2013, 16, 19 f.; anders *Wietfeld*, EuZA 2012, 540, 545 f.

84 Zur „Bedenklichkeit" der Begründung: *Mehrens/Witschen*, EuZA 2019, 326, 328 f.

85 *Mehrens/Witschen*, EuZA 2019, 326, 330 f.

86 *Rudkowski*, NJW 2019, 476, 480; Meyer/Hölscheidt-GRCh/*Hüpers/Reese*, Art. 31 Rn. 38.

komme besonders deutlich in Protokoll 30 des Grundrechtecharta-Konvents zum Ausdruck, das als Auslegungsdirektive klarstelle, dass Art. 31 GRCh keine unmittelbaren Rechte begründe.[87] Art. 31 Abs. 2 GRCh sei auf eine Ausgestaltung durch die Mitgliedstaaten oder durch Sekundärrecht angewiesen.[88] Ohne inhaltliche Ausgestaltung zur Urlaubsdauer sei der Anspruch wertlos.[89] Darüber hinaus verlange Art. 52 Abs. 7 GRCh es, die Erläuterungen zur Charta bei deren Auslegung zu berücksichtigen, aus welchen sich ergebe, dass Art. 31 Abs. 2 GRCh auf die Arbeitszeitrichtlinie zurückzuführen ist, womit das Recht aus Art. 31 Abs. 2 GRCh schwerlich dem Primärrecht zugeordnet werden könne.[90] Die Arbeitszeitrichtlinie werde aufgewertet, indem Art. 31 Abs. 2 GRCh als Einfallstor für die Anwendung der zu Art. 7 Abs. 1 RL 2003/88/EG ergangenen Rechtsprechung betrachtet werde.[91] Das Ergebnis sei die Auf- oder gar Überladung der sekundärrechtlichen Richtlinie, mit der Folge einer unmittelbaren Bindung privater Arbeitgeber an eine methodisch inkonsistente, eher abwägungsbasierte Rechtsprechung.[92] Der Vergleich des *Europäischen Gerichtshofs* des Art. 31 Abs. 2 GRCh mit Art. 21 GRCh wird abgelehnt.[93] Die Bedeutung eines Diskriminierungsverbotes, das die menschliche Würde schützt, sei schon weitaus bedeutsamer.[94]

Entscheidend gegen eine unmittelbare Anwendung zwischen Privaten spreche, dass Art. 51 Abs. 1 GRCh die Wirkung der Charta auf die Stellen der *Europäischen Union* und die Anwendung des Unionsrechts durch die Mitgliedstaaten beschränke.[95] Mit der abschließenden Aufzählung setze sich *der Europäische Gerichtshof* nicht auseinander.[96] Gegen die horizontale Wirkung des Art. 31 Abs. 2 GRCh spricht nach der Ansicht der *Generalanwältin Trstenjak*, die sie in ihrem Schlussantrag in der Rechtssache *Dominguez* äußerte, die fehlende Beschränkung auf eine nur gesetzliche Einschränkung des Rechts.[97] Die Entscheidung des *Europäischen Gerichtshofs*, Art. 31 Abs. 2 GRCh unmittelbare Wirkung

---

87 Meyer/Hölscheidt-GRCh/*Hüpers/Reese*, Art. 31 Rn. 38.
88 *Rudkowski*, NJW 2019, 476, 480; *Mehrens/Witschen*, EuZA 2019, 326, 330.
89 *Wutte*, EuZA 2019, 222, 230.
90 *Rudkowski*, NJW 2019, 476, 480.
91 *Höpfner*, RdA 2013, 16, 20.
92 *Rudkowski*, NJW 2019, 476, 480.
93 *Rudkowski*, NJW 2019, 476, 480; *Wutte*, EuZA 2019, 222, 230.
94 *Rudkowski*, NJW 2019, 476, 480.
95 GA Trstenjak, Schlussantrag vom 08.09.2011 - C-282/10, Rn. 80, 83.
96 *Mehrens/Witschen*, EuZA 2019, 326, 331.
97 GA Trstenjak, Schlussantrag vom 08.09.2011 - C-282/10, Rn. 83.

anzuerkennen, wird letztlich als rechtsstaatswidrig,[98] oder in diese Richtung gehend, als eine Entscheidung *ultra vires* bezeichnet.[99] Art. 31 Abs. 2 GRCh sei lediglich ein Grundsatz als politisches Ziel, nicht jedoch ein Grundrecht.[100]

c) Stellungnahme

Die Kritik ist nachvollziehbar. Die Argumentation des *Europäischen Gerichtshofs* für die Anerkennung einer horizontalen Wirkung kann nicht überzeugen. Das bloße Recht auf einen bezahlten Jahresurlaub ohne inhaltliche Ausgestaltung auf derselben Normebene erlaubt keinerlei inhaltliche Vorstellung, die für eine unmittelbare Anwendung notwendig ist.[101]

Die Regelung in Art. 51 Abs. 1 Satz 1 GRCh spricht nicht für die unmittelbare Wirkung im privaten Rechtsverhältnis. Der Rückschluss von einer Nichtnennung in einer Aufzählung auf den Nichtausschluss einer Direktwirkung ist nicht nur schon methodisch fragwürdig. Wie die Literatur zu Recht betont, erhöht dies unverhältnismäßig die Anforderungen an Private gegenüber denjenigen, die er an die Mitgliedstaaten selbst stellt. Es ist nicht einzusehen, weshalb gerade die Aufzählung in Art. 51 Abs. 1 Satz 1 GRCh nicht abschließend sein sollte. Der Wortlaut ist nicht offen gestaltet, wie etwa durch den Ausdruck „insbesondere" oder einen ähnlichen Ausdruck.

Die Aufwertung des Art. 31 Abs. 2 GRCh zum Grundrecht gemäß der Grundrechtcharta wird praktisch in nur wenigen Fällen entscheidungserheblich sein, da die unionsrechtskonforme Auslegung nationalen Rechts im Lichte des Art. 7 Abs. 1 RL 2003/88/EG und der dazu ergangenen Rechtsprechung des *Europäischen Gerichtshofs* erfolgt.[102] Legt man der unionsrechtskonformen Auslegung ein weites Verständnis zugrunde, kommt es auf die unmittelbare Wirkung des Art. 31 Abs. 2 GRCh im Zweifel nicht an.[103] Der Zugang zu einer unionsrechtskonformen Auslegung ist aufgrund der Auslegungsgrenze *contra legem* erst verwehrt, soweit nicht bloß der Wortlaut, sondern der gesetzgeberische Wille mit

---

98 *Wutte*, EuZA 2019, 222, 230.

99 Meyer/Hölscheidt-GRCh/*Hüpers/Reese*, Art. 31 Rn. 38.

100 *Rudkowski*, NJW 2019, 476, 480; zur Unterscheidung: Meyer/Hölscheidt-GRCh/*Schwerdtfeger*, Art. 51 Rn. 16, 17.

101 Die Notwendigkeit einer gleichrangigen Bestimmung der Urlaubsdauer betont *Wutte*, EuZA 2019, 222, 231.

102 *Mehrens/Witschen*, EuZA 2019, 326, 331.

103 *Mehrens/Witschen*, EuZA 2019, 326, 331.

dieser unvereinbar ist.[104] Im Ergebnis dürfte die Einstufung des Art. 31 Abs. 2 GRCh als Grundrecht weniger ein rechtspraktisches Problem sein, sondern eine rein dogmatische Frage. Unabhängig davon, wie der Einfluss des Unionsrechts auf das nationale Urlaubsrecht dogmatisch begründet wird, steht fest, dass dieser Einfluss die nationale Rechtsprechung zum Urlaubsrecht erheblich verändert hat. Sie muss die Vorgaben, die sich aus dem Unionsrecht und dessen Auslegung durch den *Europäischen Gerichtshofs* ergeben, so umsetzen, dass die volle Wirksamkeit des Unionsrechts gewährleistet ist.[105] Künftig ist daher mit weiteren Vorlagen an den *Europäischen Gerichtshof* in urlaubsrechtlichen Angelegenheiten zu rechnen.

III. IAO-Übereinkommen Nr. 132

Ein Anspruch auf einen bezahlten Mindesturlaub ist zudem in Art. 3 des Übereinkommens Nr. 132 der *Internationalen Arbeitsorganisation* über den bezahlten Jahresurlaub vom 24. Juni 1970 enthalten. Das von der *Bundesrepublik Deutschland* mit Gesetz vom 30. April 1975 ratifizierte Übereinkommen bindet die *Bundesrepublik* sowohl innerstaatlich gemäß Art. 59 Abs. 2 GG als auch völkerrechtlich.[106] Das Übereinkommen hat Eingang in die Rechtsprechung des *Europäischen Gerichtshofs* gefunden, der als Organ der *Europäischen Union*, die das Übereinkommen ebenfalls ratifizierte, an dieses gebunden ist.[107] Es hat keine unmittelbare Auswirkung auf das deutsche Urlaubsrecht, wenngleich dieses völkerrechtskonform auszulegen ist.[108] Praktisch ist das Übereinkommen von eher geringer Bedeutung, denn seine Vorgaben reichen nicht über diejenigen des Bundesurlaubsgesetzes hinaus.[109]

---

104 *Rudkowski*, EuZA 2018, 366, 375; zur unionsrechtskonformen Auslegung: BAG v. 24.03.2009 - 9 AZR 983/07, NZA 2009, 538, 544 Rn. 65.

105 EuGH v. 06.11.2018 – C-684/16, NZA 2018, 1474.

106 Hierzu *Leinemann/Linck*, Urlaubsrecht, Einleitung Rn. 41; HK-BUrlG/*Hohmeister*, Vorbemerkungen Rn. 14, Arnold/Tillmanns/*Zimmermann*, PK-BUrlG, § 1 BUrlG Rn. 6.

107 Vgl. etwa EuGH v. 22.11.2011 – C-214/10 (KHS AG/Winfried Schulte), NZA 2011, 1333; v. 20.01.2009 - C-350/06 (Gerhard Schultz-Hoff/Deutsche Rentenversicherung Bund), NZA 2009, 135, 137 Rn. 38; hierzu übersichtlich Arnold/Tillmanns/*Zimmermann*, PK-BUrlG, § 1 BUrlG Rn. 6.

108 Hierzu HK-BUrlG/*Hohmeister*, Vorbemerkungen Rn. 14.

109 BAG v. 07.12.1993 - 9 AZR 683/92, NZA 1994, 802; v. 07.08.2012, 9 AZR 353/10, NZA 2012, 1216, 1222; HK-BUrlG/*Hohmeister*, Vorbemerkungen Rn. 14; Arnold/Tillmanns/*Zimmermann*, PK-BUrlG, § 1 BUrlG Rn. 6.

IV. Der Urlaubszweck

Bei der Beurteilung urlaubsrechtlicher Fragen spielt der Urlaubszweck eine gewichtige Rolle.[110] Welchen Zweck der Gesetzgeber des Bundesurlaubsgesetzes mit dessen Erlass seinerzeit verfolgte, wurde bereits erörtert.[111] Das Bundesurlaubsgesetz besteht nunmehr seit mehr als fünfzig Jahren, weshalb die Entwicklung des Zweckverständnisses in der Rechtsprechung und im Schrifttum nicht unberücksichtigt bleiben kann.

1. Erholung

Bereits die Bezeichnung als Erholungsurlaub in § 1 BUrlG lässt erkennen, dass die Erholung des Arbeitnehmers der naheliegendste Zweck des Gesetzes ist. Sie ist das Wesensmerkmal des Erholungsurlaubsanspruchs.[112] Dies verdeutlicht sich an verschiedenen Stellen des Bundesurlaubsgesetzes, wie etwa in § 7 Abs. 2 BUrlG durch das Prinzip des zusammenhängend zu gewährenden Urlaubs.[113] Der Gesetzgeber nimmt an, dass sich der Arbeitnehmer erst erholen könne, wenn der Arbeitgeber ihm den Urlaub mehrere Tage in Folge gewährt. Die gesundheitspolitische Komponente ist an dieser Stelle besonders deutlich erkennbar.[114] Der Grundsatz der Unteilbarkeit wird für das Urlaubsrecht für wesensnotwendig erachtet.[115] Die Bedeutung des Erholungszwecks ergibt sich zudem aus § 8 BUrlG, wonach der Arbeitnehmer während des Erholungsurlaubes keine dem Urlaubszweck widersprechende Erwerbstätigkeit leisten darf.[116] Dies hindert den Arbeitnehmer nicht an jedweder Tätigkeit, jedoch müssen die Voraussetzungen für die Möglichkeit zur Erholung dem Grunde nach gewährleistet sein.[117]

Vor Erlass des Bundesurlaubsgesetzes und in den Folgejahren danach bedurfte es noch eines tatsächlichen Erholungsbedürfnisses, damit dem Arbeitnehmer die Geltendmachung des Urlaubsanspruchs nicht mit dem Einwand

110 *Höpfner*, RdA 2013, 65.
111 Siehe dazu die Ausführungen im ersten Kapitel §1 I.2.
112 BeckOK-ArbR/*Lampe*, § 1 Rn. 5.
113 *Boldt/Röhsler*, Mindesturlaubsgesetz, § 7 BUrlG Rn. 45; *Powietzka/Rolf*, BUrlG, § 1 BUrlG Rn. 17.
114 HK-BUrlG/*Oppermann*, § 7 BUrlG Rn. 29; *Powietzka/Rolf*, BUrlG, § 7 Rn. 42; ErfK/*Gallner*, § 7 BUrlG Rn. 25.
115 Neumann/Fenski/Kühn/*Neumann*-BUrlG, § 7 BUrlG Rn. 55.
116 BeckOK-ArbR/Lampe, § 1 BUrlG Rn. 5; *Winderlich*, AuR 1989, 300, 302.
117 *Winderlich*, AuR 1989, 300, 303.

der Rechtsmissbräuchlichkeit verwehrt werden konnte. Das Schrifttum und die Rechtsprechung forderten ein „nennenswertes" Erholungsbedürfnis.[118] Das *Bundesarbeitsgericht* gab dieses Erfordernis mit seiner Entscheidung vom 28. Januar 1982 auf.[119] Darin stellte es klar, dass weder ein abstraktes noch ein konkret-individuelles Erholungsbedürfnis Anspruchsvoraussetzung ist und die Geltendmachung des Erholungsurlaubsanspruchs nicht aufgrund Rechtsmissbrauchs, beispielsweise wegen einer vorangegangenen Krankheit und der daraus resultierenden Arbeitsunfähigkeit, verwehrt werden dürfe.[120] Da die abstrakt festgelegte Urlaubsdauer keineswegs jedweder individueller Erholungsbedürftigkeit entsprechen kann, ist der Verzicht auf ein derartiges Erfordernis folgerichtig.[121] Der Erholungszweck wirkt einer abstrakten Gefahr für die Gesundheit der Arbeitnehmer entgegen.[122] Er ist Ausdruck der individuellen Fürsorgepflicht des Arbeitgebers.[123] Darüber hinaus kommt ihm eine gesellschaftliche Dimension zu, denn er dient zudem der Regeneration des Arbeitnehmers und damit der langfristigen Erhaltung seiner Arbeitskraft.[124] Diesen „Nebeneffekt" der Erholung für die Allgemeinheit und im Interesse des Arbeitgebers, nahm das *Bundesarbeitsgericht* sowohl vor als auch nach Erlass des Bundesurlaubsgesetzes an.[125]

Der *Europäische Gerichtshof* betont, dass der Anspruch auf bezahlten Jahresurlaub es dem Arbeitnehmer ermöglichen solle, sich von der ausgeübten Tätigkeit der arbeitsvertraglich geschuldeten Aufgaben zu erholen und über einen Zeitraum der Entspannung und Erholung zu verfügen.[126] Ziel sei ein wirksamer

---

118 BAG v. 02.05.1961 – 5 AZR 478/60, AP BGB § 611 Urlaubsrecht Nr. 82; v. 23.06.1966 – 5 AZR 541/95 -, juris; *Hueck/Nipperdey*, Lehrbuch des Arbeitsrechts, S. 440 f.; überblicksartig aufführend: *Höpfner*, RdA 2013, 65.

119 BAG v. 28.01.1982 - 6 AZR 571/79, NJW 1982, 1548; in der Folge auch BAG v. 08.03.1984 - 6 AZR 600/82, NZA 1984, 197.

120 BAG v. 28.01.1982 - 6 AZR 571/79, NJW 1982, 1548, 1549.

121 *Höpfner*, RdA 2013, 65, 66; BeckOK-ArbR/*Lampe*, § 1 BUrlG Rn. 5.

122 *Schubert*, NZA 2013, 1105, 1106.

123 *Plüm*, NZA 2013, 11, 17.

124 BAG v. 07.11.1985 - 6 AZR 169/84 AP BUrlG § 3 Rechtsmissbrauch Nr. 16; *Schubert*, NZA 2013, 1105, 1106.

125 BAG v. 07.11.1985 - 6 AZR 169/84, AP BUrlG § 3 Rechtsmissbrauch Nr. 16; v. 26.10.1956 – 1 AZR 248/55, BeckRS 1956, 102338; v. 01.08.1963 - 5 AZR 74/63 - , juris Rn. 15, das „Interesse der allgemeinen Volksgesundheit"; ausführlich dazu *Okoye-Montis* Urlaubszweck und Urlaubsstörungen, S. 97 f.; zur Schutzrichtung auch ErfK/*Gallner*, § 1 BUrlG Rn. 12; *Schubert*, NZA 2013, 1105, 1106.

126 So u.a. in EuGH v. 06.11.2018 – C-684/16, NZA 2018, 1474, 1475 Rn. 32; v. 20.07.2016 – C-341/15 (Hans Maschek/ Magistratsdirektion der Stadt Wien – Personalstelle Wiener

Gesundheitsschutz.[127] Einige Stimmen in der Lehre äußern sich hierzu kritisch. Der *Europäische Gerichtshof* behandele den Erholungsurlaubsanspruch im Eigentlichen zunehmend wie einen bloßen Freizeitanspruch, etwa weil er seit der Entscheidung in der Rechtssache *Schultz-Hoff*, wonach Arbeitnehmern trotz längerer Abwesenheit wegen Arbeitsunfähigkeit keine Kürzung des Urlaubsanspruchs droht, eine nahezu unendliche Ansammlung von Urlaubsansprüchen Langzeiterkrankter zulasse.[128] Ein unbegrenztes Ansammeln von Urlaubsansprüchen entspreche nicht dem Zweck des Erholungsurlaubs, da sich die positive Wirkung der Erholungszeit vor allem entfalte, wenn der Arbeitnehmer den Urlaub im laufenden Jahr nehme.[129] In der Rechtssache *KHS AG* entkräftete der *Europäische Gerichtshof* diese Bedenken, indem er die Erfüllbarkeit des angehäuften Urlaubes auf einen Zeitraum von 15 Monaten begrenzte.[130] Damit wurde auf die Kritik, der Urlaubsanspruch verkomme zu einem bloßen Freizeitanspruch, wenn nicht gar zu einer „Freizeitveranstaltung",[131] reagiert.

2. *Selbstbestimmung*

Neben der Erholung tritt die Selbstbestimmung des Arbeitnehmers als Bestandteil des Urlaubszwecks in den Vordergrund. Anders als im Arbeitszeitrecht, mit dem im Wesentlichen der gesundheitliche Erholungszweck verfolgt wird, ist die Selbstbestimmung bedeutsam.[132] Die Selbstbestimmung über den Urlaubszeitraum ergibt sich aus dem Kontrast zu der für das Arbeitsverhältnis typischen Fremdbestimmtheit, die sich aus der Eingliederung in eine fremde Arbeitsorganisation ergibt und unter welcher der Arbeitnehmer seine geschuldete Arbeitsleistung erbringt.[133] Mit der Verpflichtung zur Leistung abhängiger Arbeit verzichtet der Arbeitnehmer zu einem Teil auf seine wirtschaftliche und

---

Stadtwerke), NZA 2016, 1067, 1068 f. Rn. 34; v. 20.01.2009 - C-350/06, C-520/06, NZA 2009, 135, 136 Rn. 25.

127 EuGH v. 06.11.2018 – C-684/16, NZA 2018, 1474, 1476 Rn. 42; v. 06.04.2006 - C-124/05 (Federatie Nederlandse Vakbeweging/Staat der Nederlanden), NZA 2006, 719, 729 Rn. 30, 32.

128 EuGH v. 20.01.2009 - C-350/06, NZA 2009, 135.; kritisch in diese Richtung vor allem *Fenski*, NZA 2014, 1381 ff., der nur den Erholungszweck als Urlaubszweck betont und dementsprechend die EuGH-Rechtsprechung kritisiert.

129 EuGH v. 22.11.2011 – C-214/10, NZA 2011, 1333, 1334 Rn. 33.

130 EuGH v. 22. 11. 2011 – C-214/10, NZA 2011, 1333.

131 *Höpfner*, RdA 2013, 16, 17.

132 *Plüm*, NZA 2013, 11, 13.

133 HK-ArbR/*Holthaus*, § 1 Rn. 7; *Plüm*, NZA 2013, 11, 13.

auf seine persönliche Freiheit.[134] Während des Urlaubes ist der Arbeitgeber zur Lohnzahlung verpflichtet, wodurch der wirtschaftliche Verzicht trotz der suspendierten Arbeitspflicht kompensiert wird.

Während des Gesetzgebungsverfahrens blieb die Selbstbestimmung als Urlaubszweck unberücksichtigt.[135] Das *Bundesarbeitsgericht* bezog die Selbstbestimmung als persönliche Freiheit des Arbeitnehmers bereits vor Erlass des Bundesurlaubsgesetzes im Jahr 1962 früh in seine Erwägungen als Zweck des Urlaubsanspruchs ein.[136] Zu einer echten Erholung gehöre „eine Sphäre der Selbstbestimmung der persönlichen Freiheit und des Lebensgenusses", dem Urlaub komme ein „Erlebnischarakter" zu.[137] Das Erleben und Genießen fremder Gegenden und Schönheiten, die Möglichkeit zu reisen, mit den Angehörigen zusammen zu sein, Sport treiben zu können und dergleichen seien Ausdruck dieser persönlichen Freiheit und des Lebensgenusses. Echte Erholung sei nur möglich, wenn diese Möglichkeiten gegeben seien.[138] Diese individuelle, über den bloßen Erholungszweck hinausgehende Einordnung des Urlaubsanspruchs überrascht, da derartige Erwägungen zur selben Zeit während des Gesetzgebungsverfahrens noch keine Rolle spielten. Die Auffassung entsprach jedoch einem schon damals in der Rechtswissenschaft vorhandenem Verständnis des Erholungsurlaubes als Freiraum zur Selbstbestimmung und als Beitrag zur Persönlichkeitsbildung, mithin als Freiheit zur autonomen Lebensgestaltung und damit zur Beachtung der persönlichen Würde des Arbeitnehmers.[139]

Die Fremdbestimmtheit schränkt die freie Persönlichkeitsentfaltung ein.[140] Das Persönlichkeitsrecht ist schon aufgrund seines grundrechtlich geschützten Inhalts, bestehend aus dem Recht zur freien Entfaltung der Persönlichkeit sowie dem Schutz der Menschenwürde (Art. 1 Abs. 1, Art. 2 Abs. 1 GG), von

---

134 *Schwarze*, ZfA 2005, 81, 88 f.

135 Aus den Gesetzesmaterialien ergeben sich keine entsprechenden Überlegungen, darauf hinweisend *Okoye-Montis*, Urlaubszweck und Urlaubsstörungen, S. 98.

136 BAG v. 01.03.1962 - 5 AZR 191/61, NJW 1962, 1268, 1269.

137 BAG v. 01.03.1962 - 5 AZR 191/61, NJW 1962, 1268, 1269; so auch der BGH v. 30.11.1978 - III ZR 43/77, NJW 1979, 422, 423; Entwicklung ausführlich besprochen bei *Okoye-Montis*, Urlaubszweck und Urlaubsstörungen, S. 100 f.

138 BAG v. 01.03.1962 - 5 AZR 191/61, NJW 1962, 1268, 1269.

139 Allen voran *Herschel*, Mittelbare Probleme der Arbeitszeitverkürzung, S. 171; darauf ausdrücklich verweisend BAG v. 01.03.1962 - 5 AZR 191/61, NJW 1962, 1268, 1269; ausführlicher hierzu *Winderlich*, AuR 1989, 300, 301.

140 *Plüm*, NZA 2013, 11, 13.

besonderer Bedeutung.[141] Die Selbstbestimmung als Bestandteil des Urlaubszwecks wird daher entsprechend durch das *Bundesarbeitsgericht* gewürdigt.[142] Der Arbeitnehmer müsse die uneingeschränkte Möglichkeit zur selbstbestimmten Nutzung seiner Freizeit erhalten,[143] was, wie aus den Ausführungen hervorgeht, bedeutet, dass es insbesondere darauf ankommt, keinen Anordnungen zu unterliegen beziehungsweise dem Arbeitnehmer übertragene Aufgaben zu erfüllen.[144]

Der *Europäische Gerichtshof* leitet die Selbstbestimmung des Arbeitnehmers im Urlaub aus Art. 7 Abs. 2 RL 2003/88/EG ab. Neben der Erholung sei die Verschaffung von Zeitraum für Entspannung und Freizeit für den Urlaubsanspruch maßgeblich.[145] Demzufolge handele es sich um eine zweifache Zweckbestimmung.[146] Zwar wird die Selbstbestimmung in der unionsrechtlichen Rechtsprechung nicht ausdrücklich erwähnt. Sie ergibt sich aber dem Grunde nach aus den Ausführungen zum notwendigen Zeitraum für Entspannung und Freizeit.[147] Im Rahmen fremdbestimmter Arbeitsprozesse wird es sich meist um eine Situation der Anspannung halten, da der Arbeitnehmer mit fremden Aufgaben betraut ist und zudem der Weisungsbefugnis des Arbeitgebers unterliegt. Die Freizeit als Zeitraum, in der nicht zu arbeiten ist und in der keine besonderen Verpflichtungen bestehen,[148] ist damit typischerweise eine Phase der Selbstbestimmung.

Wenngleich die Betonung der Selbstbestimmung als Aspekt des Urlaubszwecks in der unionsrechtlichen Rechtsprechung noch nicht sehr ausgeprägt ist,

---

141 Hierzu ausführlicher *Overkamp*, Urlaubsanspruch und krankheitsbedingte Arbeitsunfähigkeit, S. 15, die dies auch im Kontext der Erreichbarkeit betont und *Winderlich*, AuR 1989, 300, 303.

142 BAG v. 10.05.2005 – 9 AZR 251/04, NZA 2006, 439, 441 Rn. 33; v. 20.06.2000 – 9 AZR 405/99, NZA 2001, 100, 101; v. 08.03.1984 - 6 AZR 600/82, NZA 1984, 197, 200; zur Bedeutung des grundrechtlichen Gewährleistungsgehalts: *Overkamp*, Urlaubsanspruch und krankheitsbedingte Arbeitsunfähigkeit, S. 15; *Winderlich*, AuR 1989, 300, 303.

143 BAG v. 20.06.2000 – 9 AZR 405/99, NZA 2001, 100, 101; v. 10.05.2005 – 9 AZR 251/04, NZA 2006, 439, 441 Rn. 33.

144 BAG v. 10.05.2005 – 9 AZR 251/04, NZA 2006, 439, 441 Rn. 33.

145 EuGH v. 20.01.2009 - C-350/06, C-520/06, NZA 2009, 135, 136 Rn. 25; v. 22.11.2011 – C-214/10, NZA 2011, 1333, 1334 Rn. 31, 33; v. 30.06.2016 – C-178/15 (Sobczyszyn/Szkola Podstawowa w Rzeplinie), NZA 2016, 877 Rn. 25.

146 EuGH v. 22. 11. 2011 – C-214/10, NZA 2011, 1333, 1334 Rn. 31, 33.

147 EuGH v. 22. 11. 2011 – C-214/10, NZA 2011, 1333, 1334 Rn. 31, 33.

148 Begriffserörterung nach Duden online, abrufbar unter *https://www.duden.de/rechtschreibung/Freizeit*, - eingesehen am 18.08.2021.

geht der *Europäische Gerichtshof* doch erkennbar von dieser aus. Die Bedeutung der Selbstbestimmung für den Urlaubsanspruch wird in der nationalen urlaubsrechtlichen Rechtsprechung deutlicher erkennbar, was sicherlich an ihrem grundrechtlichen Fundament bestehend in Art. 2 Abs. 1 GG i.V.m. Art. 1 GG liegt.[149] Die ausdrückliche Nennung der Selbstbestimmung steht im grundrechtlichen Kontext und ist klar auf die Grundrechtssystematik zurückzuführen.[150] Der Selbstbestimmungsaspekt ist nach deutschem Rechtsverständnis ausgeprägter als nach dem Unionsrecht. Vor dem Hintergrund der Fremdbestimmtheit der Arbeitsprozesse ist die Selbstbestimmung als Kontrast dazu ein unverzichtbares Element des Urlaubszwecks. Der Arbeitnehmer kann sich während der urlaubsbedingten Freistellung als Individuum verwirklichen, ohne auf seine Arbeitskraft und seine betriebliche Eingliederung beschränkt zu werden.[151]

3. *Wirkung und Zusammenspiel zu einem einheitlichen Urlaubszweck*

Nicht nur auf der Ebene des nationalen, sondern auch auf der Ebene des dabei zu berücksichtigenden unionsrechtlichen Urlaubsrechts werden die Erholung und die Selbstbestimmung als Urlaubszweck verstanden. Zum Teil wird vom „Doppelzweck" des Urlaubes gesprochen.[152] Dass der Arbeitnehmer selbstbestimmt über seine Freizeitgestaltung bestimmen kann, steht dem Erholungszweck nicht entgegen, denn der Arbeitnehmer darf seine Freizeit selbstbestimmt zur Erholung nutzen.[153] Letztlich ist es dem Arbeitnehmer überlassen, wie er diese Zeit nutzt. Vor privaten Angelegenheiten, die den Erholungszweck gefährden oder beeinträchtigen, kann das Gesetz den Arbeitnehmer schließlich nicht schützen. Gerade durch den fehlenden Erholungszwang verdeutlicht sich die Selbstbestimmung.[154] Der Arbeitgeber kann keinen Einfluss auf die Verwirklichung der Erholung durch den Arbeitnehmer nehmen, da diese vom Arbeitnehmer

---

149 Darauf hinweisend auch *Okoye-Montis*, Urlaubszweck und Urlaubsstörungen, S. 100; HK-ArbR/*Holthaus*, § 1 BUrlG Rn. 7.

150 *Winderlich*, AuR 1989, 300, 303; *Overkamp*, Urlaubsanspruch und krankheitsbedingte Arbeitsunfähigkeit, S. 14 f.

151 HK-ArbR/*Holthaus*, § 1 BUrlG Rn. 7; *Okoye-Montis*, Urlaubszweck und Urlaubsstörungen, S. 107.

152 *Okoye-Montis*, Urlaubszweck und Urlaubsstörungen, S. 100; *Plüm*, NZA 2013, 11, 13.

153 BAG v. 08.03.1984 - 6 AZR 600/82, NZA 1984, 197, 200; *Höpfner*, RdA 2013, 65, 66.

154 *Okoye-Montis*, Urlaubszweck und Urlaubsstörungen, S. 106; *Böckel*, Das Urlaubsrecht in der betrieblichen Praxis, S. 23.

selbstbestimmt wahrzunehmen ist.[155] Wie *Plüm* richtigerweise feststellt, unterliegt der Arbeitnehmer keinen „Benimmregeln", ein urlaubszweckmäßiges Verhalten kann daher allenfalls erhofft,[156] bis auf eine Tätigkeit im Sinne von § 8 BUrlG, jedoch nicht durch den Arbeitgeber unterbunden werden.

Die Erholung ist einerseits Bestandteil des Gesetzeszwecks, andererseits ist ein Erholungsbedürfnis weder Voraussetzung für den Urlaubsanspruch noch schuldet der Arbeitgeber dem Arbeitnehmer dessen tatsächliche Erholung.[157] Es würde dem Gesetzeszweck widersprechen, aus der fehlenden Erfüllungsvoraussetzung „Eintritt der Erholungswirkung" zu schlussfolgern, dass den Arbeitgeber in diesem Zusammenhang keinerlei Pflicht treffe. Der Arbeitgeber muss richtigerweise nicht auf die Erholung des Arbeitnehmers aktiv hinwirken oder für die tatsächliche Erholung des Arbeitnehmers einstehen,[158] allerdings hat er ein erholungsschädliches Verhalten zu unterlassen, das innerhalb seines Einflussbereiches liegt.[159] Der damals für das Urlaubsrecht zuständige *Fünfte Senat* des *Bundesarbeitsgerichts* entschied, dass es dem Arbeitnehmer in Anbetracht des Erholungszwecks zu verwehren sei, in der Zeit des Erholungsurlaubes für den Arbeitgeber zu arbeiten.[160] An dieser Einschätzung ist erkennbar, dass der Arbeitgeber nicht derart handeln darf, dass er den Arbeitnehmer veranlasst, während des Erholungsurlaubes für ihn tätig zu sein. In dieser Hinsicht treffen die Aspekte der Erholung und der Selbstbestimmung besonders deutlich aufeinander: Wenn es keine „Benimmregeln" gibt, muss die Freizeit selbstbestimmt gestaltbar sein. Das Urlaubsrecht bietet den Rahmen für die selbstbestimmte Erholung. Es liegt jedoch am Arbeitnehmer, die Urlaubszeit zu diesem Zweck zu nutzen.

Die Urlaubszwecke stehen nicht nur nebeneinander, sondern gehen ineinander über,[161] was sich daran verdeutlicht, dass die Erholung gerade in dem Freisein von den Pflichten aus dem Arbeitsverhältnis liegt und der Arbeitnehmer auf diese Weise zum Dasein als eine völlig freie Persönlichkeit zurückkehrt.[162]

---

155 ErfK/*Gallner*, § 1 BUrlG Rn. 11; LAG Köln v. 07.02.2011 - 5 Sa 891/10 -, juris Rn. 144; dem zustimmend *Okoye-Montis*, Urlaubszweck und Urlaubsstörungen, S. 105 Fn. 568.

156 *Plüm*, NZA 2013, 11, 13.

157 *Powietzka/Rolf*, BUrlG, § 1 BUrlG Rn. 17.

158 *Plüm*, NZA 2013, 11, 13.

159 Zutreffend davon ausgehend, dass der Arbeitgeber die Möglichkeit zur Erholung schuldet: *Freyler*, Mobile Office, S. 289, offenbar auch *Winderlich*, AuR 1989, 300, 303.

160 BAG v. 14.05.1964 – 5 AZR 239/63 –, juris Rn. 35.

161 *Renaud*, Die Abgeltung von Urlaubsansprüchen, S. 40.

162 *Winderlich*, AuR 1989, 300, 303.

Wenngleich diese Darstellung das Bild des unfreien Arbeitnehmers, insbesondere in Anbetracht der arbeitszeit- und arbeitsschutzrechtlich eingeräumten Ruhezeiten und Ruhephasen überzeichnet, ist richtig, dass gerade die Pflichtentbindung ein Loslassen vom Alltag erlaubt, das für viele Arbeitnehmer eine erholsame Wirkung hat. Letztlich ist daher für die Erholung gerade die selbstbestimmte Freizeitnutzung entscheidend.[163]

Neben dem Gesundheitsschutz geht es um den Schutz des Soziallebens des Arbeitnehmers.[164] Die Verflechtung von Selbstbestimmung und Erholung vermag eine isolierte Betrachtung, nach der entweder lediglich der Erholungszweck oder allein die Selbstbestimmung als Urlaubszweck genannt wird, nicht zu rechtfertigen. Die überwiegende Auffassung in der neueren Literatur[165] und in der Rechtsprechung[166] ist diejenige von der Doppelnatur des Urlaubszwecks. Nicht überzeugend ist es, auf ein Stufenverhältnis zwischen Erholung und Selbstbestimmung[167] oder auf eine isolierte Zweckbestimmung, nach der entweder die Erholung[168] oder die Selbstbestimmung[169] den Urlaubszweck bildet, abzustellen. Die moderne Arbeitswelt führt zu Belastungen im psychischen Bereich, zu denen der Urlaubsanspruch ein Gegengewicht darstellen kann.[170] Die Elemente der Erholung und der Selbstbestimmung sind folglich nicht getrennt voneinander, sondern miteinander als Teilaspekte des Urlaubszwecks zu betrachten, die gemeinsam einen einzigen Urlaubszweck bilden. Prägnant und zutreffend ist daher die Formulierung, dass der Urlaub nicht nur Freiheit von etwas,

---

163 *Falder*, NZA 2010, 1150, 1155.

164 *Körlings*, Mobile Erreichbarkeit von Arbeitnehmern, S. 91; zur sozialen Komponente auch *Overkamp*, Urlaubsanspruch und krankheitsbedingte Arbeitsunfähigkeit, S. 15.

165 *Renaud*, Die Abgeltung von Urlaubsansprüchen, S. 40; *Winderlich*, AuR 1989, 300, 303, 306; NK-ArbR/*Düwell*, § 1 BUrlG Rn. 27; *Okoye-Montis*, Urlaubszweck und Urlaubsstörungen, S. 100 ff.

166 BAG v. 01.03.1962 - 5 AZR 191/61, NJW 1962, 1268, 1269.

167 *Leege*, Das Verhältnis von Urlaubs- und Urlaubsabgeltungsanspruch, S. 55-88, der die Selbstbestimmung als primären Zweck erachtet und den Gesundheitsschutz als sekundären Zweck.

168 Entgegen des sonst heutzutage ganz herrschenden Urlaubszweckverständnisses wohl *Fenski*, NZA 2014, 1381.

169 *Baumert*, DB 1966, 1565, nach dem „der Zweck des Urlaubs nicht die Erholung, sondern die Gewährung der Möglichkeit, ohne finanzielle Sorgen seine Freizeit nach eigenem Gutdünken zu gestalten und zum Lebensgenuss zu kommen."

170 *Renaud*, Die Abgeltung von Urlaubsansprüchen, S. 40.

ausdrücklich der Arbeitspflicht, sondern auch Freiheit zu etwas, namentlich zur selbstbestimmten Erholung ist.[171]

V. Verständnis und Rechtsnatur des Urlaubsanspruchs

Diskutiert wird, ob der Urlaubsanspruch das Element der Entgeltzahlung beinhaltet oder ob der Entgeltanspruch selbstständig neben dem Urlaubsanspruch steht und die Entgeltfortzahlung eine Ausnahme vom Grundsatz „ohne Arbeit kein Lohn" ist. Mit dem zunehmenden Einfluss des Unionsrechts scheint der Urlaubsanspruch nicht nur ein einfacher privatrechtlicher Anspruch aus dem Arbeitsverhältnis zu sein, sondern daneben eine arbeitsschutzrechtliche Dimension zu haben.

1. Einheitsanspruch oder Freistellungsanspruch?

Während das *Bundesarbeitsgericht* den Urlaubsanspruch im Jahr 1960 noch als Einheitsanspruch, bestehend aus den Elementen Freizeitgewährung und Zahlung des Urlaubsentgelts, verstand, betrachtet es ihn nunmehr als reinen Freistellungsanspruch.[172] Während der Freistellung folge die Zahlungspflicht des Arbeitgebers weiterhin aus § 611a BGB in Verbindung mit dem Arbeitsvertrag, weil das Bundesurlaubsgesetz keinen besonderen Urlaubsentgeltanspruch enthalte, sondern lediglich der Sicherstellung der Entgeltzahlung diene.[173] Der Urlaubsanspruch sei ein Anspruch des Arbeitnehmers auf seine Freistellung von der Arbeitspflicht unter der Fortzahlung seines Lohns.[174] Trotz der Freistellung seien die übrigen arbeitsvertraglichen Pflichten und die Entgeltzahlung nicht suspendiert.[175]

Der *Europäische Gerichtshof* hält den Anspruch auf bezahlten Jahresurlaub aus Art. 7 Abs. 1 RL 2003/88/EG für einen Anspruch, der zwei Aspekte, nämlich den Jahresurlaub und das Urlaubsentgelt, erfasse, kurzum für einen

171 *Herschel*, Mittelbare Probleme der Arbeitszeitverkürzung, S. 171; *Winderlich*, AuR 1989, 300, 303; *Leege*, Das Verhältnis von Urlaubs- und Urlaubsabgeltungsanspruch, S. 56.

172 Etwa BAG v. 08.03.1984 - 6 AZR 600/82, NZA 1984; v. 07.07.1988 - 8 AZR 472/86, NZA 1989, 68, 69.

173 BAG v. 08.03.1984 - 6 AZR 600/82, NZA 1984, 197; v. 01.12.1983 - 6 AZR 299/80, NZA 1984, 194, 195.

174 BAG v. 01.12.1983 - 6 AZR 299/80, NZA 1984, 194, 195; v. 08.03.1984 - 6 AZR 600/82, NZA 1984, 197.

175 BAG v. 07.07.1988 - 8 AZR 472/86, NZA 1989, 68, 69.

Einheitsanspruch.[176] Diese Einordnung beruht in erster Linie darauf, dass das europäische Recht keine schuldrechtliche Grundlage hat, weshalb der Entgeltanspruch nur mit dem Urlaubsanspruch selbst, als dessen Inhalt, begründbar ist.[177] Nur bei gleichbleibender wirtschaftlicher Stellung des Arbeitnehmers wie in Zeiten der nicht suspendierten bestehenden Arbeitspflicht sei der Schutzzweck des Urlaubes gewährleistet.[178] Erst diese Einordnung als Einheitsanspruch ermöglicht dem *Europäischen Gerichtshof* seine weitreichende Rechtsprechung auf dem Gebiet des Urlaubsrechts.

Der *Neunte Senat* des *Bundesarbeitsgerichts* scheint sich der Rechtsprechung des *Europäischen Gerichtshofs* anzunähern, wenn er feststellt, dass sich der Urlaubsanspruch aus dem Bundesurlaubsgesetz nicht auf die Freistellung des Arbeitnehmers beschränke.[179] Die Frage nach der Rückkehr zur Behandlung des Urlaubsanspruchs als Einheitsanspruch lässt der *Senat* ausdrücklich offen.[180] Das nationale Arbeitsrecht gewährleistet die Entgeltzahlung während des Urlaubes ausreichend, weshalb es für eine Vereinbarkeit mit den unionsrechtlichen Vorgaben nicht darauf ankommt, ob der Anspruchsinhalt des § 1, 3 Abs. 1 BUrlG nach der Freistellungs- oder nach der Einheitstheorie bestimmt wird.[181] Für das deutsche Recht erscheint die Annahme des Freistellungsanspruchs gleichwohl schlüssig, da darin deutlich wird, dass die Freistellung lediglich zur Suspendierung der Arbeitsleistungspflicht führt, während das Arbeitsverhältnis im Übrigen unverändert fortbesteht.

2. *Privatrechtlicher Anspruch*

Das deutsche Urlaubsrecht ist privatrechtlicher Natur.[182] Der Urlaubsanspruch ist ein schuldrechtlicher Anspruch, womit das allgemeine Schuldrecht,

---

176 EuGH v. 20.01.2009 - C-350/06, C-520/06, NZA 2009, 135, 139 Rn. 60; v. 29.11.2017 – C-214/16 (Conley King / The Sash Window Workshop Ltd, Richard Dollar), NZA 2017, 1591, 1592 Rn. 35; v. 13.12.2018 – C-385/17 (Torsten Hein / Albert Holzkamm GmbH & Co. KG), NZA 2019, 47, 48 Rn. 24.

177 *Schubert*, NZA 2013, 1105, 1106.

178 EuGH v. 06.03.2006 - C-131/04 und C-257/04 (C.D. Robinson-Steele/R.D. Retail Services Ltd; Michael Jason Clarke/Frauke Staddon Ltd.), NZA 2006, 481, 483 Rn. 58; Preis/Sagan/*Mehrens/Witschen*, Europäisches Arbeitsrecht, § 7 Rn. 7.

179 BAG v. 10.02.2015 – 9 AZR 455/13, NZA 2015, 998, 999 f. Rn. 21.

180 BAG v. 10.02.2015 – 9 AZR 455/13, NZA 2015, 998, 1000 Rn. 22, v. 30.01.2019 – 5 AZR 43/18, NZA 2019, 768, 772 Rn. 42; *Mehrens/Witschen*, EuZA 2019, 326, 333 f.

181 *Rambach/Feldmann*, ZTR 2010, 561.

182 *Daum*, RdA 2020, 179, 180; *Natzel*, Bundeurlaubsrecht, § 1 BUrlG Rn. 38 f.; GK-BUrlG/*Bleistein*, § 1 BUrlG Rn. 7.

insbesondere das Leistungsstörungsrecht, zu beachten ist.[183] Der Urlaubsanspruch aus §§ 1, 3 Abs. 1 BUrlG ist daher nicht öffentlich-rechtlicher Natur.[184] Im Zusammenhang mit dem Urlaubsrecht ist gleichwohl von einer privatrechtlichen Arbeitsschutzpflicht des Arbeitgebers die Rede.[185] Der Arbeitsschutz ist aber nicht auf öffentlich-rechtliche Normen beschränkt.[186] Aus § 618 BGB folgt im privatrechtlichen Schuldverhältnis die Pflicht des Arbeitgebers, für die Gesundheit des Arbeitnehmers Sorge zu tragen. Wenngleich der Anwendungsbereich des § 618 Abs. 1 BGB nach dessen Wortlaut eng gestaltet ist, wird er dennoch weit verstanden, um die Persönlichkeitssphäre und mit ihr die psychische Gesundheit des Arbeitnehmers zu schützen.[187] Diese Schutzpflicht erstreckt sich auf den Urlaubsanspruch.[188] Dieser ist daher nach nationalem Recht privatrechtlicher Art mit einem arbeitsschutzrechtlichen Charakter. Hierin zeigt sich ein wichtiger Unterschied zu dem Arbeitszeitrecht, welchem zum Teil öffentlich-rechtlicher Charakter zukommt, der sich aus den behördlichen Überwachungsmechanismen ergibt.[189]

3. *Der Urlaubsanspruch als Bestandteil des Arbeitsschutzrechts*

Der unionsrechtliche Urlaubsanspruch verfolgt arbeitsschutzrechtliche Zwecke, indem er der Erhaltung der Sicherheit und Gesundheit des Arbeitnehmers dient.[190] Der Arbeitsschutzcharakter ist auf das Erholungselement als gesundheitspolitischer Zweck gerichtet.[191] Der Anspruch aus Art. 7 Abs. 1 RL 2003/

---

183 HK-ArbR/Holthaus, § 1 BUrlG Rn. 2.

184 *Leinemann/Linck*, Urlaubsrecht, § 1 BUrlG Rn. 34; BeckOK-ArbR/*Lampe*, § 1 BUrlG Rn. 3; ErfK/*Gallner*, § 1 BUrlG Rn. 12.

185 Kohte/Faber/Feldhoff/*Hinrichs*, Gesamtes Arbeitsschutzrecht, Urlaub im Kontext des Arbeits- und Gesundheitsschutzes, Rn. 14; *Daum*, RdA 2020, 179, 181.

186 Kohte/Faber/Feldhoff/*Hinrichs*, Gesamtes Arbeitsschutzrecht, Urlaub im Kontext des Arbeits- und Gesundheitsschutzes, Rn. 14; LAG München v. 06.05.2015 – 8 Sa 982/14, BeckRS 2015, 72670 Rn. 65; ErfK/*Wank* § 618 BGB Rn. 3.

187 HK-ArbR/*Waas/Palonka*, § 618 BGB Rn. 4; Staudinger/*Oetker*, § 618 BGB 12; HWK-ArbR/*Krause*, § 618 BGB Rn. 10, 14, 17; *Daum*, RdA 2020, 179, 180; Bezug zu § 618 BGB speziell für Erreichbarkeit herstellend *Däubler*, ZTR 2016, 359, 361.

188 *Daum*, RdA 2020, 179, 180 f.; ohne dogmatische Begründung das Urlaubsrecht nach dem BUrlG dem „sozialen" Arbeitsschutz zuordnend: *Schubert*, NZA 2013, 1105.

189 *Daum*, RdA 2020, 179, 181; ErfK/*Wank*, § 618 BGB Rn. 3; *Leinemann/Linck*, Urlaubsrecht, § 1 BUrlG Rn. 34.

190 EuGH v. 22.11.2011 C – 214/10, NZA 2011, 1333; *Plüm*, NZA 2013, 11, 13; Preis/Sagan/*Mehrens/Witschen*, Europäisches Arbeitsrecht, § 7 Rn. 7.

191 Siehe dazu *Schubert*, NZA 2013, 1105, 1106.

88/EG lässt sich mit der Kompetenz der Union für den Gesundheitsschutz nach Art. 153 Abs. 1 lit. a AEUV begründen. Der Urlaub wird als Bestandteil des nichttechnischen Arbeitsschutzes verstanden und hat als solcher einen öffentlich-rechtlichen Schutzauftrag, weshalb er in derselben Richtlinie, der Arbeitszeitrichtlinie, geregelt ist.[192] Er ist dem unionsrechtlichen Arbeitsschutzrecht zuzuordnen.[193] Insbesondere aus den Erwägungsgründen zur Richtlinie, allen voran aus dem fünften Erwägungsgrund wird dieser Zusammenhang und das gewissermaßen bestehende Stufenverhältnis zwischen Arbeitszeit- und Urlaubsrecht durch den Hinweis, die Mindestruhezeiten bestünden je, Tag, Woche und Jahr, wobei sich letzteres nur auf den Urlaub beziehen kann, erkennbar. Die Richtlinie hat aufgrund der enthaltenen Mindestvorschriften für die Sicherheit und Gesundheit der Arbeitnehmer (erster Erwägungsgrund) öffentlich-rechtlichen Schutzcharakter.[194]

Das *Landesarbeitsgericht Berlin-Brandenburg* ordnet den Urlaubsanspruch seinem Ziel nach dem Arbeitsschutzrecht zu.[195] Aus seinen Ausführungen, etwa dem Vergleich mit den Pflichten des Arbeitgebers im Rahmen des Arbeitszeitrechts und da dem Arbeitgeber die Alleinverantwortung für die rechtzeitige Erfüllung des Urlaubsanspruchs auferlegt wird, lässt sich schließen, dass das *Landesarbeitsgericht* den öffentlich-rechtlichen Arbeitsschutz meint.[196] Denn der Arbeitgeber habe dem Arbeitnehmer von sich aus rechtzeitig Urlaub zu gewähren, wenn der Arbeitnehmer keine Urlaubswünsche, auch nicht auf Nachfrage, äußere. Dies ergebe sich aus dem Wortlaut des § 7 Abs. 3 BUrlG, wonach der Urlaub „zu nehmen und zu gewähren" sei, in Zusammenschau mit der Arbeitszeitrichtlinie.[197]

Dass das Arbeitszeit- und das Urlaubsrecht gewisse Parallelen, insbesondere bezüglich des Gesetzeszwecks und damit der Schutzrichtung aufweisen, wurde bereits erwähnt.[198] Hieraus einen derartigen Vergleich des Urlaubsrechts mit

---

192 LAG Berlin-Brandenburg v. 12.06.2014 – 21 Sa 221/14, NZA-RR 2014, 631 633; *Daum*, RdA 2020, 179, 180; Kohte/Faber/Feldhoff/*Hinrichs*, Gesamtes Arbeitsschutzrecht, Urlaub im Kontext des Arbeits- und Gesundheitsschutzes, Rn. 14.

193 LAG Berlin-Brandenburg v. 12.06.2014 – 21 Sa 221/14, NZA-RR 2014, 631 633.

194 *Daum*, RdA 2020, 179.

195 LAG Berlin-Brandenburg v. 12.06.2014 – 21 Sa 221/14, NZA-RR 2014, 631 633.

196 LAG Berlin-Brandenburg v. 12.06.2014 – 21 Sa 221/14, NZA-RR 2014, 631 633 f., der Arbeitgeber habe seinen Pflichten zum Gesundheitsschutz auch ohne Aufforderung nachzukommen und auch den Jahresurlaubsanspruch ohne Aufforderung zu erfüllen.

197 LAG Berlin-Brandenburg v. 12.06.2014 – 21 Sa 221/14, NZA-RR 2014, 631 633.

198 Siehe dazu erstes Kapitel § 1 I.2.

dem Arbeitszeitrecht, dessen Einhaltung der behördlichen Kontrolle unterliegt, vorzunehmen, erscheint fragwürdig. Ein entscheidender, vom *Landesarbeitsgericht Berlin-Brandenburg* übergangener Unterschied ist offensichtlich: Das Arbeitszeitgesetz gibt feste Grenzen bezüglich der Tages- und Wochenarbeitszeiten vor und bezieht sich auf alltägliche Arbeitsabläufe. Das Bundesurlaubsgesetz sieht hingegen ausdrücklich vor, dass die Wünsche der Arbeitnehmer zum Urlaubszeitraum zu berücksichtigen sind. Arbeitnehmer können und sollen Einfluss auf die Arbeitgeberentscheidung zur Urlaubsgewährung nehmen, indem sie selbst den Urlaub beantragen. Es ist dem Urlaubsrecht somit fremd, den Arbeitgeber notfalls zwangsweise über den Urlaubsanspruch einseitig entscheiden zu lassen und den Arbeitnehmer unter Umstände gegen dessen Willen freistellen zu können. Der Ansicht des *Landesarbeitsgerichts Berlin-Brandenburg* ist aus diesem Grunde nicht zuzustimmen. Dagegen folgte das *Landesarbeitsgericht München* der Argumentation und Begründung zur Pflicht des Arbeitgebers bezüglich der eigenständigen Urlaubsgewährung.[199] Dabei ließ es offen, ob der Urlaubsanspruch dem öffentlichen oder dem privatrechtlichen Arbeitsschutzrecht zuzuordnen ist, obgleich es darauf hinwies, dass zivilrechtliche Normen ebenso dem Arbeitsschutz zuordenbar seien, wie sich an § 618 BGB zeige.[200]

Eine solche Einordnung, die sich gegen die traditionelle und dem deutschen Schuldrecht entsprechende Einordnung des Urlaubsanspruchs als privatrechtlicher Anspruch richtet oder diese jedenfalls in Frage stellt, ist indes nicht erforderlich, um die Anforderungen der Arbeitszeitrichtlinie im nationalen Urlaubsrecht sicherzustellen. Dass sich die privatrechtliche Einordnung des Urlaubsrechts nach nationalem Recht und das unionsrechtliche öffentlich-rechtlich geprägte Schutzverständnis des Urlaubsanspruchs nicht widersprechen, verdeutlicht sich an der Umsetzung der vom *Europäischen Gerichtshof* aus Art. 7 Abs. 2 RL 2003/88/EG herausgearbeiteten Vorgaben zu der Mitwirkung des Arbeitgebers bei der Urlaubsgewährung.[201] Diese hat der *Neunte Senat* des *Bundesarbeitsgerichts* durch richtlinienkonforme Auslegung des § 7 Abs. 1 Satz 1 BUrlG in das privatrechtliche deutsche Urlaubsrecht übernommen.[202] Vorinstanz war das

199 LAG München v. 06.05.2015– 8 Sa 982/14, BeckRS 2015, 72670 Rn. 56 ff.

200 LAG München v. 06.05.2015– 8 Sa 982/14, BeckRS 2015, 72670 Rn. 65, wenngleich die weitreichende Pflicht, die dem Arbeitgeber durch die Gewährung von Urlaub ohne Aufforderung des Arbeitnehmers, auferlegt wird, nur in das öffentlich-rechtliche Arbeitsschutzrecht passt.

201 EuGH v. 06.11.2018 – C-684/16, NZA 2018, 1474; v. 06.11.2018 – C-619/16, NZA 2018, 1612.

202 BAG v. 19.02.2019 – 9 AZR 541/15, NZA 2019, 982; dazu *Daum*, RdA 2020, 179.

Landesarbeitsgericht München mit seiner erwähnten Entscheidung. Der *Neunte Senat* legte sodann dem *Europäischen Gerichtshof* auf dieser Grundlage im Vorabentscheidungsverfahren die Frage vor, ob der Arbeitnehmer seinen Urlaub beantragen müsse, damit der Urlaubsanspruch nicht ersatzlos untergehe oder ob der Arbeitgeber unter Umständen verpflichtet sei, die zeitliche Lage des Urlaubes einseitig festzulegen.[203] Aus der Vorgabe des *Europäischen Gerichtshofs*, der Arbeitgeber müsse den Arbeitnehmer durch Aufklärung tatsächlich in die Lage versetzen, seinen Urlaubsanspruch wahrzunehmen,[204] leitete der *Neunte Senat* im Wege unionsrechtskonformer Auslegung des § 7 Abs. 1 Satz 1 BUrlG eine Mitwirkungsobliegenheit ab.[205] Der Arbeitgeber trägt damit nicht nur für die Erfüllung des Urlaubsanspruchs die Verantwortung, sondern zuvor dafür, dass der Urlaubsanspruch nicht aufgrund Zeitablaufs ersatzlos wegen § 7 Abs. 3 Satz 2 BUrlG erlischt, ohne dass der Arbeitnehmer in die Lage versetzt wurde, seinen Urlaubsanspruch geltend zu machen.

Für das privatrechtliche Arbeitsschutzrecht ist es typisch, dass der Arbeitnehmer die Erfüllung privatrechtlicher Arbeitsschutzpflichten selbst durchsetzen muss.[206] Die Entscheidung des *Neunten Senats* durchbricht gewissermaßen diese Systematik. Die privatrechtliche Arbeitsschutzpflicht des Arbeitgebers erschöpfte sich in diesem Reaktionsakt auf den Urlaubsantrag. Indem nunmehr dem Arbeitgeber die Obliegenheit auferlegt wird, den Arbeitnehmer darüber hinaus auf das Bestehen des Urlaubsanspruchs hinzuweisen, muss nicht mehr allein der Arbeitnehmer die Urlaubsgewährung einleiten und somit dafür Sorge tragen, dass sein Urlaubsanspruch erfüllbar bleibt, indem er nicht durch Zeitablauf erlischt. Dem Urlaubsantrag wird mangels Zwangsbeurlaubungsrecht beziehungsweise -pflicht des Arbeitgebers,[207] die Obliegenheit des Arbeitgebers zur Mitwirkung der notwendigen Arbeitnehmerhandlung vorgelagert. Die Obliegenheit ist ein Instrument des Schuldrechts.[208] Sie gibt dem Schuldner ein gewisses Tun oder Unterlassen auf, wobei der Schuldner bei einem anderweitigen Verhalten keine Pflicht gegenüber seinem Gläubiger verletzt, hierdurch aber

---

203 BAG v.13.12.2016 – 9 AZR 541/15 (A), NZA 2017, 271.

204 EuGH v. 06.11.2018 – C-684/16, NZA 2018, 1474, 1478 Rn. 61.

205 BAG v. 19.02.2019 – 9 AZR 541/15, NZA 2019, 982, 984 Rn. 42.

206 ErfK/*Wank*, § 618 BGB Rn. 3.

207 Dies fordert der *EuGH* nicht ein, v. 06.11.2018 – C-684/16, NZA 2018, 1474, 1476 Rn. 44, es wäre im Übrigen auch national nur möglich, wenn das Urlaubsrecht dann doch dem öffentlich-rechtlichen Arbeitsschutz zugeordnet werden würde.

208 Siehe hierzu etwa MünchKomm-BGB/*Baldus*, § 985 BGB Rn. 153; Creifelds/*Schmidt*, Rechtswörterbuch kompakt, Obliegenheit.

rechtliche Nachteile gegen sich selbst auslöst.[209] Der Begünstigte, in diesem Fall der Arbeitnehmer, ist durch die Obliegenheit geschützt, sie verleiht ihm aber kein Recht.[210]

Dem Privatrecht ist das Prinzip, dass der Schuldner die Verantwortung für den Anspruch des Gläubigers in Teilen übernimmt, grundsätzlich fremd. Jedoch ist das Arbeitsrecht in erster Linie Arbeitnehmerschutzrecht, woraus sich Besonderheiten gegenüber sonstigen Vertragstypen des bürgerlichen Rechts ergeben können.[211] Wie *Daum* zu Recht feststellt, wird der privatrechtliche Charakter mit der unionsrechtlichen öffentlich-rechtlichen Dimension in Einklang gebracht, ohne diesen dem Grunde nach in Frage zu stellen.[212] Diese Rechtsprechung stellt keinen Systembruch dar.[213] Anderes wäre nur anzunehmen gewesen, wenn eine richtlinienkonforme Auslegung des § 7 Abs. 1 BUrlG zu dem Ergebnis eines Zwangsbeurlaubungsrechts beziehungsweise einer derartigen Pflicht des Arbeitgebers hätte führen müssen. In diese Richtung gingen die bereits genannten Entscheidungen der *Landesarbeitsgerichte Berlin-Brandenburg* und *München*. Dies ist indes mit der schuldrechtlichen Dogmatik des Urlaubsanspruchs aus §§ 1, 3 Abs. 1 BUrlG nicht vereinbar, weil ein Zwangsbeurlaubungsrecht dem Arbeitgeber eine weitgehende Pflicht auferlegen würde, die nicht dem Wesen des Privatrechts, auch nicht unter Berücksichtigung der Besonderheiten des Arbeitsrechts, entspricht.

Die Mitwirkungsobliegenheit fügt sich in das privatrechtliche Arbeitsschutzrecht ein, da sie dem privatrechtlichen Charakter des Urlaubsanspruchs nicht entgegensteht, denn letztlich liegt es am Arbeitnehmer, seinen Urlaubsanspruch geltend zu machen. Hiervon wird er nicht frei, sofern er seinen Urlaubsanspruch wahrnehmen möchte. Dem Arbeitgeber wird indes eine Initiativlast auferlegt.[214] Versäumt es der Arbeitgeber, seiner Mitwirkungsobliegenheit nachzukommen, kann der Urlaubsanspruch nicht entfallen. Die schuldrechtliche Ebene wird nicht durch ein etwaiges Zwangsbeurlaubungsrecht, das in richtlinienkonformer Auslegung des § 7 Abs. 1 Satz 1 BUrlG zu Recht abgelehnt wurde, in Frage gestellt.

---

209 *Medicus/Lorenz*, Schuldrecht I AT, § 13 Rn. 115; *Schulze*, Die Naturalobligation, S. 345.

210 *Schulze*, Die Naturalobligation, S. 347.

211 *Hueck/Nipperdey*, Arbeitsrecht, S. 25 f.; HWK-ArbR/*Thüsing*, Vor § 611a BGB, Rn. 1.

212 *Daum*, RdA 2020, 179.

213 *Daum*, RdA 2020, 179, 180.

214 BAG v. 22.10.2019 – 9 AZR 98/19, NZA 2020, 307, 308 Rn. 12; ErfK/*Gallner*, § 1 BUrlG Rn. 12a; LAG Köln v. 09.04.2019 - 4 Sa 242/18, BeckRS 2019, 9979 Rn. 33; *Witschen*, Der Urlaubsanspruch, S. 46, 59.

Die Mitwirkungsobliegenheit des Arbeitgebers verdeutlicht das ausgeprägte Schutzniveau des Erholungsurlaubsanspruchs zugunsten des Arbeitnehmers.

VI. Zusammenfassung

Das Bundesurlaubsgesetz besteht seit über 50 Jahren. Normative Änderungen gab es seither kaum. Spätestens mit der Entscheidung des *Europäischen Gerichtshofs* in der Rechtssache *Schultz-Hoff* ist das Urlaubsrecht dennoch im Wandel. Die Normen des Bundesurlaubsgesetzes müssen dieser Entwicklung durch ihre richtlinienkonforme Auslegung standhalten. Gleichwohl ist der Urlaubszweck beider Rechtsquellen, im deutschen Recht bestehend aus Erholung und Selbstbestimmung, auf Ebene des Unionsrecht bestehend aus Erholung, Entspannung und Freizeit, nahezu identisch. Dass der nationale und der unionsrechtliche Urlaubsanspruch unterschiedlicher Rechtsnatur sind, führt lediglich zu einer unterschiedlichen Herleitung des Arbeitsschutzes. Doch auch für den privatrechtlichen Urlaubsanspruch gilt, dass dem Arbeitgeber als Schuldner eine gewisse Verantwortung bei der Urlaubsgewährung zukommt. Inwieweit der Arbeitgeber im Übrigen die Erfüllung des Urlaubsanspruchs beeinflussen kann und muss, gilt es im Weiteren zu untersuchen.

§ 2 Der Urlaubsanspruch und seine Erfüllung

Nachfolgend sind die Voraussetzungen des Urlaubsanspruchs zu skizzieren und die Erfüllungsstufen im Einzelnen näher darzustellen, um in der Folgebetrachtung denkbare Urlaubsstörungen rechtlich einordnen zu können. Die folgenden Ausführungen sind gewissermaßen das „Grundgerüst“ für die weitere Betrachtung.

I. Anspruchsvoraussetzungen

Der Urlaubsanspruch richtet sich auf die Befreiung des Arbeitnehmers von seiner arbeitsvertraglich geschuldeten Hauptpflicht, der Arbeitspflicht.[215] Anspruchsberechtigt sind daher nur Arbeitnehmer. Arbeitnehmer im Sinne des Bundesurlaubsgesetzes sind auch, anders als etwa im Sinne des Betriebsverfassungsgesetzes, leitende Angestellte. Das Bundesurlaubsgesetz ist auf alle Arbeitnehmer im Sinne des § 611a BGB sowie auf Auszubildende nach dem

---

215 BAG v. 20.01.2009 - 9 AZR 650/07, AP BUrlG § 7 Abgeltung Nr. 91 Rn. 24; *Leinemann/Linck*, Urlaubsrecht, Einleitung Rn. 1.

Berufsbildungsgesetz anwendbar.[216] Die Gewährleistungen des Unionsrechts sind zudem für Personen, die nach nationalem Verständnis nicht Arbeitnehmer sind, wie im umstrittenen Fall des Fremdgeschäftsführers, zu berücksichtigen.[217] Das Bundesurlaubsgesetz soll daher als Ausführungsgesetz für diese Gruppe zu beachten sein.[218] Örtlich ist das Bundesurlaubsgesetz auf Arbeitnehmer, die sich auf Reisen im Ausland und damit während des Urlaubszeitraums (teilweise) außerhalb des eigentlichen räumlichen Geltungsbereichs befinden, ebenso wie auf diejenigen, die den Urlaub im Inland verbringen, anwendbar.[219] Die Anwendbarkeit des Bundesurlaubsgesetzes ergibt sich in erster Linie aus dem Arbeitsvertragsstatut.[220] Im Übrigen folgt die Anwendbarkeit aus Art. 8 Abs. 2 Satz 2 Rom-I-VO, da sich der gewöhnliche Beschäftigungsort während der Reise nicht verändert.[221]

Anders als nach früherem Verständnis, besteht heute Einigkeit darüber, dass der Anspruch unabhängig vom Erbringen einer Arbeitsleistung entsteht.[222] Voraussetzung ist lediglich ein zum Zeitpunkt des Urlaubes bestehendes Arbeitsverhältnis sowie der Ablauf der sechsmonatigen Wartezeit nach § 4 BUrlG. Der Urlaub ist grundsätzlich zusammenhängend zu gewähren und folgt dem Tagesprinzip.[223] Daraus ergibt sich, dass es nach dem Gesetz keinen Anspruch auf einen stundenweisen beziehungsweise einen halbtätigen Urlaub gibt.[224] Die Gewährung des Erholungsurlaubes ist eine Nebenpflicht des Arbeitgebers, die außerhalb des sonstigen arbeitsvertraglichen Synallagmas steht.[225]

---

216 HK-ArbR/*Holthaus*, § 1 BUrlG Rn. 3.

217 EuGH v. 11.11.2010 - C-232/09 (Dita Danosa/LKB Lizzings SIA), NZA 2011, 143; zu den Auswirkungen auf die Anwendbarkeit des Urlaubsrechts: *Forst*, GmbHR 2012, 821, 822.

218 HK-ArbR/*Holthaus*, § 1 BUrlG Rn. 2; *Forst*, GmbHR 2012, 821, 823.

219 Hierzu *Freyler*, Mobile Office, S. 228 f.

220 *Freyler*, Mobile Office, S. 228 f.; BAG v. 27.08.1964 - 5 AZR 364/63, NJW 1965, 319.

221 *Freyler*, Mobile Office, S. 229.

222 Siehe dazu erstes Kapitel § 1 IV 1.

223 BAG v. 29.07.1965 - 5 AZR 380/64, NJW 1965, 2174; v. 19.06.2018 – 9 AZR 615/17, NZA 2018, 1480; *Krause*, Gutachten B 71. DJT, B 55; *Reinhard*, ArbRB 2012, 186, 189.

224 BAG v. 19.06.2018 – 9 AZR 615/17, NZA 2018, 1480, 1483 Rn. 33; v. 29.07.1965 - 5 AZR 380/64, NJW 1965, 2174; LAG Baden-Württemberg v. 06.03.2019 - 4 Sa 73/18, BeckRS 2019, 7742 Rn. 41.

225 HK-*Holthaus*, § 1 BUrlG Rn. 6; HK-BUrlG/*Hohmeister*, Vorbemerkungen Rn.6; *Leinemann/Linck*, Urlaubsrecht, § 1 BUrlG Rn. 42.

Die Urlaubsdauer beträgt nach dem Bundesurlaubsgesetz gemäß § 3 Abs. 1 BUrlG mindestens 24 Werktage. Die 24 Werktage beziehen sich auf einen Arbeitsumfang von wöchentlich sechs Werktagen bei einer Vollzeittätigkeit. Die Mehrheit der vollzeittätigen Arbeitnehmer arbeitet in einer Fünftagewoche, sodass diesen nach den gesetzlichen Mindestvorgaben 20 Werktage Jahresurlaub zustehen. Nach einer Statistik der Vergütungsberatung *Compensation Partner* hat der durchschnittliche Arbeitnehmer in Deutschland aufgrund des zusätzlichen vertraglichen Mehrurlaubes insgesamt fast 29 Urlaubstage.[226] Dem Urlaubszweck wird daher in der Regel nicht allein durch den gesetzlichen Mindesturlaub entsprochen.

Der Urlaub ist nach § 7 Abs. 3 BUrlG befristet und grundsätzlich im laufenden Kalenderjahr zu gewähren und zu nehmen. Ausnahmen von der Regelung der Inanspruchnahme für das laufende Kalenderjahr sind nur im Rahmen des § 7 Abs. 3 Satz 2 BUrlG möglich. Der Anspruch ist aus diesem Grund bis zum 31. März des Folgejahres zu beantragen, damit er nicht verfällt. An dieser Stelle ist jedoch die Rechtsprechung des *Urlaubssenats* zur Mitwirkungsobliegenheit des Arbeitgebers zu beachten, die in der Praxis vielfach zu anderen Ergebnissen führen dürfte.[227]

Die Voraussetzungen des Urlaubsanspruchs sind eher gering, jedoch erheblich durch die Rechtsprechung des *Bundesarbeitsgerichts* und zunehmend durch diejenige des *Europäischen Gerichtshofs* geprägt. Sofern wichtige Fragen nicht ausdrücklich vom Gesetzgeber geregelt sind, ist die Kenntnis dieser Rechtsprechung für die Anwendung des Urlaubsrechts entscheidend.

II. Die Zweigliedrigkeit des Erfüllungstatbestandes

1. Die Erfüllung nach § 362 BGB

Die Erfüllung des Urlaubsanspruchs richtet sich mangels besonderer Regelung im Bundesurlaubsgesetz nach § 362 Abs. 1 BGB, da es sich um einen schuldrechtlichen Anspruch handelt.[228] Die Norm beinhaltet den wichtigsten schuldrechtlichen Erfüllungstatbestand und gilt für alle Ansprüche, die auf die Erbringung einer Leistung gerichtet sind.[229] Sobald der Gläubiger die ihm

226 Statistik abrufbar unter: *https://www.compensation-partner.de/de/news-und-presse/urlaubstage-2018,* - eingesehen am 18.08.2021.

227 Siehe dazu erstes Kapitel § 1 V.3.

228 Vgl. dazu bereits erstes Kapitel § 1 V.2.

229 PWW/*Pfeiffer*, § 362 BGB Rn. 4.

geschuldete Leistung erhalten hat, verliert der Anspruch seine vorherige Funktion und erlischt aus diesem Grunde.[230] Auf unionsrechtlicher Ebene ist die Erfüllung nicht geregelt.[231]

Nach § 362 Abs. 1 BGB erlischt das Schuldverhältnis, wenn die geschuldete Leistung an den Gläubiger bewirkt wird. Der Begriff des Schuldverhältnisses umfasst nicht nur das gesamte Vertragsverhältnis an sich, sondern auch einzelne daraus resultierende Leistungspflichten.[232] Regelmäßig genügt nicht schon die Vornahme einer Leistungshandlung, um die geschuldete Leistung zu bewirken, sondern es muss zusätzlich ein Leistungserfolg herbeigeführt werden, der seinerseits auf der Leistungshandlung beruht.[233] Anderes gilt nur, wenn sich die Leistungspflicht in der Vornahme einer Handlung erschöpft, da dann der Leistungserfolg schon mit der Handlung selbst eintritt.[234] Nach der heute überwiegend befürworteten Theorie der realen Leistungsbewirkung bedarf es für den Eintritt der Erfüllungswirkung nur objektiv gegebener Voraussetzungen, nicht aber, wie teilweise vertreten, einer Zweckvereinbarung oder eines subjektiven Elements.[235]

Der auf der Leistungshandlung beruhende Erfüllungserfolg tritt ein, wenn der Gläubiger entweder die geschuldete Sachleistung erhält oder ein dem Gläubiger günstiger tatsächlicher Zustand eintritt, aufgrund dessen er über die Leistung verfügen kann.[236] Eben ein solcher Zustand ist Inhalt des Erfüllungserfolgs des Urlaubsanspruchs.[237] Folglich ist für die Erfüllung des Urlaubsanspruchs nicht nur entscheidend, wie die Leistungshandlung vorzunehmen ist, sondern zudem, welchen günstigen Zustand der Arbeitgeber mit seiner Leistungshandlung herbeizuführen hat, damit der Erfüllungserfolg eintritt.

---

230 BeckOGK/*Looschelders*, § 362 BGB Rn. 28; Erman-BGB/*Buck-Heeb*, Vorbemerkung vor § 362 BGB, Rn. 2; *Larenz*, SchuldR, § 18 I S. 235.

231 BeckOGK/*Looschelders*, § 362 BGB Rn. 52.

232 Staudinger/*Olzen*, § 362 BGB Rn. 3.

233 Staudinger/*Olzen*, § 362 BGB Rn. 13 f.; *Larenz*, SchuldR, § 18 I S. 235; BeckOGK/*Looschelders*, § 362 BGB Rn. 63; PWW/*Pfeiffer*, § 362 BGB Rn. 7; MünchKomm-BGB/*Fetzer*, § 362 BGB Rn. 2.

234 PWW/*Pfeiffer*, § 362 BGB Rn. 7.

235 Für die Theorie und ausführlich zu dem Theorienstreit *Larenz*, SchuldR, § 18 I S. 236-241; Staudinger/*Olzen*, § 362 BGB Rn. 37; PWW/*Pfeiffer*, § 362 BGB Rn. 6; Erman-BGB/*Buck-Heeb*, § 362 BGB Rn. 2.

236 Erman-BGB/*Buck-Heeb*, § 362 BGB Rn. 1; BGH v. 23.01.1996 - XI ZR 75/95, NJW 1996, 1207.

237 Erman-BGB/*Buck-Heeb*, § 362 BGB Rn. 1.

2. Die Erfüllung des Urlaubsanspruchs

Damit der Urlaubsanspruch durch Erfüllung nach § 362 Abs. 1 BGB erlischt, müssen Leistungshandlung und Leistungserfolg kumulativ bewirkt worden sein.[238] Mit der Vornahme der Leistungshandlung durch den Arbeitgeber tritt nicht sogleich der Leistungserfolg ein.[239] Die Erfüllung des Urlaubsanspruchs erfolgt zweistufig.[240] Die wirksame Vornahme der Leistungshandlung leitet die Erfüllung des Urlaubsanspruchs ein.[241] Soweit der Leistungshandlung ein Leistungshindernis entgegensteht, scheitert die Urlaubsanspruchserfüllung schon aus diesem Grund.[242] Sollte sich die Erreichbarkeit in der weiteren Prüfung als Leistungshindernis erweisen, kann sie entweder ein Leistungshandlungs- oder ein Leistungserfolgshindernis sein.[243]

a) Leistungshandlung

aa) Freistellungserklärung als Willenserklärung

Die Freistellungserklärung ist die Leistungshandlung des Arbeitgebers.[244] Der Arbeitgeber muss erklären, den Arbeitnehmer von dessen arbeitsvertraglichen (Haupt-) Pflichten für den festzulegenden Zeitraum freizustellen.[245] Als Schuldner des Urlaubsanspruchs legt er den Urlaubszeitraum nach § 7 Abs. 1 BUrlG fest und stellt den Arbeitnehmer für diesen Zeitraum von der Arbeitspflicht frei.[246] Die Freistellungserklärung ist der tatsächlichen Freistellung zeitlich zwingend vorgelagert, sodass eine nachträgliche Freistellungserklärung durch die Anrechnung von Tagen, an denen der Arbeitnehmer der Arbeitspflicht nicht nachkam, auf den Urlaubsanspruch nicht möglich ist.[247] Die Freistellungserklärung muss

---

238 BAG v. 09.08.1994 - 9 AZR 384/92, NZA 1995, 174, 175; v. 09.08.2016 – 9 AZR 575/15, NZA 2016, 1392, 1394 Rn. 15.

239 *Okoye-Montis*, Urlaubszweck und Urlaubsstörungen, S.70 ff.

240 *Friese*, Urlaubsrecht, Rn. 99.

241 *Lepke*, DB 1988 Beilage, 1, 3.

242 *Okoye-Montis*, Urlaubszweck und Urlaubsstörungen, S. 117.

243 Vgl. dazu, jedoch ohne Bezugnahme auf die Erreichbarkeit, *Okoye-Montis*, Urlaubszweck und Urlaubsstörungen, S. 115; *Freyler*, Mobile Office, S.246.

244 Deinert/Heuschmid/Zwanziger/*Litzig*, Arbeitsrecht: Hdb für die Praxis, E. § 50 Rn. 120.

245 BAG v. 20.01.2009 - 9 AZR 650/07, AP BUrlG § 7 Abgeltung Nr. 91 Rn. 24; SWK-ArbR/*Holthaus*, 164 Urlaubsgewährung Rn. 1.

246 *Friese*, Urlaubsrecht, Rn. 99; *Leinemann/Linck*, Urlaubsrecht, § 1 BUrlG Rn. 32; *Okoye-Montis*, Urlaubszweck und Urlaubsstörungen, S. 73

247 *Friese*, Urlaubsrecht, Rn. 101; BAG v. 25.10.1994 - 9 AZR 339/93, NZA 1995, 591.

hinreichend deutlich erkennen lassen, dass der Arbeitgeber den Arbeitnehmer unter Fortzahlung des Entgelts von der Arbeitspflicht befreit, dabei ist sie als einseitige empfangsbedürftige Willenserklärung nach § 133 BGB im Zweifel aus der objektivierten Sicht des Empfängers auszulegen.[248] Aus ihr muss hervorgehen, dass die Freistellung von der Arbeitspflicht die Erfüllung des Urlaubsanspruchs bezweckt und der Arbeitgeber als Gläubiger der Arbeitsleistung nicht nur nach § 615 Satz 1 BGB auf deren Annahme verzichtet oder er dem Arbeitnehmer nach § 397 Abs. 1 BGB anbietet, die Arbeitspflicht vertraglich zu erlassen.[249] Bei der Wahl des Urlaubszeitraums hat der Arbeitgeber gemäß § 7 Abs. 1 BUrlG die Urlaubswünsche der Arbeitnehmer zu berücksichtigen, soweit keine dringenden betrieblichen Gründe oder Urlaubswünsche der Kollegen dem gewünschten Urlaubszeitraum entgegenstehen. Ein Selbstbeurlaubungsrecht gibt es nicht.[250] Der Arbeitgeber legt die Urlaubszeit insoweit einseitig fest.[251] Verweigert der Arbeitgeber diese Erklärung, muss der Arbeitnehmer bei treuwidrigem Arbeitgeberverhalten den gerichtlichen Rechtsschutz ersuchen.[252]

bb) Konkretisierung des Urlaubsanspruchs durch die Freistellungserklärung

Für die Frage nach der Erfüllung ist bedeutsam, wie sich die Freistellungserklärung rechtlich auswirkt. Zu Beginn des Urlaubsjahres besteht der Urlaubsanspruch in voller Höhe an Urlaubstagen, wobei diese Anzahl nach unten hin durch das Gesetz begrenzt ist. Bestimmt nun der Arbeitgeber nach § 7 Abs. 1, 2 BUrlG, für welche Tage der Arbeitnehmer zur Erfüllung des Urlaubsanspruchs freigestellt wird, ist dies nicht bloß eine Bestimmung der Leistungszeit, vielmehr wird der Urlaubsanspruch auf den entsprechenden Urlaubszeitraum konkretisiert, womit die Leistungsgefahr vom Arbeitgeber als Schuldner auf den Arbeitnehmer als Gläubiger des Anspruchs übergeht.[253] Während die Rechtsprechung die Konkretisierungsvorschrift § 243

---

248 BAG v. 24.03.2009 - 9 AZR 983/07, NZA 2009, 538, 540 Rn. 23, 25; SWK-ArbR/*Holthaus*, 164 Rn. 2; *Boldt/Röhsler*, Mindesturlaubsgesetz, § 7 BUrlG Rn. 36.

249 BAG v. 20.01.2009 – 9 AZR 650/07, AP BUrlG § 7 Abgeltung Nr. 91 Rn. 24; v. 14.03.2006 - 9 AZR 11/05, AP BUrlG § 7 Nr. 32 Rn. 11.

250 BAG v. 25.10.1994 - 9 AZR 339/93, NZA 1995, 591; *Boldt/Röhsler*, Mindesturlaubsgesetz, § 7 BUrlG Rn.44; *Lepke*, DB 1988 Beilage, 1, 3; Schaub/*Linck*, ArbR-Hdb, § 104 Rn. 78.

251 BAG v. 14.08.2007 - 9 AZR 934/06, NZA 2008, 473, 474 Rn. 10.

252 *Krause*, Arbeitsrecht, § 13 Rn. 8; Schaub/*Linck*, ArbR-Hdb, § 104 Rn. 78.

253 Vgl. BAG v. 09.08.1994 - 9 AZR 384/92, NZA 1995, 174, 175; v. 10.05.2005 - 9 AZR 251/04, AP BUrlG § 8 Nr. 4; *Lepke*, DB 1988 Beilage, 1, 3; *Kanzlsperger*, AuR 1997, 192, 194; Staudinger/*Schiemann*, § 243 BGB Rn. 38.

Abs. 2 BGB direkt anwendet,[254] spricht mehr für eine nur entsprechende Anwendung des § 243 Abs. 2 BGB.[255] Dies gilt schon wegen des Wortlauts der Norm, denn das zur Konkretisierung im Sinne des § 243 Abs. 2 BUrlG „Erforderliche" ist urlaubsspezifisch zu verstehen und ergibt sich aus § 7 Abs. 1 BUrlG.[256] Eine bloß analoge Anwendung erscheint vorzugswürdig, da sich der Inhalt des Urlaubsanspruchs, die zu gewährenden Urlaubstage, nicht ohne Weiteres als Gattungsschuld, die § 243 BGB voraussetzt, einordnen lässt.[257] Schließlich kann es Urlaubstage in bestimmten Zeiträumen, wie vor allem während der Ferienzeit geben, die Arbeitnehmer gegenüber anderen Urlaubstagen als Urlaubszeit bevorzugen.[258] Der Arbeitgeber kann nach seiner Freistellungserklärung jedenfalls nicht für jegliche Änderungen und Beeinträchtigungen des Urlaubes aus der Sphäre des Arbeitnehmers einstehen, weshalb die Leistungsgefahr auf diese Weise entsprechend dem Gedanken des § 243 Abs. 2 BGB auf den Arbeitnehmer übergehen soll, um dies auszuschließen.[259] Unabhängig davon, ob man § 243 Abs 2 BGB direkt oder entsprechend anwendet, führt die Freistellungserklärung dazu, dass der Urlaubsanspruch nach der jeweiligen Anzahl von Urlaubstagen auf den entsprechenden Zeitraum festgelegt wird und sich auf diesen Zeitraum beschränkt.[260]

Mit der Freistellungserklärung bewirkt der Arbeitgeber die ihm nach dem Bundesurlaubsgesetz obliegende Leistung.[261] Die Arbeitspflicht darf nicht schon aus anderen Gründen suspendiert sein, da der konkretisierte Urlaubsanspruch andernfalls, weil eine (weitere) Freistellung nicht möglich ist, nicht erfüllbar ist.[262] Die Erfüllungswirkung tritt jedoch erst ein, sobald der Leistungserfolg vorliegt.[263]

---

254 Vgl. BAG v. 09.08.1994 - 9 AZR 384/92, NZA 1995, 174, 175; v. 10.05.2005 - 9 AZR 251/04, NZA 2006, 439, 441 Rn. 27.

255 *Friese*, Urlaubsrecht, Rn. 103; *Freyler*, Mobile Office, S. 241, 248.

256 Vgl. zum Inhalt der Konkretisierung: BAG v. 09.08.1994 - 9 AZR 384/92, NZA 1995, 174, 175; v. 10.05.2005 - 9 AZR 251/04, NZA 2006, 439, 441 Rn. 27; LAG Köln v. 07.02.2011 - 5 Sa 891/10 -, juris Rn. 113; MüHdb-ArbR/*Klose*, Band I Individualarbeitsrecht, § 86 Rn. 91; *Freyler*, Mobile Office, S. 240.

257 *Herlitzius*, Der Urlaubsanspruch als schuldrechtlicher Anspruch, S. 165 f.; *Friese*, Urlaubsrecht, Rn. 103.

258 *Herlitzius*, Der Urlaubsanspruch als schuldrechtlicher Anspruch, S. 165 f.

259 Vgl. hierzu *Herlitzius*, Der Urlaubsanspruch als schuldrechtlicher Anspruch, S. 166; *Freyler*, Mobile Office, S. 241.

260 *Friese*, Urlaubsrecht, Rn. 103; *Freyler*, Mobile Office, S. 248.

261 BAG v. 16.12.2008 – 9 AZR 164/08, NZA 2009, 689, 691 Rn. 38.

262 *Friese*, Urlaubsrecht, Rn. 100; BAG v. 04.05.2010 - 9 AZR 183/09, NZA 2010, 1011 ff.

263 BAG v. 09.08.2016 – 9 AZR 575/15, NZA 2016, 1392, 1394 Rn. 15.

b) *Leistungserfolg*

aa) *Bedeutung und Zeitpunkt seines Eintritts*

Auf der zweiten Stufe der Erfüllung nach § 362 Abs. 1 BGB steht damit der Eintritt des Leistungserfolgs. Der Arbeitnehmer muss für die im Rahmen der Freistellungserklärung bestimmte Zeit von seiner Arbeitspflicht tatsächlich befreit worden sein.[264] Der Leistungserfolg hat gegenüber der Leistungshandlung eigenständige Bedeutung, da von der wirksamen Freistellungserklärung nicht ohne Weiteres auf den Eintritt des Leistungserfolgs zu schließen ist.[265] Der Leistungserfolg ist die Bewirkung der Leistung.[266] Vereinfacht gesagt müssen den Worten des Arbeitgebers, mithin der Freistellungserklärung, Taten folgen. Folglich lässt sich erst nach Ablauf des Urlaubszeitraums bestimmen, ob der Leistungserfolg eingetreten und der Urlaubsanspruch somit erfüllt ist.[267]

bb) *Die Entscheidungsmacht als Bestandteil des Leistungserfolgs*

Der Leistungserfolg liegt in der tatsächlichen Befreiung von der Arbeitspflicht.[268] Inwieweit der Eintritt des Leistungserfolgs in Zusammenhang mit dem Urlaubszweck steht, bedarf aufgrund der Frage nach der Bedeutung und den Auswirkungen einer Urlaubsstörung der Klärung. Der Urlaubszweck ist zwar nicht Tatbestandsmerkmal für das Entstehen des Urlaubsanspruchs, er ist aber Bestandteil des Leistungserfolgs.[269] Denn wie bereits festgestellt, ist der Erholungsurlaub nicht nur die Freiheit von der Arbeit, sondern die Freiheit zu etwas, kurzum zur Wahrnehmung des Urlaubszwecks.[270] Dass der Urlaubszweck

---

264 BAG v. 24.03.2009 - 9 AZR 983/07, NZA 2009, 538, 540 Rn. 25; Deinert/Heuschmid/Zwanziger/*Litzig*, Arbeitsrecht: Hdb für die Praxis, E.§ 50 Rn. 120, 122.

265 *Okoye-Montis*, Urlaubszweck und Urlaubsstörungen, S. 111.

266 *Nikisch*, ArbR I § 39, S. 535 Fn. 85.

267 *Nikisch*, ArbR I § 39 S. 535 Fn. 85; *Lepke*, DB 1988 Beilage 10, 1, 3 f.; *Friese*, Urlaubsrecht, Rn. 105; *Okoye-Montis*, Urlaubszweck und Urlaubsstörungen, S. 91, 111; so wohl auch *Leinemann/Linck*, Urlaubsrecht, § 1 BUrlG Rn. 32.

268 BAG v. 16.12.2008 - 9 AZR 164/08, NZA 2008, 689, 691 Rn. 32; v. 24.03.2009 - 9 AZR 983/07, NZA 2009, 538, 540 Rn. 25.

269 So ausdrücklich *Okoye-Montis*, Urlaubszweck und Urlaubsstörungen, S. 222 und erkennbar MüHdb-ArbR/*Klose*, § 86 Rn. 8, indem die Beeinträchtigung des Urlaubszwecks im Zusammenhang mit der Erfüllung diskutiert wird; auch das BAG stellt eine Verknüpfung zwischen dem Urlaubszweck und der Erfüllung her, ohne auszuführen, was daraus für den Leistungserfolg folgt, v. 25.08.2020 – 9 AZR 612/19, NZA 2020, 1633, 1635 Rn. 22.

270 Siehe dazu erstes Kapitel § 1 IV.3.

auf der Ebene der Erfüllung des Urlaubsanspruchs zu berücksichtigen ist, kann nur folgerichtig sein. Der Urlaubszweck ist nur gewährleistet, wenn die mit ihm verbundene Möglichkeit zur selbstbestimmten Erholung geschützt ist. Hierzu muss dem Urlaubszweck rechtliche Bedeutung zukommen. Anerkannt ist, dass die Gewissheit des Arbeitnehmers, die er durch die Festsetzung des Urlaubszeitraums darüber erhält, den Urlaubszeitraum der selbstbestimmten Erholung widmen zu können, ein wesentlicher Aspekt der Urlaubsanspruchserfüllung sein kann.[271] Zum Teil wird der Erholungszweck ausdrücklich auf der Erfüllungsebene angesprochen.[272] Folglich wird auch insoweit ein innerer Zusammenhang zwischen einem Aspekt des Urlaubszwecks und der Erfüllung angenommen.

Die Befreiung von der Arbeitspflicht ist die notwendige Folge des Urlaubszwecks. Die selbstbestimmte Erholung ist erst möglich, soweit die Arbeitspflicht tatsächlich suspendiert ist. Denn die Fremdbestimmung während der bestehenden Arbeitspflicht steht im Kontrast zur Selbstbestimmung. Die Befreiung von der Arbeitspflicht ist nur realisiert, wenn eine Sphäre der Selbstbestimmung zur Erholung als das Freisein von der Eingliederung in eine fremdbestimmte Arbeitsordnung besteht.[273] Der Leistungserfolg beinhaltet den Urlaubszweck.[274]

Er kann aber nicht auf jegliche Weise Bestandteil des Leistungserfolgs sein. Es muss klar sein, welche Voraussetzungen für das Eintreten des Leistungserfolgs vorliegen müssen, damit der Urlaubsanspruch erfüllbar ist. Das subjektive Empfinden von Selbstbestimmung und Erholung ist hierzu kein tauglicher Ansatz, da dies auf eine unbestimmte Einzelfallprüfung hinausliefe.[275] Um dies zu verhindern, ist eine objektivierte Sicht auf den Urlaubszweck notwendig, mithin eine abstrakte Einbeziehung des Urlaubszwecks anstelle einer subjektiven Bestimmung des Leistungserfolgs.[276] Dieser objektivierte Leistungserfolg beinhaltet den von subjektiven Vorstellungen unabhängigen Urlaubszweck,[277] wodurch

---

271 *Nikisch*, ArbR I § 39 S. 536.

272 *Falder*, NZA 2010, 1150, 1156; *Freyler*, Mobile Office, S. 256; *Kramer*, IT-Arbeitsrecht, B., Rn. 999.

273 In Bezug auf den Urlaubszweck als solchen: *Herschel*, Mittelbare Probleme der Arbeitszeitverkürzung, S. 171.

274 *Okoye-Montis*, Urlaubszweck und Urlaubsstörungen, S. 111 f.

275 Hierzu *Okoye-Montis*, Urlaubszweck und Urlaubsstörungen, S. 109,

276 *Okoye-Montis*, Urlaubszweck und Urlaubsstörungen, S. 108 ff.; für ein abstraktes Erholungsverständnis auch *Franke*, BB 1983, 1036, 1039, der dies auf Ebene der Verknüpfung von geleisteter Arbeit und Anspruch auf Urlaub behandelt.

277 Begriff des „objektivierten" Leistungserfolgs bei *Okoye-Montis*, Urlaubszweck und Urlaubsstörungen, S. 109.

der Eintritt des Leistungserfolgs und mit diesem die Erfüllung des Urlaubsanspruchs im jeweiligen Fall bestimmbar wird und auf diese Weise zu vorhersehbaren Ergebnissen beiträgt. Prägnant und zutreffend ist es, diesen objektiven Inhalt mit dem Begriff der Entscheidungsmacht beziehungsweise mit dem der Entscheidungsfreiheit zu beschreiben.[278] Die Entscheidungsmacht betont die Befreiung von der Arbeitspflicht zur selbstbestimmten Erholung ohne eine subjektive Wertung vorzunehmen, denn er steht im Kontrast zur fremdbestimmten Arbeit.[279] Da die Entscheidungsmacht den objektiven Urlaubszweck meint, ist sie als Entbindung von Verpflichtungen zu verstehen, denn nur diese lässt sich objektiv und damit losgelöst von subjektiven Vorstellungen bezüglich einer selbstbestimmten Erholung bestimmen. Es geht darum, dass der Arbeitnehmer die Macht erhält, die ihm außerhalb des Urlaubszeitraums nicht zukommt.[280]

Nach einer Auffassung soll der objektivierte Urlaubszweck auf die rechtliche Entscheidungsmacht, die dem Arbeitnehmer während des Urlaubes zustehen müsse, beschränkt sein.[281] Die Beschränkung erscheint indes unklar. Zwar ist es zutreffend, dass dem Arbeitnehmer während des Urlaubes anders als bezüglich der Entscheidungsprozesse im Arbeitsverhältnis, die Selbstbestimmung über den Urlaubszeitraum rechtlich zusteht.[282] Der Begriff der rechtlichen Entscheidungsmacht legt aber nahe, dass der Arbeitnehmer lediglich keinen rechtlichen Verpflichtungen unterliegen dürfe. Weshalb die tatsächliche Entscheidungsmacht vom Leistungserfolg ausgenommen sein soll, verdeutlicht sich an dem zur Begründung dieser Position genannten Beispielfall, in dem ein Arbeitnehmer aufgrund eines Vulkanausbruchs oder Flugausfalls in tatsächlicher Hinsicht nicht entscheiden kann, wie er seinen Urlaub gestaltet.[283] Dass es sich hier nicht um ein Leistungserfolgshindernis handeln kann, ist zutreffend. Zwar kann der Arbeitnehmer nicht mehr selbst entscheiden, wie er seine Freizeit wahrnehmen möchte. Dies liegt aber nicht an einer Beschränkung seiner Möglichkeiten, sondern an einem äußeren Ereignis, das jedermann gleichermaßen betrifft. Dies wirkt sich auf seine Freizeitwahrnehmungsmöglichkeiten aus, ohne die Freiheit selbst in Frage zu stellen oder zu beschränken. Die

278 Siehe dazu ausführlich *Okoye-Montis*, Urlaubszweck und Urlaubsstörungen, S. 109-112.

279 *Okoye-Montis*, Urlaubszweck und Urlaubsstörungen, S. 165; für die rechtlich gewährleistete Selbstbestimmung für den Leistungserfolg: *Freyler*, Mobile Office, S. 246.

280 *Okoye-Montis*, Urlaubszweck und Urlaubsstörungen, S. 112.

281 *Okoye-Montis*, Urlaubszweck und Urlaubsstörungen, S. 110, 111 f.

282 *Okoye-Montis*, Urlaubszweck und Urlaubsstörungen, S. 110, 111 f.

283 *Okoye-Montis*, Urlaubszweck und Urlaubsstörungen, S. 166 f.

Beschränkung des Leistungserfolgsinhalts auf die rechtliche Entscheidungsmacht ist anhand dieses Beispielfalls nachvollziehbar. Gleichwohl verleitet der Begriff zu der Annahme, dass eine Beeinträchtigung des Leistungserfolgs nur möglich sei, wenn der Arbeitnehmer in rechtlicher Hinsicht zu einem bestimmten Verhalten verpflichtet ist, das seine Selbstbestimmung beschränkt. Dies ist in Anbetracht der Bedeutung des Urlaubszwecks nicht gänzlich gerechtfertigt und verengt das Verständnis vom Urlaubszweck. Ergänzend zu der rechtlichen Entscheidungsmacht muss für den Eintritt des Leistungserfolgs neben der rechtlichen Entscheidungsmacht auch die tatsächliche Entscheidungsmacht insoweit bestehen, als dass keine tatsächlichen Beeinträchtigungen des Urlaubszwecks aus der betrieblichen Sphäre vorliegen dürfen.[284] Anders als in dem erwähnten Beispielsfall geht es um Situationen, die sich nach ihrer Intensität gleichartig auswirken können wie eine rechtliche Verpflichtung. Insbesondere weisen sie einen Bezug zum Arbeitsverhältnis auf, das Grundlage des Urlaubsanspruchs ist. Dies rechtfertigt es, derartige Konstellationen anders zu bewerten als tatsächliche Beschränkungen der Entscheidungsmacht aus der privaten Sphäre des Arbeitnehmers. In diesem Zusammenhang ist ein vom *Urlaubssenat* entschiedener Fall bemerkenswert.[285] Möchte der Arbeitnehmer, dass zu seinen Gunsten sozialversicherungsrechtliche Ansprüche entstehen, muss er gegenüber der Agentur für Arbeit gewisse Mitwirkungshandlungen erbringen. Zu diesen zählt, dass er für die Agentur für Arbeit erreichbar ist. Der klagende Arbeitnehmer vertrat die Position, diese Handlungsobliegenheiten, unter anderem in Form der Erreichbarkeit für Briefpost am Wohnort, verhindere den Eintritt des Urlaubszwecks und damit die Erfüllung des Urlaubsanspruchs. Der *Neunte Senat* des *Bundesarbeitsgerichts* entschied, dass die Erfüllung durch derartige Handlungsobliegenheiten gegenüber der Agentur für Arbeit nicht beeinträchtigt sei und der Anspruch daher durch Erfüllung untergehen könne.[286] Zwar werde die Möglichkeit zur selbstbestimmten Freizeitnutzung durch die sozialversicherungsrechtlichen Handlungsobliegenheiten eingeschränkt. Der Arbeitgeber schulde jedoch neben der Erfüllungshandlung keinen „Urlaubserfolg".[287]

Das Ergebnis des *Bundearbeitsgerichts* ist verständlich und nach der hier vertretenen Ansicht richtig, wenngleich die Begründung hierfür eine andere

284 In diese Richtung auch *Freyler*, Mobile Office, S. 232.

285 BAG v. 25.08.2020 – 9 AZR 612/19, NZA 2020, 1633; hierzu zusammenfassend *Voßberg*, SPA 2020, 187 f.

286 BAG v. 25.08.2020 – 9 AZR 612/19, NZA 2020, 1633.

287 BAG v. 25.08.2020 – 9 AZR 612/19, NZA 2020, 1633, 1636 Rn. 28.

ist. Denn die Entscheidungsmacht ist weder in rechtlicher Hinsicht noch aus der betrieblichen Sphäre in tatsächlicher Weise beeinträchtigt, sodass kein Leistungserfolgshindernis besteht. In Bezug auf die rechtliche Entscheidungsmacht fehlt es an einer rechtlichen Verpflichtung des Arbeitnehmers gegenüber der Agentur für Arbeit, da er ihr gegenüber lediglich eine Obliegenheit wahrnehmen muss, um nicht möglichen Ansprüchen verlustig zu werden. Die tatsächliche Entscheidungsmacht ist nicht in dem hier verstandenen Sinne aus der betrieblichen Sphäre beeinträchtigt. Zwar ergeben sich die Handlungsobliegenheiten mittelbar aus dem Arbeitsverhältnis, da sie erst im Zusammenhang mit der Kündigung des Arbeitsverhältnisses entstehen. Allerdings soll es bei der tatsächlichen Entscheidungsmacht um Beeinträchtigungen aus der betrieblichen Sphäre gehen, nicht um solche, die nur mittelbar im Zusammenhang mit dem Arbeitsverhältnis stehen. Die Ablehnung eines „Urlaubserfolges" mit der Folge, dass der *Neunte Senat* deshalb zu dem Ergebnis gelangt, dass die Erfüllung nicht beeinträchtigt ist, überzeugt dagegen nicht. Die Argumentation mit der Zuordnung der Erreichbarkeit zum jeweiligen Risikobereich ist nicht schon auf der Erfüllungsebene, sondern erst auf der Rechtsfolgenseite zu verorten. Dies gilt umso mehr, weil der Urlaubszweck vom *Urlaubssenat* kurz zuvor noch als erfüllungserheblich verstanden wird.[288] Offenbar soll dies dann nur auf Ebene der Erfüllungshandlung gelten.

Dem *Senat* ist darin zuzustimmen, dass den Arbeitgeber bei der Erfüllung des Anspruchs keine Pflicht dazu trifft, aktiv auf einen Urlaubserfolg hinzuwirken. Es wäre jedoch zweckwidrig, wenn der Arbeitgeber im Rahmen der Leistungshandlung den Urlaubszweck beachten müsste, was der *Urlaubssenat* vertritt, danach aber nicht mehr an diesen Urlaubszweck gebunden wäre. Die Zweistufigkeit des Erfüllungstatbestandes muss sich daher in Bezug auf den Urlaubszweck fortsetzen, der auf beiden Stufen der Erfüllung zu berücksichtigen ist. Freilich soll die Reichweite der tatsächlichen Entscheidungsmacht als Inhalt des Leistungserfolgs, wie auch hier angenommen, beschränkt sein. Die Berücksichtigung der rechtlichen Entscheidungsmacht kann dazu führen, dass rechtliche Pflichten gegenüber Dritten die Erfüllung ebenfalls beeinträchtigen können. Dies führt jedoch nicht dazu, dass der Arbeitgeber für den Urlaubserfolg insoweit immer einstehen müsste und deshalb auf deren Vermeidung hinzuwirken hätte. Denn die Erfüllungsbeeinträchtigung ist nicht gleichbedeutend mit einer Risikoverteilung. Diese ist es erst auf Rechtsfolgenseite und damit außerhalb des Erfüllungstatbestandes zu diskutieren.

---

288 BAG v. 25.08.2020 – 9 AZR 612/19, NZA 2020, 1633, 1635 Rn. 22.

Die Ansicht, wonach die Entscheidungsmacht lediglich rechtlich bestehen müsse,[289] stimmt im Wesentlichen mit der vorliegend vertretenen Auffassung überein, weil auch danach der Arbeitnehmer faktisch seiner rechtlichen Entscheidungsmacht beraubt ist, wenn er sich dem Druck des Arbeitgebers beugt.[290] Dies entspricht der Erweiterung auf die tatsächliche Entscheidungsmacht in dem befürworteten Umfang. Schließlich gibt es neben den rechtlichen Verpflichtungen auch faktische Verpflichtungen, insbesondere in einem Verhältnis, in dem typischerweise eine gewisse Abhängigkeit besteht. Gründe aus der betrieblichen Sphäre zwingen den Arbeitnehmer gegebenenfalls nicht rechtlich, sie drängen ihn jedoch zu einem bestimmten Verhalten und können ihn aufgrund der Bedeutung des Arbeitsverhältnisses in seiner Entscheidungsmacht auf andere Weise beeinflussen als Gründe außerhalb dieser Sphäre. Insbesondere sind diese Gründe nicht zufälliger Art, sondern steuerbar. Folglich muss die Entscheidungsmacht auf Ebene des Leistungserfolgs als Ausdruck des objektivierten Urlaubszwecks sowohl in rechtlicher als auch in tatsächlicher Hinsicht derart bestehen, dass die Entscheidungsmacht nicht nur rechtlich gewährleistet ist, sondern zudem nicht aus betrieblichen Gründen faktisch eingeschränkt wird. Dies entspricht der Vorstellung von der faktischen Beugung als Beschränkung der Entscheidungsmacht des Arbeitnehmers in gleicher Weise.

Mithin besteht der Leistungserfolg bei der Erfüllung des Urlaubsanspruchs nach §§ 1, 3 Abs. 1 BUrlG in der Befreiung des Arbeitnehmers von der Arbeitspflicht, die eintritt, wenn der Arbeitnehmer die rechtliche und aus der betrieblichen Sphäre die tatsächliche Entscheidungsmacht über den Urlaubszeitraum erhalten hat. Der Erhalt dieser Entscheidungsmacht des Arbeitnehmers stellt den für den Eintritt des Erfüllungserfolgs nach § 362 Abs. 1 BGB günstigen tatsächlichen Zustand dar, weil mit diesem die geschuldete Leistung bewirkt ist.

3. *Zusammenfassung*

Die Erfüllung des Urlaubsanspruchs richtet sich als schuldrechtlicher Anspruch nach § 362 Abs. 1 BGB. Damit der Urlaubsanspruch durch Erfüllung untergehen kann, bedarf es daher neben der Freistellungserklärung des Arbeitgebers als Leistungshandlung, dem Eintritt des Leistungserfolgs. Dies setzt voraus, dass dem Arbeitnehmer während des Urlaubszeitraums die rechtliche und mitunter auch die tatsächliche Entscheidungsmacht zusteht.

---

289 *Okoye-Montis*, Urlaubszweck und Urlaubsstörungen, S. 110, 112.

290 *Okoye-Montis*, Urlaubszweck und Urlaubsstörungen, S. 205.

Zweites Kapitel: Auswirkungen der Erreichbarkeit im Urlaub auf die Erfüllung des Urlaubsanspruchs

Der Urlaubsanspruch dient der selbstbestimmten Erholung. Im Folgenden wird neben dem Begriff der Erreichbarkeit untersucht, welche rechtliche Möglichkeiten zur Erreichbarkeit während des Urlaubes bestehen sowie deren Auswirkungen auf die Erfüllung. Zunächst ist zu erörtern, ob es kraft Gesetzes eine Nebenpflicht zu einem gewissen Erreichbarkeitsverhalten des Arbeitnehmers gibt oder ob dem Arbeitnehmer im Gegenteil ein Recht auf Nichterreichbarkeit während des Urlaubes zusteht. Sodann ist einerseits die Konstellation, in der es zur Erreichbarkeit des Arbeitnehmers ohne vorherige Abrede oder sonstige Bestimmung kommt und andererseits jene, in der mit der Erreichbarkeit konkret zu rechnen ist, zu beleuchten. Entscheidend ist, ob die Erreichbarkeit ein Erfüllungshindernis für den Urlaubsanspruch darstellt. Abschließend sind die Gestaltungsmöglichkeiten und Grenzen der Erreichbarkeit im Hinblick auf den übergesetzlichen Urlaubsanspruch aufzuzeigen.

§ 3 Bedeutung und Einordnung der Erreichbarkeit

I. Begriffserörterung

Der Erreichbarkeitsbegriff ist Bestandteil des allgemeinen Sprachgebrauchs, sei es in Bezug auf das Arbeitsleben oder allgemein in der gesellschaftlichen Diskussion. Der Begriff enthält eine gewisse systematische Unschärfe.[291] Die Erreichbarkeit ist weder ein feststehender (Rechts-) Begriff[292] noch ein eigenständiger juristischer Tatbestand, sondern vielmehr eine tatsächliche Erscheinung, die zu rechtlichen Folgen führen kann. Der Begriff ist daher im jeweiligen Kontext, hier dem geschuldeten Erholungsurlaub, zu erfassen. Im rechtswissenschaftlichen Schrifttum gibt es einige Begriffsbestimmungen zur Erreichbarkeit. Viele der Begriffsbestimmungen erfolgen im Zusammenhang mit

---

291 *Menz*, Erweiterte arbeitsbezogene Erreichbarkeit, S. 10 Fn. 7.

292 In diesem Zusammenhang allein vom Phänomen und einer Situation, die nach den genannten Merkmalen zu verstehen sei sprechend: *Krause*, NZA-Beilage 2017, 53, 56

arbeitszeitrechtlichen Fragen. Diese sind vor dem Hintergrund der Parallelen zwischen dem Arbeitszeit- und dem Urlaubsrecht zu berücksichtigen. Indes sind die strukturellen Unterschiede zwischen diesen arbeitsrechtlichen Bereichen in die eigene Arbeitsthese zum Erreichbarkeitsbegriff einzubeziehen. Die Erreichbarkeit ist tendenziell eher weit im Sinne eines geistigen In-Kontakt-Bleibens mit beruflichen Belangen zu verstehen, für die ein Kommunikationsakt typisch, aber nicht notwendig ist.[293]

1. *Ansätze zur Begriffsbestimmung*

In Ermangelung einer feststehenden gesetzlichen Definition[294] wurde im Rahmen eines Forschungsprojekts zur Erreichbarkeit versucht, dem zumeist verwendeten Begriff der ständigen Erreichbarkeit als Ausgangspunkt der wissenschaftlichen Diskussion durch eine Definition Konturen zu verleihen.[295] Ständige Erreichbarkeit sei die weitestgehend unregulierte Form einer erweiterten Verfügbarkeit für dienstliche Belange außerhalb der regulären Arbeitszeit.[296] Die Verwendung der Begriffe der Erreichbarkeit einerseits und der Verfügbarkeit andererseits erfolgt weitgehend synonym. Aus Arbeitnehmersicht wird die Erreichbarkeit als „standby"-Zustand[297] oder als „Always-on-Mentalität"[298] umbeschrieben. Geht es um die erwerbsbezogene Erreichbarkeit beziehungsweise Verfügbarkeit außerhalb der regulären Arbeitszeit oder im Urlaub, kurzum während der Freizeit, wird in Teilen von einer erweiterten Erreichbarkeit gesprochen.[299] Dies betont, dass die

---

293 In den einigen Untersuchungen wird zwischen der Erreichbarkeit und der konkreten Tätigkeit unterschieden, vgl. *Freyler*, Mobile Office, S. 242; weites Begriffsverständnis dagegen bei *Bundesanstalt für Arbeitsschutz und Arbeitsmedizin*, Die Auswirkungen arbeitsbezogener erweiterter Erreichbarkeit auf Life-Domain-Balance und Gesundheit, S. 8 f., wonach eine Interaktion für die Einordnung als Erreichbarkeit als nicht nötig sei.

294 Hinweis bei *Schuchart*, AuR 2016, 341, 342.

295 *Strobel*, iga.Report 23 Teil I, S. 8.

296 *Strobel*, iga.Report 23 Teil I, S. 8; sich der Definition anschließend *Maier*, Erweiterte berufsbezogene Erreichbarkeit, S. 9.

297 So in einem Online-Artikel der *Deutschen Apotheker Zeitung*, abrufbar unter *https://www.deutsche-apotheker-zeitung.de/daz-az/2010/daz-48-2010/jeder-zweite-berufstaetige-ist-stets-auf-stand-by*, -eingesehen am 18.08.2021; Begriff auch bei *Schuchart*, Ständige Erreichbarkeit im Arbeitsverhältnis, S. 185.

298 *Krause*, Gutachten B 71. DJT, B 28.

299 *Dettmers/Bamberg*, Verfügbarkeit für die Erwerbsarbeit, 2. S. 117; diesen Begriff zugrunde legend *Maier* in: Erweiterte berufsbezogene Erreichbarkeit; *dies./Ossoinig*, DB 2015, 2391, 2392; Ossoinig, Regulierung von Wissensarbeit, S. 4, von

Erreichbarkeit in den privaten Lebensbereich des Arbeitnehmers eindringt.[300] Die Erwerbsarbeit, womit die Betriebssphäre gemeint sein dürfte, nehme erweiterten Zugriff auf das Verhalten des Arbeitnehmers.[301] Freilich geht es in dieser Betrachtung allein um die berufsbezogene Erreichbarkeit, sodass im Weiteren die Bezeichnung als Erreichbarkeit genügt. Gleichbedeutend zur Erreichbarkeit wird in Bezug auf die zu erörternden Rechtsfragen zum Urlaub teilweise der Begriff der Freizeittätigkeit verwendet.[302]

Einen weiteren Ansatz zur Bestimmung des Erreichbarkeitsbegriffs führt *Krause* ein. Unter der ständigen Erreichbarkeit seien Zeiträume außerhalb der regulären Arbeitszeit, in denen zwar keine regelrechte Rufbereitschaft vereinbart beziehungsweise angeordnet worden sei, in denen der Arbeitnehmer jedoch konkret damit rechnet, von Vorgesetzten, Kollegen oder Kunden per Telefon oder Internet in der Erwartung kontaktiert zu werden, sofort oder alsbald zu reagieren, zu verstehen.[303] Diese „Online-Verfügbarkeit" beinhalte, dass keine räumliche Nähe zum Betrieb erforderlich sei.[304] Darüber hinaus sei der Arbeitnehmer nach einer weiteren Begriffsbestimmung zur Erreichbarkeit aufgrund der Nutzung mobiler Kommunikationsmittel zumeist ohne ausdrückliche vertragliche Regelungen oder Weisungen jederzeit verfügbar und erbringe arbeitsbezogene Tätigkeiten von gewisser Intensität außerhalb der regelmäßigen Arbeitszeiten und des regelmäßigen Arbeitsortes.[305]

2. *Kriterien*

Die Begriffserörterungen sind für das Verständnis der Erreichbarkeit als rechtlich einzuordnende Situation hilfreich. Der Untersuchung soll ein weit zu verstehender Erreichbarkeitsbegriff zugrunde liegen, der verschiedene Formen der Erreichbarkeit beinhaltet, die später in der rechtlichen Einordnung entsprechend rechtlich zu würdigen sind.

„arbeitsbezogene erweiterte Erreichbarkeit" sprechend *Schlegel*, in: NZA-Beilage 2014, 16, 19.

300 *INQA*, Selbstcheck „Ständige Erreichbarkeit – Ein Thema in meinem Unternehmen?", S. 3.

301 *Dettmers/Bamberg*, Verfügbarkeit für die Erwerbsarbeit, 2. S. 117.

302 Vgl. *Falder*, NZA 2010, 1150, 1156; *Okoye-Montis*, Urlaubszweck und Urlaubsstörungen, S. 173, 204 f.; dazu *Maier/Ossoinig*, DB 2015, 2391, 2392.

303 *Krause*, Gutachten B 71. DJT, B 37.

304 *Krause*, Gutachten B 71. DJT, B 37.

305 *Schuchart*, Ständige Erreichbarkeit im Arbeitsverhältnis, S. 179-181.

a) „Ständige" Erreichbarkeit

Ständig umschreibt ein (nahezu) ununterbrochenes oder andauerndes Verhalten.[306] Ist ein Arbeitnehmer nicht dauerhaft, sondern lediglich punktuell erreichbar, soll dies der Einordnung als Erreichbarkeit im Sinne dieser Arbeit nicht entgegenstehen.[307] Manche Autoren verwenden diesen Terminus im Kontext des Urlaubsrechts.[308] Häufigkeitsunterscheidungen erscheinen jedoch nur außerhalb des Urlaubsrechts, etwa bei der Problematik der Vereinbarkeit mit dem Arbeitszeitgesetz, angezeigt. Der Urlaubszweck dient dazu, Abstand von den Herausforderungen des Arbeitslebens zu gewinnen. Im Arbeitszeitrecht ist dies anders, da dieses der Sicherstellung ausreichender Abstände zwischen den Arbeitstagen der Arbeitswoche und damit der kurzfristigen Erholung von der Arbeit, den sogenannten Ruhezeiten, dient. Der Erholungseffekt ist mit dem im Urlaubsrecht bezweckten Ausmaß, im Regelfall dem einer mehrwöchigen Erholung,[309] nicht vergleichbar. Dieser Unterschied macht eine Abgrenzung nach der Häufigkeit und folglich den Zusatz „ständig" entbehrlich.[310] Die Betrachtung soll neben dem Erreichbarkeitszustand ebenso den einmaligen Erreichbarkeitsvorfall beleuchten.

b) Kommunikation

Das kommunikative Element prägt den Erreichbarkeitsbegriff. Als Gegenbegriff zur Erreichbarkeit, eignet sich schließlich die (bewusste) Kommunikationspause.[311] Der Kommunikation ist die Ansprechbarkeit zuzuordnen. Sie wird häufig synonym zur Erreichbarkeit verwendet.[312] Sie steht im Zusammenhang mit der Frage, mit wem die Kommunikation erfolgt beziehungsweise potenziell erfolgen könnte, die sogenannte Quelle der Verfügbarkeit.[313]

---

306 Vgl. die Begriffsbedeutung nach Duden Wörterbuch online unter „ständig", abrufbar unter *https://www.duden.de/rechtschreibung/staendig*, - eingesehen am 18.08.2021.

307 Nur die Erreichbarkeit erwähnend: *Gaul*, DB 2013, 60-65.

308 So *Krause*, 71. DJT 2016, B 56; *Kramer*, IT-Arbeitsrecht, B., Rn. 996; *Powietzka/Rolf*, BUrlG, § 7 BUrlG Rn. 52.

309 Hierzu LAG Hamm v. 10.05.1999 - 19 Sa 2337/98, BeckRS 1999, 31012378.

310 Die Bezeichnung „ständige" Erreichbarkeit ebenfalls kritisch beurteilend: *Ossoinig*, Regulierung von Wissensarbeit, S. 4, da sie den Anschein erwecke, die Erreichbarkeit sei „immer und überall" gegeben.

311 Begriff genannt von *Kempf*, zitiert in FD-ArbR 2011, 319800; *DGUV*, IAG Report 1/2012, S. 11.

312 So u.a. *Krause*, NZA-Beilage 2017, 53, 54; *Hanau*, EuZA 2019, 423, 429.

313 *Dettmers/Bamberg*, Verfügbarkeit für die Erwerbsarbeit, 2.3. S. 118.

Derjenige, der die Ansprechbarkeit des Arbeitnehmers anstrebt, rechnet mit einer sofortigen oder alsbaldigen Reaktion.[314] Typisch für das Erreichbarkeitsphänomen, das häufig im Zusammenhang mit psychischen Belastungen untersucht wird, ist, dass der Erreichbare unter Druck gelangt, weil seine baldige Reaktion von einem anderen vorausgesetzt wird.[315] Was sich noch als baldige Reaktionszeit bewerten lässt, ist sicherlich eine Frage des Einzelfalls. Wenn der Arbeitnehmer die Freizeit selbstbestimmt nutzen können muss, darf es bei der Betrachtung der rechtlichen Folgen nicht darauf ankommen, wie viele Minuten oder Stunden zwischen Kontaktaufnahme und Reaktion liegen.

Der Arbeitnehmer ist im Urlaub physisch abwesend. In räumlicher Hinsicht entspricht der Begriff der „Online-Verfügbarkeit"[316] inhaltlich den Besonderheiten der Erreichbarkeit im Urlaub, da sie außerhalb der Betriebsräume erfolgt. Die Nutzung mobiler Kommunikationsmittel ist für die Erreichbarkeit charakteristisch, aber nicht begriffsnotwendig.[317] Die moderne Kommunikationstechnologie prägt das Erreichbarkeitsphänomen, weil sie räumliche Distanzen überbrückt, welche durch die Abwesenheit des Arbeitnehmers entstehen.

c) Fremdnützigkeit

Letztlich dient die Erreichbarkeit im Eigentlichen regelmäßig einem anderen als dem Arbeitnehmer selbst, in der Regel dem Arbeitgeber. Die Fremdnützigkeit ist ein weiteres für die spätere Untersuchung wichtiges Kriterium.

d) Herstellung und Gewährung der Erreichbarkeit

Sinnvoll ist eine Unterscheidung zwischen der Herstellung der Erreichbarkeit einerseits, die auf einem aktiven Verhalten des Arbeitgebers beruht und der Gewährung der Erreichbarkeit andererseits als aktives Erreichbarkeitsverhalten des Arbeitnehmers. In dem einen Fall wird der Arbeitnehmer durch den Arbeitgeber, Kollegen oder Kunden kontaktiert, kurzum wird seine Erreichbarkeit hergestellt. Diese Konstellation wird in einer Untersuchung zur Erreichbarkeit als „Push-Erreichbarkeit" bezeichnet.[318] In dem anderen Fall gewährt der

314 So *Krause*, Gutachten B 71. DJT, B 37, in diese Richtung auch Küttner-Personalbuch/*Röller*, Mobiles Arbeiten Rn. 10.

315 Etwa *Menz*, Erweiterte arbeitsbezogene Erreichbarkeit, S. 16 f.; *Schwemmle/Wedde*, Digitale Arbeit in Deutschland, S. 55.

316 *Krause*, Gutachten B 71. DJT, B 37.

317 *Schuchart*, Ständige Erreichbarkeit im Arbeitsverhältnis, S. 179.

318 *Menz*, Erweiterte arbeitsbezogene Erreichbarkeit, S. 24.

Arbeitnehmer selbst seine Erreichbarkeit, dann wird in der genannten Untersuchung von einer „Pull-Erreichbarkeit“ gesprochen.[319] Freilich besteht zwischen diesen Konstellationen regelmäßig ein Zusammenhang, da auf das jeweilige Verhalten typischerweise eine Reaktion folgt.

e) Zweistufigkeit des Erreichbarkeitsbegriffs?

In einer der Begriffsbestimmungen wird zu Recht hervorgehoben, dass der Erreichbarkeitsbegriff ein zweigliedriger Begriff ist, der sich aus der Verfügbarkeit einerseits und der darauf folgenden Tätigkeitsaufnahme andererseits zusammensetzt.[320] Die erste Stufe der Verfügbarkeit betreffe den generellen Zustand, die Möglichkeit zur Kontaktaufnahme, wobei in diesem Zusammenhang von einer Art „stand-by“-Modus des Arbeitnehmers zu sprechen sei.[321] Stufe zwei sei das tatsächliche Tätigwerden, das den Erreichbarkeitsbegriff vervollständige.[322] Es verdient Zustimmung, den Begriff in zwei Phasen aufzuteilen. Der Erreichbarkeitsbegriff soll übergeordnet nicht nur die beiden Phasen in einem Begriff erfassen, sondern bereits die erste Phase der Verfügbarkeit. Differenzieren lässt sich zwischen der einfachen Erreichbarkeit als reiner Zustand der Möglichkeit der Entgegennahme von Anfragen, die mitunter als bloße oder theoretische Erreichbarkeit bezeichnet wird[323] sowie der zusätzlich erbrachten Tätigkeitsaufnahme. Letzterer Zustand soll wegen der Erweiterung des Erreichbarkeitszustands um die Tätigkeitsaufnahme nachfolgend als qualifizierte Erreichbarkeit bezeichnet werden. In ähnlicher Weise werden diese Situationen an anderer Stelle als mobile Bereitschaft einerseits, die der einfachen Erreichbarkeit entspricht und als mobile Arbeit andererseits, die wiederrum das als qualifizierte Erreichbarkeit bezeichnete Verhalten meint, unterschieden.[324]

f) Einordnung der Erreichbarkeit

In Teilen der Literatur wird diskutiert, die Erreichbarkeit dem Bereitschafsdienst oder der Rufbereitschaft zuzuordnen beziehungsweise sie von diesen Formen

---

319 *Menz*, Erweiterte arbeitsbezogene Erreichbarkeit, S. 24.
320 *Schuchart*, Ständige Erreichbarkeit im Arbeitsverhältnis, S. 180.
321 *Schuchart*, Ständige Erreichbarkeit im Arbeitsverhältnis, S. 180.
322 *Schuchart*, Ständige Erreichbarkeit im Arbeitsverhältnis, S. 180.
323 Begriffe bei *Ossoinig*, Regulierung von Wissensarbeit, S. 112, 114.
324 Siehe dazu *Körlings*, Mobile Erreichbarkeit von Arbeitnehmern, S. 94.

abzugrenzen und sie rechtlich eigenständig zu qualifizieren.[325] Bei dem Bereitschaftsdienst muss der Arbeitnehmer sich auf Anordnung des Arbeitgebers an einem von diesem bestimmten Ort aufhalten, um im Bedarfsfall die Arbeit aufnehmen zu können, ohne dass eine wache Aufmerksamkeit im Sinne der Arbeitsbereitschaft nötig ist. Der Bereitschaftsdienst steht der vollen Arbeitsleistung nicht gleich, er stellt aber eine Beschränkung in der Wahl des Aufenthaltsortes dar.[326] Bei der Rufbereitschaft hält sich der Arbeitnehmer auf Anordnung des Arbeitgebers derart bereit, dass er auf Aufforderung die Arbeit aufnehmen kann. In der Wahl seines Aufenthaltsortes ist der Arbeitnehmer frei, soweit er seine Arbeit alsbald aufnehmen könnte.[327]

Für das Urlaubsrecht sind beide Kategorien ungeeignet.[328] Der wesentliche Aspekt der Aufenthaltswahl spielt für den Urlaub keine Rolle. Der Arbeitnehmer ist in der Wahl seines Urlaubsortes grundsätzlich frei und muss dem Arbeitgeber seine Urlaubsanschrift nicht mitteilen.[329] Bei der Rufbereitschaft und dem Bereitschaftsdienst besteht hingegen regelmäßig die übliche Nähe zwischen dem Aufenthalts- und dem Arbeitsort. Bei der Erreichbarkeit im Urlaub handelt es sich um eine rechtliche Erscheinung eigener Art, die sich allenfalls als Arbeitsbereitschaft im Urlaub bezeichnen lässt.[330]

---

325 Neben *Krause*, 71. DJT, B 37, B 38 auch *Schuchart*, Ständige Erreichbarkeit im Arbeitsverhältnis, S. 200 f.; *Bissels/Domke/Wisskirchen*, DB 2010, 2052, 2053; hierzu *Podewils*, AuR 2013, 293, 294 f.; *Zöll/Kielowski*, BB 2012, 2625, 2628.

326 BAG v. 28.01.2004 - 5 AZR 530/02, NZA 2004, 656, 659.

327 BAG v. 29.06.2000 - 6 AZR 900/98, NZA 2001, 165, 166.

328 A.A.: Neumann/Fenski/Kühn/*Neumann*, BUrlG, § 8 Rn. 19; der davon ausgeht, dass es sich, soweit der Arbeitnehmer sich für Nachrichten bereithalte oder Verbindung herstelle, um eine unzulässige Rufbereitschaft handele; dagegen ohne nähere Begründung, so wie hier auch *Richter*, AuR 2011, 16, 18 und *Freyler*, Mobile Office, S. 264.

329 *Krause*, Gutachten B 71. DJT, B 56; *Richter*, AuR 2011, 16, 17; a.A. Neumann/Fenski/Kühn/*Neumann*, BUrlG, § 8 Rn. 19, der Arbeitnehmer habe einer solchen Aufforderung nachzukommen, da der Arbeitgeber ein berechtigtes Interesse habe, ihn in Notfällen aus dem Urlaub zurückzurufen; *Lepke*, DB 1990, 1131, 1135; einschränkend befürwortend *Natzel*, Bundesurlaubsrecht, § 1 BUrlG Rn. 72.

330 In Anlehnung an BAG v. 20.06.2000 – 9 AZR 405/99, NZA 2001, 100, 101; in diese Richtung für das Rechnen mit dem Abruf zur Arbeit auch NK-ArbR/*Düwell*, § 1 BUrlG Rn. 27.

3. *Eigene Begriffsbestimmung*

Um die rechtliche Wirkung und die Folgen der Erreichbarkeit im Urlaub einordnen zu können, liegt der weiteren Untersuchung das nachfolgende begriffliche Verständnis der Erreichbarkeit zugrunde.

Erreichbarkeit ist ein Zustand der Offenheit für dienstliche Belange während des Urlaubs, in dem typischerweise eine fremdnützige Ansprechbarkeit des Arbeitnehmers zugunsten des Arbeitgebers beziehungsweise des Vorgesetzten, der Kollegen oder der Kunden besteht. Sie kann eine Tätigkeitsaufnahme umfassen, muss dies aber nicht. Nimmt der Arbeitnehmer die Tätigkeit auf, handelt es sich um eine durch diese Tätigkeit ergänzte qualifizierte Erreichbarkeit. Im Übrigen kann von einer einfachen Erreichbarkeit in Form der bloßen Ansprechbarkeit als Offenheit für berufliche Belange ohne konkrete Kommunikationsaufnahme und/ oder berufliche Tätigkeit gesprochen werden. Die Erreichbarkeit kann aktiv vom Arbeitnehmer ausgehen oder in einem passiven Verhalten des Arbeitnehmers als Reaktion bestehen.

II. Entwicklung und Folgen der Erreichbarkeit in tatsächlicher Hinsicht

1. *Technische Möglichkeiten*

Das Erreichbarkeitsphänomen geht erkennbar mit der zunehmenden Digitalisierung einher, die vor der Arbeitswelt keinen Halt macht. Die „Arbeit 4.0“ beschreibt den Zustand der vernetzten, digitalen und flexiblen Arbeitswelt.[331] Die Technik ist regelmäßig eine Voraussetzung für Kommunikationsvorgänge in räumlicher Distanz, kurzum außerhalb der betrieblichen Sphäre.[332] Sie ist daher wesentlicher Faktor für berufliche Kommunikation im Urlaub.

Arbeitnehmer werden von ihren Arbeitgebern zunehmend mit mobilen Endgeräten wie Smartphones, Notebooks und Tablets ausgestattet.[333] Der Anteil großer Unternehmen mit mehr als 250 Beschäftigten, die ihre Beschäftigten mit mobilen Endgeräten ausstatten, beträgt 95 Prozent.[334] Überdies ist in den

---

331 *Krause*, Gutachten B 71. DJT, B 11, Fn.27.

332 *Maier*, Erweiterte berufsbezogene Erreichbarkeit, S. 10.

333 Im Jahr 2015 waren dies 23 % der Arbeitnehmer, ZEW, IKT Report 2015, S. 3; *Krause*, Gutachten B 71. DJT, B14.

334 *Statista*, Anteil der Unternehmen in Deutschland, die Beschäftigten tragbare Geräte für geschäftliche Zwecke zur Verfügung stellen, die mobilen Internetzugang über ein Mobilfunknetz ermöglichen, im Jahr 2018 (nach Unternehmensgröße), abrufbar unter: *https://de.statista.com/statistik/daten/studie/221785/umfrage/*

vergangenen Jahren der Trend des sogenannten „Bring Your Own Device" (kurz BYOD) in deutschen Unternehmen angekommen. Arbeitnehmer nutzen eigene mobile Geräte für dienstliche Belange.[335] Die Nutzung mobiler Endgeräte beeinflusst das Kommunikationsverhalten im beruflichen und privaten Bereich. Im Beruf gibt es damit ein Äquivalent zum Privaten, wodurch die Grenzen zwischen Arbeits- und Privatleben verschwimmen.[336] Die Kommunikationstechnologien können Beschäftigte dazu verleiten, zwischendurch eine E-Mail zu lesen, aus deren Kenntnisnahme sich neue Aufgabenstellungen ergeben beziehungsweise Aufgaben scheinbar zügig zu erledigen sind.[337] Die Flüchtigkeit der schnellen Kontaktaufnahme führt dazu, dass aus einem vermeintlich kurzzeitigen Überprüfen der neuen Nachrichten ein Verweilen in der Arbeit wird.

2. *Ursachen und gesundheitliche Folgen der Erreichbarkeit*

Das Urlaubsrecht dient dem Gesundheitsschutz. Naturgemäß wirkt sich die Erreichbarkeit im Einzelfall unterschiedlich auf den Gesundheitszustand oder allgemein auf das Wohlbefinden des Arbeitnehmers aus. In einer repräsentativen Studie aus dem Jahr 2019 meinten 58 Prozent der Befragten, die Erreichbarkeit im Urlaub mache krank.[338] Diese Angabe entspricht dem subjektiven Empfinden der Befragten. Doch der Umstand, dass Arbeitnehmer selbst vom Eintritt derartiger Folgen für die Gesundheit ausgehen, macht die Risiken der Erreichbarkeit im Urlaub sichtbar. Nicht nur die tatsächliche Erreichbarkeit, bei der sich die Kontaktaufnahme oder bloße Tätigkeit realisiert, sondern bereits die potenzielle Erreichbarkeit, die lediglich eine einfache Erreichbarkeit erfordert, kann den Arbeitnehmer in einer nicht zu unterschätzenden Weise belasten.[339] Eine Untersuchung gelangte zu dem Ergebnis, dass das Ausmaß der Belastung mit

---

ausstattung-der-mitarbeiter-von-kmu-mit-mobilen-endgeraeten/- eingesehen am 28.02.2021.

335 Hierzu *Bitkom*, Bring your own device" (2013), S. 5 und umfassende rechtliche Betrachtung bei *Monsch*, BYOD; *Pollert*, NZA-Beilage 2014, 152 ff.

336 Dazu *Krause*, Gutachten B 71. DJT, B 28; *Bissels/Wisskirchen*, DB 2010, 2025.

337 So der damalige *Regus*-Geschäftsführer *Michael Barth* zitiert in der online-Ausgabe der „Wirtschaftswoche in dem Artikel „Arbeiten im Urlaub - Mit dem Laptop am Strand"" v. 09.07.2012, abrufbar unter: *https://www.wiwo.de/erfolg/beruf/arbeiten-im-urlaub-mit-dem-laptop-am-strand/6855082.html*, - eingesehen am 18.08.2021.

338 Studie abrufbar unter *https://www.bearingpoint.com/de-de/ueber-uns/pressemitteilungen-und-medienberichte/pressemitteilungen/digital-detox/*, - eingesehen am 18.08.2021.

339 Zu der Belastung: *Menz*, Erweiterte arbeitsbezogene Erreichbarkeit, S. 27.

der Häufigkeit der Erreichbarkeit steigt.[340] Personen mit Vorgesetztenfunktion fühlten sich zumeist mehr durch die Erreichbarkeit belastet als andere Beschäftigte.[341] Es zeigt sich, dass die Hierarchieebene von Bedeutung sein kann. Flache Hierarchiestrukturen können ebenfalls zu einer erhöhten Erreichbarkeitsbereitschaft beitragen.[342]

Gründe für die Erreichbarkeit in der Freizeit sind laut den Ergebnissen der Untersuchung, dass die Befragten gerne arbeiten und es praktisch finden, erreichbar zu sein und über Vorgänge bei der Arbeit informiert zu werden.[343] Zudem spielt die Erwartungshaltung des Vorgesetzten häufig eine gewichtige Rolle.[344] Hinsichtlich denkbarer Präventionsmöglichkeiten erhielt diejenige, dass der Vorgesetzte ausdrücklich kommuniziert, keine (ständige) Erreichbarkeit zu erwarten, unter den befragten Beschäftigten die höchste Zustimmung.[345] Das Verhalten des Vorgesetzten steht folglich in Zusammenhang mit demjenigen seiner Mitarbeiter.

Arbeitnehmer empfinden die Erreichbarkeit mitunter als positiv. Sie kann zu einer Freiheit, Flexibilität und Mobilität und so zu einer veränderten „Work-Life-Balance" beitragen.[346] In den Umfragen zu einer weiteren Studie stimmten viele der befragten Arbeitnehmer der Aussage, dass Erreichbarkeit praktisch sei, zu.[347] Zwar ergeben sich aus der Erreichbarkeit mitunter gewisse Vorteile für die Arbeitnehmer. Zu beachten ist gleichwohl, dass sich die Flexibilität durch die neuen Formen der Kommunikation auf die Erreichbarkeit im Allgemeinen bezieht. Nicht zu übersehen ist daher, dass während des Erholungsurlaubes ein derartiges Bedürfnis nicht besteht. Der Arbeitnehmer ist von seiner Arbeitspflicht freigestellt. In dieser Phase müssen Berufs- und Privatleben nicht vereint werden, da der Arbeitnehmer selbstbestimmt seine Freizeit zur Erholung wahrnehmen kann. Die Aussagekraft ist dementsprechend gering.

Beachtlich ist, dass in einer Studie aus dem Jahr 2013 57 Prozent der befragten Unternehmen angaben, die Erreichbarkeit nie oder nur in Ausnahmefällen

---

340 *DGUV*, IAG Report 1/2012, S. 20.

341 *DGUV*, IAG Report 1/2012, S. 20.

342 So Bitkom-Hauptgeschäftsführer *Rohleder* in einer Pressemitteilung, abrufbar unter: *https://www.bitkom.org/Presse/Presseinformation/7-von-10-Berufstaetigen-sind-im-Sommerurlaub-dienstlich-erreichbar-*, eingesehen am 18.08.2021.

343 Vgl. *DGUV*, IAG Report 1/2012, S. 21 f.

344 *DGUV*, IAG Report 1/2012, S. 21 f.

345 *DGUV*, IAG Report 1/2012, S. 22 f.

346 *Schuchart*, Ständige Erreichbarkeit im Arbeitsverhältnis, S. 184.

347 *DGUV*, IAG Report 1/2012, S. 22.

zu fordern.[348] Daraus folgt, dass ein nicht unerheblicher Anteil der befragten Unternehmen durchaus die Erreichbarkeit einfordert. Als Grund dafür, dass Arbeitnehmer ihre Erreichbarkeit gegenüber dem Arbeitgeber, Kollegen und zum Teil gegenüber Kunden (freiwillig) gewähren, wird unter anderem die interessierte Selbstgefährdung genannt.[349] Die Leistungsdynamik der Arbeitswelt bewirke, dass Beschäftigte ein Verhalten entwickelten, bei dem sie sich selbst dabei beobachten, ihre Gesundheit zwecks beruflichen Erfolgs zu gefährden, etwa durch Arbeit im Urlaub.[350] Die interessierte Selbstgefährdung stehe im Zusammenhang mit der Entwicklung indirekter Unternehmenssteuerung, bei welcher Arbeitnehmer mehr Freiraum in der Arbeitsplanung erhalten und ähnlich wie Selbstständige behandelt würden.[351]

Diese Ergebnisse entsprechen der Erkenntnis, dass das Erreichbarkeitsphänomen nicht nur eines der technischen Kommunikationsentwicklung, sondern des allgemeinen Wandels der Arbeitswelt ist.[352] Insbesondere in wissensbezogenen Berufsfeldern müssen Arbeitnehmer zunehmend Verantwortung für Arbeitsergebnisse übernehmen. Die gesteigerte Verantwortung führt zu einer Ausweitung der Arbeitssphäre in die Privatsphäre.[353] Vor diesem Hintergrund ist nicht zu verkennen, dass durch die Erreichbarkeit Einzelner zunehmend die Erwartungshaltung gegenüber allen Arbeitnehmern steigt.[354] Arbeitnehmer, die bislang bewusst nicht erreichbar sein wollten, könnten ihr Verhalten anpassen. Die interessierte Selbstgefährdung ist zwar nicht allgegenwärtige Ursache der Erreichbarkeit, wohl aber Teil des Ursachenbündels. Die Erreichbarkeit kann den Gesundheitsschutz, dem der Urlaub dient, vereiteln.

III. Erreichbarkeitspflicht

Fraglich ist, inwiefern der Arbeitnehmer gegenüber dem Arbeitgeber verpflichtet sein kann, seine Erreichbarkeit während des Urlaubes herzustellen. An dieser Stelle geht es darum, ob der Arbeitnehmer beispielsweise einen Anruf des

---

348 *BITKOM*, Arbeit 3.0 Arbeiten in der digitalen Welt, S. 28.

349 *Krause*, Gutachten B 71. DJT, B 32; *Chevalier/Kaluza*, gesundheitsmonitor 01/2015.

350 *Krause/Dormas/Peters*, Interessierte Selbstgefährdung: Was ist das und wie geht man damit um?, in HR TODAY 04/2010; als Grund für die Erreichbarkeit auch *Schuchart*, Ständige Erreichbarkeit im Arbeitsverhältnis, S. 185.

351 *Chevalier/Kaluza*, gesundheitsmonitor Newsletter 01/2015.

352 *Maier*, Erweiterte berufsbezogene Erreichbarkeit, S. 12.

353 *Maier*, Erweiterte berufsbezogene Erreichbarkeit, S. 15.

354 *Schuchart*, Ständige Erreichbarkeit im Arbeitsverhältnis, S. 185.

Arbeitgebers entgegennehmen oder auf eine vom Arbeitgeber veranlasste E-Mail reagieren muss. Denkbar ist eine solche Pflicht in Form einer vertraglichen Nebenpflicht des Arbeitnehmers aus §§ 241 Abs. 2, 242 BGB[355] in Verbindung mit § 611a BGB. Durch die Freistellung ist die Hauptleistungspflicht des Arbeitnehmers suspendiert, nicht aber die Nebenpflichten. Freilich sind die Besonderheiten des Urlaubsrechts zu berücksichtigen.

1. Unabhängigkeit von Folgefragen zur Anspruchserfüllung

Die Fragen zum Bestehen einer Erreichbarkeitspflicht und zur Erfüllbarkeit des Urlaubsanspruchs trotz der Erreichbarkeit stellen sich auf unterschiedlichen Rechtsebenen. Aus einer möglichen Nebenpflicht zur Erreichbarkeit im Urlaub lässt sich noch nicht schließen, dass sich die Erreichbarkeit nicht dennoch auf die Erfüllung des Urlaubsanspruchs auswirken kann. Bei einer möglichen Erreichbarkeitspflicht kommt es allein darauf an, ob der Arbeitnehmer das Erreichbarkeitsbegehren des Arbeitgebers ignorieren darf oder trotz des Urlaubes auf dieses eingehen muss. Zwar ist die Arbeitspflicht als Hauptleistungspflicht des Arbeitnehmers suspendiert. Gleichwohl könnte der Arbeitnehmer verpflichtet sein, auf Anfragen des Arbeitgebers zu reagieren. Die Erfüllbarkeit des Urlaubsanspruchs trotz Erreichbarkeit ist hiervon klar zu trennen. Spiegelbildlich zur Erreichbarkeitspflicht würde sich bei einer Nebenpflicht auf Rechtsfolgenseite die Frage nach den Auswirkungen ihrer Verletzung stellen, nicht hingegen nach den Folgen für die Erfüllung des Urlaubsanspruchs.

2. Nebenpflicht zur Erreichbarkeit im Urlaub?

Nebenpflichten sind im Arbeitsverhältnis als Dauerschuldverhältnis im Vergleich zu anderen Schuldverhältnissen besonders stark ausgeprägt.[356] Die persönliche Bindung der Arbeitsparteien zeichnet die Besonderheit der arbeitsvertraglichen

---

355 Derartige Überlegung bei *Schuchart*, Ständige Erreichbarkeit im Arbeitsverhältnis, S. 187, die über die ergänzende Vertragsauslegung nach §§ 133, 157 BGB als Grundlage nachdenkt, diese aber ablehnt; ebenfalls auf dieser dogmatischen Grundlage wird das Rückrufsrecht aus dem Urlaub diskutiert, vgl. dazu HK-ArbR/*Holthaus*, § 7 BUrlG Rn. 43.

356 ErfK-ArbR/*Preis*, § 611a Rn. 707; Erman/*Boettcher*, BGB, § 242 Rn. 89; Dörner/Luczak/Wildschütz/Baeck/Hoß/*Dörner*, Hdb-ArbR, Kapitel 3 Rn. 480.

Nebenpflichten aus.[357] Vorstellbar ist daher, dass die Nebenpflichten des Arbeitnehmers in gewissem Umfang dem Arbeitgeber ein Erreichbarkeitsrecht gegenüber dem Arbeitnehmer aus §§ 241 Abs. 2, 242 BGB im Urlaub verleihen. Die Nebenpflichten beinhalten eine Rücksichtnahmepflicht gegenüber dem jeweils anderen Vertragsteil (§ 241 Abs. 2 BGB). Schutzpflichten sind Bestandteil der Rücksichtnahmepflicht und umfassen auf Arbeitgeberseite die Fürsorgepflicht und auf Arbeitnehmerseite eine Treue- beziehungsweise Loyalitätspflicht.[358] Die Rücksichtnahmepflicht kann neben einer Unterlassungspflicht in einer Interessenwahrnehmungspflicht bestehen.[359] Auch außerhalb der Arbeitszeit hat der Arbeitnehmer auf berechtigte Interessen des Arbeitgebers Rücksicht zu nehmen.[360] Die Treuepflicht wirkt in die Freizeit des Arbeitnehmers hinein.[361] Insofern scheint unter diesem Gesichtspunkt die Treuepflicht des Arbeitnehmers in Gestalt einer Erreichbarkeitspflicht denkbar. Zwar stehen die Nebenpflichten in keinem Gegenseitigkeitsverhältnis.[362] Ein gewisser Ausgleich ist jedoch bei der Treue- und Fürsorgepflicht wegen der Rücksichtnahmepflicht herzustellen. Der Arbeitgeber hat aufgrund seiner Fürsorgepflicht auf die Belange des Arbeitnehmers zu achten. Entscheidend für eine etwaige Erreichbarkeitspflicht des Arbeitnehmers, die sich aus seiner Treuepflicht ableiten ließe, ist deshalb, wie weit auf der anderen Seite die Fürsorgepflicht des Arbeitgebers reicht.[363] Die Pflichten gestalten und begrenzen sich in ihrer Reichweite durch die beiderseitige Rücksichtnahmepflicht.

---

357 Dörner/Luczak/Wildschütz/Baeck/Hoß/*Dörner*, Hdb-ArbR, Kapitel 3 Rn. 481; ErfK-ArbR/*Preis*, § 611a Rn. 708, 709; MüHdb-ArbR/*Reichold*, § 53 Rn. 14, 15; Erman/*Boettcher*, BGB, § 242 Rn. 88, 89.

358 Tschöpe/*Rasche*, Arbeitsrecht Handbuch, Verpflichtungen des Arbeitnehmers, Rn. 179, Verpflichtungen des Arbeitgebers Rn. 771; Erman/*Boettcher*, BGB, § 242 Rn. 88.

359 Tschöpe/*Rasche*, Arbeitsrecht Handbuch, Verpflichtungen des Arbeitnehmers, Rn. 181.

360 BAG v. 28.10.2010 - 2 AZR 293/09, NZA 2011, 112 Rn. 19.

361 *Kramer*, IT Arbeitsrecht, B., Rn. 336.

362 Dörner/Luczak/Wildschütz/Baeck/Hoß/*Dörner*, Hdb-ArbR, Kapitel 3 Rn. 483.

363 Die Fürsorgepflicht berücksichtigt auch *Richter*, AuR 2011, 16, 18; auf die Berücksichtigung wechselseitiger Belange hinweisend: Dörner/Luczak/Wildschütz/Baeck/Hoß/*Dörner*, Hdb-ArbR, Kapitel 3 Rn. 484.

a) Reaktionspflicht

Eine Meinung scheint die Reichweite der Treuepflicht bezüglich der Erreichbarkeit im Urlaub offenbar weiter zu verstehen als die Fürsorgepflicht des Arbeitgebers. Aus der Loyalitätspflicht folge, im Urlaub für kurze, nicht weiter belastende Fragen für den Arbeitgeber erreichbar zu sein.[364] Bemerkenswert ist eine Position, nach der die Beantwortung von betrieblichen Anfragen nach „wertender Betrachtung" noch Teil der Arbeitspflicht sei, soweit es nur um vereinzelte Tätigkeiten gehe und eine andere Planung zur Beantwortung der Anfragen unverhältnismäßig wäre.[365] Der Arbeitnehmer dürfe betriebliche Anfragen im Urlaub nicht prinzipiell ignorieren, sofern seine Erreichbarkeit gewährleistet sei.[366] Diese Einschätzung kann letztlich nur mit der Annahme einer Erreichbarkeitspflicht in Form einer Reaktionspflicht des Arbeitnehmers gleichbedeutend sein, wenngleich dies in Anbetracht der noch zuvor grundsätzlich abgelehnten Pflicht verwundert.[367]

Die Position wird nicht dogmatisch begründet, sodass die widersprüchlich erscheinende Einordnung nicht aufgeklärt werden kann. Die Auffassung wird lediglich mit der leichten Bedienbarkeit von Smartphones und der Unverhältnismäßigkeit des Aufwands, der infolge einer anderweitigen Umverteilung der Arbeit entstünde, begründet.[368] Demnach scheinen die Ausführungen durchaus auf eine Nebenpflicht wie die Rücksichtnahmepflicht bezogen zu sein. Denn zum einen wird von einer Erreichbarkeitspflicht als Teil der Arbeitspflicht ausgegangen, die im Urlaub schließlich suspendiert ist. Zum anderen erfolgt offenbar ein Abwägungsprozess zwischen dem Organisationsaufwand des Arbeitgebers bei mangelnder Reaktion des Arbeitnehmers und den Folgen für den Arbeitnehmer aus seiner Erreichbarkeit. Dies lässt auf einen Abwägungsprozess schließen, der nötig ist, um die Reichweite der gegenseitigen Rücksichtnahmepflicht zu bestimmen.

---

364 *Kramer*, IT-Arbeitsrecht, B., Rn. 999, der diesen Hinweis wohl aber eher auf Erfüllungsebene anspricht, wobei die Unterschiede zur Erfüllung dabei nicht klar genug sind; dagegen klar für eine Erreichbarkeitspflicht, jedoch ohne dogmatische Begründung, *Vogt*, BB 2010, 2299.

365 *Vogt*, BB 2010, 2299.

366 *Vogt*, BB 2010, 2299.

367 Vgl. *Vogt*, BB 2010, 2299.

368 *Vogt*, BB 2010, 2299.

b) Ablehnung einer (generellen) Erreichbarkeitspflicht

Prinzipiell ist das Urlaubsrecht als institutionelle Schranke der Inanspruchnahme von Arbeitnehmern durch Arbeitsprozesse zu verstehen.[369] An Rechtsprechung zur berufsbezogenen Erreichbarkeit im Urlaub fehlt es bislang. Das *Landesarbeitsgericht Thüringen* entschied jedoch, dass sich aus § 241 Abs. 2 BGB grundsätzlich keine Pflicht ergebe, dem Arbeitgeber ständig, folglich auch außerhalb der Arbeitszeit, in der Freizeit zur Verfügung zu stehen.[370] In dieser Hinsicht bestätigte das *Landesarbeitsgericht* das erstinstanzliche Urteil des *Arbeitsgerichts Gera*, wonach keine vertragliche Nebenpflicht bestünde, dass ein Arbeitnehmer außerhalb seiner Dienst- beziehungsweise Bereitschaftszeiten für den Arbeitgeber zum Zwecke einer möglichen Arbeitsaufnahme erreichbar zu sein hat.[371]

Hintergrund der Entscheidungen war der folgende grob skizzierte Sachverhalt. In rechtlicher Hinsicht ging es um die Entfernung einer Abmahnung aus der Personalakte. Der klagende Arbeitnehmer war Angestellter eines Landkreises. Der Landkreis hatte eine zuvor bestehende vierundzwanzigstündige Rufbereitschaft nicht mehr aufrechterhalten. In Gefährdungslagen sollten Mitarbeiter, der nun zusammenarbeitenden Landkreise, kontaktierbar, also erreichbar sein und zu diesem Zweck dem Arbeitgeber ihre private Mobilfunknummer mitteilen. Der klagende Arbeitnehmer weigerte sich, seine Mobilfunknummer mitzuteilen und wurde deshalb vom Arbeitgeber abgemahnt.[372]

Das *Arbeitsgericht Gera* befürwortete einen Anspruch auf die Entfernung der Abmahnung aus der Personalakte aus § 242 BGB i.V.m. § 1004 Abs. 1 Satz 1 BGB analog[373]. Das *Landesarbeitsgericht Thüringen* hielt die Berufung des Beklagten für unbegründet.[374] Das *Arbeitsgericht Gera* erkannte keine vertragliche Nebenpflicht des Arbeitnehmers an, außerhalb seiner Arbeitszeit für den Arbeitgeber zum Zwecke einer möglichen Arbeitsaufnahme erreichbar zu sein. Bereits die bloße Möglichkeit, jederzeit beruflich kontaktiert werden zu können, schränke den Arbeitnehmer unangemessen in seiner privaten Lebensführung ein.[375] Das

---

369 *Krause*, Gutachten B 71. DJT 2016, B 25.

370 LAG Thüringen v. 16.05.2018 - 6 Sa 442/17, BeckRS 2018, 14747 Rn. 62.

371 ArbG Gera v. 12.10.2017 - 5 Ca 125/17, BeckRS 2017, 149543, Rn. 49.

372 Zusammenfassung des Sachverhalts orientiert an *Siebert*, öAT 2018, 172; näher dazu LAG Thüringen v.16.05.2018 - 6 Sa 442/17, BeckRS 2018 Rn. 1-10.

373 ArbG Gera v. 12.10.2017 - 5 Ca 125/17, BeckRS 2017, 149543 Rn. 37.

374 LAG Thüringen v.16.05.2018 - 6 Sa 442/17, BeckRS 2018, 14747 Rn. 27 f.

375 ArbG Gera v. 12.10.2017 - 5 Ca 125/17, BeckRS 2017, 149543 Rn. 49, 58.

Landesarbeitsgericht Thüringen bestätigte dies mit ergänzenden Ausführungen. Bemerkenswert und im Hinblick auf den Urlaubszweck wichtig ist die Feststellung, dass es zu den vornehmsten Persönlichkeitsrechten gehöre, dass ein Mensch selbst entscheiden könne, für wen er oder sie in der Freizeit erreichbar sein wolle oder nicht.[376] Freizeit zeichne sich durch die selbstbestimmte Gestaltung des Zeitraums anstelle der fremdnützigen Tätigkeit aus. In diesem Zeitraum seien Arbeitnehmer nicht Teil einer fremdbestimmten Organisationseinheit. Eine jederzeitige Verfügbarkeit stelle die Subjektqualität des Arbeitnehmers in Frage, indem sie ihn faktisch auf seine Funktion als Arbeitskraft reduziere. Der Arbeitnehmer werde tiefgreifend in seiner Lebensführung beeinträchtigt. Allein die Möglichkeit, das Mobiltelefon auszuschalten, verhindere dies nicht, da die Selbstbestimmung beinhalte, dass die Erreichbarkeit für private Kontakte hergestellt werden könne.[377] Die Literatur betont, dass der Arbeitnehmer den Urlaub unter anderem als eine Zeit, in der er einem anderen nicht Zur-Verfügung-stehen" müsse, für seine psychische Regeneration benötige.[378] Folgerichtig lehnt das sonstige Schrifttum eine allgemeine arbeitsvertragliche Nebenpflicht zur Erreichbarkeit ab.[379]

c) Stellungnahme

Die Ausführungen sind auf eine etwaige Erreichbarkeitspflicht im Urlaub übertragbar, insbesondere da das *Landesarbeitsgericht Thüringen* die Selbstbestimmung hervorhebt. In dieser Entscheidung war ein kommunaler Arbeitgeber Beklagter. Dementsprechend ist die Argumentation des *Landesarbeitsgerichts* grundrechtsorientiert und daher namentlich das allgemeine Persönlichkeitsrecht aus Art. 2 Abs. 1 GG i.V.m. Art. 1 Abs. 1 GG entscheidungsrelevant.[380] Diese Untersuchung widmet sich dem Arbeitsverhältnis zwischen Privaten. Das allgemeine Persönlichkeitsrecht ist als sonstiges Recht im Sinne von § 823 Abs. 1 BGB im Privatrechtsverhältnis geschützt. Das grundrechtliche allgemeine

---

376 Hierzu sowie im Weiteren LAG Thüringen v. 16.05.2018 - 6 Sa 442/17, BeckRS 2018, 14747 Rn. 41; wörtlich zitiert *Siebert*, öAT 2018, 172.

377 LAG Thüringen v. 16.05.2018 - 6 Sa 442/17, BeckRS 2018, 14747 Rn. 41.

378 SWK-ArbR/*Holthaus*, Urlaubsanspruch, Rn. 4.

379 *Richter*, AuR 2011, 16, 17; *Scheicht*, Personalführung 5/2014, 82, 83.

380 Ausdrücklich auf Art. 1 Abs. 1 GG bezugnehmend: LAG Thüringen v. 16.05.2018 - 6 Sa 442/17, BeckRS 2018, 14747 Rn. 41; zum allgemeinen Persönlichkeitsrecht als Schranke der Erreichbarkeit: *Schuchart*, Ständige Erreichbarkeit im Arbeitsverhältnis, S. 188.

Persönlichkeitsrecht ist interpretationsbegleitend zu berücksichtigen.[381] Es ist daher auch im Arbeitsverhältnis zu beachten.[382] Der Grundrechtsbezug ist im Urlaubszweck selbst enthalten.[383]

Während des gewährten Urlaubes ist der Arbeitnehmer von der Arbeitspflicht freigestellt. Ihm muss es möglich sein, seine Freizeit selbstbestimmt uneingeschränkt nutzen zu können.[384] Die Freizeit ist als Teilelement des Urlaubes der Dispositionsbefugnis des Arbeitgebers entzogen.[385] Müsste der Arbeitnehmer in Form des Reagieren-Müssens in seiner Freizeit erreichbar sein, würde dies seine Freizeitgestaltung unangemessen beschränken. Eine Erreichbarkeitspflicht würde den Arbeitnehmer auf seine Arbeitskraft in einer Phase reduzieren, in der er sich als Individuum frei von Verpflichtungen entfalten können soll.[386] Wenngleich sich die Entscheidungen des *Arbeitsgerichts Gera* und des *Landesarbeitsgerichts Thüringen* allgemein auf die Freizeit beziehen, sind sie auf den Urlaub übertragbar, weil das Schutzniveau des Urlaubes nicht geringer sein darf als bei den Ruhezeiten im Arbeitszeitrecht.[387]

Will man die Erreichbarkeit als Nebenpflicht in Ausprägung der Treuepflicht verstehen,[388] ist zwingend zu beachten, dass die Treuepflicht eine Ausprägung der Rücksichtnahmepflicht aus § 241 Abs. 2 BGB ist. Der Arbeitgeber hat ebenso Rücksicht auf die Belange des Arbeitnehmers zu nehmen.[389] An dieser Stelle ist der (privatrechtliche) Arbeitsschutzcharakter des Urlaubsrechts zu beachten. Dieser lässt sich nur schwerlich mit einer Erreichbarkeitspflicht im Urlaub vereinbaren. Eine solche Pflicht hätte zur Folge, dass dem Arbeitnehmer nicht mehr der nötige Raum der Selbstbestimmung in ausreichender Weise verbliebe und der Arbeitnehmer auf seine Arbeitskraft reduziert würde. Der Arbeitnehmer muss sich Versuchen des Arbeitgebers, die Erreichbarkeit im Urlaub herzustellen, entziehen dürfen. Vom Arbeitnehmer kann nicht verlangt werden, dass er seine Lebensführung an den Interessen des Arbeitgebers ausrichtet.[390]

---

381 BAG v. 23.04.2009 - 6 AZR 189/08, NZA 2009, 974 Rn. 21 f.

382 BAG v. 21.06.2012 – 2 AZR 153/11, NZA 2012, 1025, 1028 Rn. 30.

383 Vgl. SWK-ArbR/*Holthaus*, Urlaubsanspruch, Rn. 4.

384 *Powietzka/Rolf*, BUrlG § 1 BUrlG Rn. 27.

385 Vgl. *Bissels/Domke/Wisskirchen*, DB 2010, 2052.

386 Dies befürwortend, wenn die selbstbestimmte Freizeitnutzung nicht gewährleistet ist: SWK-ArbR/*Holthaus*, Urlaubsanspruch Rn. 4.

387 Siehe dazu erstes Kapitel § 1 I.2.

388 Angedacht bei *Schuchart*, Ständige Erreichbarkeit im Arbeitsverhältnis, S. 187.

389 *Schuchart*, Ständige Erreichbarkeit im Arbeitsverhältnis, S. 187.

390 *Schuchart*, Ständige Erreichbarkeit im Arbeitsverhältnis, S. 188.

Eine allgemeine nebenvertragliche Pflicht zur Erreichbarkeit im Urlaub ist folgerichtig abzulehnen.[391] Insbesondere ist festzuhalten, dass soweit schon keine Erreichbarkeitspflicht in der Freizeit als Ruhezeit angenommen werden kann, eine derartige Pflicht erst recht für die urlaubsbedingte Freizeit als Erholungsphase abzulehnen ist.[392] Dieser Erst-Recht-Schluss ergibt sich aus den bereits genannten systematischen Unterschieden zwischen dem Arbeitszeitrecht und dem Urlaubsrecht.[393]

Der Argumentation, dass eine Reaktionspflicht besteht, wenn die Erreichbarkeit des Arbeitnehmers ohnehin schon gewährleistet sei, ist nicht zu folgen. Zum einen kommt es nicht darauf an, wie leicht oder wie schwierig sich die Bedienung eines Kommunikationsmittels gestaltet. Bei lebensnaher Betrachtung ist zwar einzugestehen, dass Nachrichten über ein Smartphone mit einem beiläufigen Blick wahrgenommen und der Kommunikationsvorgang bereits durch einen Klick aufgenommen werden kann. Letztlich ist nicht die Einfachheit der Bedienung des Geräts maßgeblich, sondern dass der Arbeitnehmer mit betrieblichen Belangen konfrontiert würde. Eine Pflicht würde ihn in seiner selbstbestimmten Erholung einschränken. Bestünde eine Erreichbarkeitspflicht könnten aus der Nicht-Reaktion arbeitsrechtliche Folgen drohen. Zum anderen darf die Frage nach einer Erreichbarkeitspflicht nicht von einer möglichen Unverhältnismäßigkeit einer anderweitigen Arbeitsverteilung abhängen. Die Organisation betrieblicher Abläufe ist allein der Sphäre des Arbeitgebers zuzuordnen.[394] Somit ist die Arbeitsverteilung Teil der Organisationsbefugnis des Arbeitgebers, die ihm aufgrund seiner Betriebsinhaberschaft zukommt. Sie führt insoweit zu einer Organisationspflicht gegenüber dem urlaubsabwesenden Arbeitnehmer, als dass seine Erreichbarkeit nicht für den ordnungsgemäßen Betriebsablauf erforderlich sein darf. Regelmäßig ist es dem Arbeitgeber zumutbar, die notwendigen Maßnahmen zu treffen, insbesondere eine ausreichende personelle Vertretung sicherzustellen.[395] Eine gewisse Störung des Betriebsablaufs infolge der

---

391 *Schuchart*, Ständige Erreichbarkeit im Arbeitsverhältnis, S. 187, jedoch im arbeitszeitrechtlichen Kontext.

392 Der strengere Maßstab ist auch bei *Scheicht* erkennbar, die auf weitere Grenzen der Erreichbarkeit im Urlaub hinweist, in: AuA Sonderausgabe 2014, 35, 37.

393 Für diesen Erst-Recht-Schluss ebenfalls *Richter*, AuR 2011, 16, 17.

394 *Lepke*, DB 1990, 1131, 1134; *Maier*, Erweiterte berufsbezogene Erreichbarkeit, S. 165; *Leinemann/Linck*, Urlaubsrecht, § 7 BUrlG Rn. 38 f.; zur Notwendigkeit der sachgerechten Organisation des Betriebsablaufs: LAG Hamm v. 10.05.1999 - 19 Sa 2337/98, BeckRS 1999, 31012378.

395 Vgl. *Lepke*, DB 1990, 1131, 1134.

Abwesenheit ist üblich und vom Arbeitgeber, soweit er diese nicht ausgleichen kann, hinzunehmen.[396] Allein aus dem Umstand, dass der Arbeitgeber dieser Pflicht nicht ausreichend nachkommt, ergibt sich keine Erreichbarkeitspflicht des Arbeitnehmers während seines Urlaubs. Letztlich würde eine Erreichbarkeitspflicht Mängel in der betrieblichen Organisation ausgleichen, die der Risikosphäre des Arbeitgebers zuzuordnen sind. Diese betriebsbedingten Risiken dürfen nicht zulasten des Arbeitnehmers in Form einer Erreichbarkeitspflicht gehen. Organisatorische Mängel dürfen der Urlaubsverwirklichung nicht im Wege stehen.[397] Ansonsten verletzt der Arbeitgeber insoweit seine Rücksichtnahmepflicht gegenüber dem Arbeitnehmer.

Der Vergleich der urlaubsbedingten mit der krankheitsbedingten Abwesenheit des Arbeitnehmers, bei letzterer müsse nach einer Auffassung ein strengerer Maßstab gelten, sofern die Erreichbarkeit die Genesung erschweren würde,[398] ist nicht plausibel. Beiden Konstellationen ist gemein, dass die Arbeitspflicht für den betroffenen Zeitraum suspendiert ist. Zudem dient das Bundesurlaubsgesetz ebenfalls dem Gesundheitsschutz, wenngleich in präventiver Hinsicht. Zwischen der Urlaubsgewährung und dem Beginn des entsprechenden Urlaubszeitraums liegt regelmäßig ausreichend Zeit für den Arbeitgeber, um Arbeitsabläufe für die urlaubsbedingte Abwesenheit des Arbeitnehmers entsprechend zu planen und Aufgaben umzuverteilen. Der Krankheitsfall tritt dagegen zumeist plötzlich auf, sodass betriebliche Abläufe in Reaktion auf die Abwesenheit des Arbeitnehmers oft nicht beziehungsweise nur erschwert änderbar sind. Es ist schon nicht erforderlich, diese Situationen unterschiedlich zu bewerten. Daher sind keine unterschiedlichen Maßstäbe anzulegen. In beiden Fällen besteht grundsätzlich keine Erreichbarkeitspflicht, denn der Arbeitgeber hat Rücksicht auf die Belange des Arbeitnehmers zu nehmen.

3. Erreichbarkeitspflicht in besonderen Konstellationen

In besonderen Situationen, namentlich bei einem betrieblichen Notfall oder aufgrund von Besonderheiten im jeweiligen Arbeitsverhältnis, könnten indes die vertraglichen Nebenpflichten des Arbeitnehmers situations- beziehungsweise statusbedingt ausgeprägter sein und daher zu einer Erreichbarkeitspflicht führen.

---

396 *Leinemann/Linck*, Urlaubsrecht, § 7 BUrlG Rn. 39.
397 *Lepke*, DB 1990, 1131, 1134.
398 Vgl. *Vogt*, BB 2010, 2299.

a) Betrieblicher Notfall

aa) Einordnung des betrieblichen Notfalls in Rechtsprechung und Schrifttum

Die Diskussion über besondere Pflichten auf Arbeitnehmerseite mit korrespondieren Rechten auf Arbeitgeberseite bei einem eintretenden betrieblichen Notfall im Zusammenhang mit dem Urlaub ist in Rechtsprechung und Literatur bereits seit langem bekannt. Namentlich geht es dabei um ein Widerrufs- beziehungsweise um ein Rückrufrecht.[399] Tritt ein betrieblicher Notfall während des Urlaubes auf, dann könnte dies Auswirkungen auf eine zuvor dem Grunde nach abgelehnte Erreichbarkeitspflicht haben. Die Unterscheidung zwischen Widerruf und Rückruf knüpft an den jeweiligen Zeitpunkt an. Der Widerruf erfolgt noch vor Urlaubsantritt, der Rückruf ergeht nach dem Urlaubsantritt.[400] Bei dem Widerruf ist danach zu fragen, ob der Arbeitgeber seine ursprüngliche Freistellungserklärung (einseitig) aufheben darf, während der Rückruf zu einem Abbruch des Urlaubes führen würde. Zumeist wird die Frage nach einem Recht aus Sicht des Arbeitgebers gestellt. Aus Arbeitnehmersicht geht es um eine mögliche Pflicht. Dies ändert jedoch nichts an der Thematik.

Lepke differenziert klar zwischen den Konstellationen und betont, dass die Eingriffsintensität aufgrund des jeweiligen Zeitpunkts unterschiedlich hoch sei, denn die persönliche Sphäre des Arbeitnehmers sei in unterschiedlicher Weise durch ein etwaiges Recht beeinträchtigt.[401] Eine Änderungsvereinbarung zwischen den Arbeitsvertragsparteien sei grundsätzlich zulässig, wenngleich die Anforderungen an eine konkludente Willenserklärung des Arbeitnehmers hoch sein müssten.[402] Die Möglichkeit der einvernehmlichen Urlaubsverlegung ist bereits von anderen anerkannt worden.[403] Der *Zweite Senat* des *Bundesarbeitsgerichts* nahm einen betrieblichen Notfall bei zwingenden Notwendigkeiten an, die einen anderen Ausweg als den Widerruf der Urlaubserteilung nicht zulassen.[404] Der *Senat* erkannte ein einseitiges Widerrufsrecht des Arbeitgebers bezüglich des gewährten Urlaubes für diesen Fall an.[405]

---

399 U.a. BAG v. 19.12.1991 – 2 AZR 367/91, BeckRS 2009, 55110; *Lepke*, DB 1990, 1131 ff.; *Boldt/Röhsler*, Mindesturlaubsgesetz, § 7 BUrlG Rn. 41-43.

400 Hierzu *Lepke*, DB 1991, 1131.

401 *Lepke*, DB 1990, 1131.

402 *Lepke*, DB 1990, 1131.

403 LAG Hamm v. 11.12.2002 - 18 Sa 1475/02, NZA-RR 2003, 347; so auch Schaub-ArbR-Hdb/*Linck*, § 104 Rn. 77; NK-ArbR/Düwell, § 7 BUrlG Rn. 46.

404 BAG v. 19.12.1991 – 2 AZR 367/91, BeckRS 2009, 55110.

405 BAG v. 19.12.1991 – 2 AZR 367/91, BeckRS 2009, 55110.

Die Literatur folgt in weiten Teilen dieser Meinung, begründet diese aber unter verschiedenen dogmatischen Gesichtspunkten. Nach einer Auffassung ergebe sich das Widerrufsrecht aus dem Direktionsrecht des Arbeitgebers.[406] Der Arbeitnehmer müsse den Widerruf aufgrund seiner Treuepflicht hinnehmen. Allerdings sei eine umfassende beiderseitige Interessenabwägung nach den Umständen des Einzelfalls vorzunehmen, wobei dem Arbeitnehmer der Widerruf regelmäßig zumutbar sein soll.[407] Für einen Rückruf sollen nochmals engere Voraussetzungen gelten.[408] Die Abwägung zwischen den betrieblichen Interessen und dem Vertrauen des Arbeitnehmers, die auf Grundlage objektiver Gesichtspunkte erfolgen müsse, falle in der Regel zugunsten des Arbeitnehmers aus.[409] Das Rückrufrecht könne aber nicht schon am Grundsatz der Unteilbarkeit des Urlaubes scheitern, weil das Gesetz die Aufteilung schließlich zulasse, wenn die Voraussetzungen des § 7 Abs. 2 Satz 1 BUrlG vorliegen, was bei einem betrieblichen Notfall der Fall sei.[410] Der Arbeitgeber trage die Darlegungs- und Beweislast für das Vorliegen der Voraussetzungen eines Rückrufrechts.[411]

Andere Teile der Lehre lehnen besondere Rechte des Arbeitgebers bezüglich der Urlaubserteilung und Durchführung in betrieblichen Notsituationen ab.[412] Der *Urlaubssenat* des *Bundesarbeitsgerichts* ließ in einer Entscheidung aus dem Jahr 2000 erkennen, dass er dazu tendiert, keine besonderen Pflichten für Arbeitnehmer im Urlaub bei betrieblichen Schwierigkeiten annehmen zu wollen.[413] Ob er damit einen verschärften Prüfungsmaßstab bei einem Rückruf gegenüber dem Widerruf zugrunde legt oder ob er sich von der Rechtsprechung des *Zweiten Senats* abwenden wollte, ist nicht erkennbar. Der *Urlaubssenat* hielt

---

406 *Lepke*, DB 1990, 1131, 1133.

407 *Lepke*, DB 1990, 1131, 1133; ebenso *Boldt/Röhsler*, Mindesturlaubsgesetz, § 7 BUrlG Rn. 41.

408 *Boldt/Röhsler*, Mindesturlaubsgesetz, § 7 BUrlG Rn. 43; *Lepke*, DB 1990, 1131, 1134.

409 *Lepke*, DB 1990, 1131, 1135.

410 *Lepke*, DB 1990, 1131, 1135; kritisch dagegen *Boldt/Röhsler*, Mindesturlaubsgesetz, § 7 BUrlG Rn. 43.

411 *Lepke*, DB 1990, 1131, 1135.

412 *Leinemann/Linck*, Urlaubsrecht, § 7 BUrlG Rn. 55; *Stoffels*, SAE 2001, 331, 332; in diese Richtung für den Widerrufsfall beziehungsweise das Rückgängigmachen eines einmal erteilten Urlaubs: ErfK/*Gallner*, § 7 BUrlG Rn. 27; gegen Verpflichtung zum Verschieben, Unterbrechen oder Abbrechen im Allgemeinen auch *Schinz*, jM 2016, 193, 193, 195.

413 BAG v. 20.06.2000 -9 AZR 405/99, NZA 2001, 100; siehe dazu *Stoffels*, SAE 2001, 331, 332.

den Arbeitnehmer aber unter keinem rechtlichen Gesichtspunkt zum Urlaubsabbruch und zur Arbeitsaufnahme verpflichtet.[414]

Neben *Lepke* befürworten weitere Stimmen in der Literatur Ausnahmepflichten des Arbeitnehmers in betrieblichen Notsituationen. *Heilmann* meint, der Arbeitgeber könne in einem Notfall ein berechtigtes Interesse an einem Rückruf des Arbeitnehmers in den Betrieb haben.[415] Ein Rückruf wiegt allein wegen des Ortswechsels faktisch zumeist schwerer als die Erreichbarkeitsgewährung,[416] womit diese Einschätzung auf den Erreichbarkeitsfall übertragbar sein dürfte. *Natzel* hält Arbeitnehmer, die wegen einer Campingreise keine feste Urlaubsanschrift haben, bei begründetem Arbeitgeberinteresse für verpflichtet, selbst aktiv zu werden und sich in gewissen Zeitabständen telefonisch im Betrieb zu melden.[417] Letzteres geht wegen eines geforderten aktiven Tätigwerdens erkennbar weiter als die in Frage stehende Reaktionspflicht.

Teile des Schrifttums befürworten in einer betrieblichen Notsituation ausdrücklich einen Anspruch des Arbeitgebers gegen den Arbeitnehmer darauf, dass dieser auf Kontaktversuche reagiert und Auskünfte erteilt, mithin erreichbar ist.[418] Sofern schon die Erreichbarkeit gewährleistet sei, bestehe zumindest in betrieblichen Notsituationen ein Anspruch des Arbeitgebers auf das Tätigwerden des Arbeitnehmers.[419] Ausgehend vom Gedanken der Schadensabwendungspflicht soll dem Arbeitgeber nach einem weiteren Ansatz, sofern ihm schwerwiegende Schäden drohen, ein Anspruch auf die Kontaktaufnahme während des Urlaubes zustehen.[420] Der Anspruch sei auf das Zustandekommen einer Einigung der Arbeitsparteien gerichtet, nach deren Inhalt der Arbeitgeber im Notfall Arbeitsleistungen abrufen dürfe.[421] Bei der Schadensabwendungspflicht sei in eine Zumutbarkeitsprüfung der Umstand einzubeziehen, ob der Arbeitnehmer die verlangte Tätigkeit im Mobile Office erbringen könne.[422] Dies soll dann offenbar für eine Pflicht des Arbeitnehmers sprechen. Ein Anspruch

---

414 BAG v. 20.06.2000 -9 AZR 405/99, NZA 2001, 100, 101.

415 *Heilmann*, Urlaubsrecht, § 8 BUrlG Rn. 9.

416 Davon ausgehend *Freyler*, Mobile Office, S. 268.

417 *Natzel*, Bundesurlaubsrecht, § 1 BUrlG Rn. 73.

418 *Jurion*-HdB-ArbR, Urlaub - Erreichbarkeit des Arbeitnehmers, 3.1.; *Vogt*, BB 2010, 2299.

419 *Vogt*, BB 2010, 2299.

420 *Freyler*, Mobile Office, S. 269.

421 *Freyler*, Mobile Office, S. 269.

422 *Freyler*, Mobile Office, S. 269.

dürfe indes nicht darin münden, dass der Arbeitgeber den Arbeitnehmer wegen Kleinigkeiten kontaktiere.[423]

Anstelle einer Erreichbarkeitspflicht scheint in betrieblichen Notsituationen die einvernehmliche Aufhebung der Urlaubserteilung[424] noch vor Urlaubsantritt besser vertretbar als eine Erreichbarkeitspflicht des Arbeitnehmers. Zum Teil wird dies mit der Treuepflicht des Arbeitnehmers, die zu einem Anspruch des Arbeitgebers auf die einvernehmliche Aufhebung des Urlaubszeitraums durch die Abgabe einer entsprechenden Willenserklärung führe, begründet.[425] Die einvernehmliche Aufhebung bewirke eine Entkonkretisierung des Urlaubsanspruchs.[426]

bb) Stellungnahme

Zunächst ist der Begriff des betrieblichen Notfalls zu klären. Die urlaubsspezifischen Besonderheiten legen es im Hinblick auf die bereits erfolgte Freistellungserklärung zunächst nahe, den Begriff an die dringenden Belange aus § 7 Abs. 1 Satz 1 BUrlG anzulehnen.[427] Bei diesen genügt es noch nicht, wenn der regelmäßige Betriebsablauf gestört ist, denn vielmehr kommt es auf eine Einzelfallbetrachtung an, wobei personelle Engpässe ausreichen.[428] Zwar ist der Rechtsgedanke des § 7 Abs. 1 Satz 1 BUrlG durchaus in die Betrachtung einzubeziehen. Jedoch gibt es erhebliche Unterschiede in der rechtlichen Bewertung der Konstellationen. Im Rahmen des § 7 Abs. 1 Satz 1 BUrlG geht es um den Zeitpunkt des Urlaubsantrags, welcher der Freistellungserklärung als Erfüllungshandlung vorgelagert ist. Geht es nun um eine Erreichbarkeitspflicht, dann befindet sich der Arbeitnehmer bereits im Urlaub.

Der Prüfungsmaßstab muss daher in Anbetracht der Eingriffsintensität deutlich strenger sein.[429] Die Belange, die für eine Ablehnung nach § 7 Abs. 1 Satz 1 BUrlG genügen, reichen zu einem Zeitpunkt nach der Freistellungserklärung

---

423 *Freyler*, Mobile Office, S. 269.

424 Das LAG Hamm erkennt die Möglichkeit der einvernehmlichen Urlaubsverlegung an, v. 11.12.2002 - 18 Sa 1475/02, NZA-RR 2003, 347; so auch Schaub-ArbR-Hdb/*Linck*, § 104 Rn. 77; NK-ArbR/Düwell, § 7 BUrlG Rn. 46.

425 *Freyler*, Mobile Office, S. 268.

426 *Freyler*, Mobile Office, S. 268.

427 In Zusammenhang mit „betrieblichen Schwierigkeiten“ erwähnend BAG v. 20.06.2000 – 9 AZR 405/99 NZA 2001, 100, 101; angedeutet in Neumann/Fenski/Kühn/*Neumann*-BUrlG, § 7 BUrlG Rn. 38.

428 BeckOK-ArbR/*Lampe*, § 7 BUrlG Rn. 10.

429 *Lepke*, DB 1990, 1131, 1135.

nicht aus, um in die Urlaubsgewährung und Durchführung einzugreifen.[430] Zu Recht stellen die Befürworter eines Rückrufrechts und damit einer Rückkehrpflicht hohe Anforderungen an die betriebliche Notsituation.[431] Ebenso sind die Voraussetzungen für die betriebliche Notsituation bei einer möglichen Erreichbarkeitspflicht hoch anzusetzen.[432] Eine Pflicht würde erheblich in die Urlaubsgestaltung eingreifen, nicht zuletzt weil der Arbeitnehmer, der die Pflicht verletzt, mit arbeitsrechtlichen Konsequenzen rechnen müsste. Der bloß unvorhergesehene, aber gelegentlich wiederkehrende erhöhte Arbeitsbedarf genügt hierfür nicht.[433]

Eine zwingende Notwendigkeit setzt nach einer Meinung voraus, dass ohne die Anwesenheit des Arbeitnehmers der Zusammenbruch des Unternehmens droht oder die Interessenabwägung zwischen Arbeitgeber und Arbeitnehmer ergibt, dass das Festhalten an der Urlaubsgewährung unzumutbar wäre.[434] Richtig ist, dass es sich um ein im Zeitpunkt der Urlaubserteilung unvorhersehbares Ereignis handeln muss,[435] das in wirtschaftlicher und finanzieller Hinsicht derart wichtig ist, dass jedes weitere Zuwarten ohne eine dem Arbeitnehmer zumutbare[436] und erfolgreiche Erreichbarkeitsherstellung eine Entwicklung befürchten lässt, die dem Betrieb erheblichen Schaden zufügen kann. Darüber hinaus muss das Ereignis noch unmittelbar vor dem Urlaubsantritt unvorhersehbar sein, denn andernfalls wäre ein Widerruf einer Erreichbarkeitspflicht vorzuziehen, sodass dann dessen Voraussetzungen vorliegen müssten. Ist dies nicht der Fall, dann darf zu einem Zeitpunkt nach dem Urlaubsantritt erst recht nichts anderes gelten.

Der Erreichbarkeitspflicht für betriebliche Notsituationen im Urlaub könnten praktische Bedenken entgegenstehen. Der Arbeitnehmer kann nicht ohne Weiteres erkennen, ob ein Anliegen des Arbeitgebers aufgrund einer betrieblichen Notsituation entstanden ist. Befürwortet man eine Erreichbarkeitspflicht für betriebliche Notfälle, dann gebietet es jedenfalls die Rücksichtnahmepflicht aus § 241 Abs. 2 BGB, dass der Arbeitgeber den Arbeitnehmer tatsächlich nur

---

430 *Stoffels*, SAE 2001, 331, 332; *Freyler*, Mobile Office, S. 268.

431 Etwa *Boldt/Röhsler*, Mindesturlaubsgesetz, § 7 BUrlG Rn. 43.

432 So auch *Jurion*-HdB-ArbR, Urlaub - Erreichbarkeit des Arbeitnehmers, 3.1.

433 *Lepke*, DB 1990, 1131, 1134.

434 *Jurion*-HdB-ArbR, Urlaub - Erreichbarkeit des Arbeitnehmers, 3.1.

435 In Anlehnung an BAG v. 19.12.1991 – 2 AZR 367/91, BeckRS 2009, 55110; so auch *Lepke*, DB 1990, 1131, 1135.

436 Ebenfalls in Anlehnung an BAG v. 19.12.1991 – 2 AZR 367/91, BeckRS 2009, 55110.

in betrieblichen Notsituationen kontaktiert. Darauf darf sich der Arbeitnehmer nach Treu und Glauben (§ 242 BGB) verlassen.

Es leuchtet ein, dem Arbeitgeber in Fällen, in denen es um einen betrieblichen Notfall nach erfolgter Konkretisierung noch vor Urlaubsantritt geht, einen Anspruch gegen den Arbeitnehmer auf Abgabe einer entkonkretisierenden Willenserklärung zum Widerruf des Urlaubszeitraums anzuerkennen. Insoweit ist die befürwortende Ansicht zum Widerruf nachvollziehbar. Gleichwohl entscheidet sich der Arbeitnehmer vielfach bewusst für einen bestimmten Zeitraum, zum Bespiel weil die Urlaubszeit für ihn bedeutet, die freie Zeit intensiv mit seiner Familie verbringen zu können und er dafür an die Schulferienzeit gebunden ist.[437] Vor dem Urlaub kann ein solcher Anspruch folglich nur bestehen, soweit die Aufhebung des Urlaubszeitraums dem Arbeitnehmer zumutbar ist.

Zuzustimmen ist daher denjenigen, die den Zumutbarkeitsaspekt in ihre Erwägungen einbeziehen.[438] Dies gilt für jede der Situationen, die auf den Urlaubszeitraum einwirken. Wegen der Rücksichtnahmepflicht sind die Belange des Arbeitnehmers und des Arbeitgebers gegeneinander abzuwägen, um die Reichweite ihrer Pflichten zu bestimmen. Das Zumutbarkeitskriterium ist ein ausgleichender Umstand, der nicht erst als Korrektiv dient, sondern bereits dazu, die jeweiligen Pflichten zu erkennen. Entscheidend gegen eine Erreichbarkeitspflicht in Notfällen spricht erneut, dass es die Aufgabe des Arbeitgebers ist, den Arbeitsablauf im Betrieb derart zu organisieren, dass in Notfällen ein anderer Arbeitnehmer einsatzbereit ist und die Arbeitskraft des urlaubsbedingt abwesenden Arbeitnehmers somit nicht benötigt wird.[439] Die Notwendigkeit der Erreichbarkeit resultiert oftmals aus organisatorischen Defiziten.[440] Der Urlaubszeitraum ist häufig lange genug bekannt, um die Arbeitsorganisation vor allem durch die personelle Vertretung anzupassen oder um wichtige zeitnah anstehende Angelegenheiten, mit denen der betroffene Arbeitnehmer vertrauter ist als seine Kollegen, vor dem Urlaubsantritt abzusprechen oder wegen der Dringlichkeit den Urlaubszeitraum zu verlegen.[441] Wird der Urlaub erst kurzfristig beantragt, kann der Arbeitgeber in der Regel vorhersehen, ob er die

437 In diese Richtung *Lepke*, DB 1990, 1131, 1133.

438 *Boldt/Röhsler*, Mindesturlaubsgesetz, § 7 BUrlG Rn. 43; *Lepke*, DB 1990, 1131, 1135; *Freyler*, Mobile Office, S. 269.

439 Der Aspekt der Organisation wurde auch in dem besprochenen Urteil des LAG Thüringen v. 16.05.2018 - 6 Sa 442/17, BeckRS 2018, 14747 Rn. 50 berücksichtigt.

440 *Schuchart*, Ständige Erreichbarkeit im Arbeitsverhältnis, S. 188.

441 Die Organisation ansprechend *Freyler*, Mobile Office, S. 269.

Arbeitskraft des Arbeitnehmers im beantragten Zeitraum benötigt und er deshalb die Urlaubsgewährung unter Hinweis auf § 7 Abs. 1 Satz 1 BUrlG verweigert.[442] Einmal mehr kommt es auf eine vorausschauende Organisation an. Der Arbeitgeber muss, soweit nicht die anderen Arbeitnehmer die Arbeit vollständig ersatzweise übernehmen können, gewisse Störungen des Betriebsablaufs infolge der Abwesenheit hinnehmen.[443]

Trotz der ohnehin engen Voraussetzungen eines betrieblichen Notfalls ist es nicht unangemessen, die Erreichbarkeitspflicht abzulehnen. Der Arbeitnehmer wäre andernfalls erheblich durch eine Pflicht in seiner Urlaubsgestaltung belastet. Das organisatorische Risiko des Arbeitgebers darf nicht zulasten des Arbeitnehmers in dessen persönliche Sphäre verlagert werden. Dem Arbeitnehmer steht es zu, den Urlaub jenseits von Pflichten zur selbstbestimmten Erholung zu nutzen. Umso mehr schränkt das von *Natzel* geforderte aktive Tätigwerden des Arbeitnehmers[444] dessen Selbstbestimmung weitreichend ein und verlagert das Risiko des Arbeitgebers in einer Weise, die gegen dessen Rücksichtnahmepflicht verstößt. Wäre der Arbeitnehmer im Urlaub zum aktiven Tätigwerden verpflichtet, könnte sich dies erheblich auf seine Urlaubsplanung auswirken. Der Arbeitnehmer wäre ebenso bei einer Reaktionspflicht nicht berechtigt, die Störung durch seine bewusste Nichterreichbarkeit zu verhindern. Ein Verstoß könnte zu arbeitsrechtlichen Folgen für ihn führen. Das aus einer Schadensabwendungspflicht abgeleitete Recht des Arbeitgebers, den Arbeitnehmer zu kontaktieren, soll sich im Kern aus der Treuepflicht des Arbeitnehmers ergeben.[445] Diese reicht dafür aber nicht weit genug. Das Interesse des Arbeitnehmers an einem ungestörten Urlaub nach Urlaubsantritt überwiegt das betriebliche Interesse des Arbeitgebers an der Erreichbarkeit. Selbst in einer betrieblichen Notsituation besteht somit kein Anspruch des Arbeitgebers auf die Erreichbarkeit des Arbeitnehmers. Die Fürsorgepflicht des Arbeitgebers ist in dieser Hinsicht folglich ausgeprägter als die Treuepflicht des Arbeitnehmers.

b) Ausnahme für Arbeitnehmer-Führungskräfte

Umgekehrt könnte dies bei Arbeitnehmern in Führungspositionen sein. Die Zumutbarkeitsgrenze könnte bei ihnen höher anzusetzen und so eine

---

442 BAG v. 20.06.2000 – 9 AZR 405/99, NZA 2001, 100, 101; so auch *Jurion*-HdB-ArbR, Urlaub - Erreichbarkeit des Arbeitnehmers, 2.2.

443 So schon LAG Hamm v. 10.05.1999 - 19 Sa 2337/98, BeckRS 1999, 31012378.

444 *Natzel*, Bundesurlaubsrecht, § 1 BUrlG Rn. 73.

445 *Freyler*, Mobile Office, S. 269.

Erreichbarkeitspflicht aus ihrer Treuepflicht anzuerkennen sein.[446] Die Treuepflicht gegenüber dem Arbeitgeber ist bei dieser Arbeitnehmergruppe im Vergleich zu sonstigen Arbeitnehmern ausgeprägter.[447] Die Position des Arbeitnehmers im Betrieb kann die Reichweite seiner Nebenpflichten, insbesondere seiner Treuepflicht beeinflussen.[448] Für diese Betrachtung bietet sich der gesetzlich nicht geregelte Begriff der „Arbeitnehmer-Führungskraft" an.[449] Denn der Begriff der leitenden Angestellten wird im Gesetz zwar häufig verwendet, aber nicht klar definiert.[450] Zudem geht die Rechtsprechung mit dem Status des leitenden Angestellten eher zurückhaltend um.[451] Sie setzt eine unternehmensbezogene Tätigkeit voraus, bei deren Wahrnehmung der leitende Angestellte in einer Schlüsselposition eigenverantwortliche maßgebliche Unternehmensentscheidungen trifft.[452] Die Führungstätigkeit, die für die Untersuchung der erweiterten Ausprägung der Nebenpflichten entscheidend sein soll, darf nicht von Anforderungen abhängen, die im Zusammenhang mit dem Kündigungsschutz- oder dem Betriebsverfassungsrecht stehen. Diese prägen den Begriff des leitenden Angestellten jedoch entscheidend.[453] Vielmehr kommt es auf wertende Gesichtspunkte an, die in eine notwendige Interessenabwägung einzubeziehen sind.

---

446 *Bieder*, Kompensatorische Vertragsgestaltung, S. 436; Hansen/Kelber/Zeißig/Breezmann/Confurius/*Kelber*, Führungskräfte, C. Rn. 106, 528; angedeutet bei *Magotsch*, Ständige Erreichbarkeit muss bezahlt werden: Hat jeder das Recht auf Abschalten? v. 18.12.2017 *https://www.wiwo.de/finanzen/steuern-recht/rein-rechtlich-staendige-erreichbarkeit-muss-bezahlt-werden/20695916-2.html*, - eingesehen am 18.08.2021; den unterschiedlichen Maßstab bei leitenden Angestellte betonend: *Jurion*-HdB-ArbR, Urlaub - Erreichbarkeit des Arbeitnehmers, 2.1.; gestalterische Überlegung zur Unterscheidung bei *Freyler*, Mobile Office, S. 290.

447 Hansen/Kelber/Zeißig/Breezmann/Confurius/*Zeißig*, Führungskräfte, A. Rn. 26 sowie Hansen/Kelber/Zeißig/Breezmann/Confurius/*Kelber*, Führungskräfte, C. 106, 108; *Bieder*, Kompensatorische Vertragsgestaltung, S. 436 in Bezug auf leitende Angestellte.

448 Tschöpe/*Rasche*, ArbR-HdB, Verpflichtungen des Arbeitnehmers, Rn. 181; *Lepke*, DB 1990, 1131, 1135.

449 Begriff verwendet bei Hansen/Kelber/Zeißig/Breezmann/Confurius/*Zeißig*, Führungskräfte, A. Rn. 7, 20; *Bröckner*, Arbeitnehmer in Führungspositionen, S. 25; *Fritz*, NZA-Beilage 2018, 98.

450 *Bröckner*, Arbeitnehmer in Führungspositionen, S. 34 f.

451 *Bröckner*, Arbeitnehmer in Führungspositionen, S. 38.

452 BAG v. 10.02.1976 – - 1 ABR 61/74 AP BetrVG 1972 § 5 Nr. 12; v. 08.02.1977 – 1 ABR 22/76 AP BetrVG 1972 § 5 Nr. 16; dazu *Bröckner*, Arbeitnehmer in Führungspositionen, S. 38.

453 *Bröckner*, Arbeitnehmer in Führungspositionen, S. 41.

Vom Begriff der Arbeitnehmer-Führungskraft sind deshalb nicht ausschließlich leitende Angestellte umfasst.[454] Der Begriff umfasst alle Arbeitnehmer, die in einer Schlüsselfunktion im Betrieb oder Unternehmen in der Hierarchie unterhalb der Ebene der gesellschaftsrechtlichen Organe stehen.[455] Der Zusatz „Arbeitnehmer" vor dem Begriff der Führungskräfte dient der Abgrenzung zu den organschaftlichen Führungskräften, die in einer gesellschaftsrechtlichen Position für den Betrieb oder das Unternehmen tätig sind.[456] Mithin geht es um Arbeitnehmer als Führungskräfte, die Führungsaufgaben wahrnehmen und die neben den leitenden Angestellten ebenso außertariflich Angestellte, Prokuristen oder andere Arbeitnehmer mit einer Schlüsselfunktion sein können.[457]

Entscheidend ist nicht eine formalistische Betrachtung, deren Grundlage allein die Kriterien zum leitenden Angestellten in § 5 Abs. 3 BetrVG sind. Sie bieten zwar Anhaltspunkte dafür, was Führungskräfte auszeichnet, vor allem deren Entscheidungsmacht und Personalkompetenz nach innen und außen.[458] Bei den gesteigerten Nebenpflichten kann es aber nicht maßgeblich darauf ankommen, ob einer Führungskraft beispielsweise Vertretungsbefugnisse zustehen, sondern, dass sie im Vergleich zu anderen Arbeitnehmern erhebliche Verantwortung trägt, weil sie mit Leitungsaufgaben befasst ist und deshalb eine Schlüssel- und Vertrauensstellung im Betrieb einnimmt.[459] Der Führungskraft muss dafür nicht zwingend Rechtsmacht nach innen oder außen zukommen,[460] weil es genügt, dass sie erhöhte Verantwortung etwa in organisatorischen Angelegenheiten trägt und deshalb dem Lager des Arbeitgebers besonders nahesteht.[461] Typischerweise

---

454 Dagegen den Begriff des leitenden Angestellten und der Führungskraft synonym verwendend, ohne auf andere Gruppen mit Führungsaufgaben einzugehen, *Bieder*, Kompensatorische Vertragsgestaltung, S. 432.

455 Hansen/Kelber/Zeißig/Breezmann/Confurius/*Zeißig*, Führungskräfte, A. Rn. 6-9.

456 Hansen/Kelber/Zeißig/Breezmann/Confurius/*Zeißig*, Führungskräfte, A. Rn. 7; *Fritz*, NZA-Beilage 2018, 98.

457 Hansen/Kelber/Zeißig/Breezmann/Confurius/*Zeißig*, Führungskräfte, A. Rn. 7; *Möller*, NZA 2017, 1567; *Fritz*, NZA-Beilage 2018, 98.

458 Ausführlich zu den Voraussetzungen für leitende Angestellte im Sinne des § 5 Abs. 3 BetrVG: Hansen/Kelber/Zeißig/Breezmann/Confurius/*Zeißig*, Führungskräfte, A. Rn. 31-90.

459 Hansen/Kelber/Zeißig/Breezmann/Confurius/*Zeißig*, Führungskräfte, A. 20; zur Schlüssel- und Vertrauensstellung eines Arbeitnehmers, der kein leitender Angestellter ist: BAG v. 26.06.1997 – 2 AZR 502/96, BeckRS 2009, 55111.

460 Hansen/Kelber/Zeißig/Breezmann/Confurius/*Zeißig*, Führungskräfte, A. Rn. 115.

461 Hansen/Kelber/Zeißig/Breezmann/Confurius/*Kelber*, Führungskräfte, C. Rn. 104,

kommt der Arbeitnehmer-Führungskraft eine Organisationspflicht zu,[462] die an dieser Stelle von wichtiger Bedeutung ist. Die Erreichbarkeit ist häufig Folge unzureichender Organisation des Arbeitsbetriebs. Die Führungskraft ist dafür verantwortlich, dass die Aufgaben in ihrem Arbeitsbereich erfüllt werden.[463]

Arbeitnehmer-Führungskräfte haben eine Sonderstellung in der Unternehmenshierarchie, während ihre Arbeitsverträge subordinatorische Strukturen aufweisen.[464] Sie stellen ihre Arbeitskraft stärker in das Unternehmenswohl.[465] Arbeitnehmer-Führungskräfte sind deshalb zu einer besonderen Wahrnehmung der Arbeitgeberinteressen verpflichtet, was bedeuten kann, dass sie bei Zusammentreffen ihrer eigenen Interessen mit denen des Unternehmens, ihre Interessen hinter jenen des Unternehmens zurückstellen müssen.[466] Dies gilt auch für ihr Verhalten außerhalb der Arbeitszeit in ihrer Freizeit.[467] Ihre Nebenpflichten gegenüber dem Arbeitgeber sind in ihrer Reichweite aufgrund ihrer Stellung in dessen Unternehmen angepasst.[468] Zumindest in betrieblichen Notsituationen muss das Interesse der Arbeitnehmer-Führungskraft an einem ungestörten Urlaub hinter dem Interesse des Arbeitgebers, seine Arbeitnehmer-Führungskraft im Falle einer betrieblichen Notsituation erreichen zu können, zurücktreten.[469] Da eine Arbeitnehmer-Führungskraft faktisch eine Stellung zwischen Arbeitgeber und „einfachen" Arbeitnehmern einnimmt, ist diese Nebenpflicht zur Erreichbarkeit in Notfallsituationen gerechtfertigt. Führungsverantwortung lässt sich häufig nur erschwert umverteilen, weshalb dem Gesichtspunkt der Organisationspflicht des Arbeitgebers in der Abwägung weniger Gewicht zukommt als bei anderen Arbeitnehmern. Die Arbeitnehmer-Führungskraft trägt vor dem Urlaub eine Mitverantwortung für die Organisation der Zeit ihrer Abwesenheit.[470] Bei verbleibenden organisatorischen Defiziten,

---

462 Hansen/Kelber/Zeißig/Breezmann/Confurius/*Kelber*, Führungskräfte, C. Rn. 106.

463 Hansen/Kelber/Zeißig/Breezmann/Confurius/*Kelber*, Führungskräfte, C. Rn. 106.

464 *Bröckner*, Arbeitnehmer in Führungspositionen, S. 41, 82.

465 *Bröckner*, Arbeitnehmer in Führungspositionen, S. 82.

466 Hansen/Kelber/Zeißig/Breezmann/Confurius/*Zeißig*, Führungskräfte, A. Rn. 26; *Bröckner*, Arbeitnehmer in Führungspositionen, S. 82.

467 *Bröckner*, Arbeitnehmer in Führungspositionen, S. 82. *Martens*, Recht der leitenden Angestellten, S. 104.

468 *Bröckner*, Arbeitnehmer in Führungspositionen, S. 87, 241.

469 So auch im Ergebnis Hansen/Kelber/Zeißig/Breezmann/Confurius/*Kelber*, Führungskräfte, C. Rn. 528; *Bieder*, Kompensatorische Vertragsgestaltung, S. 436, die wohl auch außerhalb betrieblicher Notsituationen eine Erreichbarkeitspflicht im Urlaub befürworten.

470 Hansen/Kelber/Zeißig/Breezmann/Confurius/*Kelber*, Führungskräfte, C. Rn. 537.

aus denen das Erreichbarkeitsbedürfnis des Arbeitgebers resultiert, ist es der Arbeitnehmer-Führungskraft damit in einer betrieblichen Notsituation regelmäßig zumutbar, auf den Erreichbarkeitsversuch zu reagieren. Sie ist verpflichtet, dem Unternehmen drohende Schäden abzuwehren.[471]

Außerhalb einer betrieblichen Notsituation ist die Erreichbarkeitspflicht dagegen abzulehnen. Die Interessen der Arbeitnehmer-Führungskraft an einem ungestörten Urlaub in Vertrauen auf die Freistellungserklärung überwiegen die Interessen des Arbeitgebers. Andernfalls wäre der Urlaubszweck von vornherein äußerst eingeschränkt. Dies ist aber nicht mit einer Nebenpflicht zu rechtfertigen, weil es der Arbeitnehmer-Führungskraft nicht zumutbar ist, ihren Urlaub außerhalb der betrieblichen Notsituation zu unterbrechen. Ansonsten dürfte sich der Arbeitgeber faktisch vollends seiner Organisationspflicht als Ausprägung seiner Fürsorgepflicht gegenüber der Arbeitnehmer-Führungskraft entledigen, ohne dass ihn dies in betrieblichen Abläufen einschränken würde.

Die Erreichbarkeitspflicht erschöpft sich schon unter Zumutbarkeitserwägungen in einer Reaktionspflicht. Die Treuepflicht umfasst keine Pflicht zu einer Einigung auf die Erreichbarkeit, aus derer der Arbeitgeber sodann einen Anspruch gegen die Arbeitnehmer-Führungskraft hätte.[472] Eine Einigung wäre im Übrigen nach den gesetzlichen Wirksamkeitsvoraussetzungen zu beurteilen. Die Reaktionspflicht kann nur insoweit bestehen, wie die Erreichbarkeit überhaupt (technisch) möglich ist. Erst dann ist es der Arbeitnehmer-Führungskraft zumutbar, für berufliche Zwecke ihre Erreichbarkeit zu gewähren. Verbringt die Arbeitnehmer-Führungskraft ihren Urlaub an einem Ort, an dem die Erreichbarkeit nicht möglich ist, kann von ihr nicht verlangt werden, ihren Urlaub stattdessen an einem Ort zu verbringen, an dem die technischen Gegebenheiten ihre Erreichbarkeit ermöglichen. Die Arbeitnehmer-Führungskraft ist schließlich in der Urlaubsgestaltung frei. Um die Arbeitgeberinteressen zu wahren, muss eine Arbeitnehmer-Führungskraft gleichwohl dann zuvor mitteilen, dass sie aufgrund der örtlichen Gegebenheiten während des Urlaubes nicht oder nur eingeschränkt erreichbar sein wird.

c) Ausnahme für Arbeitnehmer mit Spezialwissen

Möglich ist zudem eine Erreichbarkeitspflicht in Notfällen für Arbeitnehmer mit Spezialwissen. Eine besondere Erreichbarkeitspflicht kann nur mit gewissen

---

471 Hansen/Kelber/Zeißig/Breezmann/Confurius/*Kelber*, Führungskräfte, C. Rn. 108.

472 So für sonstige Arbeitnehmer in einem betrieblichen Notfall jedoch *Freyler*, Mobile Office, S. 268.

Einschränkung bestehen, nämlich wenn der Arbeitnehmer sein Spezialwissen nicht schon vor Urlaubsantritt seiner Vertretung mitteilen konnte, weil die Sache unvorhersehbar war und keinen weiteren zeitlichen Aufschub erlaubt. Zusätzlich darf nur der jeweilige Arbeitnehmer über dieses Wissen verfügen und es nicht möglich sein, bis zu seiner Rückkehr aus dem Urlaub abzuwarten. Man denke an einen Arzt, der über spezielles Wissen bezüglich eines Patienten verfügt oder eine Behandlungsmethode anwendet und dieses Wissen angesichts des Notfalls nicht anderweitig verfügbar ist, ohne dass nicht hinnehmbare Nachteile entstünden. Freilich führt der Drittbezug in dieser Konstellation schon zu besonderen Pflichten gegenüber dem Dritten, sodass eine klare Abgrenzung zu den Pflichten aus dem Arbeitsverhältnis nicht möglich sein wird. Jedoch kommen zudem Situationen ohne Drittbezug, beispielsweise die Bedienung von wichtigen Maschinen, in Betracht.

Erkennbar ist in diesem Zusammenhang, dass das Erreichbarkeitsbedürfnis im Wesentlichen in wissensbezogenen, individualisierten Berufsbereichen auftritt.[473] Dies scheint die zuvor noch im Allgemeinen abgelehnte Erreichbarkeitspflicht in betrieblichen Notfällen zum Regelfall werden zu lassen. Da die Voraussetzungen sehr eng sind, ist dies nicht zu befürchten. Dem Arbeitnehmer muss es zumutbar sein, auf den Erreichbarkeitsversuch des Arbeitgebers zu reagieren. Dafür kommt es auf die Tragweite der betrieblichen Notsituation sowie auf die Bedeutung, die dem Spezialwissen des Arbeitnehmers in der jeweiligen Situation zukommt, an. Lediglich unter diesen Gesichtspunkten sind Arbeitnehmer mit Spezialwissen zur Erreichbarkeit verpflichtet.

4. *Zusammenfassung*

Der Arbeitnehmer ist während des Urlaubes grundsätzlich nicht zur Erreichbarkeit verpflichtet. Allgemeine Erwägungen, dass Arbeitnehmer jedenfalls in Notsituationen verpflichtet sind, erreichbar zu sein, vermögen in Anbetracht der Bedeutung des Urlaubes und der Rücksichtnahmepflicht des Arbeitgebers nicht zu überzeugen. Lediglich Arbeitnehmer-Führungskräfte und Arbeitnehmer mit Spezialwissen sind in betrieblichen Notsituationen verpflichtet, auf Erreichbarkeitsversuche des Arbeitgebers zu reagieren. Die Nebenpflichten sind wegen der verantwortungsvollen Stellung beziehungsweise in Anbetracht des

473 Das Erreichbarkeitsproblem besonders in Bezug auf die Wissensarbeit betonend *Ossoinig*, Regulierung von Wissensarbeit, S. 16 f., 113; *Maier*, Erweiterte berufsbezogene Erreichbarkeit, S. 117; offenbar auch *Schuchart*, Ständige Erreichbarkeit im Arbeitsverhältnis, S. 187.

Spezialwissens dieser Arbeitnehmer ausgeprägter als bei anderen Arbeitnehmern. Die Folgen für die Erfüllung des Urlaubsanspruchs sind grundsätzlich unabhängig von einer Erreichbarkeitspflicht zu beurteilen.

IV. Recht auf Nichterreichbarkeit?

Fraglich ist, ob sich aus der grundsätzlich nicht bestehenden nebenvertraglichen Erreichbarkeitspflicht während des Urlaubs, ein positives Recht auf die Nichterreichbarkeit beziehungsweise angesichts der vorherigen Ausführungen genauer, ein Recht auf Nicht-Reaktion[474] ableiten lässt. Diejenigen Ausnahmefälle, in denen die Erreichbarkeitspflicht anzunehmen ist, wären dann eine Ausnahme von diesem Recht. Besteht nicht nur keine Verpflichtung sich während des Urlaubes erreichbar zu halten, sondern ein Recht zur Nichterreichbarkeit, kann dessen Verletzung zu Rechtsfolgen führen.

An dieser Stelle lohnt sich ein rechtsvergleichender Blick auf das französische Arbeitsrecht, das ein Recht auf Nichterreichbarkeit bereits enthält. Seit 2017 enthält der „Code du Travail" ein „Droit à la Déconnexion", wörtlich übersetzt das „Recht auf Abschaltung"[475] oder frei übersetzt das „Recht auf die Freiheit von beruflicher Kommunikation außerhalb der Arbeitszeit" [476] beziehungsweise schlicht das „Recht auf Nichterreichbarkeit"[477]. Den Sozialpartnern, mithin Arbeitgeberverbänden und repräsentativen Gewerkschaften, wird auferlegt, jährlich über das Recht neu zu verhandeln, insbesondere hinsichtlich der Modalitäten zur vollen Rechtsausübung mit dem Ziel der Sicherung des Privat- und Familienlebens. Die Vereinbarung ist für den Arbeitgeber bindend. Kommt es zu keiner Vereinbarung, so ist der Arbeitgeber nach Anhörung des vom nach deutschem Rechtsverständnis erheblich abweichenden Betriebsrats zur

---

474 Begriff bei *Schwemmle/Wedde*, Digitale Arbeit in Deutschland, S. 115, 119.

475 Hierzu *Wüpper*, Franzosen haben jetzt das „Recht auf Abschalten" „Artikel veröffentlicht in der online Ausgabe der Zeitung „Welt" v. 04.01.2017, abrufbar unter *https://www.welt.de/wirtschaft/article160846376/Franzosen-haben-jetzt-das-Recht-auf-Abschalten.html*, - eingesehen am 18.08.2021; „déconnexion" übersetzt nach Leo Wörterbuch, abrufbar unter; *https://dict.leo.org/franz%C3%B6sisch-deutsch/deconnexion*.

476 Übersetzung nach Leo Wörterbuch Forum, abrufbar unter https://dict.leo.org/forum/viewWrongentry.php?idThread=1361284&idForum=17&lp=frde&lang=de, - zuletzt eingesehen am 24.04.2021.

477 *Durlach/Renaud*, AuR 2017, 196 Fn. 1, die Autorinnen verwenden jedoch aus Gründen der Authentizität als Terminus das „Recht auf Déconnexion".

Ausarbeitung einer Charta verpflichtet, in der Modalitäten zur Ausübung des „Rechts auf Nichterreichbarkeit“ zwingend festzulegen sind.[478]

Aufgrund dieser unter Umständen mehrstufigen Vorgehensweise vermittelt das „Droit à la Déconnexion“ kein unmittelbares Recht auf eine Nichterreichbarkeit, sondern ist als Rahmenrecht beziehungsweise als Verfahrensvorschrift[479] zu begreifen. Es ist daher eher schwach ausgestaltet. Zudem muss es jährlich neu verhandelt werden, sodass ein gewisses Maß an Rechtsunsicherheit verbleibt. Für das deutsche Arbeitsrecht lässt sich zweierlei feststellen. Erstens existiert ein Recht, das seiner Art nach mit dem französischen „Droit à la Déconnexion“ vergleichbar ist, nicht. Die Konstruktion von Rahmenrechten verbunden mit Verhandlungspflichten ist dem deutschen (Arbeits-) Recht ohnehin fremd. Zweitens ist das französische „Recht auf Nichterreichbarkeit“ trotz ausdrücklicher Regelung schwach, wohingegen ein im deutschen Arbeitsrecht zwar nicht ausdrücklich, womöglich aber ableitbares Recht unmittelbar gelten würde und daher in seiner Rechtswirkung stärker wäre.

1. *Inhaltliche Bedeutung eines Rechts auf Nichterreichbarkeit*

Zunächst ist bedeutsam, was ein Recht auf Nichterreichbarkeit als Anspruch einerseits für den Arbeitnehmer und andererseits für den Arbeitgeber beinhalten kann. Ausgangspunkt hierfür ist die Definition des Anspruchs nach § 194 Abs. 1 BGB, wonach ein Anspruch das Recht ist, von einem anderen ein Tun oder ein Unterlassen verlangen zu können.[480] Darauf aufbauend wird befürwortet, dass das Recht auf Nichterreichbarkeit in zwei Formen besteht, nämlich als Recht des Arbeitnehmers von seinen beruflichen Pflichten „auszuchecken“, was der Arbeitgeber dulden müsse und als Handlungspflicht des Arbeitgebers dahingehend, Maßnahmen zu treffen, damit der Arbeitnehmer die arbeitsfreie Zeit als solche wahrnehmen könne.[481] In diesem Zusammenhang ist das Recht auf Nichterreichbarkeit ein Recht auf Nicht-Reaktion[482] in dem Sinne, dass der Arbeitgeber es dulden muss, wenn der Arbeitnehmer nicht auf berufliche Angelegenheiten während des Erholungsurlaubes reagiert. Der zweite Aspekt der Handlungspflicht soll dazu führen, dass der Arbeitnehmer schon nicht erst vor

---

478 Beschreibung in *Durlach/Renaud*, AuR 2017, 196, 197.

479 *Krause*, NZA-Beilage 2017, 53, 57.

480 Diese Definition dem Recht auf Nichterreichbarkeit zugrunde legend: *Waas*, FS Preis, S. 1427.

481 *Waas*, FS Preis, S. 1427, 1428.

482 Siehe dazu zweites Kapitel § 3 III.2.c), IV.

die Frage gestellt wird, ob er reagieren soll, weil bereits dafür gesorgt wird, dass keine Anfragen an ihn gestellt werden können.[483] Es geht somit darum, welche Maßnahmen der Arbeitgeber zu treffen hat, um dies sicherzustellen. Eine Blockade der Kontaktaufnahme soll stärkere Wirkung haben als das als „Auschecken“ bezeichnete Verhalten.[484] Die Handlungspflicht hat eine vorbeugende Wirkung, weil sie den Arbeitnehmer schützt, indem er nicht in die Lage gerät, sich entscheiden zu müssen, ob er auf den Kontaktaufnahmeversuch eingeht oder diesen bewusst unterbindet.[485] Mithin kommt es darauf an, ob den Rechtsquellen zum Urlaubsanspruch (bereits) ein Recht auf Nichterreichbarkeit zu entnehmen ist und sodann, welchen Inhalt es hat, insbesondere, ob eine Handlungspflicht des Arbeitgebers nach der derzeitigen Rechtslage besteht.

2. *Das Recht auf Nichterreichbarkeit im Unionsrecht – zum Richtlinienvorhaben des Europäischen Parlaments*

Ein ausdrückliches Recht auf Nichterreichbarkeit ergibt sich weder aus dem Wortlaut des Bundesurlaubsgesetzes noch aus einer sonstigen hier zu berücksichtigenden Rechtsquelle. Dies könnte sich durch den Entwurf eines legislativen Initiativberichts des Beschäftigungsausschusses des *Europäischen Parlaments* zum „Recht auf Nichterreichbarkeit“ in Form eines Richtlinienvorschlags ändern.[486] Rechtliche Grundlage für diese Initiative ist Art. 225 Satz 1 AEUV i.V.m. Art. 47 der Geschäftsordnung des Europäischen Parlaments. Danach kann das *Europäische Parlament* mit der Mehrheit seiner Mitglieder die *Kommission* auffordern, ihm geeignete Vorschläge für den Erlass neuer Unionsakte zu unterbreiten, indem das *Parlament* die Entschließung eines gemäß Art. 54 der Geschäftsordnung des Europäischen Parlaments ausgearbeiteten Initiativbericht des zuständigen Ausschusses annimmt. Das *Europäische Parlament* hat sich entschlossen, die *Europäische Kommission* aufzufordern, einen entsprechenden Rechtsakt als nach Art. 17 Abs. 2 EUV, Art. 294 AEUV Initiativberechtigte vorzulegen.[487]

---

483 *Waas*, FS Preis, S. 1427, 1429.

484 *Waas*, FS Preis, S. 1427, 1429.

485 *Waas*, FS Preis, S. 1427, 1429.

486 Entwurfsbericht 2019/2181(INL).

487 Pressedienst Europäisches Parlament v. 14.01.21, Plenartagung S. 10; zur Entschließung des Europäischen Parlaments, „Auch mal abschalten können: Parlament fordert Recht auf Nichterreichbarkeit“ v. 01.02.2021, abrufbar unter: *https://www.europarl.europa.eu/news/de/headlines/priorities/soziale-sicherheit/20210121STO96103/auch-mal-abschalten-konnen-parlament-fordert-recht-auf-nichterreichbarkeit*, - eingesehen am 18.08.2021.

Ein Blick auf dieses Vorhaben lohnt sich schon deshalb, weil es, sofern es realisiert wird, Auswirkungen auf das nationale (Urlaubs-) Recht haben kann. Da die *Europäische Kommission* hierzu noch nicht entschieden hat, ist der Vorschlag derzeit noch mit Unwägbarkeiten behaftet. Nach dem Erwägungsgrund zwölf des Richtlinientwurfs sei ein besonderes Recht auf Nichterreichbarkeit derzeit nicht von den EU-Rechtsvorschriften erfasst. Die Richtlinie 2003/88/EG, Art. 31 GRCh sowie ausdrücklich der Jahresurlaub werden in den Erwägungsgründen genannt, sodass sich das Recht auch auf den vierwöchigen Mindesturlaub beziehen soll.[488] In der Begründung zur Entschließung betont das *Europäische Parlament*, dass das Recht der Arbeitnehmer auf Nichterreichbarkeit von entscheidender Bedeutung sei, um ihre körperliche und geistige Gesundheit sowie ihr Wohlbefinden zu schützen und sie vor psychologischen Risiken zu bewahren.[489] Die Mitgliedstaaten und die Arbeitgeber werden dazu aufgefordert, die Arbeitnehmer über das Recht auf Nichterreichbarkeit zu informieren, damit diese ihr Recht wahrnehmen können.[490] Das Recht auf Nichterreichbarkeit solle es Arbeitnehmern unter anderem während des Jahresurlaubes ermöglichen, von Aufgaben, Tätigkeiten und elektronischer Kommunikation wie Telefonanrufen, E-Mails und anderen Nachrichten mit Bezug zu ihrer Arbeit abzusehen, ohne dass ihnen daraus Nachteile entstehen dürfen.[491]

Die Nichterreichbarkeit soll nach Art. 2 Abs. 1 des Entwurfs bedeuten, dass außerhalb der Arbeitszeit weder direkt noch indirekt mittels digitaler Werkzeuge arbeitsbezogene Tätigkeiten ausgeübt werden oder arbeitsbezogene Kommunikation erfolgt. Bei umgekehrter Betrachtung danach, was unter Erreichbarkeit zu verstehen ist, entspricht diese Begriffsbestimmung im Wesentlichen dem Erreichbarkeitsbegriff, wie er dieser Betrachtung zugrunde liegt. Gemäß Art. 3 des Entwurfs sollen die Mitgliedstaaten sicherstellen, dass die Arbeitgeber das

488 In den Beweggründen zum Entwurf Richtlinie 2003/88/EG ausdrücklich vor A.; Jahresurlaub, für den Recht auf Nichterreichbarkeit gelten soll ausdrücklich genannt unter E 14.

489 Recht auf Nichterreichbarkeit Entschließung des Europäischen Parlaments vom 21. Januar 2021 mit Empfehlungen an die Kommission zum Recht auf Nichterreichbarkeit (2019/2181(INL)) J. 9.

490 Recht auf Nichterreichbarkeit Entschließung des Europäischen Parlaments vom 21. Januar 2021 mit Empfehlungen an die Kommission zum Recht auf Nichterreichbarkeit (2019/2181(INL)) J. 12.

491 Recht auf Nichterreichbarkeit Entschließung des Europäischen Parlaments vom 21. Januar 2021 mit Empfehlungen an die Kommission zum Recht auf Nichterreichbarkeit (2019/2181(INL)) J. 16.

Recht auf Nichterreichbarkeit in fairer, rechtmäßiger und transparenter Weise umsetzen. In Art. 5 des Entwurfs ist der Schutz des Arbeitnehmers vor Benachteiligungen, insbesondere der Kündigung durch den Arbeitgeber mit einer Beweislastumkehr zulasten des Arbeitgebers enthalten. Den Gewerkschaften und anderen hierzu befugten Arbeitnehmervertretern soll nach einer Umsetzung durch die Mitgliedstaaten gemäß Art. 6 Abs. 2 des Entwurfs das Recht zustehen, die Arbeitnehmer bei der Durchsetzung des Rechts auf Nichterreichbarkeit unterstützen zu können.

Bemühungen, das Recht auf Nichterreichbarkeit (ausdrücklich) in das Unionsrecht aufzunehmen, sind auf Unionsebene erkennbar. Welchen Vorteil dieses Vorhaben in tatsächlicher Hinsicht haben sowie ob und inwieweit es realisiert wird, bleibt abzuwarten. Jedenfalls lässt sich aus der Formulierung des *Europäischen Gerichtshofs*, dass der Urlaub dem doppelten Zweck diene, dass sich der Arbeitnehmer von seinen Arbeitsaufgaben erholen kann und über einen Zeitraum für Entspannung und Freizeit verfügt, darauf schließen, dass der unionsrechtliche Urlaubsanspruch das Recht auf Nichterreichbarkeit enthalten muss.[492] Allerdings erscheint es ohne ausdrückliche Regelung zu weitgehend, die Handlungspflicht derart zu verstehen, dass der Arbeitgeber aktive Maßnahmen einer „Blockade" ergreifen müsste, um die Kommunikationswege zum Arbeitnehmer zu unterbrechen.[493] Freilich hat der Arbeitgeber die Nichterreichbarkeit des Arbeitnehmers nicht nur zu dulden, sondern darf keine Kontaktversuche aufnehmen oder solche veranlassen. Weitergehende Maßnahmen, die ein aktives Bemühen beispielsweise in Form technischer Maßnahmen beinhalten, wie das Deaktivieren des E-Mail-Kontos des urlaubsabwesenden Arbeitnehmers, lassen sich dem unionsrechtlichen Verständnis des Urlaubszwecks nicht entnehmen. Das Richtlinienvorhaben weist damit zunächst, wenn es um die Einführung eines Rechts auf Nichterreichbarkeit im Urlaub geht, keinen Mehrwert gegenüber dem derzeitigen Verständnis des Inhalts des unionsrechtlichen Urlaubsanspruchs auf.[494]Aus der in den Erwägungsgründen enthaltenen Aufforderung an die Arbeitgeber, ihre Arbeitnehmer über das Recht auf Nichterreichbarkeit zu informieren, ergibt sich nichts anderes, weil dies nicht den Anspruchsinhalt betrifft, sondern nur die Aufklärung über den Anspruch. Die Richtlinie kann

---

492 *Waas*, FS Preis, S. 1427, 1437; zum Urlaubszweck nach dem Unionsrecht siehe erstes Kapitel § 1 IV.; EuGH v. 06.11.2018 – C-684/16, NZA 2018, 1474, 1475 Rn. 32.

493 Dazu aber *Waas*, FS Preis, S. 1427, 1428, 1437, dies wohl aber auch nicht befürwortend, vgl. S. 1430, 1438.

494 Im Ergebnis auch *Waas*, FS Preis, S. 1427, 1437 f.

aber dazu beitragen, das Bewusstsein für das Recht auf Nichterreichbarkeit auf Seiten der Arbeitsvertragsparteien zu steigern und kann damit in der Praxis dazu führen, dass dieses tatsächlich wahrgenommen wird.

3. *Das Recht auf Nichterreichbarkeit als konstitutives Element des Urlaubsrechts nach dem BUrlG?*

Denkbar scheint es, ein Recht auf die Nichterreichbarkeit während des gesetzlich geschuldeten Urlaubes aus §§ 1, 3 BUrlG in Verbindung mit der nebenvertraglichen Rücksichtnahmepflicht nach § 241 Abs. 2 BGB in Verbindung mit § 611a BGB abzuleiten.[495] Ein Recht auf Nichterreichbarkeit nach dem nationalen Urlaubsrecht ergibt sich, unabhängig von dessen unionsrechtskonformer Auslegung, aus dem Urlaubszweck sowie den vertraglichen Nebenpflichten der Arbeitsvertragsparteien.

Für das Arbeitszeitrecht wurde ein Recht auf Nichterreichbarkeit aus dem Zusammenspiel der Grenzen und des Schutzzwecks des Arbeitszeitgesetzes und des Arbeitsschutzgesetzes sowie den arbeitsvertraglichen Rechten und Pflichten bereits abgeleitet.[496] Dieses wird mit dem Schutz vor gesundheitsgefährdender Leistungsausweitung begründet.[497] *Krause* betont die Rücksichtnahmepflicht des Arbeitgebers aus § 241 Abs. 2 BGB auf das Privatleben des Arbeitnehmers.[498] Trotz der strukturellen Unterschiede ist ein Erst-Recht-Schluss vom Arbeitszeitrecht auf das Urlaubsrechts möglich, da das Urlaubsrecht in seiner Schutzdimension nicht hinter dem Arbeitszeitrecht zurückbleibt. Der Urlaubszweck und die Rücksichtnahmepflicht sind nur hinreichend berücksichtigt, wenn der

---

495 Allgemein das Recht auf Nichterreichbarkeit aus der Rücksichtnahmepflicht aus § 241 Abs. 2 BGB als Ausprägung der Rücksichtnahmepflicht: *Körlings*, Mobile Erreichbarkeit von Arbeitnehmern, S. 53 und speziell für das Urlaubsrecht aus dem Urlaubszweck befürwortend: *Oetker*, JZ 2016, 817, 819; dafür, dass das Recht auf Nichterreichbarkeit aus dem Urlaubsanspruch folgt: *Waas*, FS Preis, S. 1427, 1438; ebenfalls für ein Recht auf Nichterreichbarkeit im Urlaub: *Däubler*, Digitalisierung und Arbeitsrecht, § 5 Rn. 45.

496 *Schuchart*, AuR 2016, 341, 343; andere Stimmen befürworten die Schaffung eines solchen Rechts im Arbeitszeitrecht, sodass wohl davon auszugehen ist, dass sie nicht von dessen Bestand ausgehen oder sich jedenfalls eine Klarstellung durch den Gesetzgeber wünschen, vgl. *Schwemmele/Wedde*, Digitale Arbeit in Deutschland, S. 87, 95; *Pfeiffer*, Stellungnahme öffentliches Fachgespräch des BT-Ausschusses Digitale Agenda, S. 10, 12.

497 *Schuchart*, AuR 2016, 341, 343.

498 *Krause*, Gutachten B 71. DJT, B 53.

Arbeitnehmer dem Arbeitgeber das Recht auf seine Nichterreichbarkeit, mit Ausnahme der zuvor diskutierten besonderen Fälle, entgegenhalten kann. Das Recht auf die Nichterreichbarkeit oder zur Nicht-Reaktion ergibt sich bereits ohne ausdrückliche Regelung aus dem Inhalt des Arbeitsverhältnisses.[499] Denn wie bereits aufgezeigt, sind die gegenseitigen Rücksichtnahmepflichten zu beachten. Für den Urlaubsanspruch kann dies in Anbetracht des Urlaubszwecks nur bedeuten, dass der Arbeitnehmer nicht bloß die Duldung seiner Nichterreichbarkeit fordern kann, sondern wegen der Fürsorgepflicht des Arbeitgebers von diesem fordern darf, dass er keine Erreichbarkeitsherstellungsversuche unternimmt oder diese in anderer Weise veranlasst. Wie weit diese Handlungspflicht des Arbeitgebers reicht, bestimmt sich erneut nach Zumutbarkeitserwägungen. Im Einzelfall kann es deshalb zu Unterschieden kommen. So wird man, soweit die Kommunikationsmittel dem Arbeitnehmer zur privaten Nutzung überlassen sind, eher verlangen können, dass der Arbeitgeber die Kommunikationswege während des Urlaubes unterbricht, indem er beispielsweise E-Mails durch entsprechende Einstellungen an die Urlaubsvertretung umleitet. Ob dies aber noch eine Ausprägung der Fürsorgepflicht ist, wird auch daran liegen, inwiefern derartige Maßnahmen überhaupt erforderlich erscheinen. Gelang es bisher auch ohne derartige Maßnahmen, dass der Arbeitnehmer nicht erreichbar war, erscheint eine solche Maßnahme nicht erforderlich. Neigt ein Arbeitnehmer dagegen erkennbar dazu, auf während des Erholungsurlaubes eingehende E-Mails zu reagieren, so ist der Arbeitgeber kraft seiner Fürsorgepflicht eher dazu verpflichtet, aktiv der Erreichbarkeit vorzubeugen.

Bei alledem ist deshalb festzuhalten, dass ein Recht auf Nichterreichbarkeit in Form einer Duldungspflicht des Arbeitnehmers als Recht auf Nicht-Reaktion besteht. Eine Handlungspflicht des Arbeitgebers ergibt sich nicht nur aus dem Urlaubszweck, sondern zudem aus seiner Fürsorgepflicht gegenüber dem Arbeitnehmer. Die konkrete Ausprägung der Handlungspflicht bestimmt sich deshalb nach den Umständen des Einzelfalls. Sie besteht jedoch jedenfalls darin, keinen Kontakt zum urlaubsabwesenden Arbeitnehmer aufzunehmen oder einen solchen zu veranlassen, da andernfalls der Urlaubszweck nicht gewahrt wäre. Ein ausdrückliches Recht mit diesem Inhalt wäre deshalb rein deklaratorischer Natur.[500]

---

499 Im Ergebnis auch *Göpfert/Schöberle*, ZIP 2016, 1817, 1818; *Freyler*, Mobile Office, S. 289.

500 So auch im arbeitszeitrechtlichen Kontext *Schuchart*, AuR 2016, 341, 343 und *Krause*, der meint, dass das ausdrückliche Recht nur die Rechtswirklichkeit an die bestehende

4. *Reichweite und Bedeutung für die Folgeuntersuchung*

Das Recht auf Nichterreichbarkeit bewirkt in erster Linie, dass dem Arbeitnehmer aus der Verweigerung der Erreichbarkeit im Urlaub keine arbeitsrechtlichen Maßnahmen, namentlich eine Abmahnung oder eine verhaltensbedingte Kündigung, drohen. Andernfalls verstieße der Arbeitgeber gegen die Vorschrift des § 612a BGB, welche denjenigen Arbeitnehmer, der in zulässiger Weise sein Recht, vorliegend das auf seine Nichterreichbarkeit im Urlaub ausübt, vor benachteiligenden Maßnahmen schützt. Sowohl der Ausspruch der Kündigung als auch eine Abmahnung, die kausal auf der Nichterreichbarkeit beruhen, sind ohne weiteres benachteiligende Maßnahmen im Sinne dieser Norm.[501] Sinn und Zweck der Norm ist es, den Arbeitnehmer umfassend in seiner Willensfreiheit zu schützen.[502] Der Urlaub ist ein Zeitraum der Selbstbestimmung, für dessen Verwirklichung folgerichtig das Recht auf Nichterreichbarkeit besteht, das vom Schutzbereich des § 612a BGB umfasst ist. Der Arbeitgeber hat die Nichterreichbarkeit des Arbeitnehmers, mit Ausnahme der aufgezeigten Sonderfälle,[503] zu dulden.

Überdies erhält der Arbeitnehmer die Möglichkeit, Ansprüche, allen voran einen Unterlassungsanspruch, gegen den Arbeitgeber geltend zu machen. Ein Schadensersatzanspruch infolge der Verletzung dieses Rechts setzt einen Schaden voraus. Dieser ergibt sich im Eigentlichen aus der Nichterfüllung des Urlaubsanspruchs. Ein solcher Anspruch ist deshalb zunächst von der Frage der Erfüllung abhängig. Zu beachten ist, dass das Recht auf Nichterreichbarkeit nur wertend in die Beurteilung einzubeziehen ist. Neben einem möglichen Schaden aus der Nichterfüllung ist ein Folgeschaden durch die Erreichbarkeit denkbar, beispielsweise wenn hohe Telefonkosten durch die Erreichbarkeitsgewährung entstehen oder Urlaubsplanungen scheitern. Diese Art von finanziellem Schaden soll im weiteren Verlauf der Untersuchung jedoch außen vor bleiben.

Soweit es auf Unionsebene zur Umsetzung des Richtlinienvorhabens kommen sollte, ist zu beachten, dass die Erfüllung des Urlaubsanspruchs nur schuldrechtlich zu beurteilen ist. Eine schuldrechtliche Erfüllungsebene gibt es im Unionsrecht nicht.[504] Die Mitgliedstaaten sind zur effektiven Umsetzung europäischer

---

Rechtslage heranführen würde, in: Gutachten B 71. DJT, B 53; *Freyler*, Mobile Office, S. 269.

501 KR/*Treber*, § 612a BGB Rn. 11; zum Kausalitätserfordernis siehe ErfK/*Preis*, § 612a BGB Rn. 11.

502 KR/*Treber*, § 612a BGB Rn. 4.

503 Siehe dazu zweites Kapitel § 3 III.3.b),c).

504 BeckOGK/*Looschelders*, § 362 BGB Rn. 52.

Richtlinien verpflichtet, sodass die sich aus dem Recht auf Nichterreichbarkeit folgenden Wertungen in die Bewertung insoweit einzubeziehen sind.

V. Zusammenfassung

Die Erreichbarkeit ist typischerweise kommunikativ geprägt und wird praktisch durch die zunehmende Bedeutung mobiler Kommunikationstechnologie ermöglicht. Sowohl die Kontaktaufnahme durch den Arbeitgeber beziehungsweise durch einen von ihm hierzu veranlassten Dritten, als auch die Kontaktsuche oder die Tätigkeitaufnahme durch den Arbeitnehmer selbst, fallen nach der hier erarbeiteten Arbeitsthese unter den Erreichbarkeitsbegriff. Die Erreichbarkeit im Urlaub steht in engem Zusammenhang mit der Betroffenheit des Urlaubszwecks. Jede weitere rechtliche Bewertung der urlaubsbezogenen Erreichbarkeit muss unter diesem Gesichtspunkt erfolgen. Der Arbeitnehmer schuldet kein „Urlaubsopfer“[505] in Form seiner Erreichbarkeit. Dagegen sind Arbeitnehmer in Führungspositionen in betrieblichen Notsituationen verpflichtet, auf Erreichbarkeitsversuche zu reagieren. Es gibt nicht nur keine Erreichbarkeitspflicht, sondern ein Recht auf Nichterreichbarkeit, das sowohl aus dem Urlaubszweck nach dem unionsrechtlichen Verständnis als auch aus §§ 241 Abs. 2, 611a BGB i.V.m. §§ 1, 3 Abs. 1 BUrlG folgt.

§ 4 Die tatsächliche Erreichbarkeit als Erfüllungshindernis

Der praktisch wichtigste Fall der Erreichbarkeit des Arbeitnehmers während des Erholungsurlaubes ist seine tatsächliche Erreichbarkeit. Die Arbeitsvertragsparteien vereinbaren die Erreichbarkeit nicht, vielmehr erfolgt sie ohne Ankündigung oder Anzeichen hierfür durch eine Kontaktaufnahme seitens des Arbeitgebers, der Kunden beziehungsweise der Mitarbeiter des Arbeitgebers.[506] Der Arbeitnehmer kann seine Erreichbarkeit zudem von sich aus gewähren. Dabei ist nur diejenige Erreichbarkeitsform von rechtlicher Bedeutung, bei welcher der Arbeitnehmer konkret tätig wird. Somit genügt es nicht, wenn der

505 Begriff in Anlehnung an *Schuchart*, Ständige Erreichbarkeit im Arbeitsverhältnis, S. 189, die von einem „Freizeitopfer“ spricht.

506 Ausdrückliche Unterscheidung zwischen dieser Konstellation und derjenigen, der eine spezielle Abmachung vorausgeht u.a. auch bei *Däubler*, ZTR 2016, 359, 362; *ders.*, Digitalisierung und Arbeitsrecht, § 5 Rn. 22.

Arbeitnehmer anlasslos bloß potenziell erreichbar ist, weil die Möglichkeit zur Kontaktaufnahme besteht.[507]

I. Die Herstellung der Erreichbarkeit auf Veranlassung des Arbeitgebers

Realisiert sich die Erreichbarkeit des Arbeitnehmers auf Veranlassung des Arbeitgebers, so sind die Meinungen zu den rechtlichen Folgen für die Erfüllbarkeit des Urlaubsanspruchs vielfältig. Die Lehre ist sich uneins, während die Rechtsprechung bisher mangels eines zu entscheidenden Falls noch nicht zur Klärung beitragen konnte. Der Arbeitnehmer muss der ersuchten Erreichbarkeit nicht entsprechen. Hierzu ist er weder kraft Gesetzes noch kraft Vereinbarung verpflichtet, vielmehr hat er einen Anspruch auf seine Nichterreichbarkeit. Ist der Arbeitnehmer gleichwohl erreichbar, ist nachfolgend darzustellen, welche Auswirkungen dies auf das Erlöschen des Urlaubsanspruchs durch Erfüllung haben kann. Die Freistellung wird in diesen Fällen wirksam erklärt. Entscheidend ist daher allein die zweite Erfüllungsstufe, der Eintritt des Leistungserfolgs. Lediglich bei einem kumulativen Vorliegen von Leistungshandlung und Leistungserfolg erlischt der Urlaubsanspruch vollumfänglich beziehungsweise in dem konkretisierten Umfang nach § 362 Abs. 1 BGB.

Zur Veranschaulichung der unterschiedlichen rechtlichen und praktischen Auswirkungen der verschiedenen Lösungsmodelle, sind die nachfolgenden drei Fallbeispiele, wie sie in Teilen der Literatur in ähnlicher Form zu finden sind,[508] den Überlegungen voranzustellen und sodann unter die jeweiligen Lösungsmodelle zu subsumieren.

Fallbeispiel 1

Während ihres dreiwöchigen Erholungsurlaubes wird Arbeitnehmerin A von ihrem Arbeitgeber B kontaktiert, da B zur Öffnung einer Datei ein Passwort benötigt, das A in ihren nicht zugänglichen Unterlagen vermerkt hat. Das Telefonat dauert keine zwei Minuten. Eine weitere Kontaktaufnahme erfolgt nicht.

---

507 Wohl auch Arbeitsleistungen über Smartphone und Laptop als Bestandteil der Erreichbarkeit bewertend: MüHdb-ArbR/*Klose*, § 86 Rn. 8.

508 *Däubler*, SR-Sonderausgabe 2016, 2, 20; *ders.*, Digitalisierung und Arbeitsrecht, Vorwort S. 5, § 5 Rn. 22; *Kramer*, IT-Arbeitsrecht B. Individualarbeitsrecht, Rn. 1000; *Krause*, Gutachten B 71. DJT, B 57.

Fallbeispiel 2

A ist erneut in einem mehrwöchigen Erholungsurlaub. Dieses Mal meldet sich B bei ihr, weil er Informationen zu einem Kunden benötigt. In diesem Zusammenhang äußert sich B gegenüber A kritisch, weil A die Informationen dem B nicht rechtzeitig vor ihrem Urlaub zukommen lassen hat. Der Anruf dauert weniger als zehn Minuten.

Fallbeispiel 3

In einem weiteren Erholungsurlaub erreicht A per E-Mail die Anfrage des B, ob sie an einer Videokonferenz teilnehmen könne, weil man wichtige Informationen von ihr benötige. Die Besprechung dauert eine Stunde lang.

1. Lösungsvorschläge in der Lehre

a) Ausschluss jeglicher Kommunikation- „Kontaktsperre“

aa) Darstellung

Einige Autoren befürworten, dass grundsätzlich jede durch den Arbeitgeber veranlasste Erreichbarkeitssituation zur Nichterfüllung des Urlaubsanspruchs zumindest für den Tag der Kontaktaufnahme führen soll.[509] Etwas anderes sei nach teilweise vertretener Ansicht lediglich bei zwingenden Notwendigkeiten, die der Erreichbarkeit zugrunde liegen, denkbar.[510] Bei dem Urlaub handele es sich um einen absolut geschützten Zeitraum, in welchem der Erholungszweck nicht gefährdet werden dürfe.[511] Jedes berufliche Telefonat oder eine beruflichen E-Mail sei Arbeitszeit im Sinne des § 2 Abs. 1 ArbZG, die den Urlaubstag entwerte.[512] Bereits ein Moment der Arbeitsleistung verhindere die Erholung und sei als solcher zweckwidrig.[513]

---

509 *Gaul*, DB 2013, 60, 62; *Buschmann*, PersR 2011, 247, 250; *ders.*, PersR 2013, 351, 354; *Maier*, Erweiterte berufsbezogene Erreichbarkeit, S. 163 f.; *Körlings*, Mobile Erreichbarkeit von Arbeitnehmern, S. 94 ff.; *Freyler*, Mobile Office, S. 262 ff.; *Okoye-Montis*, Urlaubszweck und Urlaubsstörungen, S. 205.

510 *Gaul*, DB 2013, 60, 62.

511 *Buschmann*, PersR 2011, 247, 250.

512 *Maier*, Erweiterte berufsbezogene Erreichbarkeit, S. 165.

513 *Körlings*, Mobile Erreichbarkeit von Arbeitnehmern, S. 95.

bb) Stellungnahme

Grundsätzlich ist diese Einordnung als Leistungshindernis und damit als erfüllungshindernd zutreffend. Sie muss der Regelfall sein, denn es darf keinen „Freifahrtschein" für die Erreichbarkeit zugunsten des Arbeitgebers geben. Der Arbeitgeber hat eine Schutzpflicht für die Gesundheit des Arbeitnehmers. Freilich besteht kein Zwang zur Erholung, zumal es keine allgemein gültige Definition der Erholung gibt. Sie ist vielmehr ein subjektives Empfinden und aus diesem Grund eng mit der Selbstbestimmung verbunden. Innerhalb seines Einflussbereichs muss der Arbeitgeber dazu beitragen, diesen Schutzzweck des Urlaubes zu gewährleisten. Aus praktischer Perspektive scheint die Auffassung nicht mit der arbeitsrechtlichen Realität vereinbar zu sein. Zwar darf allein aus der praktischen Handhabung von Erreichbarkeitsvorfällen im Urlaub kein Umkehrschluss auf deren rechtlichen Auswirkungen gezogen werden. Dennoch könnte der Charakter als Dauerschuldverhältnis bewirken, dass der Urlaubsanspruch im Einzelfall trotz der Erreichbarkeit erfüllt ist. Dem Urlaubsanspruch kommt eine wirtschaftliche Bedeutung zu. Würde jegliche Erreichbarkeitssituation ausnahmslos zur Nichterfüllung führen, könnte der Eindruck entstehen, der Arbeitgeber werde damit zugleich sanktioniert. Dies ist weder Sinn noch Zweck des Urlaubsrechts. Die Nichterfüllung kann durchaus einen Abschreckungseffekt haben. Allerdings kann sie das im Arbeitsverhältnis bedeutsame Vertrauensverhältnis der Vertragsparteien nachhaltig nachteilig beeinflussen, wenn der Arbeitnehmer sogleich bei jedem Erreichbarkeitsvorfall einen Folgeanspruch geltend macht.

Entscheidend ist letztlich, ob die Entscheidungsmacht als Erfüllungsvoraussetzung trotz des Erreichbarkeitsvorfalls erhalten bleibt. Dies allein ist der Ausgangspunkt der Betrachtung. Die Entscheidungsmacht ist dem Grunde nach bei dieser Auffassung gesichert. Teile der Lehre lehnen die Position als eine „unverhältnismäßige Kontaktsperre" ab.[514] Die Kontaktsperre muss in Anbetracht der Entscheidungsmacht der Regelfall sein. Die Kritik bringt jedoch zutreffend zum Ausdruck, dass die Erreichbarkeit nicht schon per se die Entscheidungsmacht des Arbeitnehmers beeinträchtigen muss und damit zwangsläufig zur Nichterfüllung führt.

514 *Kramer*, IT-Arbeitsrecht, B., Rn. 999.

cc) Lösung der Fallbeispiele nach dem „Kontaktsperre"-Modell

Das Modell der generellen Einordnung von Erreichbarkeitsvorfällen im Urlaub als Leistungshindernis führt in allen drei genannten Fallbeispielen dazu, dass der Urlaubsanspruch jedenfalls in Höhe des konkret betroffenen Urlaubstages nicht erfüllt ist.

b) Erheblichkeit nach zeitlichem Umfang

aa) Darstellung

Eine weitere Meinung lässt zwar keine uneingeschränkte Kommunikation und Arbeitsaufnahme zu, allerdings gebe es ein Bagatellprivileg. [515] Kurze Gespräche von wenigen Minuten[516] bis zu zehn[517] oder 15 Minuten[518] seien unwesentlich und daher ohne Auswirkungen auf die Erfüllung des Urlaubsanspruchs.[519] Eine Telefonkonferenz wirke sich dagegen auf die Erfüllung aus, sodass der betroffene Tag nicht als Urlaub zu bewerten sei.[520] Erfolge eine derartige Inanspruchnahme mehr als zweimal hintereinander, sei davon auszugehen, dass der Resturlaub insgesamt nicht mehr mit dem Zweck des Urlaubes vereinbar und der Urlaubsanspruch nicht erfüllbar sei.[521] Der Arbeitnehmer könne für diese „verdorbene" Zeit Rest- oder Nachurlaub beanspruchen.[522] Eine Entwertung des Urlaubsanspruchs mit der Folge der Nichterfüllung sei zudem bei mehrfacher kurzfristiger Inanspruchnahme möglich.[523]

---

515 *Krause*, Gutachten B 71. DJT, B 57; dafür auch *Däubler*, AuR 2016, 325, 333.

516 *Powietzka/Rolf*, BUrlG, § 7 BUrlG Rn. 52.

517 *Däubler*, ZTR 2016, 359, 362; *ders.*, AuR 2016, 325, 333; *ders.*, Digitalisierung und Arbeitsrecht, § 5 Rn. 22.

518 *Krause*, Gutachten B 71. DJT, B 57.

519 *Powietzka/Rolf*-BUrlG, § 7 BUrlG Rn. 52; im Ergebnis auch *Reinhard*, ArbRB 2012, 186, 189, nach der keine zu strengen Maßstäbe anzulegen seien.

520 *Powietzka/Rolf*-BUrlG, § 7 BUrlG Rn. 52, *Krause*, Gutachten B 71. DJT, B 57.

521 *Däubler*, ZTR 2016, 359, 362 *ders.*, Digitalisierung und Arbeitsrecht, § 5 Rn. 22; *ders.* SR-Sonderausgabe 2016, 2, 20; für die mögliche Resturlaub-Nachgewährung auch *Reinhard*, ArbRB 2012, 186, 189.

522 *Däubler*, ZTR 2016, 359, 362; *ders.*, Digitalisierung und Arbeitsrecht, § 5 Rn. 22; *ders.* SR-Sonderausgabe 2016, 2, 20.

523 *Krause*, Gutachten B 71. DJT, B 57.

bb) Stellungnahme

Zu begrüßen ist, dass die Vertreter dieser Ansicht bei der Beurteilung von Erreichbarkeitsvorfällen differenzieren wollen. Die „Kontaktsperre" ist zwar der Regelfall. Jedoch kann es sein, dass sich eine geringfügige Kommunikation nicht unmittelbar auf den Leistungserfolg auswirkt. Die Auffassung ist aus wirtschaftlicher und arbeitstatsächlicher Sicht überzeugend, da eine klare (zeitliche) Grenze gezogen wird und damit im Umgang mit der Rechtsfrage eine gewisse Rechtssicherheit entsteht. Die Schwäche dieser Auffassung liegt aber darin, dass der Arbeitgeber für Bagatellfälle privilegiert sein soll. Bei dem „Bagatellprivileg" handelt es sich tatsächlich um ein Arbeitgeberprivileg. Das Urlaubsrecht dient der selbstbestimmten Erholung des Arbeitnehmers, der vom Arbeitsalltag abschalten können soll. Andere als berufsbezogene Störungen kann der Arbeitgeber naturgemäß nicht beeinflussen und muss dies auch nicht, denn sie liegen außerhalb seines Machtbereichs. Dennoch ist nicht einzusehen, weshalb er ein Privileg erhalten soll. Dieses ist dogmatisch nicht fundiert, sondern eine reine Wertungsentscheidung. Der Arbeitgeber wäre mangels Folgeanspruch des Arbeitnehmers in wirtschaftlicher Hinsicht[524] und, da organisatorische Schwächen abgemildert würden, auch in dieser Hinsicht privilegiert. Feste Grenzen lassen befürchten, dass das Privileg ausgenutzt wird. Problematisch scheint es, den Standpunkt damit zu begründen, dass keine allzu strengen Maßstäbe angelegt werden sollen.[525] Schließlich kommt es auf die Anforderungen an die Erfüllung und nicht auf reine Wertungsgesichtspunkte an.

Den Zeitfaktor als einzigen Bestimmungsfaktor für die Qualifizierung der Erreichbarkeit als Leistungshindernis ausreichen zu lassen, erscheint nicht nur willkürlich, sondern vor allem unzureichend.[526] Der Zeitfaktor allein genügt nicht, um eine „rote Linie" zwischen der Erreichbarkeit, die ausnahmsweise kein Leistungshindernis darstellt und dem Regelfall der Erreichbarkeit als Leistungshindernis zu ziehen. Die Annahme, dass eine zehn oder fünfzehnminütige Kommunikation den Eintritt des Leistungserfolgs nicht gefährde, entspricht nicht einer am Urlaubszweck orientierten Bewertung. Der Zeitfaktor wird zu

---

524 Bei einer in Folge der Nichterfüllung des Urlaubsanspruchs in Betracht kommenden Urlaubsnachgewähr oder eines Ersatzurlaubsanspruchs handelt es sich um eine finanzielle Mehrbelastung des Arbeitgebers, siehe dazu *Okoye-Montis*, Urlaubszweck und Urlaubsstörungen, S. 131 f.

525 So aber *Reinhard*, ArbRB 2012, 186, 189.

526 Kritisch auch *Ossoinig*, Regulierung von Wissensarbeit, S. 113, wonach die bloße zeitliche Dauer zu keinem adäquaten Ergebnis führe.

stark gewichtet. Die Vorgabe einer festen zeitlichen Grenze erhöht zudem die Missbrauchsgefahr.

cc) Lösung der Fallbeispiele nach dem „Zeit"-Modell

Will man der Lösung der eingangs bespielhaft dargestellten Erreichbarkeitsfälle dieses Modell, das lediglich den zeitlichen Faktor zur Einordnung eines Erreichbarkeitsvorfalls während des Erholungsurlaubes als Leistungshindernis anwendet, zugrunde legen, so gelangt man in den jeweiligen Fallbeispielen zu unterschiedlichen Ergebnissen.

Während das erste Fallbeispiele die Erfüllung des Urlaubsanspruchs unberührt ließe und auch im zweiten Fallbeispiel die (vollständige) Erfüllung des konkretisierten Urlaubsanspruchs, aufgrund dessen, dass die zehnminütige beziehungsweise fünfzehnminütige Grenze unterschritten ist, nicht scheitern würde, wäre dies nur im dritten Fallbeispiel anders. In diesem Fall wäre der Urlaubsanspruch jedenfalls in Höhe des Urlaubstages, an dem die einstündige Teilnahme an der Videokonferenz erfolgte, nicht erfüllt.

c) Erheblichkeitsschwelle nach mehreren Umständen

aa) Darstellung

Vertreter einer weiteren Auffassung betrachten die Erreichbarkeit als erfüllungshindernd, wenn eine gewisse Erheblichkeitsschwelle überschritten sei. Es gebe keine pauschalen Grenzen für die Erheblichkeit der Urlaubsunterbrechung.[527] Notwendig sei eine Einzelfallwertung aufgrund einer typisierenden Betrachtung.[528] Zwar sei es plausibel, bei geringfügigen Beeinträchtigungen wie einem kurzen Telefonat oder der Beantwortung einer E-Mail anzunehmen, die Erfüllung werde zunächst nicht beeinflusst.[529] Tatsächlich sei aber nicht nur die zeitliche Dauer der Unterbrechung entscheidend, sondern im Wesentlichen, ob der Erholungscharakter des Urlaubes beeinträchtigt werde.[530] Es komme dabei ebenso auf den zeitlichen Umfang wie auf die geistig-seelische Belastung an.[531] Ein kurzes Telefonat könne, abhängig von Person und Thema, derart belastend

527 *Falder*, NZA 2010, 1150, 1156 f.; *Kramer*, IT-Arbeitsrecht, B., Rn. 999; mit anderem Ansatz *Podewills*, AuR 2013, 293, 298; MüHdb-ArbR/*Klose*, § 86 Rn. 8.

528 *Falder*, NZA 2010, 1150, 1156; *Kramer*, IT-Arbeitsrecht, B., Rn. 999.

529 *Falder*, NZA 2010, 1150, 1156.

530 *Falder*, NZA 2010, 1150, 1156 f.

531 *Kramer*, IT-Arbeitsrecht, B., Rn. 999.

sein, dass es nicht auf dessen Dauer ankommen dürfe.[532] Gewisse Umstände der Erreichbarkeit könnten die Tagesplanung im Urlaub derart beeinflussen, dass sie dem Telefonat einen urlaubsstörenden Charakter verleihen.[533] Insbesondere kontroverse betriebliche Themen sollen den Erholungszweck nachhaltig beeinflussen.[534]

Neben dem Zeitfaktor werden weitere Faktoren in die Erheblichkeitsschwelle einbezogen, vor allem die Tageszeit, die Häufigkeit, die jeweiligen zeitlichen Abstände, die Freiwilligkeit des Arbeitnehmers sowie die Beeinflussbarkeit der Art und Weise der Erbringung der Arbeitsleistung.[535] Zudem seien der Anlass der Kommunikation und die Position des Arbeitnehmers im Betrieb beachtlich.[536] Die Erreichbarkeitssituation müsse die festgelegte Erheblichkeitsschwelle überschreiten, um Folgen für den Urlaubsanspruch auszulösen.[537] Ausgangspunkt für den Umfang der Urlaubsnachgewährungspflicht sei das Tagesprinzip. Der betroffene Urlaubstag sei nachzugewähren, wenn der Arbeitnehmer nicht nur unerheblich tätig werde. Bei umfassenderen Tätigkeiten werde der Urlaub insgesamt unterbrochen. Sei der Resturlaub entwertet, könne der Arbeitgeber auf Antrag des Arbeitnehmers verpflichtet sein, diesen nochmals zu gewähren.[538]

bb) Stellungnahme

Der Lösungsweg verdient aufgrund des ihm zugrundeliegenden differenzierenden Ansatzes Zustimmung, da nicht lediglich ein Faktor entscheidend sein soll. Die Einzelfallfallwertung verringert das Missbrauchspotenzial, das bei einem Bagatellprivileg gegeben wäre. Um zu beurteilen, ob eine Erreichbarkeitssituation erfüllungserheblich ist, bedarf es für nachvollziehbare Ergebnisse einer erkennbaren Struktur. Das Ergebnis der Erreichbarkeit steht dann nicht schon zuvor fest, es ist jedoch bestimmbar. Die Kriterien der Erheblichkeitsschwelle müssen feststehen.

---

532 *Falder*, NZA 2010, 1150, 1156 f.; *Kramer*, IT-Arbeitsrecht, B. Rn. 999.
533 *Falder*, NZA 2010, 1150, 1156.
534 *Falder*, NZA 2010, 1150, 1156.
535 *Falder*, NZA 2010, 1150, 1156.
536 MüHdb-ArbR/*Klose*, § 86 Rn. 8.
537 *Falder*, NZA 2010, 1150, 1156 f.; *Kramer*, IT-Arbeitsrecht, B., Rn. 999.
538 *Falder*, NZA 2010, 1150, 1156 f.

cc) Lösung der Fallbeispiele über das Modell der Erheblichkeitsschwelle

Beurteilt man die Fallbeispiele anhand der in Teilen der Literatur vertretenen Erheblichkeitsschwelle, so ist der konkretisierte Urlaubsanspruch im ersten Fallbeispiel erfüllt. Weder dauert der Erreichbarkeitsvorfall lange noch ist das Telefonat inhaltlich nach typisierender Betrachtung derart belastend, dass die Erholung im Urlaub beeinträchtigt sein könnte.

Anders ist dies in den beiden weiteren Fallbeispielen. Das zweite Fallbeispiel lässt die Unterschiede zwischen dem zeitlichen Lösungsmodell und demjenigen der typisierenden Betrachtung besonders deutlich hervortreten. Während der Anruf erneut eher kurz ist, kommt es dieses Mal zu einer kritischen Anmerkung des B. Typischerweise dürfte ein Arbeitnehmer in einer solchen Situation in seiner Erholung gestört sein, weil er mit seiner Arbeitsweise konfrontiert wird und gegebenenfalls Konsequenzen durch seinen Arbeitgeber diesbezüglich befürchtet. Insbesondere wird der Arbeitnehmer in seiner Persönlichkeit betroffen und dadurch in der Möglichkeit einer selbstbestimmten Urlaubsgestaltung faktisch eingeschränkt, während die Frage nach dem Passwort neutraler Art ist. Wenngleich damit eine solche Situation an sich nur kurz dauert, kann sie den Arbeitnehmer deutlich länger darüber hinaus beschäftigen. Nach der Erheblichkeitsschwelle wäre der konkretisierte Urlaubsanspruch bei einer derartigen Erreichbarkeitssituation mindestens in Höhe des konkret betroffenen Urlaubstages nicht erfüllt. Im dritten Fallbeispiel gelangt man, wie schon bei den zuvor besprochenen Ansichten, zu dem Ergebnis der (teilweisen) Nichterfüllung des konkretisierten Urlaubsanspruchs.

2. Eigener Ansatz: Dogmatisch begründete Erheblichkeitsschwelle mit typisierten Erheblichkeitskriterien

Jede der Auffassungen weist ein Für und ein Wider auf. Im Ergebnis überzeugt es, die Erfüllungsrelevanz der Erreichbarkeit anhand einer Erheblichkeitsschwelle zu beurteilen. Das Lösungsmodell bedarf jedoch einer eingehenden dogmatischen Begründung und einer Struktur der Kriterien für die Zusammensetzung der Erheblichkeitsschwelle. Daran fehlt es bislang. Ausgangspunkt der Betrachtung muss der Eintritt des Leistungserfolgs sein, der bei der sogenannten „Kontaktsperre" gewährleistet ist, mitunter aber Erreichbarkeitssituationen umfasst, die sich nicht zwingend auf die Entscheidungsmacht des Arbeitnehmers auswirken. Soweit Bedenken dagegen bestehen, die Erreichbarkeit anhand einer Erheblichkeitsschwelle als Leistungshindernis einzuordnen, sind diese jedenfalls nicht tragfähig, sofern sie daraus resultieren, dass man dieses Lösungsmodell mit dem des Bagatellprivilegs gleichsetzt.[539] Mancher in der Literatur kritisiert, dass sowohl das Bagatellprivileg als auch die Erheblichkeitsschwelle dem Arbeitgeber eine systemfremde Dispositionsbefugnis während des Ruhezeitraums Urlaub einräumen würden und sie zu Abgrenzungsschwierigkeiten im Alltag führten, wann es sich um ein Leistungshindernis handele und wann nicht.[540] Dies erschwere eine praktische Handhabung im Umgang mit den Folgen der Erreichbarkeit im Urlaub.[541]

Letzteres ist wegen der festen zeitlichen Grenzen bei dem nicht zuletzt aus diesem Grunde abgelehnten Bagatellprivileg im Eigentlichen nicht zu befürchten. Dagegen ist das Ergebnis, sofern man die Erreichbarkeit nach der Erheblichkeitsschwelle beurteilt zwar weniger vorhersehbar, die befürchteten Abgrenzungsschwierigkeiten erweisen sich aber als unbegründet. Zwar wird zu Recht angemerkt, dass dem Arbeitgeber eine gewisse Dispositionsbefugnis entstehen könnte. Dies ist aber nicht in derselben Weise der Fall wie bei dem Bagatellprivileg. Der Arbeitgeber muss im Zweifel damit rechnen, dass die Erreichbarkeitsherstellung unabhängig von ihrer Dauer Folgen für die Erfüllbarkeit des Urlaubsanspruchs haben wird. Folglich ist das Lösungsmodell über eine Erheblichkeitsschwelle nicht mit demjenigen, welches ein Bagatellprivileg einräumt, gleichzusetzen. Solange die Entscheidungsmacht erhalten ist, disponiert der Arbeitgeber nicht über den Urlaub des Arbeitnehmers. Die Grenzen für die Annahme der Erfüllung trotz Erreichbarkeit sind derart engmaschig, dass eine tatsächliche Disposition des Arbeitgebers über und während der Urlaubszeit durch die Erreichbarkeit stets zu einem Leistungserfolgshindernis führt. Die Erheblichkeitsschwelle ist ein zuverlässiges Instrument für eine einzelfallbezogene und dennoch vorhersehbare und damit rechtssichere Einordnung der Erreichbarkeit als Leistungserfolgshindernis.

Die Einzelfallbeurteilung trägt zu sach- und interessengerechten Ergebnissen bei, ohne willkürlich zu sein. Sollte sich anhand der Erheblichkeitsschwelle kein eindeutiges Ergebnis ergeben, dann ist im Zweifelsfall von einem Leistungserfolgshindernis auszugehen. Besonders die Lösung der genannten Fallbeispiele nach den jeweiligen Ansichten verdeutlicht, dass die Erheblichkeitsschwelle zu praktisch nachvollziehbaren Ergebnissen führt und dadurch eine gewisse Akzeptanz bezüglich ihrer jeweiligen rechtlichen Folgen ermöglicht. Gleichzeitig ist sie dogmatisch fundiert. Ein Beispiel, das praktische Probleme im Zusammenhang

539 Diese Bedenken äußernd: *Körlings*, Mobile Erreichbarkeit von Arbeitnehmern, S. 94 f.
540 *Körlings*, Mobile Erreichbarkeit von Arbeitnehmern, S. 94 f.
541 *Körlings*, Mobile Erreichbarkeit von Arbeitnehmern, S. 94 f.

mit der Erheblichkeitsschwelle aufzeigen soll, ist jenes, dass der Arbeitnehmer ab einer gewissen zeitlichen Grenze konsequenterweise das Telefon fallen lassen oder der Arbeitgeber das Telefonat abbrechen müsste.[542] Das Bespiel erscheint sachfremd. Ist das Gespräch derart komplex, dass es mehrere Minuten andauert, dann wird sich das Vorliegen eines Leistungshindernisses nicht danach richten, ob das Gespräch eine Minute länger oder kürzer dauerte. Vielmehr gewährleisten weitere Bestimmungsfaktoren eine entsprechende Einordnung. Außerdem ist der Arbeitnehmer ohnehin nicht zur Gewährung seiner Erreichbarkeit verpflichtet und es ist nicht seine Aufgabe, für den Eintritt der Erfüllung zu sorgen.

a) Dogmatische Herleitung und Begründung der Erheblichkeitsschwelle

Die rechtliche Auseinandersetzung mit den Folgen der Erreichbarkeit im Urlaub erscheint innerhalb der Ansichten weitgehend von einer erkennbaren Dogmatik losgelöst zu erfolgen. Die Ansichten wirken in Teilen eher ergebnisorientiert statt dogmatisch fundiert.[543] Daraus lässt sich nicht schon schließen, dass die Nichterfüllung die dogmatisch einzig zwingende Rechtsfolge ist. Maßgeblich ist der schuldrechtliche Erfüllungstatbestand des § 362 Abs. 1 BGB mit seinen urlaubsspezifischen Besonderheiten. Da der Leistungserfolg den Urlaubszweck in objektivierter Form enthält, ist dieser als rechtliche und eingeschränkt tatsächliche Entscheidungsmacht der dogmatische Anknüpfungspunkt. Die Erheblichkeitsschwelle bildet in ihrer Zusammensetzung diejenigen Faktoren ab, welche die Entscheidungsmacht beeinträchtigen können. *Falder* betont, dass entscheidend sei, ob der Urlaubszweck beeinträchtigt werde,[544] ohne jedoch den Leistungserfolg als Bezugspunkt zum Erfüllungstatbestand zu benennen.[545] Grundsätzlich ist es vorstellbar, dass die Entscheidungsmacht des Arbeitnehmers trotz seiner Erreichbarkeit erhalten bleibt, weil sich die konkrete Erreichbarkeitssituation nicht auf sie auswirkt. Die Entscheidungsmacht beinhaltet eine Öffnungsmöglichkeit für die Erheblichkeitsschwelle. Der Leistungserfolg setzt und bestimmt die Grenzen der Zusammensetzung der Erheblichkeitsschwelle. Die Erheblichkeitsfaktoren sind folglich nur solche, die den objektivierten Urlaubszweck betreffen können.

542 *Körlings*, Mobile Erreichbarkeit von Arbeitnehmern, S. 96.
543 Ebenfalls die fehlende dogmatische Begründung kritisierend: *Freyler*, Mobile Office, S. 262.
544 *Falder*, NZA 2010, 1150, 1156.
545 Siehe dazu *Falder*, NZA 2010, 1151, 1155.

Die Erheblichkeitsschwelle bildet im Kern die Entscheidungsmacht bei der Konfrontation des Arbeitnehmers mit der Erreichbarkeitssituation ab. Wird die Erreichbarkeit nicht hergestellt, dann ist der Urlaub aus der betrieblichen Sphäre nicht gestört, weil die Entscheidungsmacht zumindest insoweit bestand. Kommt es zur Erreichbarkeit, ohne die selbstbestimmte Erholung des Arbeitnehmers zu gefährden, dann hat die Erreichbarkeit keine Auswirkungen auf den Erhalt der Entscheidungsmacht. Der Urlaubsanspruch ist erfüllt.

b) Die Zusammensetzung der Erheblichkeitsschwelle

aa) Anforderungen an die Erheblichkeitskriterien

Wichtig für die Einordnung, ob die Schwelle zur Erheblichkeit überschritten ist, sind mehrere Kriterien, aus denen sich die Erheblichkeitsschwelle zusammensetzt. Aufgrund fehlender (ausdrücklicher) Regelungen zum Umgang mit der Erreichbarkeit im Bundesurlaubsgesetz kann keine Auslegung nach dem Wortlaut erfolgen. Daher sind die Kriterien durch systematische, historische und teleologische Auslegung des Urlaubsanspruchs zu erschließen.

Systematisch ist § 8 BUrlG zu berücksichtigen. Danach darf der Arbeitnehmer während des Erholungsurlaubes keine dem Urlaubszweck widersprechende Erwerbstätigkeit leisten. Der Fall liegt bei der Erreichbarkeit zugunsten des Arbeitgebers anders, da sich § 8 BUrlG auf die Erwerbstätigkeit bei einem Dritten bezieht, nicht aber auf diejenige bei dem Schuldner des Urlaubsanspruchs.[546] Im Umkehrschluss könnte man davon ausgehen, dass der Gesetzgeber es für selbstverständlich hielt, dass für diesen Arbeitgeber im Urlaub nicht gearbeitet werde und er deshalb die Erreichbarkeit nicht ausdrücklich regelte.[547] Aus § 8 BUrlG wird der Schutzzweck des Urlaubsanspruchs, dem Arbeitnehmer aus Gründen des Gesundheitsschutzes die Erholung zu ermöglichen, deutlich.[548] Zudem lässt sich in Zusammenschau mit § 9 BUrlG, wonach die Tage einer zur Arbeitsunfähigkeit führenden Erkrankung während des Urlaubes nicht auf den Urlaubsanspruch angerechnet werden dürfen, erkennen, dass das Prinzip der Nichterfüllung (einzelner Urlaubstage) dem Bundesurlaubsgesetz nicht fremd ist. An dieser Stelle ist entscheidend, ob die Erkrankung den Erholungszweck

---

546 *Winderlich*, AuR 1989, 300, 302; *Okoye-Montis*, Urlaubszweck und Urlaubsstörungen, S. 205.

547 *Podewills*, AuR 2013, 293, 298; *Maier*, Erweiterte berufsbezogene Erreichbarkeit, S. 164.

548 *Renaud*, Die Abgeltung von Urlaubsansprüchen, S. 39; *Winderlich*, AuR 1989, 300, 302; *Overkamp*, Urlaubsanspruch und krankheitsbedingte Arbeitsunfähigkeit, S. 10.

vereitelt.[549] Überdies spricht das Recht auf Nichterreichbarkeit für einen restriktiven Umgang mit der Erfüllungswirkung trotz Erreichbarkeit.

In systematischer Hinsicht sind zudem die Besonderheiten des Arbeitsverhältnisses einzubeziehen. Stärker noch als bei anderen Vertragsverhältnissen sind persönliche Elemente, wie das Vertrauen zwischen den Vertragsparteien ausgeprägt.[550] Wenngleich der Arbeitnehmer nicht zur Erreichbarkeit verpflichtet ist, kann er sich, wenn er dennoch seine Erreichbarkeit gewährt, nicht in jedem Fall auf eine (teilweise) Nichterfüllung des Urlaubsanspruchs berufen. Bei (scheinbarer) Geringfügigkeit, könnte dies das Vertrauensverhältnis in gewissen Fällen nachhaltig stören. Freilich ergibt sich daraus nur ein enger Spielraum, weil das Vertrauensverhältnis den Arbeitgeber nicht von seiner Fürsorgepflicht entbindet.

Der Gesetzgeber berücksichtigte, dass die Anforderungen der Arbeitswelt mit zunehmender Technisierung und Automatisierung sowie dem erhöhten Arbeitstempo steigen und daher ein Gesetz, das der Erhaltung und Wiederauffrischung der Arbeitskraft dient, notwendig würde.[551] Die technische Entwicklung ist in den letzten Jahrzehnten erheblich fortgeschritten und speziell in den letzten Jahren hat sich das Arbeitstempo erhöht, weshalb die gesetzgeberischen Erwägungen aktueller denn je sind. Sie sprechen ebenfalls für einen restriktiven Umgang mit der Erreichbarkeit.

Da die Grenze zur Nichterfüllung durch die Entscheidungsmacht festgelegt ist, kommt es bei der Festlegung der Erheblichkeitskriterien entscheidend auf den Urlaubszweck an. Die Beeinflussung der selbstbestimmten Erholung durch die Erreichbarkeit fällt typsicherweise subjektiv unterschiedlich aus. Weil bereits allein der objektivierte Urlaubszweck Teil des Leistungserfolgs ist, müssen die Erheblichkeitskriterien typisierend festgelegt und gewichtet werden.[552] Kurzum ist entscheidend, wie sich die jeweiligen Umstände einer Erreichbarkeitssituation losgelöst vom konkreten Fall auf Arbeitnehmer auswirken, mithin ob und in welchem Umfang sie die Entscheidungsmacht beeinflussen können. Die typisierte Betrachtung erfordert es, dies aus der Sicht eines durchschnittlichen Arbeitnehmers in der jeweiligen beruflichen Position zu beurteilen.[553] Auf diese

549 Neumann/Fenski/Kühn/*Neumann*, BUrlG, § 9 BUrlG Rn. 7.

550 BeckOK BGB/*Baumgärtner*, § 611a BGB Rn. 47.

551 Siehe dazu ausführlich erstes Kapitel § 1 I.1.

552 *Falder*, NZA 2010, 1150, 1156.

553 In Anlehnung an den Sorgfaltsmaßstab des § 276 BGB, weil diesem ebenfalls eine objektive typisierte Betrachtung zugrunde gelegt wird, vgl. etwa BeckOK-BGB/*Lorenz* § 276 BGB Rn. 20 f.

Weise wird die jeweilige Karrierestufe beziehungsweise die Position des Arbeitnehmers im Betrieb berücksichtigt.[554] Dies darf nicht zu grundlegend unterschiedlichen Bewertungen führen und nur innerhalb der Grenzen, in denen die Entscheidungsmacht erhalten bleibt. Nach den auf diese Weise festzulegenden typisierten Kriterien sind die jeweiligen Umstände im Einzelfall umfassend zu würdigen.

bb) Zusammensetzung der Erheblichkeitsschwelle - Bestimmungsfaktoren

Ein wichtiger Bestandteil der Erheblichkeitsschwelle ist der Zeitfaktor. Wenngleich er sich aus den erwähnten Gründen nicht zur alleinigen Bestimmung eignet, ist er dennoch ein taugliches Kriterium. In dieser Hinsicht überzeugt die Annahme der Vertreter des Bagatellprivilegs, dass ein kurzes Gespräch von wenigen Minuten eher auf die Erfüllung des Urlaubsanspruchs schließen lässt als eine Gesprächsführung von mehreren Minuten oder Stunden.[555] Letzteres genügt, um festzustellen, dass die Erheblichkeitsschwelle erreicht beziehungsweise überschritten ist, da die Entscheidungsmacht aufgrund der zeitlich nicht unerheblichen Fremdnützigkeit nicht erhalten ist.

Bei einer kurzen Erreichbarkeitssituation, etwa einem kurzen Gespräch oder einer kurzen E-Mail, müssen weitere Kriterien vorliegen. Hierin liegt der entscheidende Unterschied zur bloß zeitlichen Erheblichkeit. Allein die kurze Dauer der Erreichbarkeitssituation lässt keinen zwingenden Schluss auf den Erhalt der Entscheidungsmacht zu. Ein solcher weiterer Faktor, der die Vielfältigkeit der Entscheidungsmacht berücksichtigt, ist der Inhalt der Erreichbarkeitssituation.[556] Wird in einem kurzen Gespräch der Inhalt einer (umfassenden) Aufgabe übermittelt oder werden Rückfragen gestellt, die sich auf einen vorherigen Auftrag beziehen, sind sie, insbesondere wenn sie Kritik enthalten,[557] nicht weniger urlaubszweckwidrig als ein langes Gespräch. Bei kritischen Äußerungen ist die Erheblichkeitsschwelle regelmäßig überschritten, da diese häufig als belastend empfunden werden und sie es dem Arbeitnehmer nachhaltig erschweren, sich gedanklich von der Arbeit zu lösen.[558] Seine Entscheidungsmacht ist dadurch

554 Auf die Position des Arbeitnehmers im Unternehmen abstellend: MüHdb-ArbR/*Klose*, § 86 Rn. 8.

555 So etwa *Krause*, Gutachten B 71. DJT, B 57; davon ausgehend auch *Falder*, NZA 2010, 1150, 1156.

556 *Falder*, NZA 2010, 1151, 1156.

557 *Richter*, AuR 2011, 16, 18.

558 Zu den tatsächlichen Folgen *Menz*, Erweiterte arbeitsbezogene Erreichbarkeit, S. 23, 26.

gefährdet. Ist der Kommunikationsinhalt dagegen rein organisatorischer Natur und umfasst bloße Informationen, dann ist die Entscheidungsmacht weniger gefährdet als bei fachlichen Fragen, die schon aufgrund ihrer Komplexität die Entscheidungsmacht beeinträchtigen können. Anders als organisatorische Inhalte setzen sie eine vertiefte Auseinandersetzung mit dem berufsbezogenen Sachverhalt voraus. Geht es um rein informative Angelegenheiten, die keine Rückmeldung des Arbeitnehmers erfordern, handelt es sich nicht um eine wegen der Tätigkeit qualifizierte Erreichbarkeit, da keine Reaktion nötig ist.

Ein weiteres oft genanntes Erheblichkeitskriterium ist die Tageszeit, zu der die Erreichbarkeit hergestellt wird.[559] In dieser Hinsicht könnte die Erreichbarkeit zu der sonst üblichen Arbeitszeit weniger schädlich sein als zu anderen Uhrzeiten. Dem durchschnittlichen (Arbeitnehmer-) Urlauber ist es wohl wichtig auszuschlafen und abends Ausgehmöglichkeiten wahrzunehmen. Die Tageszeit der Erreichbarkeit hat Einfluss auf den Biorhythmus.[560] Andererseits kann dieser Einfluss je nach Reiseart oder dem Urlaub des Arbeitnehmers zuhause variieren. Richtigerweise kommt der Tageszeit aufgrund des Erholungsfaktors eine Bedeutung zu. Diese ist jedoch beschränkt, da ihre Wirkung auf die Entscheidungsmacht eher gering ist.

Als Erheblichkeitskriterium ist die Kommunikationsform in die Erheblichkeitsschwelle einzubeziehen. Eine E-Mail, deren Beantwortungszeitpunkt weitestgehend freigestellt ist, scheint die Entscheidungsmacht zunächst weniger zu beeinträchtigen als eine telefonische Frage, deren Beantwortung regelmäßig unmittelbar erfolgt. Zwar ist eine E-Mail in beruflichem Zusammenhang nach der üblichen Verkehrsanschauung in der Regel alsbald nach Eingang zu beantworten. Jedoch ist zumeist nicht erkennbar, wann die E-Mail zur Kenntnis genommen wurde, womit ein „Mehr" an Selbstbestimmung gewährleistet ist. Insoweit nimmt die E-Mail im Unterschied zu einem Telefonat einen gewissen Beantwortungsdruck aus der Erreichbarkeitssituation heraus.

Eng verbunden mit der Kommunikationsform ist das Kommunikationsmittel. Arbeitnehmern, die Kommunikationsmittel des Arbeitgebers privat nutzen dürfen oder eigene Kommunikationsgeräte für berufliche Zwecke verwenden (BYOD), könnte die Erreichbarkeit eher zumutbar sein als denjenigen, die lediglich private Kommunikationsmittel im Urlaub nutzen und daher nicht mit einer Anfrage des Arbeitgebers rechnen. Fraglich ist, ob Zumutbarkeitserwägungen überhaupt in die Gestaltung der Erheblichkeitsschwelle einzubeziehen sind. Dem

---

559 *Falder*, NZA 2010, 1150, 1156; *Ossoinig*, Regulierung von Wissensarbeit, S. 113.
560 *Ossoinig*, Regulierung von Wissensarbeit, S. 113.

Arbeitnehmer, der berufliche Kommunikationsmittel auch privat oder im Rahmen eines BYOD nutzt, mag es aufgrund der Vorteile, die er durch deren Nutzung erlangt, zumutbarer sein, beispielsweise sein berufliches E-Mail-Postfach zu öffnen. Allerdings ist die Entscheidungsmacht losgelöst von Eigentums- oder Nutzungsrechten an einem Kommunikationsmittel zu bewerten. Hat der Arbeitnehmer ein geschäftliches Postfach auf seinem Smartphone oder Laptop eingerichtet, kann er unkompliziert auf die Inhalte zugreifen kann. Aufgrund der Schnelligkeit und der Übersichtlichkeit des Vorgangs kann es durchaus sein, dass die Erreichbarkeit die Entscheidungsmacht weniger gefährdet. Letztendlich ist dies dann ein Zeitfaktor oder allgemein eine Frage der Komplexität, weshalb im Eigentlichen auf diese Faktoren abzustellen ist.

Überdies kann auf der Kommunikationsebene bedeutsam sein, wer die Erreichbarkeit des Arbeitnehmers herstellt. Stellt der Kollege die Erreichbarkeit her, dann ist dies bei typisierender Betrachtung eine entspanntere Situation als bei einer Erreichbarkeitsherstellung durch den Arbeitgeber oder durch den Vorgesetzten. Letztere kann den Arbeitnehmer stärker unter Druck setzen, weil von dieser Seite wesentliche Karriereentscheidungen getroffen werden.

Abschließend ist die Häufigkeit der Kontaktaufnahme ein Erheblichkeitskriterium. Dabei handelt es sich wie bei der Dauer um einen Faktor, der ohne weitere Erheblichkeitskriterien die Entscheidungsmacht beeinträchtigen und daher zur (teilweisen) Nichterfüllung des Urlaubsanspruchs führen kann. Wird ein Arbeitnehmer mehrfach kontaktiert, ist dessen Entscheidungsmacht typischerweise nicht mehr sichergestellt. Bei einmaliger Erreichbarkeitsherstellung muss hingegen mindestens ein weiteres der genannten Erheblichkeitskriterien gegeben sein, damit die Erreichbarkeitssituation erfüllungserheblich ist. In diesem Zusammenhang wird von der Frequenz der Freizeitunterbrechungen gesprochen.[561] Mehrmalige tägliche Unterbrechungen sollen unabhängig von ihrer Dauer zu einer erheblichen Urlaubsbeeinträchtigung auch bei „nur“ ein- oder zweimaligen Unterbrechungen führen.[562] Bereits mit der zweiten Erreichbarkeitssituation kann der Arbeitnehmer davon ausgehen, dass der Arbeitgeber gegebenenfalls nochmals versuchen wird, die Erreichbarkeit des Arbeitnehmers herzustellen. Die Entscheidungsmacht ist dann nicht mehr gewahrt und der Urlaubsanspruch folglich nicht erfüllt. Dies ist nicht erst der Fall, soweit die Wiederholung am selben Tag oder die Unterbrechung täglich erfolgt, sondern unabhängig von der Frequenz der Erreichbarkeit.

---

561 *Falder*, NZA 2010, 1150, 1156.
562 *Falder*, NZA 2010, 1150, 1156.

cc) Zusammenfassung

Bei der Dauer und der Häufigkeit der Erreichbarkeit handelt es sich um Erheblichkeitskriterien, bei deren positivem Vorliegen die Erheblichkeitsschwelle ohne Hinzutreten weiterer Kriterien überschritten ist. Sie können, soweit ihr Vorliegen nicht schon selbst den Leistungserfolg gefährdet, als Teil eines Kriterienbündels bewirken, dass die Erreichbarkeit ein Leistungserfolgshindernis für den Urlaubsanspruch darstellt. Dafür müssen der Gesprächsinhalt, der Gesprächspartner und/ oder die Kommunikationsform sowie gegebenenfalls die Tageszeit in die Gesamtbetrachtung einfließen. Bei der Beurteilung ist auf einen durchschnittlichen Arbeitnehmer in der jeweiligen beruflichen Position abzustellen. Die Erreichbarkeitssituation ist sodann unter Würdigung der objektiv bekannten Umstände des Einzelfalls darauf zu untersuchen, wie sie sich auf die Erfüllbarkeit auswirkt.

Zwar darf das Ergebnis nicht in der Weise feststehen, dass die Erreichbarkeit innerhalb dieser Grenzen ausgereizt wird. Einer gewissen Bestimmbarkeit der Folgen des Erreichbarkeitsvorgangs bedarf es gleichwohl, um sowohl auf Arbeitgeber- und auf Arbeitnehmerseite einen rechtssicheren Umgang mit der Erreichbarkeit zu ermöglichen.

c) Umfang der Nichterfüllung des konkretisierten Urlaubsanspruchs

Viele Erreichbarkeitssituationen sind als Leistungserfolgshindernis einzuordnen. Die Erheblichkeit kann sich vor allem aus der Häufigkeit oder der Intensität ergeben. Eine lange Telefonkonferenz, die lediglich an einem Urlaubstag stattfindet, kann gleichwohl die Urlaubsplanung nachhaltig stören und damit die Entscheidungsmacht an Urlaubstagen beeinflussen, an denen es nicht zu einer Erreichbarkeitssituation kommt. Der Umfang der nicht erfüllten Urlaubstage ist bereits auf Tatbestandsebene zu beachten, um zu bestimmen, wie sich das Erfüllungshindernis auf den Urlaubsanspruch im jeweiligen Urlaubszeitraum auswirkt.

Der Urlaubsanspruch kann nur tageweise gewährt und erfüllt werden, folglich nicht stundenweise.[563] Dementsprechend muss die erfüllungserhebliche

---

563 BAG v. 19.06.2018 – 9 AZR 615/17, NZA 2018, 1480, 1483 Rn. 33; LAG Baden-Württemberg v. 06.03.2019 - 4 Sa 73/18, BeckRS 2019, 7742 Rn. 41; *Falder*, NZA 2010, 1150, 1156; *Krause*, Gutachten B 71. DJT, B 57; a.A. LAG Hamburg v. 21.09.2015 – 8 Sa 46/14, BeckRS 2016, 68475 Rn. 27 ff., jedenfalls, soweit im Übrigen während des Kalenderjahres zusammenhängender Urlaub von mindestens zwölf Werktagen genommen und der halbe Urlaubstag auf Wunsch des Arbeitnehmers gewährt werde.

Erreichbarkeitssituation mindestens zu einer tageweisen Nichterfüllung des Urlaubsanspruchs führen. Ein einstündiges Telefonat bewirkt folglich, dass diese eine Stunde nicht zu einer teilweisen Nichterfüllung des Urlaubsanspruchs im Umfang von einer Stunde oder eines halben, sondern eines Urlaubstages führt.[564] Eine nur stundenweise Nichterfüllung würde dem Charakter des Urlaubsanspruchs widersprechen und de facto auf eine Überstundenregelung hinauslaufen, die nur arbeitszeitrechtlich gilt. Das *Bundesarbeitsgericht* hat schon sehr früh zum Grundsatz der tageweisen Erfüllung entschieden und hält an diesem fest.[565] Die Instanzrechtsprechung folgt dieser Ansicht weitgehend und nimmt außerhalb der Fälle des § 5 BUrlG, keinen Anspruch auf halbe Urlaubstage oder Bruchteile von Urlaubstagen an.[566]

Nach einer Ansicht sollen umso mehr Tage nicht auf den Urlaubsanspruch anrechenbar sein, je nachhaltiger sich die Aktivität negativ auf den Erholungsurlaub auswirkt.[567] Die Nichtanrechenbarkeit entspricht der Nichterfüllung auf Tatbestandsebene. Grundsätzlich ist die Formel sinnvoll und eine Orientierungshilfe. Allerdings wird sie dogmatisch nicht begründet und bedarf der Konkretisierung. Die dogmatische Begründung ergibt sich erneut aus der Entscheidungsmacht. Wird die Erreichbarkeit während des gesamten Urlaubszeitraums nur einmalig gewährt, überschreitet dann aber die Erheblichkeitsschwelle, so ist regelmäßig nur der unmittelbar betroffene Urlaubstag nicht erfüllt. Ein sehr kurzes Telefonat oder eine unverfängliche E-Mail sind, soweit die Inanspruchnahme des Arbeitnehmers nicht wiederholt auftritt, nicht erfüllungserheblich. Die wiederholte Erreichbarkeit, bei der die Situation für sich betrachtet kein Erfüllungshindernis darstellt, kann schon durch die Häufigkeit ein solches Erfüllungshindernis für den Urlaubsanspruch sein. Die Entscheidungsmacht ist bei einer Zusammenschau der beiden Situationen an dem erneut betroffenen Tag nicht mehr gewahrt. Führt die Erreichbarkeit zu einer Tätigkeit, die zeitlich mehr als einen Urlaubstag andauert, ist zu unterscheiden, ob sich die Intensität der Urlaubstätigkeit derart nachhaltig auf die Entscheidungsmacht des Arbeitnehmers auswirkt, dass die Erreichbarkeit sich als Erfüllungshindernis auf den gesamten Urlaubszeitraum oder vom Moment der Erreichbarkeit an, auf den Resturlaub auswirkt statt nur auf die unmittelbar betroffenen Urlaubstage.

---

564 *Podewills*, AuR 2013, 293, 298; *Maier*, Erweiterte Erreichbarkeit, S. 164.

565 BAG v. 29.07.1965 - 5 AZR 380/64, NJW 1965, 2174; v. 19.06.2018 – 9 AZR 615/17, NZA 2018, 1480.

566 LAG Baden-Württemberg v. 06.03.2019 - 4 Sa 73/18, NZA-RR 2019, 358 Leitsatz 2.

567 *Kramer*, IT-Arbeitsrecht, B., Rn. 999.

In der Lehre ist anerkannt, dass eine intensive Tätigkeit den Resturlaub „entwertet“, da der Urlaub insgesamt unterbrochen sei.[568] Der Gedanke der Entwertung des Resturlaubes wird mitunter aber abgelehnt. Es entspreche der Wertung in § 9 BUrlG, nur den unmittelbar durch die Erreichbarkeit gestörten Urlaubstag nicht auf den Urlaubsanspruch anzurechnen.[569] Der Gedanke der Nichtanrechnung entspricht im Wesentlichen dem der Nichterfüllung. Nicht zu verkennen ist, dass eine Entwertung ohnehin nur eintritt, wenn der Erreichbarkeitsvorfall den Urlaub derart nachhaltig beeinträchtigt, dass der Leistungserfolg unabhängig von einer weiteren Erreichbarkeitssituation, nicht eintreten kann. Der Arbeitnehmer ist in seinem Urlaub beeinträchtigt, sodass seine Entscheidungsmacht aus Gründen, die aus der betrieblichen Sphäre stammen, nicht mehr erhalten ist. Dies gilt vor allem wenn der Vorfall den Arbeitnehmer psychisch belastet, beispielsweise aufgrund von kritischen Vorwürfen oder wegen einer anspruchsvollen Aufgabe. Die Nichterfüllung der nachfolgenden Urlaubstage überzeugt in diesem Fall.

Wenig diskutiert wird, ob sich die erfüllungserhebliche Erreichbarkeit im Einzelfall auf die vorherigen störungsfreien Urlaubstage auswirken darf und es mithin zu einer rückwirkenden Nichterfüllung kommen kann.[570] In Anbetracht dessen, dass der zusammenhängende Urlaub gemäß § 7 Abs. 2 BUrlG das gesetzliche Leitbild ist, erscheint es naheliegend, den Urlaubszeitraum als einheitlichen und nicht aufteilbaren Zeitraum zu verstehen und dementsprechend eine „rückwirkende“ Nichterfüllung zuzulassen.[571] Dafür müsste die Beeinträchtigung über eine Entwertung des weiteren Urlaubes hinausgehen. Die gewährte Erreichbarkeit müsste für den Leistungserfolg so erheblich sein, dass die Erreichbarkeitssituation die Entscheidungsmacht mit ex-tunc-Wirkung beseitigt. Zwar ist der Urlaub zusammenhängend zu gewähren, jedoch kann sich die Erreichbarkeit auf die Entscheidungsmacht während des Resturlaubes auswirken. Dagegen lässt sich eine rückwirkende Folge nicht mit dem Inhalt des Leistungserfolgs vereinen, da der Arbeitnehmer an den vorherigen Urlaubstagen die Entscheidungsmacht innehatte. Die Urlaubstage vor der Erreichbarkeitssituation erfüllen deshalb den Urlaubsanspruch in dieser Höhe.

---

568 *Falder*, NZA 2010, 1150, 1156; Vorschlag zur Änderung des BUrlG: *Krause*, Gutachten B 71. DJT, B 57, *ders.*, NZA 2016, 1004, 1006.

569 *Körlings*, Mobile Erreichbarkeit von Arbeitnehmern, S. 96.

570 Ohne nähere Ausführungen *Krause*, Gutachten B 71. DJT, B 57.

571 *Däubler* spricht vom „Nachurlaub“, in ZTR 2016, 359, 362.

3. *Ergebnis*

Die tatsächliche Erreichbarkeit ist ein Leistungserfolgshindernis und führt zur (teilweisen) Nichterfüllung des zuvor durch die Freistellungserklärung konkretisierten Urlaubsanspruchs. Der Eintritt des Leistungserfolgs ist anhand der Erheblichkeitsschwelle zu bewerten. Sie berücksichtigt diejenigen Faktoren, die sich auf die Entscheidungsmacht auswirken können. Ferner entspricht sie somit der schuldrechtlichen Erfüllungsdogmatik unter Berücksichtigung der Besonderheiten des Urlaubsanspruchs. Die erfüllungserhebliche Erreichbarkeit betrifft mindestens den Urlaubstag, an dem es zur Erreichbarkeit kam. Sie kann überdies die Entwertung und damit die Nichterfüllung des Resturlaubes zur Folge haben. Liegen ihre Voraussetzungen vor, dann ist die Erreichbarkeit eine Sachlage, bei deren Vorliegen eine ordnungsgemäße Erfüllung des Urlaubsanspruchs beeinträchtigt ist, kurzum ist sie dann eine Urlaubsstörung.[572]

II. Eigeninitiierte Erreichbarkeit des Arbeitnehmers

Ist der Arbeitnehmer von sich aus erreichbar, etwa indem er E-Mails verfasst oder andere Tätigkeiten ausführt, die seiner suspendierten Arbeitspflicht entsprechen, kann die Erfüllbarkeit des Urlaubsanspruchs anders zu beurteilen sein als zuvor. In Betracht kommen an dieser Stelle nur Situationen, in denen der Arbeitnehmer tatsächlich tätig ist und es sich nicht nur um einen Zustand der Erreichbarkeit als bloßer Bereitschaft handelt. Der reine Erreichbarkeitszustand ohne Veranlassung berührt die Entscheidungsmacht des Arbeitnehmers nicht, da er nicht mit einer Erreichbarkeitssituation rechnen muss. Folglich wird er in seiner selbstbestimmten Erholung nicht von außen eingeschränkt. Anders kann dies bei einer Tätigkeitsaufnahme sein.

Die Eigeninitiative beruht (zunächst) nicht auf einer fremden Veranlassung. In der Lehre wird daher teilweise vertreten, die arbeitnehmerseitige Kontaktaufnahme habe keine Auswirkungen auf die Erfüllung des Urlaubsanspruchs.[573] Eine pauschale Einordnung, ungeachtet der Ausprägung und der Nützlichkeit der Erreichbarkeit für den Arbeitgeber, ist jedoch nicht angezeigt. Wesentlich ist, ob das Veranlassungselement erforderlich ist, damit es sich bei der eigeninitiierten Erreichbarkeit um ein Leistungserfolgshindernis handeln kann oder ob die

---

572 Begriffsbestimmung der Urlaubsstörung nach *Okoye-Montis*, Urlaubszweck und Urlaubsstörungen, S. 15; die Erreichbarkeit als Störung des Urlaubes bezeichnend: *Richter*, AuR 2011, 16 ff.

573 *Falder*, NZA 2010, 1150, 1151, 1156; *Gaul*, DB 2013, 60, 62.

Veranlassung erst auf der Rechtsfolgenebene zu beachten ist. Die Freiwilligkeit könnte die Entscheidungsmacht indizieren und ein Leistungserfolgshindernis aus diesem Grund ausschließen.

1. Ausschluss des Leistungshindernisses durch die Eigeninitiative?

Die freiwillig initiierte Erreichbarkeit könnte Ausdruck der Entscheidungsmacht des Arbeitnehmers sein. Teile des Schrifttums sprechen sich dafür aus, dass die vom Arbeitnehmer freiwillig und selbstständig gewährte Erreichbarkeit die Erfüllung des Urlaubsanspruchs nicht beeinträchtigen dürfe.[574] Gewähre der Arbeitnehmer dem Arbeitgeber beziehungsweise seinem Vorgesetzten, seinen Kollegen oder den Kunden freiwillig seine Erreichbarkeit, fehle es am Veranlassungselement.[575] Liege keine arbeitgeberseitige Veranlassung beziehungsweise Beeinflussung vor, sei der Urlaubsanspruch erfüllt.[576] Bei der eigeninitiierten Erreichbarkeit handele es sich in diesen Fällen nicht um ein Leistungserfolgshindernis.[577] Die Selbstbestimmung setze voraus, dass es keinen Erholungszwang gebe, weshalb freiwillige berufliche Tätigkeiten ohne Auswirkungen auf den Urlaubsanspruch möglich sein müssten.[578]

2. Stellungnahme

Das Ergebnis, dass die eigeninitiierte Erreichbarkeit für die Erfüllung des Urlaubsanspruchs stets unerheblich sein soll, ist nachvollziehbar, wenn man allein das Element der Selbstbestimmung betont.

a) Bedeutung der Freiwilligkeit

Die Selbstbestimmung, die sich in der Freiwilligkeit der Erreichbarkeit verwirklicht, ist nicht isoliert von der Erholungsmöglichkeit zu beurteilen. Freilich gibt es keine Pflicht zur Erholung.[579] Folgerichtig ist die tatsächliche Erholung, anders als die Möglichkeit zur Erholung, nicht vom Arbeitgeber geschuldet.[580]

---

574 *Kramer*, IT-Arbeitsrecht, B., Rn. 992; *Gaul*, DB 2013, 60, 62; *Jurion*-HdB-ArbR, Urlaub - Erreichbarkeit des Arbeitnehmers, 3.2.

575 *Gaul*, DB 2013, 60, 62.

576 *Kramer*, IT-Arbeitsrecht, B., Rn. 992; *Gaul*, DB 2013, 60, 62.

577 *Kramer*, IT-Arbeitsrecht, B., Rn. 992.

578 *Kramer*, IT-Arbeitsrecht, B., Rn. 992.

579 BAG v. 25.08.2020 – 9 AZR 612/19, NZA 2020, 1633, 1636 Rn. 30; v. 28.01.1982 – 6 AZR 571/79, NJW 1982, 1548, 1549.

580 *Winderlich*, AuR 1989, 300, 303.

Das Gesetz begrenzt die in der Freiwilligkeit verwirklichte Selbstbestimmung in Anbetracht der Erholung dahingehend, dass es in § 8 BUrlG die Wertung enthält, dass die Erwerbsarbeit dem Urlaubszweck widerspricht. Die selbstbestimmte Erholung wird insoweit geschützt, dass sich der Arbeitnehmers nicht zu Erwerbszwecken selbst vermarkten darf und damit seiner Erholung schadet.[581] Auf die Erreichbarkeitssituation ist § 8 BUrlG nicht anwendbar, bereits weil § 8 BUrlG einen Zusammenhang zwischen Tätigkeit und Erwerb voraussetzt, an dem es fehlt, da die Vergütung nach § 11 BUrlG gerade nicht für die Erreichbarkeitsgewährung geleistet wird.[582] Jedoch ist an § 8 BUrlG erkennbar, dass die tatsächliche Erholung nicht aus Gründen der Erwerbstätigkeit gefährdet sein soll. Der Arbeitnehmer ist in dieser Hinsicht vor sich selbst zu schützen.[583]

Die Regelung in § 8 BUrlG ist kein Erfüllungshindernis, sondern lediglich eine Nebenpflicht des Arbeitnehmers, deren Verletzung Ansprüche des Arbeitgebers, insbesondere auf Unterlassung, auslöst.[584] Das Bundesurlaubsgesetz stellt die Erfüllung nicht unter den Vorbehalt der Beachtung des § 8 BUrlG.[585] Die Vorschrift ist darauf gerichtet, die Erholung des Arbeitnehmers nicht an erwerbsbezogenen Gründen scheitern zu lassen, da schließlich das Urlaubsentgelt den Arbeitnehmer vor finanziellen Einbußen schützen soll.[586] Die Regelung betrifft den Urlaubszweck nicht in der Form, in der er Inhalt des Leistungserfolgs ist. Sie hat daher keine Folgen für die Erfüllung des Urlaubsanspruchs. Der in § 8 BUrlG genannte Urlaubszweck bezieht sich auf die Erholung und damit auf den Gesundheitszweck.[587] Die Selbstbestimmung als Bestandteil des Urlaubszwecks wird in dieser Norm nicht berücksichtigt. Vielmehr geht es bei der Regelung nicht zuletzt auch um die Interessen des Arbeitgebers an der Erholung des Arbeitnehmers wegen seiner dadurch verbesserten Leistungsfähigkeit.[588] Die

---

581 *Powietzka/Rolf*, BUrlG, § 8 Rn. 1.

582 Hierzu bezogen auf die sogenannte „Freizeittätigkeit“: *Okoye-Montis*, Urlaubszweck und Urlaubsstörungen, S. 173; zur fehlenden Anwendbarkeit des § 8 BUrlG.

583 *Leege*, Das Verhältnis von Urlaubs- und Urlaubsabgeltungsanspruch, S. 56; *Winderlich*, AuR 1989, 300, 302.

584 NK/*Düwell*, § 1 BUrlG Rn. 27; BAG v. 25.02.1988 - 8 AZR 596/85, NZA 1988, 607, 608; HWK-ArbR/*Schinz*, § 8 BUrlG Rn. 11, 15; ErfK/Gallner, § 8 BUrlG Rn. 4; *Okoye-Montis*, Urlaubszweck und Urlaubsstörungen, S. 177; *Powietzka/Rolf*, BUrlG, § 8 BUrlG Rn. 11; HK-ArbR/*Holthaus*, § 8 BUrlG Rn. 6.

585 HWK-ArbR/*Schinz*, § 8 BUrlG Rn. 11.

586 *Powietzka/Rolf*, BUrlG, § 8 BUrlG Rn. 1.

587 *Heilmann*, Urlaubsrecht, § 8 BUrlG Rn. 2.

588 *Powietzka/Rolf*, BUrlG, § 8 BUrlG Rn. 1.

Vorschrift verpflichtet den Arbeitnehmer, eine in diesem Sinne urlaubszweckwidrige Tätigkeit zu unterlassen, indem er eine Nebentätigkeit ausübt.[589] Die weitere Selbstbestimmung über die Wahrnehmung der Urlaubszeit bleibt dem Arbeitnehmer im Übrigen erhalten.[590] Andere Tätigkeiten, die anstrengend sein können, sind demnach zulässig.

Für die eigeninitiierte Erreichbarkeit ergibt sich daraus, dass ein freies, auf der Entscheidungsmacht des Arbeitnehmers beruhendes Erreichbarkeitsverhalten, wenngleich es die Erholung abstrakt betrachtet gefährden kann, nicht ohne weiteres für die Annahme eines Leistungserfolgshindernisses ausreicht. Bei der Annahme eines freiwilligen Erreichbarkeitsverhaltens ist generell Zurückhaltung geboten.[591] Denn die Erreichbarkeit entspricht bereits regelmäßig dem Arbeitgeberinteresse, sodass die Freiwilligkeit nur beschränkt zu berücksichtigen ist.[592] Das Machtgefälle zwischen den Arbeitsvertragsparteien stellt die ernsthafte Freiwilligkeit in Frage.[593] Häufig erfolgt die Erreichbarkeit aus Beweggründen, die im Arbeitsverhältnis selbst angelegt sind.[594] Die Freiwilligkeit kann bei der Einordnung der jeweiligen Erreichbarkeitssituation anhand der Erheblichkeitsschwelle nur als Korrektiv dienen, soweit sie wie bei der eigeninitiierten Erreichbarkeit tatsächlich gegeben ist. Denn eine echte Freiwilligkeit spricht für ein selbstbestimmtes Verhalten, gleichwohl ist der Erholungszweck nicht zu vernachlässigen. Die Freiwilligkeit kann bedeuten, dass es an einer Veranlassung des Arbeitgebers fehlt,[595] muss dies aber nicht. Schließlich besteht keine Pflicht, auf die Erreichbarkeitsversuche einzugehen, sodass dies letztlich immer freiwillig erfolgt. Lediglich der Grad der Freiwilligkeit bis hin zur echten Freiwilligkeit kann unterschiedlich stark ausgeprägt sein. Typischerweise ist eine echte Freiwilligkeit im Sinne einer eigenen Motivation naheliegender, wenn die Erreichbarkeit nicht veranlasst wurde.

---

589 *Hunold*, NZA-RR 2002, 505, 510.

590 *Baumert*, DB 1966, 1565, 1566.

591 In diesem Zusammenhang von einer „sehr begrenzte[n] Aussagekraft“ sprechend: *Falder*, NZA 2010, 1150, 1156, wobei dessen Unterscheidung im Wesentlichen eine Frage der Veranlassung ist, auf die noch einzugehen sein wird; *Monsch*, BYOD, S. 55.

592 Allgemein bezüglich Freiwilligkeit einer ständigen Erreichbarkeit: *Schuchart*, AuR 2016, 341, 342.

593 *Monsch*, Bring Your Own Device, S. 55; gegen die Berücksichtigung der Freiwilligkeit bei der „Freizeittätigkeit“ auf Veranlassung des Arbeitgebers *Okoye-Montis*, Urlaubszweck und Urlaubsstörungen, S. 205.

594 *Monsch*, Bring Your Own Device, S. 55.

595 *Schlegel*, NZA-Beilage 2014, 16, 19.

b) Bedeutung der Veranlassung bei der tatsächlichen Erreichbarkeit

Der Arbeitnehmer muss die rechtliche und aus der betrieblichen Sphäre auch die tatsächliche Macht zur Wahrnehmung des Urlaubszwecks erhalten. Fraglich ist, ob er diese Macht selbst begrenzen kann. Der *Neunte Senat* des *Bundesarbeitsgerichts* hält die Erfüllung nicht bereits dann für ausgeschlossen, wenn im Urlaubszeitraum Belastungen oder Anstrengungen aus der arbeitnehmereigenen Sphäre auftreten, die seine selbstbestimmte Erholung negativ berühren.[596] Folglich erkennt der *Senat* die Anspruchserfüllung nur dann als beeinträchtigt an, wenn eine Belastung aus einer fremden Sphäre vorliegt. Dem ist zuzustimmen. Denn die Macht des Arbeitnehmers kann nur von außen beeinträchtigt sein, nicht jedoch aus der eigenen Sphäre. Wird der Arbeitnehmer nicht dazu veranlasst, erreichbar zu sein, dann ist er weder rechtlich noch faktisch verpflichtet. Dies ist aber notwendig, damit die Entscheidungsmacht beeinträchtigt ist. Die Veranlassung ist notwendig, damit sich die Erreichbarkeit im Urlaub auf den Eintritt des Leistungserfolgs auswirkt.[597] Bei dem ursprünglich eigeninitiierten Erreichbarkeitsverhalten fehlt es an dem Verhalten eines anderen oder an einem Ereignis von außen. Das Erreichbarkeitsverhalten entstammt der arbeitnehmereigenen Sphäre.

Gleichwohl sind keine überhöhten Anforderungen an die Veranlassung zu stellen.[598] Zunächst ist danach zu fragen, inwieweit das Erreichbarkeitsverhalten auf der Eigeninitiative beruht. Kommt es noch während des Urlaubszeitraums zu einem weiteren gleichartigen Erreichbarkeitsverhalten, entsteht eine Veranlassung konkludent, indem der Arbeitgeber, obwohl er von der Tätigkeit des Arbeitnehmers Kenntnis nimmt, nicht reagiert und dieses duldet. Gleiches gilt, wenn der Arbeitgeber zwar keine Kenntnis von dem Erreichbarkeitsverhalten erlangt, diese aber hätte erlangen können. Denn es entsteht der Anschein einer Veranlassung, der insoweit der ausdrücklichen oder konkludenten Veranlassung gleichzustellen ist.[599] Der Arbeitgeber kann verhindern, dass eine Veranlassung

---

596 BAG v. 25.08.2020 – 9 AZR 612/19, NZA 2020, 1633, 1636 Rn. 30.

597 Im Ergebnis auch *Powietzka/Rolf*, BUrlG, § 7 BUrlG Rn. 52; anders *Freyler*, Mobile Office, S. 273, die von einer (teilweisen) Nichterfüllung wegen Unmöglichkeit ausgeht, ohne Veranlassung einen Ersatzurlaubsanspruch jedoch ablehnt; im arbeitszeitrechtlichen Kontext eine Veranlassung für die Rechtserheblichkeit der Erreichbarkeit befürwortend: *Monsch*, BYOD, S. 55.

598 Ähnlich auch *Monsch*, BYOD, S. 55 im arbeitszeitrechtlichen Kontext.

599 Sehr weites Verständnis offenbar bei *Göpfert/Schöberle*, ZIP 2016, 1817, 1818, wonach der Arbeitgeber „freiwillig angebotene“ Tätigkeiten nicht annehmen dürfe.

oder ein Veranlassungsschein entstehen, indem er auf das Erreichbarkeitsverhalten reagiert und sich von diesem distanziert. Dies kann etwa durch den Hinweis, dass dieses Verhalten während des Urlaubes unerwünscht ist, erfolgen. Im Übrigen ist dies bereits vor dem Urlaub möglich, aber nur, wenn er sich nicht widersprüchlich verhält. Ab dem Zeitpunkt der Veranlassung oder des entstandenen Veranlassungsscheins ist eine Beeinträchtigung der Entscheidungsmacht möglich, die sodann anhand der Erheblichkeitsschwelle zu beurteilen ist. Die notwendige Veranlassung für das künftige Erreichbarkeitsverhalten entsteht zudem konkludent oder ausdrücklich, wenn der Arbeitgeber das Arbeitsergebnis entgegennimmt.[600]

Dass die vom Arbeitnehmer freiwillig initiierte Erreichbarkeit bei einer nachfolgenden Veranlassung beziehungsweise dem Anschein einer Veranlassung ein Leistungshindernis sein kann, ist weder unbillig noch führt dies zu untragbaren Ergebnissen. Möchte der Arbeitnehmer bewusst die Erfüllung des Urlaubsanspruchs vereiteln, indem er seine Erreichbarkeit gewährt, um aus der Nichterfüllung einen Folgeanspruch zu erlangen, bietet der Einwand des Rechtsmissbrauchs auf der Rechtsfolgenseite Möglichkeiten, um eine künstliche Erhöhung des Urlaubsanspruchs durch den Arbeitnehmer zu verhindern.[601]

3. *Ergebnis*

Erreichbarkeitssituationen, die auf einem ursprünglich arbeitnehmereigenen Verhalten beruhen, können erfüllungserheblich sein. Dass der Arbeitnehmer seine Erreichbarkeit zunächst von sich aus freiwillig gewährt, steht der Annahme eines bei andauernder Erreichbarkeit entstehenden Leistungserfolgshindernisses nicht entgegen. Eine Veranlassung, auch durch die Duldung der Erreichbarkeit seitens des Arbeitgebers oder den Anschein einer Veranlassung zum weiteren Erreichbarkeitsverhalten, ist dennoch erforderlich, um vom Vorliegen eines Leistungshindernisses auszugehen. Andernfalls ist die Entscheidungsmacht nicht beeinträchtigt und der Urlaubsanspruch erlischt nach § 362 Abs. 1 BGB durch Erfüllung.

---

600 Im Ergebnis auch MüHdb-ArbR/*Klose*, § 86 Rn. 8.

601 *Krause*, Gutachten B 71. DJT, B 57; *Falder*, NZA 2011, 1150, 1157; *Ossoinig*, Regulierung von Wissensarbeit, S. 114.

III. Zusammenfassung

Die tatsächliche Erreichbarkeit verhindert, soweit sie die Erheblichkeitsschwelle überschreitet, den Eintritt des nach § 362 Abs. 1 BGB erforderlichen Leistungserfolgs und führt zur Nichterfüllung des Urlaubsanspruchs in Höhe der vom Leistungserfolgshindernis betroffenen Urlaubstage. Die vom Arbeitnehmer ausgehende Erreichbarkeit ist grundsätzlich ebenfalls anhand der Erheblichkeitsschwelle zu beurteilen, jedoch erst bei entsprechender (scheinbarer) Veranlassung durch den Arbeitgeber.

§ 5 Die konkludent veranlasste potenzielle Erreichbarkeit

Die potenzielle Erreichbarkeit beschreibt eine Situation, in welcher der Arbeitnehmer in der Lage ist, auf die Erreichbarkeitsversuche des Arbeitgebers zu reagieren. Sie ist unabhängig davon zu beurteilen, ob sich die Erreichbarkeit durch eine tatsächliche Kontaktaufnahme beziehungsweise durch eine andere konkrete Tätigkeit realisiert.[602] Entscheidend ist, dass die Möglichkeit einer Erreichbarkeitssituation besteht.[603] Die potenzielle Erreichbarkeit kann eine Belastung darstellen.[604] Nachfolgend ist zunächst die Konstellation näher zu beleuchten, in der die Parteien die Erreichbarkeit nicht ausdrücklich vereinbart haben und der Arbeitnehmer dennoch mit einer Kontaktaufnahme rechnet.

I. Die Veranlassung zur potenziellen Erreichbarkeit

Bereits die Erreichbarkeitsmöglichkeit kann den Urlaub beeinträchtigen.[605] Denn selbst das bewusste Ignorieren des Kontaktversuchs kann für den Arbeitnehmer belastend sein.[606] An dieser Stelle kommt der Erwartungshaltung in der juristischen Diskussion eine erhebliche Rolle zu. Zu klären ist, welche rechtliche Wirkung von ihr ausgeht. Vorstellbar ist, dass sie ausreicht, um eine arbeitgeberseitige Erreichbarkeitsveranlassung annehmen zu können. Allein die Mitnahme moderner Kommunikationsmittel in den Urlaub verhindert nicht den Eintritt der Erfüllungswirkung.[607]

---

602 *Menz*, Erweiterte arbeitsbezogene Erreichbarkeit, S. 27.

603 *Menz*, Erweiterte arbeitsbezogene Erreichbarkeit, S. 27.

604 *Menz*, Erweiterte arbeitsbezogene Erreichbarkeit, S. 27.

605 Vgl. LAG Thüringen v. 16.05.2018 - 6 Sa 442/17, BeckRS 2018, 14747.

606 *Menz*, Erweiterte arbeitsbezogene Erreichbarkeit, S. 27.

607 *Gaul*, DB 2013, 60, 62; *Ossoinig*, Regulierung von Wissensarbeit, S. 112.

1. Notwendigkeit der Veranlassung

Eine potenzielle Erreichbarkeit bedarf zwingend mehr als den bloßen Online-Status der mobilen Kommunikationsgeräte, um erfüllungserheblich zu sein. Regelmäßig ist dieser nämlich eine bloß alltägliche Begleiterscheinung. Ein gewisser Bezug zum Arbeitsverhältnis ist in Form der Veranlassung erforderlich. Denn erfüllungsrelevant sind allein Situationen, in denen der Arbeitnehmer damit rechnet, dass er aus der Sphäre des Arbeitgebers beansprucht werden wird.[608] Das Veranlassungselement ist somit zwingende Voraussetzung zur Begründung rechtlicher Folgen der potenziellen Erreichbarkeit.[609]

2. Die Erwartungshaltung als Veranlassungselement

Ein solches Veranlassungselement, das nicht ausdrücklich kommuniziert wird, kann die Erwartungshaltung des Arbeitgebers sein, dass sich der Arbeitnehmer für die Zwecke des Arbeitgebers erreichbar halten werde.[610] Die entsprechende Erwartungshaltung entsteht häufig bei Arbeitgebern, die vertraglich mit ihren Arbeitnehmern vereinbaren, dass eventuelle Überstunden durch eine hohe Grundvergütung abgegolten sein sollen.[611] Die Erreichbarkeit mag dann als Selbstverständlichkeit erscheinen.

a) Begriff

Eine Erwartungshaltung ist nach allgemeiner Bedeutung eine durch bestimmte Erwartungen geprägte Haltung.[612] Erwartungen sind vorausschauende Vermutungen.[613] Eine Erwartungshaltung kann daher auf vorherigen Erfahrungen und ähnlichen Umständen beruhen. So kann der Arbeitgeber vermuten, dass sich der Arbeitnehmer erreichbar halten werde, weil dieser bereits während vergangener Urlaubszeiten für den Arbeitgeber erreichbar war.[614] Aus der Vermutung entsteht sodann die Erwartungshaltung. Sie kann dem jeweiligen Berufsbild

---

608 *Freyler*, Mobile Office, S. 253; *Schuchart*, AuR 2016, 341, 343.

609 *Freyler*, Mobile Office, S. 253 f.; *Gaul*, DB 2013, 60, 62.

610 Eine Erwartungshaltung könne „mehr oder weniger stark ausgeprägt" sein: Küttner Personalbuch/*Röller*, Mobiles Arbeiten, Rn. 10.

611 *Okoye-Montis*, Urlaubszweck und Urlaubsstörungen, S. 173.

612 Begriffsbedeutung nach Duden-online, abrufbar unter *https://www.duden.de/rechtschreibung/Erwartungshaltung*, - eingesehen am 18.08.2021.

613 Begriffsbedeutung nach Duden-online *https://www.duden.de/rechtschreibung/Erwartung*, - eingesehen am 18.08.2021.

614 *Freyler*, Mobile Office, S. 254.

entsprechen, weil die Erreichbarkeit während des Urlaubes Ausprägung einer für dieses Berufsbild typischen Arbeitsauffassung ist,[615] was insbesondere in der Arbeitsrealität für Arbeitnehmer-Führungskräfte gilt. Die Haltung kann überdies entstehen, wenn die Erreichbarkeit der Unternehmenskultur entspricht. Ob man von einer Erwartung des Arbeitgebers gegenüber dem Arbeitnehmer ausgeht oder von der Erwartung des Arbeitnehmers, der Arbeitgeber setze das Erreichbarkeitsverhalten voraus,[616] ist letztlich unerheblich, solange die Erwartungshaltung in beiden Fällen auf einem Arbeitgeberverhalten beruht. Die Erwartungen korrespondieren gewissermaßen miteinander. Im Weiteren soll der Betrachtung die Perspektive des Arbeitgebers, der ein Erreichbarkeitsverhalten vom Arbeitnehmer erwartet beziehungsweise zu erwarten scheint, zugrunde liegen.

b) Rechtswirkung der Erwartungshaltung

Zum Teil wird der Erwartungshaltung ein rechtlicher Charakter abgesprochen. Sofern eine Erwartungshaltung bestehe, wirke sie sich jedenfalls nicht rechtlich aus.[617] Eine unterschwellige Erwartungshaltung genüge nicht, um dem Arbeitgeber die Freizeitarbeit des Arbeitnehmers zuzurechnen.[618] Daraus ist zu schließen, dass eine ausdrückliche Erreichbarkeitsvorgabe nötig sein soll. Diese ablehnende Position überzeugt jedoch nicht.[619] Die (unausgesprochene) Erwartungshaltung hat eine rechtliche Wirkung.[620] Bei der Veranlassung handelt es sich um ein Zurechnungselement. Die Erwartungshaltung ist die notwendige Veranlassung. Neben einem ausdrücklichen Verhalten kann ein schlüssiges Verhalten Rechtswirkungen auslösen. Für den Arbeitnehmer wird es kaum einen Unterschied machen, ob der Arbeitgeber ihm gegenüber ausdrücklich erklärt, dass er die Erreichbarkeit im Urlaub vorauszusetzt oder ob dies für den Arbeitnehmer wegen der Gesamtumstände klar erkennbar ist. Freilich muss es für die Erwartungshaltung Anhaltspunkte geben. Beurteilt man ihr Vorhandensein bei dem Arbeitgeber restriktiv, dann sind keine untragbaren Ergebnisse

---

615 Scheinbar auch auf das Berufsbild als Faktor zur Bestimmung einer Erwartungshaltung abstellend *Baeck/Winzer*, NZA 2020, 96, 99.

616 *Freyler*, Mobile Office, S. 254.

617 *Baeck/Winzer*, NZA 2020, 96, 99.

618 *Hanau*, EuZA 2019, 423, 428.

619 Für das Arbeitszeitrecht *Monsch*, Bring Your Own Device, S. 56.

620 So erkennbar auch *Däubler*, ZTR 2016, 359, 362; *Monsch*, Bring Your Own Device, S. 56, Fn. 50.

zu befürchten. Zudem hat der Arbeitgeber die Möglichkeit, vorbeugend zu verhindern, dass bei dem Arbeitnehmer der Eindruck entsteht, dass er dessen Erreichbarkeit erwartet oder aber der Arbeitgeber entkräftet diesen Eindruck noch vor dem Urlaubsantritt.[621] Er kann den Arbeitnehmer darüber aufklären, dass er keine Erreichbarkeit erwartet und diese unerwünscht ist. Dafür kann der Arbeitgeber die betriebsüblichen Kommunikationswege nutzen, wie zum Beispiel zu Beginn des neuen Urlaubszeitraums gemeinsam mit der Mitteilung über die Anzahl der Urlaubstage. Alternativ kann er den einzelnen Arbeitnehmer im Rahmen der Freistellungserklärung darauf hinweisen, dass er keine Erreichbarkeit erwartet.

c) Anforderungen

Ein Rückschluss von der Bereitstellung mobiler Kommunikationstechnologien auf eine entsprechende Erwartungshaltung ist sehr weitgehend und in Anbetracht des bevorzugten restriktiven Verständnisses nicht zu befürworten.[622] Stellt der Arbeitgeber Kommunikationsmittel zur privaten Nutzung zur Verfügung, ist dies noch kein Ausdruck einer Erreichbarkeit-Erwartungshaltung, es sei denn, die Übergabe steht in engem Zusammenhang mit der Urlaubsgewährung oder dem Urlaubsantritt.[623] Aufgrund der zunehmenden gesellschaftlichen Bedeutung der Kommunikationsmittel kann die Überlassung zur Steigerung der Attraktivität eines Arbeitgebers beitragen und ein Wettbewerbsvorteil für das Unternehmen des Arbeitgebers sein. Deshalb müssen weitere Umstände hinzutreten, die auf das Vorliegen einer Erwartungshaltung schließen lassen.

Bei gewissen Berufsbildern, vor allem dann, wenn der Arbeitnehmer eine tragende Position im Unternehmen des Arbeitgebers einnimmt, wird eine Erreichbarkeits-Erwartungshaltung als naheliegend betrachtet.[624] Andererseits wird vertreten, dass es nicht genüge, wenn Arbeitnehmer in vergleichbarer

---

621 Auch *Göpfert/Schöberle* verweisen darauf, dass der Arbeitgeber klar adressieren soll, dass die Erreichbarkeit nicht erwartet wird, in: ZIP 2016, 1817, 1818.

622 *Schuchart*, Ständige Erreichbarkeit im Arbeitsverhältnis, S. 191, 194, diese diskutiert, ob mit der Bereitstellung eine entsprechende Erreichbarkeits-Erwartungshaltung verknüpft sein könne, verneint dies aber letztlich.

623 *Freyler*, Mobile Office, S. 254; HK-ArbR/*Holthaus*, § 7 BUrlG Rn. 8. Letzterer geht davon aus, diesem Verhalten könne der Erklärungswert eines Vorbehalts bei der Urlaubsgewährung beizumessen sein; in Bezug auf das Arbeitszeitgesetz: *Kramer*, IT-Arbeitsrecht, B., Rn. 982.

624 *Podewils*, AuR 2013, 293, 298.

Position bereits faktisch erreichbar sein mussten.[625] Dem ist zuzustimmen. Zwar sprechen die Betriebs- und Branchenüblichkeit der Erreichbarkeit im Urlaub für die Annahme, dass dem Arbeitnehmer karrierebezogene Einbußen drohen, soweit er nichterreichbar ist und damit für das Bestehen einer Erwartungshaltung.[626] Ein gewisser Bezug zum jeweiligen Arbeitsverhältnis ist gleichwohl erforderlich und ergibt sich insbesondere aus bisherigen Erreichbarkeits-Erfahrungen zwischen den Arbeitsvertragsparteien. Ist die Erreichbarkeit im Betrieb des Arbeitgebers typisch, nicht aber in der Abteilung, welcher der Arbeitnehmer zugeteilt ist und hat dieser selbst keine entsprechenden Erfahrungen gesammelt und sind auch sonst keine weiteren Umstände erkennbar, dann ist nicht von einer Erwartungshaltung auszugehen.

3. Einseitige Anordnung oder Angebot für eine konkludente Vereinbarung?

a) Meinungen im Schrifttum

Unter den genannten Voraussetzungen kommt der Erwartungshaltung rechtliche Wirkung zu. Daher ist näher zu bestimmen, ob die Erwartungshaltung des Arbeitgebers eine einseitige konkludente Anordnung oder ein konkludent abgegebenes Angebot für eine Erreichbarkeitsvereinbarung ist. Ferner wird diskutiert, ob eine Erwartungshaltung überhaupt geeignet ist, um bei entsprechender Arbeitnehmerreaktion das Zustandekommen einer konkludenten Erreichbarkeitsvereinbarung anzunehmen.[627] Dann würde es sich um ein konkludentes Angebot handeln. Sowohl die Möglichkeit einer konkludenten Anordnung als auch einer Vereinbarung durch schlüssiges Verhalten („schlüssige Erreichbarkeitsabrede") wird dabei hervorgehoben.[628] Einer weiteren Einschätzung zufolge genüge die Erwartungshaltung, da es keiner ausdrücklichen oder stillschweigenden Vereinbarung bedürfe, soweit eine entsprechende Erreichbarkeits-Erwartungshaltung bestehe.[629]

625 *Freyler*, Mobile Office, S. 254.

626 Allgemein bezüglich Erreichbarkeit: *Schuchart*, AuR 2016, 341, 342.

627 *Schuchart*, Ständige Erreichbarkeit im Arbeitsverhältnis, S. 191.

628 *Freyler*, Mobile Office, S. 254.

629 *Podewils*, AuR 2013, 293, 298.

b) Stellungnahme

Für eine rechtliche Auswirkung der Erwartungshaltung auf die Erfüllbarkeit des Urlaubsanspruchs ist ein korrespondierendes Verhalten des Arbeitnehmers notwendig. Es wäre nicht sachgerecht, wenn der Arbeitnehmer der Erwartungshaltung nicht entspricht, sich kurzum nicht erreichbar hält und sein Urlaubsanspruch dennoch weiterhin bestehen bliebe. Die Konstruktion einer konkludenten Erreichbarkeitsvereinbarung überzeugt. Wenn die Erwartungshaltung derart ausgeprägt ist, dass es letztlich keiner weiteren Worte des Arbeitgebers bedarf, damit der Arbeitnehmer weiß, dass der Arbeitgeber auf die Erreichbarkeit Wert legt, kann die Nichterreichbarkeit faktisch negative Konsequenzen etwa für die Karriere des Arbeitnehmers haben. Die Erwartungshaltung erfüllt alle konstitutiven Voraussetzungen einer Willenserklärung, namentlich bestehen ein Handlungswille, das Erklärungsbewusstsein und der Geschäftswille, die nach außen erkennbar sind. Es handelt sich um ein Angebot auf Abschluss einer Erreichbarkeitsvereinbarung durch schlüssiges Verhalten.

Zudem ist eine konkludente Anordnung seitens des Arbeitgebers möglich. Unerheblich ist, dass dem Arbeitgeber für die Zeit des Urlaubes kein Weisungsrecht zukommt. Die Anordnung kann mit der Freistellungserklärung verbunden sein. Dabei schließen sich die Anordnung und das konkludente Angebot keineswegs aus. Richtigerweise kann es in Fällen, in denen die Erwartungshaltung bereits während der Freistellungserklärung des Arbeitgebers vorhanden ist, nicht auf die Qualifizierung ankommen. Die Erwartungshaltung ist auf ein konkretes Arbeitnehmerverhalten gerichtet. Sie wird nach der Verkehrsanschauung (§§ 133, 157 BGB) regelmäßig als konkludentes Angebot für eine schlüssige Erreichbarkeitsvereinbarung zu verstehen sein. Ist sie Inhalt der Freistellungserklärung, dann ist sie empfangsbedürftig. Da es bis zur erwünschten Reaktion, der Gewährung der Erreichbarkeit im Urlaub mangels ausdrücklicher Annahmeerklärung an dieser zunächst fehlt, kommt es noch nicht auf eine Unterscheidung zwischen der Anordnung und der Vereinbarung an. Gewährt der Arbeitnehmer seine Erreichbarkeit im Urlaub trotz der Erwartungshaltung des Arbeitgebers nicht, dann ist das Angebot eine bloße Anordnung. Unterschiede können sich vor allem ergeben, wenn die Erwartungshaltung erst nach der Freistellungserklärung entsteht, da der Arbeitgeber die Freistellungserklärung nicht einseitig widerrufen kann.

II. Korrespondierendes Verhalten des Arbeitnehmers

Die Gewährung der Erreichbarkeit ist die vom Arbeitgeber erwartete Reaktion des Arbeitnehmers. Worin die Annahmeerklärung des Arbeitnehmers liegt, lassen Teile der Literatur mitunter offen.[630] Zu erwägen ist, dass die Annahmeerklärung zunächst die innere Willensrichtung des Arbeitnehmers voraussetzt, seine Erreichbarkeit zugunsten des Arbeitgebers für berufliche Zwecke herstellen zu wollen. Denn die Erreichbarkeit realisiert sich bei der potenziellen Erreichbarkeit gerade nicht durch einen tatsächlichen Kontakt zwischen den Parteien. Voraussetzung ist bei einer Willenserklärung zudem zwingend ein nach außen in Erscheinung tretendes Verhalten, das die Billigung der Erwartungshaltung erkennen lässt.[631] Die innere Willensrichtung des Arbeitnehmers muss daher nach außen in Erscheinung treten, damit sie in einer Erreichbarkeitsvereinbarung mündet. Unzureichend ist, dass die Erreichbarkeit das „faktische Ergebnis des Herumtragens des Smartphones" ist.[632] Das mobile Kommunikationsmittel muss in der Weise bereitstehen, dass es erkennbar überwiegend oder ausschließlich für berufliche Angelegenheiten eingesetzt werden soll. Überprüft der Arbeitnehmer beispielsweise regelmäßig sein geschäftliches E-Mail-Postfach während der Urlaubszeit oder bemüht er sich aktiv darum, dass die technischen Erreichbarkeitsmöglichkeiten zumindest während der betriebsüblichen Arbeitszeiten bestehen, ist dies ausreichend für eine konkludente Annahmeerklärung. Der Arbeitnehmer muss der Erwartungshaltung des Arbeitgebers bewusst entsprechen wollen und sein Erreichbarkeitsverhalten danach ausrichten, was ansatzweise objektiv erkennbar sein muss.

III. Ergebnis

Damit sich die potenzielle Erreichbarkeit rechtlich auswirken kann, ist ein Veranlassungselement notwendige Voraussetzung, denn andernfalls ist die Erreichbarkeit die bloße Folge technischer Gegebenheiten. Wird die Erreichbarkeit nicht ausdrücklich veranlasst, dann kann eine erkennbare Erwartungshaltung des Arbeitgebers ein konkludentes Veranlassungselement sein. Dafür bedarf es gewisser Anhaltspunkte, insbesondere bisherige Erreichbarkeitserfahrungen im Arbeitsverhältnis. Rechtlich betrachtet ist die Erwartungshaltung in erster Linie ein Angebot für das Zustandekommen einer konkludenten Erreichbarkeitsvereinbarung. Sie kann aber zudem eine konkludente Anordnung sein. Die Rechtsfolgen der konkludent veranlassten potenziellen Erreichbarkeit sind nachfolgend parallel zur ausdrücklichen Veranlassung zu erörtern.

---

630 *Schuchart*, Ständige Erreichbarkeit im Arbeitsverhältnis, S. 191.

631 Zur Billigung durch den Arbeitgeber als Kriterium für den Fall der eigeninitiierten Erreichbarkeit, *Monsch*, Bring Your Own Device, S. 56 Fn. 50.

632 Zitat nach *von Steinau-Steinrück*, NJW-Spezial 2012, 178 f.

§ 6 Die ausdrücklich veranlasste potenzielle Erreichbarkeit – zur Vereinbarungsfähigkeit der Erreichbarkeit

Der Arbeitnehmer ist grundsätzlich nicht verpflichtet, im Urlaub erreichbar zu sein. Fraglich ist, ob eine Erreichbarkeitspflicht vertraglich vereinbart werden kann. Es handelt sich dann ebenso, jedenfalls auch, um eine potenzielle Erreichbarkeit. Klauseln, nach deren Inhalt der Arbeitnehmer während des Urlaubszeitraums beispielsweise für eine gewisse Stundenzahl erreichbar zu sein habe, kommen in der Praxis, insbesondere für Arbeitnehmer in höheren Positionen vor.[633] Vorstellbar ist, dass die Erreichbarkeitspflicht im Arbeitsvertrag enthalten ist oder dass sie im zeitlichen Zusammenhang mit der Freistellungserklärung des Arbeitgebers durch Vereinbarung der Parteien entsteht oder aber vom Arbeitgeber angeordnet wird.

I. Vertragsfreiheit

Eine Erreichbarkeitsvereinbarung könnte dann für die Vertragsparteien interessant sein, wenn sich der Arbeitnehmer durch die Erreichbarkeit nicht belastet fühlt und während des Urlaubszeitraums wichtige betriebliche Angelegenheiten zu klären sind, ohne dass der Urlaubswunsch unter Hinweis auf § 7 Abs. 1 Satz 1 Alt. 1 BUrlG abgelehnt werden soll. Rechtlich scheint eine Erreichbarkeitsvereinbarung wegen der verfassungsrechtlich im Schutzbereich des Art. 2 Abs. 1 GG geschützten Vertragsfreiheit möglich zu sein. Für das Arbeitsrecht ist die Vertragsfreiheit einfachgesetzlich in § 105 GewO gewährleistet. Sie findet in den zwingenden Gesetzen ihre Grenze.[634] Ebenso kann die verfassungsrechtlich geschützte Vertragsfreiheit gesetzlich beschränkt sein. Folglich ist näher zu erörtern, ob derartige Vereinbarungen an den Vorgaben des Bundesurlaubsgesetzes scheitern und unwirksam sind.

Als Gestaltungsmöglichkeit ist eine Regelung im Arbeitsvertrag in Form einer Erreichbarkeitsklausel denkbar. Da es sich bei dem Arbeitsverhältnis um einen synallagmatischen Vertrag handelt, könnte der Arbeitgeber verpflichtet sein, dem Arbeitnehmer für die gesetzlich nicht geschuldete Erreichbarkeit eine

---

633 Laut *Bund* Verlag ist dies eine häufig auftauchende Klausel, in: „7 Fragen zur Erreichbarkeit im Urlaub“, unter 2., v. 14.07.2017, aktualisiert vom 03.07.2019, abrufbar *https://www.bund-verlag.de/aktuelles~7-fragen-zur-erreichbarkeit-im-urlaub~#*, - eingesehen am 18.08.2021.

634 Schaub-ArbR-Hdb/*Linck*, § 31 Rn. 2.

Gegenleistung zu gewähren. Die Abgeltung der Tätigkeit durch die allgemeine Vergütung widerspricht dem Gedanken, dass der Arbeitnehmer während des gesetzlichen Erholungsurlaubes unter Fortzahlung seines Lohns von der Arbeit freigestellt ist. Mit einer hohen Grundvergütung könnte die Erreichbarkeit bei gleichzeitiger Vereinbarung als abgegolten gelten. Ferner ist eine Vereinbarung im Rahmen der Freistellungserklärung vorstellbar oder erst zu einem späteren Zeitpunkt, jedoch noch vor Urlaubsantritt. Zudem könnten die Arbeitsvertragsparteien die Erreichbarkeit nach dem Urlaubsbeginn zu einem beliebigen Zeitpunkt während des Urlaubes vereinbaren.

II. Das Urlaubsrecht als Schranke

Die verfassungsrechtlich von Art. 2 Abs. 1 GG geschützte Vertragsfreiheit unterliegt einem einfachen Gesetzesvorbehalt. Ebenso ist die arbeitsvertragliche Vertragsfreiheit nach § 105 GewO inhaltlich durch zwingende Gesetze beschränkt. Das Bundeurlaubsgesetz ist ein solches Gesetz. Im Zivilrechtsverkehr ist die Vertragsfreiheit häufig eingeschränkt, wenn eine der Parteien der anderen strukturell unterlegen ist und sich daraus ihre besondere Schutzbedürftigkeit ergibt. Dies ist für das Arbeitsrecht, in dem der Arbeitgeber regelmäßig die stärkere Partei ist, typisch.[635]

1. *Standpunkt des Bundesarbeitsgerichts bezüglich Vereinbarungen zum Urlaubszeitraum - BAG, Urteil vom 20.06.2000 – 9 AZR 405/99*

Zu den rechtlichen Fragen der Erreichbarkeit des Arbeitnehmers gibt es weder im Urlaubs- noch im Arbeitszeitrecht ein höchstrichterliches Urteil. Im Jahr 2000 hatte das *Bundesarbeitsgericht* allerdings darüber zu entscheiden, ob eine Vereinbarung, nach welcher der Arbeitnehmer bei betrieblichen Schwierigkeiten seine Tätigkeit trotz der Urlaubserteilung aufzunehmen habe, wirksam ist.[636] Der klagende Arbeitgeber war der Ansicht, mit dem beklagten Arbeitnehmer eine derartige Rückrufvereinbarung rechtswirksam getroffen zu haben. Der Arbeitnehmer weigerte sich später, den Urlaub abzubrechen und die Tätigkeit für den Arbeitgeber aufzunehmen. Einige Ausführungen des zuständigen *Neunten Senats* des *Bundearbeitsgerichts* zur Frage nach der Wirksamkeit von

635 BeckOK-ArbR/*Tillmanns*, § 105 GewO Rn. 5.
636 BAG v. 20.6.2000 – 9 AZR405/99, NZA 2001, 100.

Rückrufvereinbarungen lassen sich wertungsgemäß in die Beurteilung der Wirksamkeit einer Erreichbarkeitsvereinbarung einbeziehen.

Nach Ansicht des *Neunten Senats* ist es dem Arbeitnehmer uneingeschränkt zu ermöglichen, anstelle der geschuldeten Arbeitsleistung seine ihm zustehende Freizeit selbstbestimmt zu nutzen.[637] Dies sei nicht mehr gewährleistet, wenn der Arbeitnehmer ständig damit rechnen müsse, zur Arbeit abberufen zu werden.[638] Der Arbeitnehmer sei unter keinem rechtlichen Gesichtspunkt verpflichtet, den Urlaub abzubrechen und die Arbeit aufzunehmen. Eine Vereinbarung mit diesem Inhalt verstoße gegen § 13 Abs. 1 Satz 1 BUrlG und sei deshalb rechtlich unwirksam.[639]

Die Vorinstanz, namentlich die zuständige Kammer des *Landesarbeitsgerichts Hamm*, ging ebenfalls von der Rechtsunwirksamkeit dieser Vereinbarung aus. Sie leitete dieses Ergebnis jedoch aus § 134 BGB i.V.m. §§ 7 Abs. 2 Satz 1, 13 Abs. 1 Satz 1 BUrlG ab.[640] Dem widersprach der *Neunte Senat* und begründete dies damit, dass § 13 Abs. 1 Satz 1 BUrlG kein Verbotsgesetz im Sinne von § 134 BGB sei, weil § 13 Abs. 1 Satz 1 BUrlG lediglich die Befugnis der Arbeitsvertragsparteien durch rechtsgeschäftliche Vereinbarungen von zwingenden Vorschriften des Urlaubsrechts abzuweichen, unmittelbar beschränke. Die Rechtsfolge entgegenstehender Vereinbarungen sei deren endgültige oder schwebende Unwirksamkeit, die sich unmittelbar aus § 13 Abs. 1 Satz 1 BUrlG ergebe.[641] Die Vorinstanz entschied, dass es nicht darauf ankomme, wann die Vereinbarung geschlossen worden sei, ob gleichzeitig mit der Urlaubserteilung oder erst danach. Bei einer gleichzeitigen Vereinbarung der einseitigen Widerruflichkeit des Urlaubes mit der Urlaubserteilung bleibe es bei einer wirksamen Urlaubsbewilligung, die lediglich mit einer nach § 134 BGB unwirksamen Rückrufvereinbarung verbunden sei.[642] Nach der Ansicht des *Landesarbeitsgerichts Hamm* soll daher bei einer nachträglichen oder gleichzeitigen Vereinbarung des Rückrufrechts die Leistungshandlung wirksam sein, während die Abrede zum Widerruf nach § 134 BGB unwirksam sein soll. Der *Neunte Senat* ging darauf nicht näher ein.

637 BAG v. 20.6.2000 – 9 AZR405/99, NZA 2001, 100, 101.
638 BAG v. 20.6.2000 – 9 AZR405/99, NZA 2001, 100, 101.
639 BAG v. 20.6.2000 – 9 AZR405/99, NZA 2001, 100, 101 f.
640 LAG Hamm v. 10.05.1999 - 19 Sa 2337/98, BeckRS 1999, 31012378.
641 BAG v. 20.6.2000 – 9 AZR405/99, NZA 2001, 100, 102.
642 LAG Hamm v. 10.05.1999 - 19 Sa 2337/98, BeckRS 1999, 31012378.

Festzuhalten ist, dass der *Urlaubssenat* die selbstbestimmte Freizeitnutzung betont und aus diesem Grund eine Rückrufvereinbarung nach § 13 Abs. 1 Satz 1 BUrlG wegen eines Verstoßes gegen zwingendes Urlaubsrecht als unwirksam erachtet. Folgerichtig ist die selbstbestimmte Freizeitnutzung Inhalt der von § 13 Abs. 1 Satz 1 BUrlG geschützten §§ 1, 3 BUrlG, kurzum des Urlaubsanspruchs selbst. Der Zeitpunkt einer entsprechenden Vereinbarung scheint bei dieser Auffassung unerheblich zu sein. Der *Urlaubssenat* betont zudem in weiteren Entscheidungen, dass es dem Arbeitnehmer möglich sein muss, die ihm zustehende Freizeit uneingeschränkt zu nutzen.[643] Dieser Uneingeschränktheit könnte ebenso eine vertraglich vereinbarte Erreichbarkeitspflicht des Arbeitnehmers entgegenstehen.

2. *Beurteilung von Erreichbarkeitsvereinbarungen in der Lehre*

Das Schrifttum erachtet Erreichbarkeitsvereinbarungen für den Urlaubszeitraum als unwirksam.[644] In diesem Zusammenhang ist beachtlich, dass von der Rechtsprechung des *Urlaubssenats* des *Bundesarbeitsgerichts* zur Rückrufvereinbarung ein Erst-Recht-Schluss zur Geltung dieser Maßstäbe bei der Erbringung einer Arbeitsleistung im Urlaub geschlossen wird und die Bewertung parallel erfolgt.[645] In Anlehnung an das Urteil des *Urlaubssenats* folge die Unwirksamkeit dieser Vereinbarung aus § 13 Abs. 1 Satz 1 BUrlG.[646] Ebenso wenig wie bei dem Rückruf aus dem Urlaub, könne sich der Arbeitgeber nicht vorbehalten, den Arbeitnehmer jederzeit per E-Mail oder Anruf zu kontaktieren.[647] Der Arbeitnehmer müsse die Möglichkeit erhalten, die gewährte Freizeit nach seinen eigenen Vorstellungen zu verbringen und zu tun, was seinen Bedürfnissen subjektiv am besten entspreche.[648] Setze der Arbeitgeber vom Arbeitnehmer unmittelbar nach dessen Urlaubsrückkehr ein vorgegebenes Arbeitsergebnis voraus, sei dies zu der Erreichbarkeit gleich gelagert.[649] Der Arbeitgeber verhalte sich widersprüchlich zu seiner Freistellungserklärung.[650]

---

643 BAG v. 14.03.2006 - 9 AZR 11/05, AP BUrlG § 7 Nr. 32 Rn. 17.

644 *Krause*, Gutachten B 71. DJT, B 56; *Däubler*, Digitalisierung und Arbeitsrecht, § 5 Rn.21; *Kramer*, IT-Arbeitsrecht, B., Rn. 997.

645 *Podewils*, AuR 2013, 293, 298.

646 MüHdb-ArbR/*Klose*, Band I Individualarbeitsrecht § 86 Rn. 8; im Ergebnis auch *Podedewills*, AuR 2013, 293, 298 f.

647 MüHdb-ArbR/*Klose*, Band I Individualarbeitsrecht § 86 Rn. 8.

648 *Däubler*, Digitalisierung und Arbeitsrecht, § 5 Rn. 21.

649 *Krause*, Gutachten B 71. DJT, B 56; *Kramer*, IT-Arbeitsrecht, B., Rn. 997; *Däubler*, Digitalisierung und Arbeitsrecht, § 5 Rn. 23.

650 *Däubler*, Digitalisierung und Arbeitsrecht, § 5 Rn. 23.

3. *Stellungnahme zur rechtlichen Wirksamkeit von Erreichbarkeitsvereinbarungen*

Das Ergebnis der Unwirksamkeit der Vereinbarung nach § 13 Abs. 1 Satz 1 BUrlG überzeugt. Die Erreichbarkeitsvereinbarung ist eine Urlaubsstörung „mit Ansage". Die Situationen der Vereinbarung zum Rückruf des Arbeitnehmers und zur Erreichbarkeit des Arbeitnehmers sind vergleichbar. Sie sollen dem Arbeitgeber ein gesetzlich nicht vorgesehenes Recht zur einseitigen Urlaubsunterbrechung einräumen.

a) Die Erreichbarkeit als Störfaktor der Selbstbestimmung

Die Rechtsprechung betonte frühzeitig, dass zum Erholungsurlaub eine „echte Erholung [...] eine Sphäre der Selbstbestimmung, der persönlichen Freiheit und des Lebensgenusses" gehöre.[651] Die Selbstbestimmung ist der Gegenbegriff zu dem Begriff der Fremdbestimmung. Es besteht eine enge Verknüpfung zur Weisungsgebundenheit des Arbeitnehmers und so folgt die Fremdbestimmung der persönlichen Abhängigkeit.[652] Die Vereinbarung führt dazu, dass der Arbeitnehmer mit seiner tatsächlichen vereinbarungsgemäßen Inanspruchnahme rechnen muss. Muss der Arbeitnehmer sicherstellen, dass seine Erreichbarkeit in technischer Hinsicht gewährleistet ist, beschränkt dies seine selbstbestimmte Freizeitnutzung, da er diesen Umstand in seine Urlaubsplanung einbeziehen muss, wenn er vereinbarungsgemäß erreichbar sein möchte.

Andererseits könnte man gerade in der Vereinbarung eine selbstbestimmte Handlung des Arbeitnehmers sehen, da er zu einer Erreichbarkeitszusage rechtlich nicht verpflichtet ist. Es könnte sich um eine Art antizipierte selbstbestimmte Entscheidung hinsichtlich der Urlaubszeit handeln. Selbstbestimmung ist mit Freiheit und Freiwilligkeit verbunden. Strategische Überlegungen können erheblichen Einfluss auf das Erreichbarkeitsverhalten des Arbeitnehmers haben. Freiwilligkeit bedeutet im Arbeitsverhältnis, dass es an einer Veranlassung des Arbeitgebers fehlt.[653] Die Vereinbarung bewirkt eine arbeitgeberseitige Veranlassung des Arbeitnehmers. Die Möglichkeit zur freiwilligen Erreichbarkeit geht in dem Moment, in dem eine Erreichbarkeitsverpflichtung entsteht, verloren.

---

651 BAG v. 01.03.1962 - 5 AZR 191/61, NJW 1962, 1268, 1269; BGH v. 30.11.1978 - III ZR 43/77, NJW 1979, 422, 423.

652 *Preis*, NZA 2018, 817, 819.

653 *Schlegel*, NZA-Beilage 2014, 16, 19.

Die Arbeitsvertragsparteien sind nicht befugt, über die Schutzbestimmungen des Bundesurlaubsgesetzes zu bestimmen, da diese zwingend und deshalb indisponibel sind. Der zwingende Charakter der §§ 1, 3 BUrlG ergibt sich aus § 13 Abs. 1 BUrlG. Bei dieser Norm handelt es sich um eine zwingende Schutznorm.[654] Sie ist unabdingbar und unverzichtbar.[655] Eben in der arbeitgeberseitigen Veranlassung einerseits und der fehlenden Disponibilität andererseits ist der Unterschied zwischen der Selbstbestimmung im Urlaub und der (antizipierten) Selbstbestimmung vor Urlaubsantritt zu sehen.

b) Unwirksamkeit von Erreichbarkeitsvereinbarungen

Erreichbarkeitsvereinbarungen für die Urlaubszeit sind in inhaltlicher Hinsicht nicht von der Vertragsfreiheit geschützt. Bei dem Bundesurlaubsgesetz handelt es sich um ein zwingendes Gesetz, das eine Schranke für die inhaltliche Verfügbarkeit über den Urlaubsanspruch ist.[656] Wenngleich Arbeitnehmer individuell unterschiedlich schutzbedürftig sind, können individuelle Bedürfnisse dennoch nicht dazu führen, dass die Arbeitsvertragsparteien dementsprechend über die Schutzmechanismen des Bundesurlaubsgesetzes disponieren dürfen. Dies verdeutlicht § 13 Abs. 1 Satz 1 BUrlG, der diesen Schutzmechanismus aufzeigt. Zwar mag auf den Schutz vor gesundheitlichen Gefährdungen durch den Arbeitnehmer in seiner selbstbestimmten Urlaubsgestaltung verzichtet werden können, nicht aber auf die Einräumung der Möglichkeit zur Wahrnehmung des Urlaubszwecks selbst. Arbeitsrecht ist typischerweise Arbeitnehmerschutzrecht.[657] Gesetze, welche dazu dienen, die strukturelle Unterlegenheit der einen Vertragspartei auszugleichen, beschränken nicht die Vertragsfreiheit, sondern dienen ihrer Entfaltung.[658]

c) Ausnahme: Erreichbarkeitsvereinbarung mit Führungskräften?

Vereinzelt wird im Schrifttum die Möglichkeit einer zulässigen Erreichbarkeitsvereinbarung für leitende Angestellte angenommen, mag sie dann auch auf dringende Fälle beschränkt sein.[659] Zum Teil beziehen sich die Überlegungen dabei

---

654 HWK-ArbR/*Thüsing*, Vor § 611a BGB Rn. 20.

655 LAG Hamm v. 10.05.1999 - 19 Sa 2336/98 -, juris. Rn. 55

656 Die Bezeichnung des Urlaubsrechts als „institutionelle Schranke“: *Krause*, Gutachten B 71. DJT, B 25; *Gaul*, DB 2013, 60.

657 HWK-ArbR/*Thüsing*, Vor § 611a Rn. 1.

658 HWK-ArbR/*Thüsing*, Vor § 611a Rn. 2.

659 *Bieder*, Kompensatorische Vertragsgestaltung, S. 436; auf dringende Fälle beschränkt bei *Jurion*-HdB-ArbR, Urlaub - Erreichbarkeit des Arbeitnehmers 2.1.

auf eine Gruppe von Arbeitnehmern mit einer gewissen Einkommenshöhe.[660] Zum anderen dienen die gesteigerten Treuepflichten als Erklärung.[661] Diese Überlegungen lassen sich auf die zuvor erwähnte Gruppe der Arbeitnehmer-Führungskräfte, die typischerweise zu den einkommensstarken Arbeitnehmern zählt, übertragen. Angesichts der zuvor befürworteten nebenvertraglichen Pflicht der Arbeitnehmer-Führungskräfte, in betrieblichen Notsituationen erreichbar zu sein,[662] erscheint dies zunächst konsequent. Verkannt wird dann aber, dass die Wirksamkeit einer Erreichbarkeitsvereinbarung an § 13 Abs. 1 Satz 1 BUrlG scheitert, der bei allen Arbeitnehmern zu beachten ist, die vom personellen Anwendungsbereich des Bundesurlaubsgesetzes erfasst sind. In § 13 Abs. 1 Satz 1 BUrlG wird nicht nur die Unabdingbarkeit, sondern zudem die Unverzichtbarkeit des Urlaubsanspruchs erkennbar.[663] Die Unverzichtbarkeit bedeutet, den Urlaub entsprechend seines gesetzlichen Inhalts zu gewähren beziehungsweise jedenfalls nicht von diesem Inhalt zum Nachteil des Arbeitnehmers abzuweichen.[664] Ohnehin wäre die nebenvertragliche Pflicht inhaltlich vermutlich, je nach Gestaltung der vertraglichen Pflicht, schon restriktiver. Die nebenvertragliche Erreichbarkeitspflicht für Arbeitnehmer-Führungskräfte ergibt sich aus der besonderen Treuepflicht gegenüber dem Arbeitgeber, sodass ihre Reichweite allein unter Zumutbarkeitserwägungen zu bestimmen ist.[665] Der Ausgangspunkt ist daher ein anderer. Ein Rückschluss von einer Nebenpflicht auf die Zulässigkeit einer Vereinbarung ist daher in diesem Fall nicht möglich.[666] Dies gilt nicht allgemein, da es grundsätzlich möglich ist, den Inhalt einer Nebenpflicht vertraglich in gleicher Weise zu vereinbaren.[667] Allerdings

---

660 Idee angelehnt an entsprechenden Gedanken für Arbeitszeitrecht bei *Jacobs*, NZA 2016, 733, 735, zurückgehend auf *Bauer/v. Medem*, NZA 2013, 1233, 1238 f., ebenfalls mit Bezug auf das Arbeitszeitgesetz und „Spitzenverdiener“, der die Idee ebenfalls aufgrund derselben Schutzbedürftigkeit ablehnt; *Freyler* überlegt, die Erreichbarkeit gesetzlich für führungsverantwortliche Arbeitnehmer zuzulassen, in: Mobile Office, S. 290.

661 *Bieder*, Kompensatorische Vertragsgestaltung, S. 436.

662 Zum Begriff im Unterschied zu dem der leitenden Angestellten, zweites Kapitel § 3 III.3.b).

663 LAG Hamm v. 10.05.1999 – 19 Sa 2337/98, BeckRS 1999, 31012378.

664 Hierzu LAG Hamm v. 10.05.1999 – 19 Sa 2337/98, BeckRS 1999, 31012378.

665 Siehe dazu zweites Kapitel § 3 III.3.b).

666 Die Unterscheidung zwischen Nebenpflicht und sonst „gearteten“ Recht wird bei *Holthaus* erkennbar, in: HK-ArbR, § 7 BUrlG Rn. 43.

667 *Bieder*, Kompensatorische Vertragsgestaltung, S. 437.

scheitert eine Vereinbarung an § 13 Abs. 1 BUrlG.[668] Folglich ist eine Erreichbarkeitsvereinbarung mit Arbeitnehmer-Führungskräften für den gesetzlichen Erholungsurlaubsanspruch abzulehnen.[669]

d) Öffnungsmöglichkeit bei günstiger Erreichbarkeitsgestaltung?

Die Regelung in § 13 Abs. 1 Satz 1 BUrlG schließt ausdrücklich eine Abweichung von §§ 1, 3 BUrlG durch die Tarifparteien aus, sofern diese zuungunsten der Arbeitnehmer erfolgt.[670] Dagegen ist es möglich, zugunsten des Arbeitnehmers hiervon abzuweichen.[671] Für die Tarifpartner und für die Arbeitsvertragsparteien gilt das Günstigkeitsprinzip.[672] Freilich ist die Erreichbarkeitsvereinbarung zunächst eine ungünstige Vereinbarung, schließlich schützt der gesetzliche Inhalt des Urlaubsanspruchs den Arbeitnehmer umfassend. Eine Erreichbarkeitsvereinbarung kann auch nicht wegen einer Abweichung zugunsten des Arbeitnehmers aufgrund eines finanziellen oder freizeitausgleichenden Kompensationselements für die Zeit seiner tatsächlichen Inanspruchnahme wirksam sein. Der Günstigkeitsvergleich im Rahmen des § 13 Abs. 1 Satz 1 BUrlG erfordert, die beabsichtigte Bestimmung mit der entsprechenden gesetzlichen Bestimmung zu vergleichen. Es erfolgt kein Sachgruppenvergleich, sondern ein Einzelvergleich.[673] Eine Regelung wie die beispielhaft erwähnte könnte günstiger sein, weil neben der ohnehin geschuldeten Lohnfortzahlung eine zusätzliche Vergütung gewährt werden würde. Ob eine Regelung zugunsten des Arbeitnehmers vom Gesetz abweicht, beurteilt sich nach einem Günstigkeitsvergleich, sodass die entsprechende Regelung der gesetzlichen Regelung gegenüberzustellen ist.[674] Aufgrund der finanziellen Vorteile mag die Regelung zunächst günstiger erscheinen. Allerdings ist eine unzulässige Abweichung von §§ 1, 3 BUrlG

---

668 So offenbar auch *Freyler*, Mobile Office, S. 290.

669 A.A. Hansen/Kelber//Zeißig/Breezmann/Confurius/*Kelber*, Führungskräfte, C. Rn. 536.

670 *Sprink*, Vertragliche Gestaltung von Urlaub, S. 36; Neumann/Fenski-BUrlG/*Neumann*, § 13 Rn. 14.

671 Preis/*Stoffels*, Der Arbeitsvertrag, U 20 Urlaub Rn. 5.

672 Neumann/Fenski-BUrlG/*Neumann*, § 13 Rn. 14, 15; *Powietzka/Rolf*, BUrlG, § 13 BUrlG Rn. 6.

673 BAG v. 22.01.2002 - 9 AZR 601/00, NZA 2002, 1041, 1042 Orientierungssatz 5; *Powietzka/Rolf*, BUrlG, § 13 BUrlG Rn. 6; Preis/*Stoffels*, Der Arbeitsvertrag, U 20 Urlaub Rn. 5.

674 Neumann/Fenski-BUrlG/*Neumann*, § 13 BurlG Rn. 4; *Sprink*, Vertragliche Gestaltung von Urlaub, S. 36.

nicht kompensierbar und besteht den Günstigkeitsvergleich nicht.[675] Das Kompensationselement gleicht den veränderten gesetzlichen Gewährleistungsgehalt des Urlaubsanspruchs nicht aus. Für die Arbeitnehmer ist eine Erreichbarkeitsvereinbarung ungünstiger als das Recht auf Nichterreichbarkeit während des Erholungsurlaubs. Die Abweichung ist aus diesem Grund unwirksam, weil sie trotz möglicher Kompensation zuungunsten des Arbeitnehmers wirkt.

4. *Unwirksamkeit einer Erreichbarkeitsanordnung*

Ordnet der Arbeitgeber an, dass der Arbeitnehmer während seines Urlaubes erreichbar zu sein habe, ohne dass der Arbeitnehmer darauf ausdrücklich oder durch schlüssiges Verhalten reagiert, bliebt es bei einer Erreichbarkeitsanordnung.[676] Diese ist ebenso unwirksam wie eine Vereinbarung gleichen Inhalts. Zum einen kommt dem Arbeitgeber für den Urlaubszeitraum kein Direktionsrecht zu. Zum anderen ergibt sich die Unwirksamkeit der Anordnung aus einem Erst-Recht-Schluss, denn wenn die Parteien nicht gemeinsam über den Inhalt des Urlaubsanspruchs als Zeitraum der Selbstbestimmung und Erholung verfügen können, kann erst recht nichts anderes für eine einseitige Anordnung gelten.

III. Zusammenfassung

Im Ergebnis sind Erreichbarkeitsvereinbarungen, gleich zu welchem Zeitpunkt und ob sie ausdrücklich oder konkludent erfolgen, nach § 13 Abs. 1 Satz 1 BUrlG wegen Verstoßes gegen § 1 BUrlG, der eine unbedingte Freistellungserklärung erfordert, unwirksam. Die unwirksame Erreichbarkeitsvereinbarung begründet keine Verhaltenspflichten für den Arbeitnehmer, womit der Arbeitgeber aus der unwirksamen Vereinbarung keinen Anspruch gegen den Arbeitnehmer auf dessen Erreichbarkeit hat. Die Nichterreichbarkeit des Arbeitnehmers trotz vorheriger Vereinbarung kann keine arbeitsrechtlichen Maßnahmen wie eine Abmahnung oder eine Kündigung rechtfertigen. Dasselbe gilt für die Erreichbarkeitsanordnung.

---

675 *Sprink*, Vertragliche Gestaltung von Urlaub, S. 36 f.; BAG v. 15.01.2013 – 9 AZR 465/11, NZA 2013, 585, 588 Rn. 20.

676 Siehe dazu schon zweites Kapitel § 5 I.3.b).

§ 7 Folgen der Erreichbarkeitsvereinbarung und -anordnung für die Erfüllung

Die unwirksame Erreichbarkeitsvereinbarung beziehungsweise -anordnung, zusammenfassend als Erreichbarkeitsbestimmung bezeichnet, könnten nicht nur unwirksam, sondern erfüllungsrelevant sein. Der *Urlaubssenat* nahm in seiner Entscheidung zu dem wertungsmäßig ähnlich gelagerten Fall der Rückrufvereinbarung nicht ausdrücklich Stellung dazu, ob mit der unwirksamen Rückrufvereinbarung zugleich die Erfüllungshandlung unwirksam ist und der Urlaubsanspruch deshalb fortbesteht.[677] Entscheidend ist, ob sich die Erfüllungserheblichkeit aus einer Einordnung der Erreichbarkeitsbestimmung als Leistungshandlungs- beziehungsweise als Leistungserfolgshindernis ergibt. Wichtig hierfür ist, ob die Erreichbarkeitsbestimmung einen Vorbehalt bei der Urlaubsgewährung dargestellt. Dies wird unterschiedlich bewertet. Ebenfalls fraglich ist, wie sich die Kenntnis des Arbeitnehmers bezüglich der Unwirksamkeit oder seines Rechts auf Nichterreichbarkeit oder die aus anderen Gründen nicht erfolgende Gewährung der Erreichbarkeit auf die Erfüllbarkeit des Anspruchs auswirkt.

I. Die Erreichbarkeitsbestimmung als erfüllungshindernder Freistellungsvorbehalt?

Angesichts des Urlaubszwecks ist es anerkannt, dass der Arbeitgeber es dem Arbeitnehmer zu ermöglichen hat, anstelle der Erbringung der sonst geschuldeten Arbeitsleistung, die ihm während des Erholungsurlaubes zustehende Freizeit uneingeschränkt nutzen zu können.[678] Dies kann freilich nur insoweit gelten, wie der Arbeitgeber die Uneingeschränktheit überhaupt beeinflussen kann. Für die Erfüllung des Urlaubsanspruchs kommt es nach Auffassung des *Neunten Senats* des *Bundesarbeitsgerichts* darauf an, dass der Arbeitnehmer durch die Urlaubserteilung die Gewissheit hat, während des Urlaubszeitraums nicht zur Arbeit herangezogen zu werden.[679] Dem Arbeitnehmer sei es dann möglich, seine Zeit unabhängig von den mit seinem Arbeitsplatz verbundenen Belastungen zu gestalten.[680] Der *Urlaubssenat* weist darauf hin, dass der Arbeitgeber sich vor der

---

677 BAG v. 20.06.2000 - 9 AZR 405/99, NZA 2001, 100, 101.

678 BAG v. 14.03.2006 -9 AZR 11/05, AP BUrlG § 7 Nr. 32 Rn. 17; so auch MüHdb-ArbR/*Klose*, Band I Individualarbeitsrecht, § 86 Rn. 7.

679 BAG v. 25.08.2020 – 9 AZR 612/19, NZA 2020, 1633, 1635 Rn. 22.

680 BAG v. 25.08.2020 – 9 AZR 612/19, NZA 2020, 1633, 1635 Rn. 22.

Urlaubserteilung zu entscheiden habe, ob er dem Arbeitnehmer den beantragten Urlaub vorbehaltslos gewähre oder den Urlaubswunsch ablehne.[681] Die Freistellung müsse sich auf eine uneingeschränkte Befreiung von der Arbeitspflicht beziehen.[682] Behalte sich der Arbeitgeber den Widerruf der Urlaubserteilung vor, fehle die zur Erfüllung nötige Freistellungserklärung.[683]

In Anlehnung an diese Vorgaben der Rechtsprechung wird vertreten, dass die Erreichbarkeitsvereinbarung einen Vorbehalt bei der Urlaubsgewährung zum Abruf von Arbeitsleistungen darstelle und somit im Eigentlichen ein Widerrufsvorbehalt sei.[684] Eine Freistellungserklärung, die mit einem Vorbehalt oder einer ähnlichen Einschränkung versehen sei, tauge nicht zur Anspruchserfüllung, weshalb der Urlaubsanspruch trotz Freizeitgewährung erhalten bleibe.[685] Eine Zusage unter Vorbehalt könne keine Erfüllungswirkung auslösen.[686] Die Erreichbarkeitsvereinbarung stehe einer ordnungsgemäßen Urlaubserteilung entgegen.[687] Dies gelte ebenso, wenn der Arbeitgeber zunächst eine vorbehaltlose Freistellungserklärung erteile und erst später mit dem Arbeitnehmer dessen Erreichbarkeit im Urlaub vereinbare.[688] In der Entscheidung des *Urlaubssenats* zum Rückruf des Arbeitnehmers ist nicht klar erkennbar, ob der Urlaubsanspruch wegen der Vereinbarung nicht erfüllt sein soll, wenngleich von einem Vorbehalt die Rede ist.[689] Ob der Rückruf zur Arbeit in den Betrieb erfolgen kann oder ob der Arbeitnehmer unter Umständen eine Arbeitsleistung an einem frei gewählten Ort erbringen soll, sei nach einer Literaturmeinung letztlich unerheblich.[690]

---

681 BAG v. 20.06.2000 - 9 AZR 405/99, NZA 2001, 100, 101.

682 BAG v. 20.06.2000 - 9 AZR 405/99, NZA 2001, 100, 102; folgend: *Schinz*, jM 2016, 193, 194.

683 BAG v. 14.03.2006 -9 AZR 11/05, AP BUrlG § 7 Nr. 32 Rn. 19.; v. 10.02.2015 – 9 AZR 455/13, NZA 2015, 998, 999 Rn. 19.

684 HK-ArbR/*Holthaus*, § 7 BUrlG Rn. 8; so offenbar auch *Kramer*, IT-Arbeitsrecht, B., Rn. 997; *Däubler*, SR Sonderausgabe 2016, 2, 19, der meint die Vereinbarung führe dazu, dass schon keine Urlaubsgewährung im Rechtssinne erfolge.

685 HK-ArbR/*Holthaus*, § 7 BUrlG Rn. 8; HWK-ArbR/*Schinz*, § 7 BUrlG Rn. 8.

686 Allgemein ohne Bezug zur Erreichbarkeitsabrede: *Hamacher*, NZA 2018, 487, 489.

687 *Krause*, Gutachten B 71. DJT, B 55, 56.

688 *Krause*, Gutachten B 71. DJT, B 56.

689 BAG v. 20.06.2000 – 9 AZR 405/99, NZA 2001, 100, 102.

690 *Powietzka/Rolf*, BUrlG, § 7 BUrlG Rn. 49.

II. Andere Ansicht: Vereinbarung/ Anordnung ohne Auswirkungen auf die Erfüllungswirkung der Freistellungserklärung

Freyler geht hingegen davon aus, dass die Erfüllungswirkung nicht bereits wegen einer fehlerhaften Freistellungserklärung und damit wegen eines Leistungshandlungshindernisses gestört werde.[691] Die Leistungsgefahr würde dann vom Arbeitgeber auf den Arbeitnehmer übergehen, denn soweit nicht schon in der Leistungshandlung ein Erfüllungshindernis gesehen wird, kommt es zur Konkretisierung des Urlaubsanspruchs. Die Leistungshandlung, die mit der Anordnung der Erreichbarkeit verbunden sei, werde nicht unter einen Vorbehalt gestellt, sondern mit einer auflösenden Potestativbedingung verbunden.[692] Anders als bei einem Widerrufsvorbehalt sei keine rechtsgestaltende Erklärung erforderlich, da die Rechtswirkung der Freistellungserklärung erst mit dem Bedingungseintritt entfalle.[693] Die Bedingung sei nach § 13 Abs. 1 Satz 1 BUrlG unwirksam, weil es sich bei der Vorschrift aber nicht um ein Verbotsgesetz im Sinne des § 134 BGB handele, berühre sie nicht die Freistellungserklärung als solche.[694] Vielmehr bewirke die Unzulässigkeit dieser Erreichbarkeitsbedingung, dass die unwirksame Bedingung entfalle, die Freistellungserklärung aber ohne die unwirksame Bedingung fortbestehe.[695] Ein Leistungshindernis würde demnach erst eintreten, sobald der Arbeitnehmer tatsächlich erreichbar wäre.

Bei einer vereinbarten Erreichbarkeit sieht *Freyler* den Eintritt der Erfüllungswirkung erst auf Ebene des Leistungserfolgs als verhindert an und gelangt zur Nichterfüllung infolge der Unmöglichkeit der Erfüllung nach § 275 Abs. 1 BGB, soweit sich der Arbeitnehmer tatsächlich erreichbar halte.[696] Eine Auswirkung auf die Leistungshandlung des Arbeitgebers lehnt sie dagegen ab.[697] *Klose* scheint ebenfalls erst auf der Stufe des Leistungserfolgs ein mögliches Erfüllungshindernis zu erkennen.[698] Kontaktiere ein Arbeitgeber den Arbeitnehmer im Urlaub oder nehme dessen Arbeitsleistungen entgegen, setze er sich in Widerspruch zu

691 *Freyler*, Mobile Office, S. 245 f., 252 f.
692 *Freyler*, Mobile Office, S. 243 f.
693 *Freyler*, Mobile Office, S. 244.
694 *Freyler*, Mobile Office, S. 246.
695 *Freyler*, Mobile Office, S. 245 f.
696 Vgl. dazu *Freyler*, Mobile Office, S. 252 f.
697 *Freyler*, Mobile Office, S. 285.
698 MüHdb-ArbR/*Klose*, Band I Individualarbeitsrecht, § 86 Rn. 7, 8; anhand der Entscheidung des BAG zum Rückruf so auch *Powietzka/Rolf*, BUrlG, § 7 BUrlG Rn. 52.

seiner Freistellungserklärung, weshalb er sich nach Treu und Glauben nicht auf die Erfüllung berufen dürfe.[699]

III. Stellungnahme

Die Unwirksamkeit der Erreichbarkeitsbestimmung führt nicht dazu, dass diese entfällt und die Freistellungserklärung im Übrigen genügt, um eine Erfüllungshandlung anzunehmen. Die Erreichbarkeitsbestimmung bezieht sich auf die Freistellungserklärung und verleiht ihr einen anderen Inhalt als denjenigen einer vorbehaltlosen Urlaubserteilung, die allein eine erfüllungsgeeignete Handlung des Arbeitgebers darstellt. Die Erreichbarkeitsbestimmung ist keine Bedingung der Freistellungserklärung. Die Erreichbarkeit soll gerade kein zukünftiges, objektiv ungewisses Ereignis[700] sein, sondern den Arbeitnehmer zu einem bestimmten Verhalten verpflichten, namentlich sich erreichbar zu halten und gegebenenfalls konkrete Tätigkeiten zu verrichten. Die Vereinbarung und Anordnung sind jeweils eine verhaltenssteuernde Vorgabe, die nicht den Anforderungen an die Erfüllungshandlung entsprechen. Die Freistellungserklärung stellt trotz der Unwirksamkeit der Abrede keine erfüllungstaugliche Leistungshandlung dar. *Herschel* betonte die Bedeutung einer vorbehaltlosen Freistellung für den Urlaubszweck früh, indem er darauf hinwies, dass ein Arbeitnehmer während des Urlaubes nicht mit dem seelischen Druck, der bei einer Urlaubsgewährung unter dem wahrscheinlichen Vorbehalt eines Widerrufs entstehe, belastet werden dürfe.[701] Dieser raube ihm die Entscheidungsfreiheit, womit der Urlaubszweck nicht erfüllbar sei.[702]

Die Erreichbarkeitsvereinbarung sowie die Erreichbarkeitsanordnung sind untrennbar mit der Freistellungserklärung verbunden, sodass keine Aufspaltung des Vorgangs in die Freistellungserklärung einerseits und Erreichbarkeitsbestimmung andererseits, möglich ist. Die Erreichbarkeitsvereinbarung sowie die Erreichbarkeitsanordnung lassen sich nicht von der Freistellungserklärung im Übrigen isolieren. Dem Arbeitgeber kommt es gerade darauf an, den Arbeitnehmer bei Bedarf erreichen zu können. Dieser Arbeitsbedarf darf nur im Rahmen des § 7 Abs. 1 Satz 1 BUrlG vor der Freistellungserklärung berücksichtigt

---

699 MüHdb-ArbR/*Klose*, Band I Individualarbeitsrecht, § 86 Rn. 8.

700 Definition der Bedingung: MünchKomm-BGB/*Westermann*, § 158 BGB Rn. 8; BAG v. 12.12.2007 - 10 AZR 97/07, NJW 2008, 872, 876 Rn. 37.

701 *Herschel*, Mittelbare Probleme der Arbeitszeitverkürzung, S. 173.

702 *Herschel*, Mittelbare Probleme der Arbeitszeitverkürzung, S. 173.

werden.[703] Wird dieser Bedarf indes in die Freistellungserklärung einbezogen, stellt dies keine Erfüllungshandlung dar, wie sie das Gesetz vorsieht.

Zu Recht gehen weite Teile der Lehre davon aus, dass die Erreichbarkeitsbestimmung zu einem Vorbehalt in der Freistellungserklärung führt.[704] Der Arbeitgeber muss es dem Arbeitnehmer, mit den Worten des *Neunten Senats* des *Bundesarbeitsgerichts*, ermöglichen, anstelle der Erbringung der sonst geschuldeten Arbeitsleistung, die ihm aufgrund des Urlaubsanspruchs aus §§ 1, 3 Abs. 1 BUrlG zustehende Freizeit uneingeschränkt nutzen zu können.[705] Der *Urlaubssenat* führt in einer weiteren Entscheidung aus, dass es zur Erfüllung des Urlaubsanspruchs noch nicht genüge, dass in der Zeit des Urlaubes lediglich nicht gearbeitet werde.[706] Aufgrund der nur beschränkten Freistellungserklärung ist vorhersehbar, dass der Arbeitnehmer womöglich arbeiten wird. Die Befreiung ist dann nicht nur nicht eindeutig, vielmehr erfolgt sie nicht. Dem Arbeitnehmer ist es von vornherein nicht möglich, seine Freizeit uneingeschränkt zu nutzen. Er ist nicht endgültig von der Arbeitspflicht befreit, weil die konkrete Möglichkeit besteht, dass er während des eigentlichen Urlaubszeitraums Arbeitsleistungen erbringt. Dass diese Pflicht rechtlich mangels wirksamer Vereinbarung oder Anordnung nicht besteht, ist unerheblich. Der Arbeitnehmer weiß nicht, ob und wenn ja, wann er zur fremdbestimmten Arbeitsleistung aufgefordert wird. Ob dies wie bei dem Widerrufsvorbehalt im Betrieb geschieht oder an einem frei gewählten Ort, ist unerheblich.[707]

Befolgt der Arbeitnehmer die vermeintliche Erreichbarkeitspflicht, dann ist der bloße Erreichbarkeitszustand noch keine Arbeitsleistung. Eine Arbeitsleistung liegt nur im Rahmen der qualifizierten Erreichbarkeit in der Phase der Tätigkeitsaufnahme vor.[708] Die einfache Erreichbarkeit wird in einer arbeitszeitrechtlichen Betrachtung lediglich als „drohende" Arbeit eingeordnet, die nicht einer Arbeitsleistung gleichzusetzen sei.[709] Die Bereitschaft zur Aufnahme einer

---

703 Derartige Erwägung auch in der Entscheidung des BAG zum Rückruf des Arbeitnehmers aus dem Urlaub, v. 20. 6. 2000 - 9 AZR 405/99, NZA 2001, 100, 101.

704 HK-ArbR/*Holthaus*, § 7 BUrlG Rn. 8; *Däubler*, SR-Sonderausgabe 2016, 2, 19 f.; *ders.*, Digitalisierung und Arbeitsrecht, S. 154; *Kramer*, IT-Arbeitsrecht, B., Rn. 997; *Krause*, Digitalisierung der Arbeitswelt, B 55 f.

705 BAG v. 14.03.2006 -9 AZR 11/05, AP BUrlG § 7 Nr. 32 Rn. 17.

706 BAG v. 10.02.2015 – 9 AZR 455/13, NZA 2015, 998 Rn. 21.

707 *Powietzka/Rolf*, BUrlG, § 7 BUrlG Rn. 52.

708 Vgl. *Freyler*, Mobile Office, S. 252; werde der Arbeitnehmer aus der Erreichbarkeitssituation heraus tätig, handle es sich um eine Arbeitsleistung: *Schuchart*, Ständige Erreichbarkeit im Arbeitsverhältnis, S. 193.

709 *Hanau*, EuZA 2019, 423, 429.

Arbeitsleistung sei erst eine Arbeitsleistung, wenn sie einen Verdichtungsgrad erreiche, der Quantität in Qualität umschlagen lasse, da der Arbeitnehmer in derartige Anspannung versetzt werde, dass er private Interessen nicht mehr ausreichend wahrnehmen könne.[710] Hält sich der Arbeitnehmer aufgrund einer Vereinbarung erreichbar, entsteht eine gewisse beruflich veranlasste Anspannung. Der Zustand der Erreichbarkeit, in welchem mit der Arbeitsaufnahme gerechnet wird, ist in eine neue Kategorie einzuordnen, namentlich in diejenige der arbeitsleistungsartigen Tätigkeit. Sie steht der Arbeitsleistung in Teilen gleich. Schließlich ist der Erreichbarkeitszustand notwendige Voraussetzung, damit der Arbeitnehmer die Arbeit sodann aufnehmen kann. Diese arbeitsleistungsartige Tätigkeit steht daher ebenso wie die konkrete Tätigkeitsaufnahme einer vorbehaltslosen Freistellung entgegen.

Besonders interessant ist der schon angesprochene Fall, in dem sich der Arbeitnehmer nach einer Kündigung aufgrund einer Handlungsobliegenheit zum Erhalt sozialversicherungsrechtlicher Ansprüche für die Agentur für Arbeit während des Urlaubes erreichbar hält. Der *Neunte Senat* des *Bundesarbeitsgerichts* beurteilte, wie sich die Handlungsobliegenheit auf die Erfüllbarkeit des Urlaubsanspruchs auswirkt.[711] Er erörterte dies schon auf Ebene der Leistungshandlung. In diesem Zusammenhang betonte er, dass der Arbeitnehmer unzumutbar in seiner Urlaubsgestaltung eingeschränkt sei, wenn er bei Urlaubsantritt nicht absehen könne, ob der Arbeitgeber von ihm in dem maßgeblichen Zeitraum die Erbringung einer Arbeitsleistung verlangt und der Arbeitnehmer sich darum in Bereitschaft halten müsse.[712] Ein Erfüllungshindernis kann zu diesem Zeitpunkt vor Urlaubsantritt lediglich in der Freistellungserklärung liegen. Die vom *Senat* erwähnte Konstellation, in der es um die mögliche Erbringung von Arbeitsleistungen des Arbeitnehmers für den Arbeitgeber geht, lag dem entschiedenen Fall nicht zugrunde, entspricht jedoch der untersuchten Erreichbarkeitskonstellation. Der *Senat* erkennt offensichtlich einen Unterschied zur Erreichbarkeit für einen außerhalb des Arbeitsverhältnisses stehenden Dritten gegenüber der Erreichbarkeit für den Arbeitgeber an.

Die Erreichbarkeitsvereinbarung ist nicht nur unwirksam, sondern verhindert die Erfüllung. Der Urlaubsanspruch wird nicht konkretisiert, sodass die Leistungsgefahr nicht auf den Arbeitnehmer übergeht. Der Vorbehalt, die

---

710 *Hanau*, EuZA 2019, 423, 429 f.

711 BAG v. 25.08.2020 – 9 AZR 612/19, NZA 2020, 1633; siehe dazu unter erstes Kapitel § 2 II.2.b).

712 BAG v. 25.08.2020 – 9 AZR 612/19, NZA 2020, 1633, 1635 Rn. 22.

Voraussetzungen für die Erreichbarkeit schaffen zu müssen und das Gefühl, nicht vollumfänglich von der Arbeitspflicht befreit zu sein, steht der Erfüllungswirkung entgegen. Mithin ist *Klose* darin zuzustimmen, dass sich der Arbeitgeber nicht auf die Erfüllungswirkung berufen kann. Diese Folge ergibt sich aber nicht erst nach den Grundsätzen von Treu und Glauben, sondern aus den erwähnten Gründen. Der Arbeitgeber, der zuvor die Erreichbarkeit angeordnet oder diese mit dem Arbeitnehmer vereinbart hat, setzt sich nicht in Widerspruch zu seiner Freistellungserklärung. Bei einer tatsächlichen Inanspruchnahme der Erreichbarkeit verhält sich der Arbeitgeber gerade nicht widersprüchlich. Da es an einer tauglichen Erfüllungshandlung fehlt, kommt es auf eine tatsächliche Realisierung der Erreichbarkeit nicht mehr an.

IV. Konkrete Folgen für die Erfüllung

1. Erreichbarkeitsvereinbarung / -anordnung mit Freistellungserklärung

Vereinbaren die Arbeitsvertragsparteien vor oder mit der Freistellungserklärung die Erreichbarkeit beziehungsweise ergeht eine entsprechende Anordnung des Arbeitgebers, so sind diese jeweils Bestandteil der Freistellungserklärung. Sie ist dann keine taugliche Erfüllungshandlung. Mitunter können sich somit im bestehenden Arbeitsverhältnis über Jahre hinweg Urlaubsansprüche häufen, die der Arbeitgeber noch in natura zu erfüllen oder abzugelten hat. Dies könnte unbillig sein, wenn sich die Erreichbarkeit in tatsächlicher Hinsicht nicht realisiert. Gleichwohl entspricht das Ergebnis den Anforderungen an die Erfüllungshandlung. Es liegt am Arbeitgeber, eine wirksame Erfüllungshandlung vorzunehmen.

2. Erreichbarkeitsvereinbarung nach Freistellungserklärung

Nicht anders verhält es sich bei der nachträglich vereinbarten Erreichbarkeit.[713] Der Arbeitgeber hat die Erfüllungshandlung schon vorgenommen. Ordnet der Arbeitgeber die Erreichbarkeit während des Urlaubes gegenüber dem Arbeitnehmer an, so kann darin nicht nur eine Anordnung liegen. Vielmehr kann es sich je nach Auslegung, um die Abgabe eines Angebots handeln. Dieses ist dann zum einen auf die einvernehmliche Aufhebung der vorherigen Freistellungserklärung und zum anderen auf die Vereinbarung der Erreichbarkeit verbunden

713 So für die Rückrufvereinbarung BAG v. 20.06.2000 – 9 AZR 405/99, NZA 2001, 100, 102.

mit einer neuen, nunmehr jedoch untauglichen Freistellungserklärung gerichtet. Wenn der Arbeitnehmer damit ausdrücklich oder konkludent einverstanden ist, kommt es zur Erreichbarkeitsvereinbarung. In dieser ist die einvernehmliche Aufhebung der vorherigen Freistellungserklärung enthalten. Der Arbeitgeber gibt die erneute Freistellungserklärung nun unter dem Vorbehalt der Erreichbarkeit ab. Grundsätzlich ist die bereits erfolgte Urlaubsgewährung einvernehmlich widerrufbar. Eine einseitige Änderung nach Urlaubsantritt scheidet hingegen aus.[714] Diese Konstellation ist atypisch, da der Urlaub für denselben Zeitraum, jedoch nun unter einem Vorbehalt gewährt werden soll. Mit der Erreichbarkeitsvereinbarung wird zunächst die bereits erfolgte und zur Erfüllung geeignete Freistellungserklärung einvernehmlich widerrufen und zugleich eine Freistellungserklärung seitens des Arbeitgebers abgegeben, die den Anforderungen an eine erfüllungsgeeignete Freistellungserklärung nicht entspricht.

Wird die Erreichbarkeit erst während des Urlaubes vereinbart, ist darin im Wege der Auslegung der Willenserklärungen nach §§ 133, 157 BGB ein Abbruch des zuvor durch die Freistellungserklärung festgelegten Urlaubes zu sehen. Soweit der Urlaubszeitraum vor Abschluss der Erreichbarkeitsvereinbarung den Erfordernissen des zusammenhängenden Urlaubes nach § 7 Abs. 2 Satz 2 BUrlG entsprochen hat, tritt für diese Urlaubstage die Erfüllungswirkung ein. Die weiteren unter dem Erreichbarkeitsvorbehalt gewährten Urlaubstage erfüllen den Urlaubsanspruch in dieser Höhe nicht.

3. *Erreichbarkeitsanordnung nach Freistellungserklärung*

Wird die Erreichbarkeit nicht vereinbart, sondern vom Arbeitgeber angeordnet, erfolgt keine einvernehmliche Aufhebung, da die Freistellungserklärung nicht einseitig widerruflich ist. Die Anordnung kann dann allenfalls ein Leistungserfolgshindernis sein.[715] Dies wird jedoch mit der Begründung abgelehnt, dass der Erholungszweck nicht beeinträchtigt sei und eine tatsächliche Freistellung des Arbeitnehmers vorliege.[716] Dem Arbeitgeber steht in Folge der Freistellung kein Weisungsrecht zu, womit dem Arbeitnehmer die für den Leistungserfolg notwendige Entscheidungsmacht nicht nur in rechtlicher, sondern in tatsächlicher Hinsicht weiterhin zukommt, wenn er um die Unwirksamkeit weiß oder seine Erreichbarkeit schon aus anderen Gründen nicht gewährt. Entscheidet sich der Arbeitnehmer bewusst gegen die Aufforderung des Arbeitgebers, weiß

714 Siehe dazu näher bereits unter zweites Kapitel § 3 III.3.
715 Angesprochen bei *Freyler*, Mobile Office, S. 247, 253.
716 *Freyler*, Mobile Office, S. 247, 252 f.

er entweder um seine Rechte oder er befürchtet keine Nachteile beziehungsweise nimmt er diese bewusst hin. Der Leistungserfolg tritt ein und der Urlaubsanspruch erlischt nach § 362 Abs. 1 BGB durch Erfüllung.

V. Zusammenfassung

Erreichbarkeitsvereinbarungen sind nicht nur unwirksam, sie verhindern darüber hinaus die Erfüllung des Urlaubsanspruchs trotz vermeintlicher Urlaubserteilung. Die Freistellungserklärung ist nur dann eine taugliche Leistungshandlung, wenn sie unbeschränkt erfolgt. Dies ist nicht der Fall, wenn der Arbeitnehmer während des Urlaubes mit einer durch den Arbeitgeber veranlassten Kontaktaufnahme rechnen muss. Erreichbarkeitsvereinbarungen sind daher jedenfalls für den gesetzlichen Urlaubsanspruch ein Erfüllungshindernis.

Die Anordnung der Erreichbarkeit durch den Arbeitgeber ist nur ein Erfüllungshindernis, wenn sie mit der Freistellungserklärung erfolgt. Wird die Erreichbarkeit durch den Arbeitgeber erst nachträglich angeordnet, kann dies keine Folgen für die Erfüllungshandlung haben, da die Freistellungserklärung nicht einseitig widerrufbar ist. Es bleibt bei der vorbehaltlosen Freistellungserklärung und einer zur Erfüllung geeigneten Leistungshandlung des Arbeitgebers.

§ 8 Anspruchsuntergang

Die veranlasste potenzielle Erreichbarkeit und die tatsächliche erfüllungserhebliche Erreichbarkeit führen unter den jeweils genannten Voraussetzungen zur (teilweisen) Nichterfüllung des Urlaubsanspruchs. Der Urlaubsanspruch erlischt nicht nach § 362 Abs. 1 BGB. In der Folge müsste der originäre Urlaubsanspruch in Höhe der nicht erfüllten Urlaubstage bestehen bleiben. Zweifel daran ergeben sich aufgrund der mit der Freistellungserklärung entsprechend § 243 Abs. 2 BGB eintretenden Konkretisierung des Urlaubsanspruchs auf einen festgelegten Urlaubszeitraum.[717] Mit der Konkretisierung geht die Leistungsgefahr auf den Arbeitnehmer als Gläubiger über. Tritt das Leistungshindernis erst nach der Freistellungserklärung ein, könnte der Arbeitgeber von der Erfüllung des originären Urlaubsanspruchs befreit sein.

Das Leistungshindernis Erreichbarkeit scheint die Erfüllung des konkretisierten Urlaubsanspruchs in Anbetracht der Konkretisierung unmöglich werden zu lassen. Der Urlaubsanspruch ginge dann nach § 275 Abs. 1 BGB unter.[718]

---

717 Siehe dazu erstes Kapitel § 2 II.2.a) bb).

718 Hierzu *Friese*, Urlaubsrecht, F. Rn. 103; *Freyler*, Mobile Office, S. 259.

Das Verhalten der Arbeitsvertragsparteien, sei es durch den einvernehmlichen Widerruf der vorherigen Freistellungserklärung oder aufgrund der tatsächlichen erfüllungserheblichen Erreichbarkeit, könnte indes den Urlaubsanspruch entkonkretisieren. Der originäre Urlaubsanspruch ginge weder nach § 362 Abs. 1 BGB noch nach § 275 Abs. 1 BGB unter und bestünde fort. Zur Überprüfung der Tragfähigkeit dieser Annahme ist eine Unterscheidung zwischen den Konstellationen der veranlassten erfüllungsverhindernden potenziellen Erreichbarkeit einerseits und der tatsächlichen Erreichbarkeit andererseits erforderlich, da die Parteien hier in unterschiedlicher Weise agieren und das Leistungshindernis auf unterschiedlicher Erfüllungsstufe eintritt.

I. Die potenzielle Erreichbarkeit – Erhalt des originären Urlaubsanspruchs

Fallen die Veranlassung der potenziellen Erreichbarkeit durch den Arbeitgeber und die Freistellungserklärung zeitlich zusammen oder ist die Vereinbarung der Freistellungserklärung zeitlich vorgelagert, kommt es mangels erfüllungstauglicher Freistellungserklärung nicht zur Konkretisierung des Urlaubsanspruchs. Der originäre Urlaubsanspruch geht nicht unter, sondern besteht fort. Bei einer Veranlassung erst nach der Freistellungserklärung ist zwischen den Fällen der nachträglichen Vereinbarung einerseits und der nachträglichen Anordnung andererseits zu unterscheiden. Die Entkonkretisierung bei einer Vereinbarung ist im Widerruf enthalten. In Höhe der von der neuen Freistellungserklärung umfassten Tage erlischt der Urlaubsanspruch weder nach § 362 Abs. 1 BGB noch geht er mangels Konkretisierung nach § 275 Abs. 1 BGB unter. Insoweit bleibt der originäre Urlaubsanspruch erhalten. Da der Arbeitgeber für einen bereits gewährten Urlaub nicht zum einseitigen Widerruf berechtigt ist, wird der Urlaubsanspruch trotz der nachträglichen Erreichbarkeitsanordnung gemäß § 362 Abs. 1 BGB erfüllt, sofern keine erfüllungserhebliche Erreichbarkeitssituation entsteht.

II. Die tatsächliche erfüllungserhebliche Erreichbarkeit

1. Anspruchsuntergang wegen Unmöglichkeit nach § 275 Abs. 1 BGB?

Fraglich ist, ob die tatsächliche erfüllungserhebliche Erreichbarkeit den Urlaubsanspruch für die von ihr betroffenen Urlaubstage entkonkretisiert. Der originäre Urlaubsanspruch bliebe erhalten. Andernfalls wäre der Arbeitgeber nach § 275 Abs. 1 BGB von der (originären) Pflicht zur Urlaubsgewährung durch die erfüllungserhebliche Erreichbarkeit, sobald diese eintritt, befreit und der

Arbeitnehmer würde das Risiko der Nichterfüllung tragen.[719] Letzteres erscheint vor dem Hintergrund, dass das Leistungserfolgshindernis aus der Sphäre des Arbeitgebers stammt unbillig. Für den Erreichbarkeitsfall enthält das Bundesurlaubsgesetz keine (ausdrückliche) Norm zur Entkonkretisierung. Da es sich bei dem Urlaubsanspruch um ein Schuldverhältnis handelt, auf welches ergänzend das allgemeine Schuldrecht anwendbar ist, bliebe es bei den allgemeinen Regelungen des Leistungsstörungsrechts und damit bei dem Übergang der Leistungsgefahr auf den Arbeitnehmer.

2. Ausnahme nach § 9 BUrlG analog?

a) Wirkung des § 9 BUrlG - Entkonkretisierung

Das Bundesurlaubsgesetz enthält mit § 9 BUrlG eine Norm, die in jenen Fällen den Urlaubsanspruch entkonkretisiert, in denen der Arbeitnehmer während des Urlaubes arbeitsunfähig erkrankt. Anders als häufig vertreten,[720] führt § 9 BUrlG nämlich nicht unmittelbar dazu, dass § 275 Abs. 1 BGB durch die besondere Regelung abbedungen wird. Die Abweichung von § 275 Abs. 1 BGB ist zwar das Ergebnis des Regelungsinhalts.[721] Im Eigentlichen handelt es sich bei § 9 BUrlG jedoch um eine Sondervorschrift zu § 243 BGB. Dies nicht nur, wenn der Arbeitnehmer vor dem Urlaub arbeitsunfähig erkrankt, sondern ebenso, wenn er erst während des Urlaubes erkrankt.[722] Inhalt des § 9 BUrlG ist die Nichtanrechnung der betroffenen Tage auf den Urlaubsanspruch, während der Urlaubsanspruch selbst unberührt bleibt.[723] Die Nichtanrechnung setzt die Verpflichtung zur Erfüllung und damit das Bestehen des konkretisierten Urlaubsanspruchs voraus, die Unmöglichkeit hingegen ist ein Befreiungsgrund von der Verpflichtung zur Leistung.[724] Der Urlaubsanspruch lebt trotz vorheriger Konkretisierung in Höhe der betroffenen Tage wieder auf.[725] *Herlitzius* merkt an, es sei zwar

---

719 So *Freyler*, Mobile Office, S. 263.

720 Etwa *Leinemann/Linck*, Urlaubsrecht, § 9 BUrlG Rn. 2 f.; *Powietzka/Rolf*, BUrlG, § 9 BUrlG Rn. 2; HK-BUrlG/*Oppermann*, § 9 BUrlG Rn. 3.

721 *Herlitzius*, Der Urlaubsanspruch als schuldrechtlicher Anspruch, S. 167.

722 *Herlitzius*, Der Urlaubsanspruch als schuldrechtlicher Anspruch, S. 166, 167; *Friese*, Urlaubsrecht, Rn. 107, 113; so wohl auch *Okoye-Montis*, Urlaubszweck und Urlaubsstörungen, S. 184 f.

723 *Friese*, Urlaubsrecht, Rn. 113; *Herlitzius*, Der Urlaubsanspruch als schuldrechtlicher Anspruch, S. 167.

724 *Herlitzius*, Der Urlaubsanspruch als schuldrechtlicher Anspruch, S. 166.

725 *Herlitzius*, Der Urlaubsanspruch als schuldrechtlicher Anspruch, S. 167.

ungewöhnlich, dass erst zu einem solch späten Zeitpunkt über den Bestand der Konkretisierung und deren Wirkung entschieden werden könne, dies sei jedoch als Besonderheit hinzunehmen und dem Schuldner zumutbar.[726] Mithin würde nicht weiter der Arbeitnehmer die eigentlich mit der Konkretisierung bereits übergegangene Leistungsgefahr tragen. Der originäre Urlaubsanspruch bliebe in Höhe der betroffenen Tage erhalten.

Eine Entkonkretisierung durch den Schuldner ist an sich umstritten.[727] Wirkt der Gläubiger des Anspruchs an der Leistungshandlung mit, ist eine Entkonkretisierung äußerst fraglich.[728] Für den Urlaubsanspruch wird sie von manchem mit der Begründung, der Arbeitgeber sei schon aus Vertrauenserwägungen gegenüber dem Arbeitnehmer an die Wirkung der Konkretisierung gebunden und der Arbeitnehmer habe an der Bestimmung der Urlaubszeit mitgewirkt, abgelehnt.[729] Die Kritik ist insoweit zutreffend, als dass der Arbeitgeber als Schuldner den Urlaubsanspruch nicht eigenständig entkonkretisieren kann, insbesondere nicht nach dem Urlaubsbeginn. In dieser Hinsicht sind die vorherigen Erwägungen zum Widerruf unter dem Gesichtspunkt des Vertrauensschutzes zu beachten.[730] Bei § 9 BUrlG handelt es sich jedoch nicht um eine Entkonkretisierung durch den Schuldner. Vielmehr hat die Konkretisierung für die betroffenen Urlaubstage kraft Gesetzes keinen Bestand, weshalb die allgemeinen Bedenken nicht durchgreifen können. Entstammt das Leistungserfolgshindernis der betrieblichen Sphäre, bestehen aus Vertrauensschutzerwägungen keine Bedenken gegen die Entkonkretisierung, da sie zugunsten des Arbeitnehmers wirkt, der nicht länger das Leistungsrisiko trägt.

Die spezielle Regelung scheint ihrer Wirkung nach ebenso für den Erreichbarkeitsfall passend zu sein, da andernfalls der Arbeitnehmer für die fremdnützige Erreichbarkeit zusätzlich das Risiko der Nichterfüllung tragen würde, während durch die Entkonkretisierung dieses Risiko für ihn nicht bestünde. In Betracht kommt folglich eine analoge Anwendung des § 9 BUrlG. Die Besonderheit liegt darin, dass im Falle der tatsächlichen Erreichbarkeit das Leistungshindernis erst während des Urlaubszeitraums eintritt. Die entsprechende Anwendung des § 9

---

726 *Herlitzius*, Der Urlaubsanspruch als schuldrechtlicher Anspruch, S. 167.

727 Vgl. MünchKomm-BGB/*Emmerich*, § 243 BGB Rn. 33; Staudinger/*Schiemann*, § 243 BGB Rn. 43; Erman-BGB/*Ulber*, § 243 Rn. 19.

728 Siehe dazu für das Schuldrecht: MünchKomm-BGB/*Emmerich*, § 243 BGB Rn. 33; Staudinger/*Schiemann*, § 243 BGB Rn. 43; Erman-BGB/*Ulber*, § 243 Rn. 19.

729 *Freyler*, Mobile Office, S. 250.

730 Siehe ausführlicher zum Widerruf zweites Kapitel § 3 III.3.

BUrlG auf die Erreichbarkeitssituation ist unklar.[731] Weite Teile des Schrifttums und die Rechtsprechung beurteilen die Analogiefähigkeit des § 9 BUrlG im Allgemeinen jedoch kritisch und ablehnend.[732] Dagegen scheinen andere Stimmen in der Lehre eine analoge Anwendung des § 9 BUrlG allgemein[733] beziehungsweise für den Erreichbarkeitsfall zu befürworten.[734]

b) Die Analogiefähigkeit des § 9 BUrlG

Damit eine analoge Anwendung des § 9 BUrlG möglich ist, müsste die Norm einen Rechtsgedanken enthalten, der sich auf weitere urlaubsstörende Ereignisse im Allgemeinen und auf die Erreichbarkeitssituation im Besonderen übertragen lässt. Dann darf § 9 BUrlG nicht auf den eigentlich geregelten Fall der Krankheit während des Urlaubes als urlaubsstörendes Ereignis zwingend beschränkt sein, kurzum muss es sich bei § 9 BUrlG um eine Norm handeln, die für weitere Fälle anderer urlaubsstörender Ereignisse Modellcharakter haben kann und daher grundsätzlich einer Analogie zugänglich ist.

aa) Eine Ansicht: § 9 BUrlG – kein allgemeiner Rechtsgedanke

Diejenigen Autoren, die eine analoge Anwendung des § 9 BUrlG ablehnen, begründen ihre Position, indem sie auf die Argumente der Rechtsprechung

---

731 Dafür *Okoye-Montis*, Urlaubszweck und Urlaubsstörungen, S. 205; *Falder*, NZA 2010, 1150, 1156; *Körlings*, Mobile Erreichbarkeit von Arbeitnehmern, S. 93; *Däubler*, ZTR 2016, 359, 362 („Nachurlaub"); *ders.*, Digitalisierung und Arbeitsrecht, § 5 Rn. 22.

732 *Powietzka/Rolf*, BUrlG, § 9 BUrlG Rn. 14; *Richter*, AuR 2011, 16, 18; HK-BUrlG/Oppermann, § 9 BUrlG Rn. 30; *Freyler*, Mobile Office, S. 255; BAG v. 10.05.2005 – 9 AZR 251/04, NZA 2006, 439, 441 Rn. 30, 31; v. 09.08.1994 - 9 AZR 384/92, NZA 1995, 174, 176; v. 10.05.2005 - 9 AZR 251/04, AP BUrlG § 8 Nr. 4 Rn. 30, so schon BAG v. 11.01.1966 – 5 AZR 383/65, BeckRS 1966, 30701500.

733 Für die Analogiefähigkeit des § 9 BUrlG im Allgemeinen: *Wachter*, AuR 1982, 306, 310.

734 So wohl *Däubler*, ZTR 2016, 359, 362; *ders.*, Digitalisierung und Arbeitsrecht, § 5 Rn. 22; dafür im Ergebnis *Schwemmle/Wedde*, Digitale Arbeit in Deutschland, S. 96, ohne nähere Erläuterung; *Krause* geht wohl von einer Vergleichbarkeit aus und fordert ohne nähere Begründung eine dem § 9 BUrlG „entsprechend[e]" Regelung, in: Gutachten B 71. DJT, B 57.*Okoye-Montis*, Urlaubszweck und Urlaubsstörungen, S. 133 Fn. 691, für den speziellen Fall der von ihr bezeichneten „Freizeittätigkeit" aber ablehnend, S. 205 zugleich widersprüchlich Fn.1041; *Falder*, NZA 2010, 1150, 1156; *Körlings*, Mobile Erreichbarkeit von Arbeitnehmern, S. 93, der davon ausgeht, der Urlaub sei „nachträglich zu gewähren".

des *Neunten Senats* des *Bundesarbeitsgerichts* Bezug nehmen.[735] Der *Senat* geht davon aus, dass alle urlaubsstörenden Ereignisse Teil des persönlichen Lebensschicksals seien und als solche in den Risikobereich des einzelnen Arbeitnehmers fallen.[736] Der eindeutige Wortlaut des § 9 BUrlG lasse eine Analogie nicht zu.[737] Das *Bundesarbeitsgericht* lehnt eine analoge Anwendung des § 9 BUrlG bislang gänzlich ab.[738] Nur soweit der Gesetzgeber oder die Tarifvertragsparteien besondere urlaubsrechtliche Nichtanrechnungsregelungen vorsehen würden, wie § 9 BUrlG, seien die allgemeinen Gefahrtragungsregelungen des Bürgerlichen Gesetzbuches, namentlich § 275 BGB nicht anzuwenden, denn nur dann werde das Risiko der Urlaubsstörung vom Arbeitnehmer auf den Arbeitgeber umverteilt.[739] Anders als in der Rechtsprechung wird hier davon ausgegangen, dass § 9 BUrlG die Wirkung des § 243 Abs. 2 BGB beseitigt und nicht eine Sondervorschrift zu § 275 Abs. 1 BGB ist. Diese Einordnung hat letztlich aber keinen Einfluss auf die Argumentation.

Der *Senat* erläutert, dass mangels Regelung immer eine Einzelfallprüfung erforderlich sei, ob die Beschränkungen die betroffenen Arbeitnehmer an der selbstbestimmten Gestaltung des Erholungsurlaubes hindern würden. Anders als bei dem von § 9 BUrlG unmittelbar erfassten Krankheitsfall, käme es auf den Grad der Beeinträchtigung und damit auf eine typisierende Betrachtung an.[740] In seiner jüngsten Entscheidung zu der Frage nach einem auf andere Konstellationen der Urlaubsstörung übertragbaren Rechtsgedanken des § 9 BUrlG, benannte der *Neunte Senat* als urlaubsstörende Ereignisse oder Tatbestände indes lediglich solche, die zu einer Beseitigung der Arbeitspflicht aus anderem Grund als dem Urlaub führen würden.[741] Das Risiko werde regelmäßig durch

---

735 *Powietzka/Rolf*, BUrlG, § 9 BUrlG Rn. 14; *Richter*, AuR 2011, 16, 18; ohne Bezug zur Rechtsprechung, dennoch ablehnend *Freyler*, Mobile Office, S. 255.

736 BAG v. 25.08.2020 – 9 AZR 612/19, NZA 2020, 1633, 1636 Rn. 29; v. 10.05.2005 – 9 AZR 251/04, NZA 2006, 439, 441 Rn. 30, 31; v. 09.08.1994 - 9 AZR 384/92, NZA 1995, 174, 176; v. 10.05.2005 - 9 AZR 251/04, AP BUrlG § 8 Nr. 4 Rn. 30, so auch schon BAG v. 11.01.1966 – 5 AZR 383/65, BeckRS 1966, 30701500.

737 BAG v. 10.05.2005 – 9 AZR 251/04, NZA 2006, 439, 441 Rn. 31.

738 BAG v. 25.08.2020 – 9 AZR 612/19, NZA 2020, 1633, 1636 Rn. 29; v. 10.05.2005 – 9 AZR 251/04, NZA 2006, 439, 441 Rn. 31 mit Verweis auf BAG v. 09.08.1994 - 9 AZR 384/92, NZA 1995, 174, 176.

739 BAG v. 25.08.2020 – 9 AZR 612/19, NZA 2020, 1633, 1636 Rn. 29; v. 10.05.2005 – 9 AZR 251/04, NZA 2006, 439, 441 Rn. 30; v. 09.08.1994 - 9 AZR 384/92, NZA 1995, 174, 176; v. 10.05.2005 - 9 AZR 251/04, AP BUrlG § 8 Nr. 4 Rn. 30.

740 BAG v. 09.08.1994 - 9 AZR 384/92, NZA 1995, 174, 176.

741 BAG v. 25.08.2020 – 9 AZR 612/19, NZA 2020, 1633, 1636 Rn. 29.

innere und äußere Umstände beeinflusst, die dem persönlichen Lebensbereich des Arbeitnehmers zuzuordnen seien.[742]

bb) Gegenansicht: Verallgemeinerungsfähiger Rechtsgedanke

Eine andere Auffassung, die sich für die Analogiefähigkeit des § 9 BUrlG ausspricht,[743] bezieht sich auf eine ältere Entscheidung des *Bundesarbeitsgerichts*,[744] nach welcher es darauf ankommen solle, ob das den Urlaubszweck vereitelnde Ereignis zu Lasten des Arbeitgebers gehen müsse, weil die Lohnzahlung auch außerhalb des Urlaubes für dieses Ereignisses nicht abdingbar wäre. In diesem Fall sei der Urlaub nachzugewähren, im Übrigen jedoch nicht.[745] Daran anknüpfend sei nach dem Risikobereich des Arbeitnehmers einerseits und dem des Arbeitgebers andererseits zu differenzieren.[746] Für die Nachgewährung, mithin die analoge Anwendung des § 9 BUrlG, müsse das Ereignis nach objektiver Betrachtung den Urlaubszweck, der als Erholungszweck zu umschreiben sei, vereiteln. Kurzum müsse ihm eine „Vereitelungseignung" zukommen.[747] Erst dann entstünde ein Anspruch auf Nachurlaub.[748] Folgt man dieser Auffassung, bliebe der Urlaubsanspruch bei einer erfüllungserheblichen Erreichbarkeit erhalten, denn die Leistungen, die der Arbeitnehmer mit seiner Erreichbarkeit erbringt, wären außerhalb des Urlaubszeitraums als Arbeitsleistung vom Arbeitgeber zu vergüten. Nach dieser Auffassung müsste man die Erreichbarkeit dem Risikobereich des Arbeitgebers zuordnen.

Die Position, dass § 9 BUrlG analogiefähig ist, wird in die Diskussion um die Rechtsfolgen der Corona-Pandemie aufgenommen und eine analoge Anwendung des § 9 BUrlG für die behördlich angeordnete häusliche Quarantäne zum Teil befürwortet. Ein von einer Quarantänepflicht betroffener Arbeitnehmer sei urlaubsrechtlich aufgrund der Beschränkungen wie ein erkrankter Arbeitnehmer zu behandeln.[749] Von anderer Seite wird die Analogie aber auch im

742 BAG v. 25.08.2020 – 9 AZR 612/19, NZA 2020, 1633, 1636 Rn. 29.
743 *Wachter*, AuR 1982, 306, 307, 309.
744 BAG v. 01.08.1963 - 5 AZR 59/63, NJW 1964, 74; hierzu *Wachter*, AuR 1982, 306, 307.
745 BAG v. 01.08.1963 - 5 AZR 59/63, NJW 1964, 74.
746 *Wachter*, AuR 1982, 306, 309.
747 *Wachter*, AuR 1982, 306, 311.
748 *Wachter*, AuR 1982, 306, 311.
749 *Hohenstatt/Krois*, NZA 2020, 413, 416.

Quarantänefall abgelehnt, da keine planwidrige Regelungslücke bestehe.[750] An dieser Diskussion ist erkennbar, dass § 9 BUrlG mit seiner besonderen Rechtsfolge der Nichtanrechnung gestörter Urlaubstage auf den Urlaubsanspruch durchaus eine größere Reichweite zukommen kann als nach seinem reinen Wortlaut, der nur die Situation der Erkrankung umfasst. Die Diskussion macht deutlich, dass viele Urlaubsstörungen denkbar sind und es nicht immer billig erscheint, den Arbeitnehmer diese Risiken tragen zu lassen.

cc) Stellungnahme

Die Erreichbarkeit ist ein urlaubsstörendes Ereignis anderer Art als diejenigen Ereignisse, über die der *Neunte Senat* zu entscheiden hatte, namentlich das mutterschaftsrechtliche Beschäftigungsverbot[751] und der ehrenamtliche Einsatz für das *Technische Hilfswerk*[752] oder die Erreichbarkeit für die Agentur für Arbeit[753]. Die vom *Senat* genannten Argumente erlauben es gerade im Wege des Erst-Recht-Schlusses eine analoge Anwendung des § 9 BUrlG auf den Erreichbarkeitsfall in Betracht zu ziehen. Die Analogiefähigkeit des § 9 BUrlG ist nicht schlechthin auszuschließen und die Argumentation insoweit nicht überzeugend. Bei einer Urlaubsstörung durch die erfüllungserhebliche Erreichbarkeit ist durch die Beurteilung anhand der Erheblichkeitsschwelle sichergestellt, dass es nicht zu der vom *Neunten Senat* befürchteten und infolgedessen abgelehnten Einzelfallprüfung kommt. Es fehlt insoweit nicht an der nötigen typischen Vergleichbarkeit anderer urlaubsstörender Ereignisse mit dem Krankheitsfall. Zwar gibt die Erheblichkeitsschwelle kein feststehendes Ergebnis vor. Ihre Kriterien sind jedoch derart bestimmt, dass der konkrete Erreichbarkeitsfall einer typisierenden Betrachtung zugänglich ist, weshalb sie zu vorhersehbaren Ergebnissen beiträgt. Dies gilt nicht zuletzt, weil jedenfalls im Zweifel von der Nichterfüllung auszugehen ist.

Der Gedanke der Risikoverteilung ist zustimmungswürdig. Eine Risikoumverteilung zulasten des Arbeitgebers ist, wie vom *Bundesarbeitsgericht* vertreten,

---

750 *Hein/Tophof*, NZA 2021, 601, 602; ebenso lehnt die bisher hierzu ergangene Rechtsprechung eine Analogie ab, vgl. ArbG Neumünster v. 03.08.2021 – 3 Ca 362 b/21, NZA-RR 2021,
545; ArbG Bonn v. 07.07.2021 – 2 Ca 504/21, BeckRS 2021, 19661; ArbG Halle v. 23.06.2021 – 4 Ca 285/21, BeckRS 2021, 20254; ArbG Bremen-Bremerhaven v. 08.06.2021 – 6 Ca 6035/21, BeckRS 2021, 21151.

751 BAG v. 09.08.1994 - 9 AZR 384/92, NZA 1995, 174.

752 BAG v. 10.05.2005 - 9 AZR 251/04, AP BUrlG § 8 Nr. 4.

753 BAG v. 25.08.2020 – 9 AZR 612/19, NZA 2020, 1633, 1636 Rn. 29.

dem Grunde nach nur bei entsprechender Ausnahmevorschrift zulässig. Allerdings entstammt nicht jedes urlaubsstörende Ereignis der Risikosphäre des Arbeitnehmers. Dies gilt beispielsweise nicht nur für den Erreichbarkeitsfall, der gerade nicht dem persönlichen Lebensschicksal des Arbeitnehmers, sondern der betrieblichen Sphäre des Arbeitgebers zuzuordnen ist. Zwar ging der damals für das Urlaubsrecht zuständige *Fünfte Senat* zutreffend davon aus, dass der Arbeitgeber verpflichtet sei, dem Arbeitnehmer die Möglichkeit zur Entspannung und zur Erholung zu gewähren, der Arbeitgeber darüber hinaus aber nicht für die tatsächliche Erreichung des Urlaubszwecks zu sorgen habe, weil dies im Verantwortungsbereich des Arbeitnehmers liege.[754]. Gleichwohl ist der Arbeitgeber nicht berechtigt, den Arbeitnehmer mit Ereignissen aus seiner betrieblichen Sphäre in urlaubsstörender Weise zu konfrontieren. In den vom *Neuntem Senat* des *Bundesarbeitsgerichts* später entschiedenen Fällen, konnte der Arbeitgeber die urlaubsstörende Situation nicht beeinflussen, denn diese waren tatsächlich Teil des persönlichen Lebensschicksals des Arbeitnehmers. Auf die gesetzlich geregelte Arbeitsunfähigkeit kann der Arbeitgeber ebenso keinen Einfluss nehmen. Gleichzeitig hat der Arbeitnehmer regelmäßig auch keinen Einfluss darauf, sodass dies nicht schon gegen die Analogiefähigkeit spricht. Im Gegenteil muss im Wege des Erst-Recht-Schlusses gelten, dass soweit das Gesetz eine Gefahrtragungsregel zulasten des Arbeitgebers für Gründe aus der persönlichen Sphäre des Arbeitnehmers vorsieht, erst recht kein verschärfter Maßstab für urlaubsstörende Ereignisse aus der Arbeitgebersphäre gelten darf.

Die Erreichbarkeit ist kein urlaubsstörendes Ereignis, das Teil des persönlichen Lebensschicksals ist, sondern allenfalls eines, das Teil des Arbeitsschicksals ist. Ob im Einzelfall eine Analogie tatsächlich zulässig ist, kann für die urlaubsstörenden Ereignisse mit Ausnahme der Erreichbarkeit dahinstehen. Allerdings ist der Differenzierung *Wachters* darin zuzustimmen, dass sie dem Arbeitgeber nicht unbillig Risiken aus der Arbeitnehmersphäre aufbürdet und der Arbeitgeber nicht als eine Art Garant für einen gelungenen Urlaub einstehen muss. Eine Analogie zu § 9 BUrlG für andere urlaubsstörende Ereignisse ist nicht allgemein auszuschließen.

---

754 BAG v. 11.01.1966 – 5 AZR 383/65, BeckRS 1966, 30701500.

c) Analogievoraussetzungen im Einzelnen

aa) Planwidrige Regelungslücke

Das Fehlen einer ausdrücklichen Regelung des Erreichbarkeitsfalls muss auf einer planwidrigen Regelungslücke beruhen.[755] Das heißt, dass der Erreichbarkeitsfall nach Sinn und Zweck der Norm von dieser umfasst sein muss, weil der gesetzlich nicht geregelte Tatbestand der Erreichbarkeit mit dem Tatbestand der zur Arbeitsunfähigkeit führenden Krankheit im Urlaub aufgrund der Interessenlage vergleichbar ist.[756] Der Gesetzgeber darf sich nicht bewusst gegen die Regelung des Erreichbarkeitsfalls entschieden haben.[757] Die notwendige planwidrige Regelungslücke lässt sich im Wesentlichen damit begründen, dass das Bundesurlaubsgesetz insgesamt keine Regelungen zur Erreichbarkeit im Urlaub enthält. Der Gesetzgeber hat den Erreichbarkeitsfall nicht gesehen. Andererseits könnte der Gesetzgeber schon davon ausgegangen sein, dass der Urlaub notwendig ein Erreichbarkeitsverhalten ausschließt.[758] Dass es an einer Regelung zu anderen urlaubsstörenden Ereignissen als das der Krankheit fehlt, genügt nicht, um die planwidrige Regelungslücke abzulehnen.[759] Ebenso spricht die Möglichkeit eines schuldrechtlichen Ersatzurlaubsanspruchs über das Schadensersatzrecht nicht schon gegen die planwidrige Regelungslücke. Zum einen beinhaltet das Schuldrecht in § 276 BGB das Verschuldenserfordernis, welches bei der Anspruchsbegründung über §§ 280 Abs. 1 Satz 2, 283 BGB in Verbindung mit § 275 Abs. 1 BGB notwendig wäre. Zum anderen ist das Bundesurlaubsgesetz naturgemäß sachnäher als das allgemeine Schuldrecht.[760]

---

755 Zu den Voraussetzungen einer Analogie BAG v. 13.03.2007 - 9 AZR 494/06, AP BBiG § 14 Nr. 13 Rn. 26; v. 21.02. 2012 – 9 AZR 487/10, NZA 2012 793, 795 Rn. 18; BGH v. 13.03.2003 – I ZR 290/00, NJW 2003, 1932, 1933.

756 BAG v. 13.03.2007 - 9 AZR 494/06, AP BBiG § 14 Nr. 13 Rn. 26; v. 21.02. 2012 – 9 AZR 487/10, NZA 2012 793, 795 Rn. 18.

757 Siehe dazu BAG v. 11.11.2009 - 7 ABR 26/08, NZA 2010, 353, 354 Rn. 22.

758 *Podewils*, AuR 2013, 293, 298; *Maier*, Erweiterte berufsbezogene Erreichbarkeit, S. 164.

759 So auch *Wachter*, der meint, man würde es sich durch die formale Betrachtung „zu einfach" machen, in: AuR 1982, 306, 308.

760 A.A. *Freyler*, Mobile Office, S. 255, da das allgemeine Schuldrecht eine sachgerechte Risikoverteilung vorsehe.

bb) Vergleichbare Interessenlage

Unter der Prämisse, dass eine planwidrige Regelungslücke vorliegt, die nicht zweifellos feststellbar ist, müsste überdies eine vergleichbare Interessenlage zwischen der erfüllungshindernden Erreichbarkeit und der Nichtanrechung von Urlaubstagen infolge nachgewiesener Arbeitsunfähigkeit bestehen. In rechtlicher Hinsicht müssen die Tatbestände derart vergleichbar sein, dass anzunehmen ist, der Gesetzgeber wäre bei einer Interessenabwägung wegen gleicher Grundsätze für den nicht geregelten Tatbestand zum selben Abwägungsergebnis gekommen wie für den geregelten Tatbestand.[761] Die zur Arbeitsunfähigkeit führende Krankheit lässt den Zweck der urlaubsbedingten Freistellung und damit den bezweckten Leistungserfolg nachträglich entfallen.[762] Eine Anrechnung der hiervon betroffenen Tage auf den Urlaubsanspruch erfolgt nicht, weil die vom Bundesurlaubsgesetz bezweckte Erholung in der Regel nicht möglich ist.[763] Bei der erfüllungserheblichen Erreichbarkeit ist der Urlaubszweck beeinträchtigt.

Gleichwohl fehlt es an einem wichtigen Tatbestandsmerkmal des § 9 BUrlG. Hintergrund der Regelung ist nicht nur, dass der Erholungszweck durch die Arbeitsunfähigkeit vereitelt ist. Hinzu kommt, dass mit der Arbeitsunfähigkeit ein anderer Freistellungstatbestand an die Stelle der urlaubsbedingten Freistellung tritt.[764] Die Freistellung kann nicht auf zwei unterschiedlichen Gründen beruhen. Die Freistellung infolge einer nachgewiesenen Arbeitsunfähigkeit verdrängt (zeitweise) die Freistellung zur Erfüllung des Urlaubsanspruchs.[765] Im Erreichbarkeitsfall gibt es neben dem Urlaub keinen anderen Freistellungsgrund, der die urlaubsbedingte Freistellung verdrängen könnte.[766] Der Arbeitnehmer kann nur zu Zwecken der Anspruchserfüllung freigestellt sein. Bei der Nichtanrechung wegen Krankheit setzt sich ein Erfüllungshindernis fort, welches bereits vor dem Urlaubsantritt der Freistellung zur Erfüllung des Urlaubsanspruchs entgegenstünde. Die Regelung beruht mithin auf zwei Freistellungstatbeständen,

---

761 BGH v. 14.06.2007 - V ZB 102/06, NJW 2007, 3124, 3125 Rn. 11; v. 13.03.2003 – I ZR 290/00, NJW 2003, 1932, 1933.

762 *Leinemann/Linck*, Urlaubsrecht, § 9 BUrlG Rn. 1.

763 HK-BUrlG/*Oppermann*, § 9 BUrlG Rn. 1; Neumann/Fenski-BUrlG/*Neumann*, § 9 Rn. 7; *Powietzka/Rolf*, BUrlG, § 9 BUrlG Rn. 1; *Heilmann*, Urlaubsrecht, § 9 BUrlG Rn. 1; GK-BUrlG/Stahlhacke, § 9 BUrlG Rn. 7.

764 HK-ArbR/*Holthaus*, § 9 BUrlG Rn. 1; *Leinemann/Linck*, Urlaubsrecht, § 9 BUrlG Rn. 1; *Baumert*, DB 1966, 1565, 1566.

765 *Leinemann/Linck*, Urlaubsrecht, § 9 BUrlG Rn. 1, HK-ArbR/*Holthaus*, § 9 BUrlG Rn. 1.

766 Im Ergebnis auch *Okoye-Montis*, Urlaubszweck und Urlaubsstörungen, S. 205 Fn. 1041.

von denen bei der erfüllungserheblichen Erreichbarkeit nur einer gegeben ist. Mangels Vergleichbarkeit kann eine denkbare planwidrige Regelungslücke nicht durch eine analoge Anwendung des § 9 BUrlG geschlossen werden.

3. Ergebnis

Wenngleich das Entfallen der Konkretisierungswirkung für die erfüllungserhebliche Erreichbarkeit naheliegend und wertungsmäßig passend erscheint, scheitert eine analoge Anwendung des § 9 BUrlG zwar nicht an der grundsätzlichen Analogiefähigkeit der Norm, jedoch an der vergleichbaren Interessenlage des gesetzlich geregelten und des hier betrachteten Sachverhalts. Die Konkretisierungswirkung bleibt folglich trotz Leistungserfolgshindernis erhalten. Da die Leistungsgefahr bei Eintritt des Erfüllungshindernisses bereits auf den Arbeitnehmer übergegangen ist und die Erfüllung des konkretisierten Urlaubsanspruchs wegen der Urlaubsstörung unmöglich wird, geht der Urlaubsanspruch (teilweise) nach § 275 Abs. 1 BGB unter.[767]

§ 9 Der Mehrurlaub als Gestaltungsobjekt einer „zulässigen" Erreichbarkeit

Bislang beschränkte sich die Untersuchung der Erreichbarkeit und ihrer Folgen auf den gesetzlichen Urlaubsanspruch. In der Praxis ist es der Regelfall, dass Arbeitnehmer über die Dauer des gesetzlichen Urlaubsanspruchs nach § 3 BUrlG hinaus zusätzliche Urlaubstage erhalten. Der durchschnittliche Arbeitnehmer in Deutschland hat nach einer Studie aus dem Jahr 2019 einen Anspruch auf insgesamt 28,9 Urlaubstage.[768] Der gesetzliche Urlaubsanspruch wird um den übergesetzlichen Urlaub beziehungsweise Mehrurlaub erweitert. Der übergesetzliche Urlaubsanspruch ist zunächst vertraglich zu begründen. Ein vom gesetzlichen Urlaubsanspruch abweichendes Regelungsregime ist grundsätzlich möglich.[769] Der übergesetzliche Anspruch unterscheidet sich schon dadurch vom gesetzlichen Urlaubsanspruch, dass er nicht unabdingbar ist.[770] So wird vertreten, dass

767 *Freyler*, Mobile Office, S. 263.

768 Hierzu *https://unternehmer.de/management-people-skills/209336-urlaubstage-deutschland-studie* mit Verweis auf Studie der COP Compensation Partner GmbH, - eingesehen am 06.12.2020.

769 BAG v. 24.03.2009 – 9 AZR 983/07, NZA 2009, 538; v. 22.1.2019 – 9 AZR 328/16, NZA 2019, 835; *Sprink*, Vertragliche Gestaltung von Urlaub, S. 25.

770 BAG v. 23.03.2010 - 9 AZR 128/09, NZA 2010, 810, 816 Rn. 67.

Erreichbarkeitsvereinbarungen, gleich welchen Inhalts, in Bezug auf den übergesetzlichen Urlaubsanspruch zulässig seien.[771] Insoweit können sich erhebliche Unterschiede zwischen dem gesetzlichen und dem übergesetzlichen Urlaubsanspruch ergeben. Gewährleistungen des europäischen Rechts finden, da Art. 7 Abs. 1 der Arbeitszeitrichtlinie nur einen Anspruch auf einen vierwöchigen Jahresurlaub sicherstellt, keine Anwendung auf den vertraglichen Mehrurlaub.[772] Vorstellbar ist daher, dass Erreichbarkeitsregelungen möglich sind, nach denen die Erreichbarkeit geschuldet sein oder jedenfalls keine Auswirkungen auf die Erfüllbarkeit des Mehrurlaubsanspruchs haben soll. Gewissermaßen handelt es sich dann um eine zulässige Erreichbarkeit.

I. Der vertragliche Mehrurlaub

Der Anspruch auf den Mehrurlaub entsteht durch eine Vereinbarung. Dies wird schon aus der Bezeichnung des Bundesurlaubsgesetzes als Mindesturlaubsgesetz erkennbar. Neben den Arbeitsvertragsparteien können die Tarifpartner den Mehrurlaub regeln, was sich aus § 1 TVG ergibt, da der tarifliche Mehrurlaub dann Inhalt des Arbeitsvertrages wird.[773] Für die gewerkschaftlich organisierten Arbeitnehmer gilt die Regelung nach § 4 Abs. 1 TVG normativ, also unmittelbar für ihr Arbeitsverhältnis mit dem tarifgebundenen Arbeitgeber.[774] Im Übrigen können die Regelungen des Tarifvertrags zum Mehrurlaub über eine Bezugnahmeklausel Eingang in das Arbeitsverhältnis nichtorganisierter Arbeitnehmer finden. Die Regelung gilt dann bloß schuldrechtlich, sodass Änderungen zwischen den Arbeitsvertragsparteien möglich sind.[775]

Keine gesetzliche Regelungsbefugnis zum Mehrurlaub haben die Betriebsverfassungsparteien. Der Betriebsrat hat zwar nach § 87 Abs. 1 Nr. 5 BetrVG ein Mitbestimmungsrecht unter anderem über die Aufstellung allgemeiner Urlaubsgrundsätze, nicht aber über die Urlaubsdauer, folglich ist er nicht initiativberechtigt, wenn ein Anspruch auf den Mehrurlaub entstehen soll. Das

---

771 *Gaul*, DB 2013, 60, 62; *Freyler*, Mobile Office, S. 283 ff.

772 EuGH v. 24.01.2012 – C 282/10, NZA 2012, 139, 143 Rn. 48; BAG v. 19.02.2019 – 9 AZR 541/15, NZA 2019, 982; v. 22.01.2019 – 9 AZR 328/16, NZA 2019, 835; v. 24.03.2009 – 9 AZR 983/07, NZA 2009, 538.

773 *Hromadka/Maschmann*, ArbR Band 2, § 13 Rn.21.

774 Vgl. BAG v. 11.12.2019 - 4 AZR 310/16, NZA 2020, 642, 643 Rn. 20; v. 23.09.2009 - 4 AZR 331/08, NZA 2010, 513, 515 Rn. 24.

775 Vgl. BAG v. 23.09.2009 - 4 AZR 331/08, NZA 2010, 513, 515 Rn. 23.

Mitbestimmungsrecht bezieht sich auf den bereits bestehenden Urlaubsanspruch.[776] Nicht zu diesen allgemeinen Urlaubsgrundsätzen gehört die Ausgestaltung des Urlaubsanspruchs.[777] Denkbar ist aber, soweit nicht die Sperrwirkung tarifvertraglicher Regelung und der fehlenden Öffnungsklausel gemäß § 77 Abs. 3 BetrVG entgegenstehen, eine freiwillige Betriebsvereinbarung zum Mehrurlaub nach § 88 BetrVG unter Wahrung des Günstigkeitsprinzips.[778]

Die Gründe für die Gewährung eines Mehrurlaubes können unterschiedlicher Art sein. Die durchschnittliche Anzahl der zusätzlichen Urlaubstage führt dazu, dass die gesetzliche Urlaubsdauer zum Teil deutlich überschritten wird. Dies lässt sich vermutlich nicht zuletzt darauf zurückführen, dass der Urlaub für Arbeitnehmer ein sogenannter „Work-Life-Balance"-Faktor sein kann und dem Arbeitgeber dazu dient, Mitarbeiter an das Unternehmen zu binden beziehungsweise neue Mitarbeiter für das Unternehmen zu gewinnen.[779] Zunehmend verstärkt sich der Eindruck, dass derartige Faktoren über den bloßen Gehaltsfaktor hinaus, die Attraktivität des Arbeitgebers bestimmen. Beispielhaft verdeutlicht sich dies anhand eines im Jahr 2018 zwischen der Eisenbahn- und Verkehrsgewerkschaft und der DB Services GmbH abgeschlossenen Tarifvertrags.[780] Die berechtigten Arbeitnehmer durften zwischen einer Entgelterhöhung um 2,62 Prozent, einer Arbeitszeitabsenkung auf eine 38-Stunden-Woche und sechs weiteren Urlaubstagen wählen. Für die zusätzlichen Urlaubstage entschieden sich 56 Prozent der Arbeitnehmer.[781] Insoweit ist die Bedeutung des Mehrurlaubes als Wettbewerbs- und als Wirtschaftsfaktor nicht zu verkennen.[782]

---

776 GK-BetrVG/*Wiese/Gutzeit*, Band II § 87 Rn. 470; Neumann/Fenski-BUrlG/*Neumann*, § 7 BUrlG Rn. 27; BAG v. 14.01.1992 - 9 AZR 148/91, NZA 1992, 759, 761.

777 *Sprink*, Vertragliche Gestaltung von Urlaub, S. 44.

778 GK-BetrVG/*Wiese/Gutzeit*, Band II, § 87 Rn. 470; *Richardi*-BetrVG, § 87 BetrVG Rn. 457; Neumann/Fenski-BUrlG/*Neumann*, § 7 BUrlG Rn. 27.

779 Bezüglich der Attraktivität des Urlaubes *Oenning*, in der online Ausgabe der „Wirtschaftswoche" v. 20.07.2016, abrufbar unter: *https://www.wiwo.de/erfolg/management/erreichbarkeit-im-urlaub-anspruch-auf-erreichbarkeit-gibt-es-nicht/13875960-2.html*, - eingesehen am 18.08.2021, es wird darauf hingewiesen, dass die Attraktivität des (zusätzlichen) Urlaubes durch Erreichbarkeitsvereinbarungen eingebüßt würde.

780 Tarifvertrag für die Arbeitnehmer der DB Services GmbH im Bereich des Infrastrukturellen Facilitymanagement sowie der Fahrzeugreinigung (TV IFM/ FZR) Redaktionelle Endfassung ab 01.01.2020.

781 Deutschen Bahn „Ausführliche Fragen und Antworten zur Tarifrunde 2018/2019", abrufbar unter *https://www.deutschebahn.com/resource/blob/3347644/afd0a8f6b8cef-3dac5209fb657275e15/Ausfuehrliches-FAQ-data.pdf*, S. 3 – eingesehen am 18.08.2021.

782 So auch *Sprink*, Vertragliche Gestaltung von Urlaub, S. 1 f.

Die rechtliche Einordnung des Mehrurlaubes, ob es sich bei diesem um eine Sondervergütung und damit um eine Gegenleistung für die erbrachte Arbeitsleistung handelt, ist nicht abschließend geklärt.[783] Je mehr es sich um eine Leistung handelt, die im Gegenseitigkeitsverhältnis steht, desto strengere Maßstäbe könnten an die Gestaltbarkeitsgrenzen einer Erreichbarkeitsklausel zu stellen sein. Eine Sondervergütung muss nicht notwendigerweise in der Zahlung von Geld bestehen.[784] Der Mehrurlaub kann als eine Art immaterieller Wert Vergütungscharakter haben und damit eine Sondervergütung sein. Oftmals geht es darum, den Arbeitnehmer für seine Leistung oder für seine Treue zu belohnen.[785] Ist der Mehrurlaub eine bloß zusätzliche Leistung, die nicht Ausgleich für die Leistungen des Arbeitnehmers sein soll, kann dies den Handlungsspielraum der Vertragsparteien erweitern, denn der Urlaub dient dann nicht als Ausgleich zu der Arbeitsleistung. Ob es sich anders als bei dem gesetzlichen Urlaubsanspruch um eine synallagmatische Leistung handelt, ist durch Auslegung nach §§ 133, 157 BGB analog zu ermitteln.[786]

II. Gleichlauf und Gestaltbarkeit des Mehrurlaubes

1. Zulässigkeit von Abweichungen zum gesetzlichen Urlaubsanspruch

Der Mehrurlaub erhöht zunächst die Urlaubsdauer gegenüber dem gesetzlichen Urlaubsanspruch. Er muss diesen jedoch nicht lediglich erhöhen. Der Anspruch beruht auf einer anderen Grundlage und ist deshalb selbstständig gestaltbar. Der *Neunte Senat* des *Bundesarbeitsgerichts* geht von einem Gleichlauf beider Ansprüche als Regelfall und daher als Auslegungsregel aus.[787] Es bestehe ein Regel-Ausnahme-Verhältnis. Regel sei der Gleichlauf, die Ausnahme sei das unterschiedliche rechtliche Schicksal des gesetzlichen und des übergesetzlichen Urlaubsanspruchs.[788] Lediglich soweit aus der vertraglichen Regelung deutlich werde oder im Wege der Vertragsauslegung nach §§ 133, 157 BGB erkennbar

---

783 Dafür *Sprink*, Vertragliche Gestaltung von Urlaub, S. 60.

784 *Sprink*, Vertragliche Gestaltung von Urlaub, S. 60.

785 *Sprink*, Vertragliche Gestaltung von Urlaub, S. 59 f. mit Verweis auf LAG Hamm v. 08.08.1979 - 12 TaBV 44/79, DB 1979, 2236, das den zusätzlichen Urlaub als Gratifikation betrachtet und auf BAG v. 05.09.1985 - 6 AZR 216/81, NZA 1986, 472, aus der Entscheidung ergebe sich mittelbar die Einordnung als Gratifikation.

786 *Sprink*, Vertragliche Gestaltung von Urlaub, S. 61, 65 f.

787 Siehe dazu etwa BAG v. 12.04.2011 – 9 AZR 80/10, NZA 2011, 1050.

788 BAG v. 23.03.2010 - 9 AZR 128/09, NZA 2010, 810, 814 Rn. 37; v. 12.04.2011 – 9 AZR 80/10, NZA 2011, 1050, 1052 Rn. 25.

sei, dass die Parteien diesen Gleichlauf nicht wollen, seien die Ansprüche unterschiedlich zu behandeln.[789] Die Schutzvorschriften des Bundesurlaubsgesetzes gelangen nur zur Anwendung, soweit der Gleichlauf gewollt oder eine Abweichung nicht erkennbar ist.[790] Demnach sind Regelungen, die im Vergleich zu den gesetzlichen Bestimmungen ungünstig oder jedenfalls unterschiedlichen Inhalts sind, grundsätzlich denkbar.[791] Wie die Abweichung vom Gleichlauf konkret festzustellen ist, gilt es im Weiteren zu erörtern. Zunächst ist aufzuzeigen, was für die Gleichlaufvermutung des *Neunten Senats* des *Bundesarbeitsgerichts* spricht.

a) Gesetzesbezeichnung

Für den Gleichlauf, wie ihn der *Urlaubssenat* im Zweifelsfall annimmt, spricht die Gesetzesbezeichnung als Mindesturlaubsgesetz. Nach dem Wortlaut geht das Gesetz bereits von der Möglichkeit vertraglicher Urlaubsansprüche aus. Der Gesetzgeber erkennt an, dass die Urlaubsdauer höher sein kann und nur eine urlaubsrechtliche Mindestposition[792] darstellt. Gleichzeitig enthält das Gesetz keine Regelung, wonach dieses für den vertraglichen Anspruch ebenfalls gelten soll, soweit die Parteien keine abweichende Regelung treffen. Es schließt dies aber nicht aus. Lediglich aus der Bezeichnung des Gesetzes lässt sich erkennen, dass soweit das Gesetz Mindestvorgaben enthalten soll, diese ebenso für darüber hinaus erfolgende Regelungen gelten soll.

b) Wettbewerbsfaktor Mehrurlaub

Ferner spricht für die Gleichlaufvermutung, dass die Gewährung des Mehrurlaubes Einfluss auf die Attraktivität des Arbeitgebers haben kann. Wirbt der Arbeitgeber mit einer Urlaubsdauer, die über der gesetzlichen Urlaubsdauer liegt, kann dies für manche Arbeitnehmer bei der Auswahl des Arbeitgebers entscheidungserheblich sein oder im Allgemeinen die Mitarbeiterbindung an den Betrieb fördern und ein betrieblicher Gestaltungsfaktor sein.[793] Will der Arbeitgeber für den Mehrurlaub zulasten des Arbeitnehmers vom gesetzlichen Inhalt

---

789 BAG v. 20.09.2011 – 9 AZR 416/10, NZA 2012, 326, 330 Rn. 43; v. 23.03.2010 - 9 AZR 128/09, NZA 2010, 810; v. 12.04.2011 – 9 AZR 80/10, NZA 2011, 1050.

790 Zur Anwendbarkeit der Schutzvorschriften BAG v. 21.06.1968 - 5 AZR 408/67, NJW 1968, 2396; Preis/*Stoffels*, Der Arbeitsvertrag, U 20 Urlaub Rn. 20.

791 Preis/*Stoffels*, Der Arbeitsvertrag, U 20 Urlaub Rn. 20.

792 Begriff bei Preis/*Stoffels*, Der Arbeitsvertrag, U 20 Urlaub Rn. 5.

793 Zum betrieblichen Gestaltungsfaktor, Preis/*Stoffels*, Der Arbeitsvertrag, U 20 Rn. 149.

des Urlaubsanspruchs abweichen, kann der Wettbewerbsfaktor Mehrurlaub in dieser Hinsicht an Bedeutung verlieren. Für den Erreichbarkeitsfall kann dies bedeuten, dass dem Arbeitnehmer zwar deutlich überwiegend Freizeit zusteht, er jedoch keinen ungestörten Urlaub im eigentlichen Sinne erwarten kann. Ein erhöhter Urlaubsanspruch begründet nach der Verkehrsauffassung regelmäßig die Erwartung, dass der Mehrurlaub wenigstens hinsichtlich des Urlaubszwecks inhaltsgleich zum Erholungsurlaub nach dem Bundesurlaubsgesetz ausgestaltet ist. Zu Recht müssen somit deutliche Anhaltspunkte für eine Durchbrechung des Gleichlaufs vorliegen.

c) Freiwilligkeit des Mehrurlaubes, Privatautonomie und Vertragsfreiheit

Für eine Auflockerung der Gleichlaufvermutung spricht dagegen die Freiwilligkeit der Gewährung des Mehrurlaubs. Verpflichtet sich der Arbeitgeber freiwillig zu einer übergesetzlichen Leistung, kurzum zu einem „Mehr" an Leistungen, spricht dies aber nicht schon dafür, die Vermutung zu schwächen. Das *Bundesarbeitsgericht* fordert bereits keine ausdrückliche Unterscheidung im Tarifvertrag beziehungsweise im Arbeitsvertrag, sofern die Auslegung anhand des Parteienwillens nach §§ 133, 157 BGB die Unterscheidung zulässt.[794] Der abweichende Regelungswille kann sich daher durch die Auslegung der Vereinbarung ergeben.[795] Es ist nicht strikt am Wortlaut festzuhalten.[796] Vielmehr sind bei einer Auslegung nach §§ 133, 157 BGB alle Umstände in die Beurteilung einzubeziehen, die auf den wirklichen Willen der Parteien und auf den Sinngehalt der Regelung schließen lassen.[797] Dafür sind die Begleitumstände wie etwa Verhandlungsgespräche, folglich die Entstehungsgeschichte[798] sowie wirtschaftliche Zwecke zu berücksichtigen.[799] Speziell für den Tarifvertrag nennt das *Bundesarbeitsgericht* neben dem Tarifwortlaut, dem Tarifzusammenhang und dem Tarifzweck, die Tarifgeschichte ausdrücklich.[800] Im Zweifel geht diejenige Auslegung

---

794 Vgl. BAG v. 20.09.2011 – 9 AZR 416/10, NZA 2012, 326, 330 Rn. 43; v. 24.03.2009 - 9 AZR 983/07, NZA 2009, 538, 546 Rn. 84; vom 23.03.2010 - 9 AZR 128/09, NZA 2010, 810, 814 Rn. 37.

795 BAG v. 12.04.2011 – 9 AZR 80/10, NZA 2011, 1050.

796 Siehe zu §§ 133, 157 BGB: BGH v. 26.10.1983 - IV a ZR 80/82, NJW 1984, 721.

797 BGH v. 13.03.2003 - IX ZR 199/00, NJW 2003, 2235, 2236; v. 18.02.1993 - IX ZR 108/92, NJW-RR 1993, 945, 946; BAG v. 14.12.2016 – 7 AZR 797/14, NZA 2017, 638, 641 Rn. 31; MünchKomm-BGB/*Busche*, § 133 BGB Rn. 63.

798 BGH v. 13.03.2003 - IX ZR 199/00, NJW 2003, 2235, 2236.

799 MünchKomm-BGB/*Busche*, § 133 BGB Rn. 63.

800 BAG v. 23.03.2010 - 9 AZR 128/09, NZA 2010, 810, 815 Rn. 47.

vor, die zu einem vernünftigen, widerspruchsfreien und den Interessen beider Vertragspartner entsprechendem Ergebnis führt.[801] Die Mehrurlaubsbestimmung ist damit auslegungsfähig, sodass nicht zu befürchten ist, dass der Freiwilligkeitsaspekt verkannt oder nicht hinreichend berücksichtigt wird.

Andere Stimmen in der Lehre halten die Umkehrung des Regel-Ausnahme-Verhältnisses für geboten. Kritik an der Gleichlaufvermutung findet sich sowohl vereinzelt in der Rechtsprechung[802] als auch in Teilen der Literatur.[803] Die Kritik ist vor dem Hintergrund der *Schultz-Hoff*-Entscheidung des *Europäischen Gerichtshofs*[804] einzuordnen. Sie richtet sich nicht grundsätzlich gegen das Regel-Ausnahme-Verhältnis. In Folge der *Schultz-Hoff* musste das *Bundesarbeitsgericht* seine bisherige Rechtsprechung zum Verfall von Urlaubsansprüchen aufgeben. Dass sich die Vorgaben des *Europäischen Gerichtshofs* trotz dessen fehlender Kompetenz für den vertraglichen Mehrurlaub nunmehr über die Regel-Ausnahme-Rechtsprechung des *Bundesarbeitsgerichts* auf den Mehrurlaub erstreckten sollten, erschien den Kritikern nicht sachgerecht.[805]

Mithin ist die Kritik anlassbezogen. Dies lässt sich der Äußerung des *Arbeitsgerichts Berlin* entnehmen, dass es nicht gerechtfertigt sei anzunehmen, die Tarifvertragsparteien wollten schon immer das tun, was der *Europäische Gerichtshof* nun überraschend für sie wolle.[806] Nach Ansicht des *Arbeitsgerichts Berlin* sei danach zu fragen, ob es Anhaltspunkte dafür gebe, dass eine über das zwingende Maß hinausgehende Besserstellung des (arbeitsunfähigen) Arbeitnehmers gewollt sei.[807] Den Kritikern geht es darum, den Vertragsparteien keine zum Zeitpunkt des Vertragsabschlusses unvorhersehbaren Entwicklungen in der urlaubsrechtlichen Rechtsprechung, insbesondere des *Europäischen Gerichtshofes* gewissermaßen aufzudrängen und in erster Linie den Arbeitgebern die Risiken aufzuerlegen.[808] Das *Bundesarbeitsgericht* berücksichtigte diese Kritik in seinen darauf folgenden Entscheidungen.[809]

---

801 BAG v. 14.12.2016 – 7 AZR 797/14, NZA 2017, 638, 641 Rn. 31.

802 ArbG Berlin v. 22.04.2009 - 56 Ca 21280/08, NZA-RR 2009, 411, 413.

803 *Bauer/Arnold*, NZA 2009, 530, 532, 533; *Sedlmeier*, EuZA 2010, 88, 98; *Kamanabrou*, SAE 2009, 233, 237.

804 EuGH v. 20.01.2009 - C-350/06, C-520/06, NZA 2009, 135.

805 Vgl. *Sedlmeier*, EuZA 2010, 88, 98.

806 ArbG Berlin v. 22.04.2009 - 56 Ca 21280/08, NZA-RR 2009, 411, 413.

807 ArbG Berlin v. 22.04.2009 - 56 Ca 21280/08, NZA-RR 2009, 411, 413.

808 *Kamanabrou*, SAE 2009, 233, 237.

809 BAG v. 23.03.2010 - 9 AZR 128/09, NZA 2010, 810, 814 Rn. 36 ff.

Das Bundesurlaubsgesetz schützt den Urlaub als Zeitraum selbstbestimmter Freizeitnutzung zum Zwecke der Erholung umfassend. Die Parteien können über diesen Schutzzweck nicht disponieren, weshalb in dieser Hinsicht keine überraschende Entwicklung in der Rechtsprechung, auch nicht durch den *Europäischen Gerichtshof*, der den vierwöchigen Jahresurlaub als einen wesentlichen Grundsatz des Sozialrechts der Union anerkennt,[810] zu befürchten ist. Die Kritik kommt in diesem Fall daher nicht zum Tragen. Gleichwohl ist den Kritikern darin zuzustimmen, dass soweit sich die Parteien über den Mehrurlaub einig sind, dessen Inhalt sich nicht in Folge einer Rechtsprechungsänderung wesentlich von dem entfernen darf, was die Parteien wollten. Denn andernfalls hätten sie sich womöglich nicht auf den Mehrurlaub geeinigt.

Die beteiligten Parteien haben ausreichende Möglichkeiten, um vom Regelungsregime des Bundesurlaubsgesetzes in seiner unionsrechtskonformen Auslegung abzuweichen. Die Rechtsprechung stellt keine praktisch unüberwindbaren Hindernisse auf, die es den Parteien deutlich erschweren würde, ihre vom Bundesurlaubsgesetz abweichenden Vorstellungen für den Mehrurlaub zu regeln. Sie können daher innerhalb der im Folgenden zu erörternden Gestaltungsgrenzen von ihrer Regelungsmacht hinreichend Gebrauch machen.[811] Das Regel-Ausnahme-Verhältnis drängt als Vermutungsregel den Parteien kein Ergebnis auf, das ihrem Regelungswillen entgegenstünde.

2. *Vorgaben zur Aufhebung des Gleichlaufs*

Damit die Vertragsparteien in Anbetracht des vermuteten Gleichlaufs von den Vorgaben des Urlaubsrechts abweichen können, muss die Lösung vom Regelungsregime für den Mehrurlaub durch einen zwischen den Ansprüchen differenzierenden, abweichenden Regelungswillen deutlich erkennbar sein.[812] Ist im Falle einer Erreichbarkeitsklausel keine Differenzierung erkennbar, dann ist diese aufgrund des vermuteten Gleichlaufs der Ansprüche nach §§ 1, 3 Abs. 1 BUrlG i.V.m. § 13 Abs. 1 BUrlG unwirksam.

---

810 EuGH v. 06.11.2018 – C-569/16, C-570/16, NZA 2018, 1467, 1472 f. Rn. 80 ff.

811 So für die Tarifvertragsparteien BAG v. 12.04.2011 – 9 AZR 80/10, NZA 2011, 1050, 1052 Rn. 22.

812 BAG v. 12.04.2011 – 9 AZR 80/10, NZA 2011, 1050, 1052 Rn. 23, 27.

III. Konkrete Gestaltungsmöglichkeiten zur Erreichbarkeit im Urlaub

Festzuhalten ist, dass den Parteien die Gestaltungsfreiheit über den Mehrurlaub zusteht. Während der Mehrurlaub als Regelungsgegenstand für vom Gesetz abweichende urlaubsrechtliche Gestaltungen lange Zeit unentdeckt blieb,[813] dürfte sich dies durch den Einfluss der Rechtsprechung des *Europäischen Gerichtshofs* geändert haben. Der Mehrurlaub kann als Gestaltungsobjekt somit zukünftig weiter an Bedeutung gewinnen. Er bietet sich zudem für zulässige vertragliche Erreichbarkeitsregelungen an.[814]

Für die Tarifvertragsparteien ergibt sich ein weiter Gestaltungsspielraum. Tarifverträge bieten eine Ausgewogenheitsgewähr".[815] Denn zwei gleichrangige Partner verhandeln im Rahmen ihrer verfassungsrechtlich in Art. 9 Abs. 3 GG geschützten Tarifautonomie.[816] Die Anforderungen an die Wirksamkeit von Regelungen, die vom Gewährleistungsgehalt des Bundesurlaubsgesetzes abweichen, sind folgerichtig bereits aus diesem Grund geringer als bei einer Vereinbarung zwischen den Arbeitsvertragsparteien. Die strukturelle Unterlegenheit des einzelnen Arbeitnehmers gegenüber dem Arbeitgeber prägt regelmäßig die Verhandlungsführung. Diese Erwägungen finden Eingang in die Wirksamkeitsprüfung. Zunächst sind verschiedene denkbare Gestaltungen einer Erreichbarkeitsvereinbarung aufzuzeigen und sodann auf ihre Wirksamkeit zu prüfen. Ziel ist es, den konkreten Gestaltungsspielraum der jeweils beteiligten Parteien aufzuzeigen.

---

813 *Stoffels*, SAE 2001, 331, 333.

814 Auch das BAG verweist in seiner Entscheidung zum Rückruf des Arbeitnehmers aus dem Erholungsurlaub auf die Möglichkeit, diesen gegebenenfalls aufgrund der Vertragsfreiheit wirksam für den Mehrurlaub regeln zu können, v. 20.06.200 – 9 AZR 405/99 NZA 2001, 100, 102.

815 BAG 07.06.2006 - 4 AZR 316/05, NZA 2007, 343, 345 Rn. 30; v. 26.10.2016 – 7 AZR 140/15, NZA 2017, 463, 465 Rn. 22; Staudinger/*Krause*, Anhang zu §§ 305-310 BGB K 88.

816 Staudinger/*Krause*, Anhang zu §§ 305-310 BGB K 88; *Sprink*, Vertragliche Gestaltung von Urlaub, S. 185.; siehe zur Tarifautonomie BVerfG v. 04.07.1995 - 1 BvF 2/86, 1 BvF 1/87, 1 BvF 2/87, 1 BvF 3/87, 1 BvF 4/87 und 1 BvR 1421/86, NJW 1996, 185.

1. Erreichbarkeitsklausel im (Formular-) Arbeitsvertrag

a) Anwendbarkeit des AGB-Rechts

Der Mehrurlaub kann Bestandteil des Arbeitsvertrags sein. Inhaltlich sind vielfältige Gestaltungen denkbar. Die klauselmäßige vertragliche Regelung kann anders als eine individuelle anlassbezogene Vereinbarung oder eine zwischen den Arbeitsparteien ausgehandelte Klausel einer Allgemeinen Geschäftsbedingungs-Kontrolle gemäß §§ 305 ff. BGB zu unterziehen sein. Regelmäßig sind die Arbeitsbedingungen bereits vom Arbeitgeber für eine Vielzahl weiterer Verträge vorformuliert und nicht individuell ausgehandelt, sodass es sich bei ihnen um Allgemeine Geschäftsbedingungen (AGB) handelt.[817] Dies betrifft etwa 90 Prozent der Arbeitsverträge als Formulararbeitsverträge.[818] Der Gesetzgeber berücksichtigt diesen Umstand in § 310 Abs. 4 Satz 2 BGB, wonach bei der Anwendung der §§ 305 ff. BGB, die im Arbeitsrecht geltenden Besonderheiten angemessen zu berücksichtigen sind. Individualvertragliche Klauseln als solche, die vom Arbeitgeber ernsthaft zur Disposition gestellt sind, stellen keine AGB dar.[819] Der Arbeitnehmer muss dann allerdings die Möglichkeit erhalten, die Klauselgestaltung zu beeinflussen, während der Arbeitgeber zu erkennen geben muss, auf die Wünsche des Arbeitnehmers ernsthaft einzugehen.[820] Bei Erreichbarkeitsvereinbarungen, die für einen bestimmten Urlaubszeitraum erfolgen, wird es sich in der Regel nicht um AGB handeln.[821]

b) AGB-Kontrolle bezüglich der Mehrurlaubsklausel

Die Rechtsprechung und Teile der Lehre beurteilen unterschiedlich, ob und inwieweit formulararbeitsvertragliche Klauseln zum übergesetzlichen Urlaubsanspruch überhaupt der AGB-Kontrolle unterliegen dürfen. Denn die Inhaltskontrolle erfolgt gemäß § 307 Abs. 3 Satz 1 BGB nicht bezüglich Bestimmungen, die nicht von Rechtsvorschriften abweichen oder diese ergänzen. Der Mehrurlaub ist nicht gesetzlich geregelt, weshalb eine Abweichung oder Ergänzung im Eigentlichen nicht möglich ist. Die Mehrurlaubsregelungen wären dann

817 Hinweis diesbezüglich bei *Sprink*, Vertragliche Gestaltung von Urlaub, S. 23.

818 Staudinger/*Krause*, Anhang zu §§ 305-310 BGB K 122.

819 BAG v. 15.09.2009 - 3 AZR 173/08, NZA 2010, 342, 344 Rn. 32; Staudinger/*Krause*, Anhang zu §§ 305-310 K 130.

820 BAG v. 15.09.2009 - 3 AZR 173/08, NZA 2010, 342, 344 Rn. 32; Staudinger/*Krause*, Anhang zu §§ 305-310 K 130.

821 In diese Richtung für die Widerrufsvereinbarung *Schinz*, jM 2016, 193, 198 f.

lediglich auf Intransparenz gemäß § 307 Abs. 3 Satz 2 BGB i.V.m. § 307 Abs. 1 Satz 2 i.V.m. Abs. 1 Satz 1 BGB zu prüfen.[822]

Der *Neunte Senat* des *Bundesarbeitsgerichts* befürwortet die bloße Transparenzkontrolle.[823] Die Parteien regelten einen anderen als den gesetzlichen Urlaubsanspruch, sodass es keine Rechtsvorschriften gebe, von denen abgewichen werden könne.[824] Einige Stimmen in der Literatur nehmen dagegen eine vollständige Inhaltskontrolle anstelle der bloßen Transparenzkontrolle für die vertraglichen Bestimmungen zum Mehrurlaub vor, zu Recht aber nur für die Klauseln, die den Anspruch ausgestalten, nicht jedoch für Klauseln, die ihn erst entstehen lassen.[825] Erklärt wird dies unterschiedlich, etwa damit, dass die Parteien andernfalls zahlreiche, gesetzlich nicht geregelte Bestimmungen, insbesondere Sonderleistungen nahezu völlig kontrollfrei gestalten könnten.[826] Klauseln, die nicht den Mehrurlaub an sich festlegen, aber dessen Modalitäten regeln, seien leistungsausgestaltende, folglich kontrollfähige Klauseln.[827]

Der Standpunkt des *Bundesarbeitsgerichts* trägt dem Umstand Rechnung, dass es naturgemäß keine Rechtsvorschrift für einen übergesetzlichen Anspruch geben kann. Gleichzeitig widerspricht sie dem Grundgedanken des vom *Neunten Senat* selbst aufgestellten Regel-Ausnahme-Verhältnisses. Denn wenn im Regelfall ein Gleichlauf der beiden Ansprüche besteht, dann erscheint es nur konsequent, dementsprechend den Mehrurlaub an den gesetzlichen Mindesturlaub anzulehnen. Von dessen Inhalt kann abgewichen werden.[828] Dieser Eindruck wird durch den vom *Neunten Senat* verwendeten Begriff, dass der Gleichlauf

---

822 Darstellung und Erörterung des Problems bei *Sprink*, Vertragliche Gestaltung von Urlaub, S. 25.

823 BAG v. 24.03.2009 - 9 AZR 983/07, NZA 2009, 538, 457 Rn. 93 ff.

824 BAG v. 24.03.2009 - 9 AZR 983/07, NZA 2009, 538, 457 Rn. 93 f.; sich dem in der Literatur anschließend *Schinz*, jM 2016, 193, 197.

825 *Bauer/Arnold*, NJW 2009, 631, 634; *Sprink*, Vertragliche Gestaltung von Urlaub, S. 25 ff; für die Inhaltskontrolle auch *Stoffels*, ZfA 2009, 861, 865; *ders.* in: *Preis*, Der Arbeitsvertrag, U 20 Urlaub Rn. 19; Clemenz/Krause/Kreft/*Klumpp*, AGB-Arbeitsrecht, § 307 BGB Rn. 251; für die Angemessenheitsprüfung auch *Powietzka/Fallenstein*, NZA 2010, 673, 675.

826 *Stoffels*, ZfA 2009, 861, 865.

827 *Sprink*, Vertragliche Gestaltung von Urlaub, S. 26 f.

828 In diese Richtung auch Clemenz/Krause/Kreft/*Klumpp*, AGB-Arbeitsrecht, § 307 BGB Rn. 251, wobei ohne Begründung davon ausgegangen wird, diese Erwägung sei „unscharf"; dies als Argument für die Inhaltskontrolle zitierend *Sprink*, Vertragliche Gestaltung von Urlaub, S. 25.

„aufgehoben" werden könne,[829] verstärkt. Die zusätzliche Leistung wird dem Arbeitnehmer freilich nicht allein aus altruistischen Motiven gewährt, sondern begründet auf Arbeitgeberseite regelmäßig die Erwartung einer entsprechenden Arbeitshaltung des Arbeitnehmers.[830] Folgt man der Rechtsprechung zum Regel-Ausnahme-Verhältnis, so ergibt sich ein stimmiges Gesamtbild nur, soweit man davon ausgeht, dass sich der Mehrurlaub inhaltlich an den Vorschriften des Bundesurlaubsgesetzes grundsätzlich orientiert und man dementsprechend eine (vollständige) Inhaltskontrolle bei Abweichungen vornimmt.[831]

Im Ergebnis ist mit der überwiegenden Meinung im Schrifttum festzuhalten, dass die Inhaltskontrolle bei Klauseln, die den vertraglichen Urlaubsanspruch ausgestalten, erfolgen muss. Wichtig ist, dass es sich um eine leistungsausgestaltende Klausel handeln muss. Denn das „Ob" steht den Parteien frei, hingegen unterliegt das „Wie" der Inhaltskontrolle.[832] Mit dem „Wie" entscheiden die Arbeitsvertragsparteien darüber, ob sie den vermuteten Gleichlauf aufrechterhalten oder ob sie vom gesetzlichen Urlaubsanspruch inhaltlich abweichen wollen. Die Inhaltskontrolle erfolgt freilich nur für formularmäßige Bestimmungen, während individuelle Bestimmungen von ihr ausgenommen sind.

c) Erreichbarkeitsklauseln

Eine Erreichbarkeitsregelung kann beinhalten, dass der Arbeitnehmer während des Mehrurlaubes sein E-Mail-Postfach prüfen und eingehende Anrufe annehmen muss oder ihn zudem eine Pflicht zum aktiven Tätigwerden trifft.[833] Möglich ist, dass die Erreichbarkeit „rund um die Uhr", für bestimmte Zeiten oder anlassbezogen zu gewähren ist. Ebenfalls denkbar ist, dass die Zeit der Erreichbarkeitsgewährung zugunsten des Arbeitnehmers kompensiert wird. Die vielfältigen Gestaltungsmöglichkeiten erlauben verschiedene Varianten. Einige Überlegungen sind nachfolgend in vorstellbaren beispielhaften Klauseln enthalten und dargestellt, die sodann auf ihre Wirksamkeit zu untersuchen sind.

---

829 BAG v. 12.04.2011 – 9 AZR 80/10, NZA 2011, 1050 Orientierungssatz 3.

830 Für freiwillige Zusatzleistungen siehe Staudinger/*Krause*, Anhang zu §§ 305-310 BGB Rn. K 217.

831 So auch Clemenz/Krause/Kreft/*Klumpp*, AGB-Arbeitsrecht, § 307 BGB Rn. 251.

832 Preis/*Stoffels*, Der Arbeitsvertrag, U 20 Urlaub Rn. 23.

833 Laut *Bund*-Verlag häufig auftauchende Klausel, 7 Fragen zur Erreichbarkeit im Urlaub, unter 2., vom 14.07.2017, aktualisiert vom 03.07.2019 *https://www.bund-verlag.de/aktuelles~7-fragen-zur-erreichbarkeit-im-urlaub~#,-* eingesehen am 18.08.2021; inhaltliche Überlegungen zu Erreichbarkeitsklausel ohne konkrete Darstellung einer Klausel bei *Freyler*, Mobile Office, S. 284 f.

aa) Erste Beispielklausel

Zusätzlich zu dem gesetzlichen Mindesturlaubsanspruch von 20 Tagen jährlich bezogen auf eine Fünf-Tage-Woche, erhält der Arbeitnehmer weitere [x] Urlaubstage (nachfolgend Mehrurlaub). Während des Mehrurlaubes hat der Arbeitnehmer täglich sein E-Mail-Postfach zu prüfen und bei erkennbarer Dringlichkeit einer Anfrage, das heißt, soweit die Sache keinen Aufschub zulässt, diese zu beantworten. Im Übrigen hat der Arbeitnehmer auf Anfragen dieser Art zu reagieren. Dafür stellt er im Rahmen der Möglichkeiten vor Ort sicher, dass seine Erreichbarkeit herstellbar ist. Der Arbeitgeber verpflichtet sich dazu, nur dann die Erreichbarkeit des Arbeitnehmers in Anspruch zu nehmen, soweit ihm unter Berücksichtigung seiner berechtigten Interessen anderweitige Möglichkeiten nicht zumutbar sind. Die Erfüllung des Mehrurlaubsanspruchs bleibt hierdurch grundsätzlich unberührt.

bb) Zweite Beispielklausel

(1) wie Beispielklausel 1

(2) Nimmt der Arbeitgeber die Erreichbarkeit in Anspruch, indem er vom Arbeitnehmer die Erbringung einer tatsächlichen Tätigkeit fordert, so ist die aufgewendete Zeit in Freizeit auszugleichen. Erfordert die Reaktion des Arbeitnehmers von ihm einen Arbeitsaufwand, der nach seiner Intensität mit einem Arbeitstag vergleichbar ist, wird der betroffene Mehrurlaubstag nicht auf den Mehrurlaub angerechnet.

d) Wirksamkeit der formularmäßigen Erreichbarkeitsklauseln

Zu unterscheiden ist zwischen der ersten Variante, ohne Kompensationsregelung und der zweiten Variante, die eine Kompensationsregelung enthält. Für den ersten Klauselvorschlag ist die Inhaltskontrolle bei deren formularmäßigen Gestaltung im Arbeitsvertrag eröffnet. Die Klausel darf den Arbeitnehmer gemäß § 307 Abs. 1 Satz 1 BGB nicht unangemessen entgegen dem Gebot von Treu und Glauben benachteiligen. Dies ist nach § 307 Abs. 2 Nr. 1 BGB im Zweifel anzunehmen, wenn die Erreichbarkeitsbestimmung mit wesentlichen Grundgedanken der gesetzlichen Regelung nicht zu vereinbaren ist. Die selbstbestimmte Erholung ist als Urlaubszweck das Leitbild des Urlaubsrechts und damit wesentlicher Grundgedanke nicht nur des gesetzlichen Urlaubsanspruchs.[834]

834 *Sprink*, Vertragliche Gestaltung von Urlaub, S. 184.

aa) Angemessenheit der Erreichbarkeitsklausel

Die Grenze der Gestaltbarkeit einer formularmäßigen arbeitsvertraglichen Erreichbarkeitsklausel gibt § 307 Abs. 2, Abs. 1 BGB vor. Die Angemessenheitsprüfung kann zunächst wie erwähnt anhand des Regelbeispiels aus § 307 Abs. 2 Nr. 1 BGB erfolgen. Die Norm betrifft dispositives Gesetzesrecht, woran es hier im Eigentlichen fehlt, da der gesetzliche Urlaubsanspruch nicht dispositiv ist und der Mehrurlaub einen selbstständigen Anspruch darstellt. Da grundsätzlich der Gleichlauf der beiden Ansprüche angenommen wird, ist die Fallgruppe des § 307 Abs. 2 Nr. 1 BGB dennoch passend.[835] Wesentliche Grundgedanken einer gesetzlichen Regelung sind solche, die Ausdruck des Gerechtigkeitsgebotes sind und denen damit eine Leitbildfunktion bei der Angemessenheitsprüfung zukommt.[836] Die Unvereinbarkeit ist zwar durch die Abweichung vom gesetzlichen Leitbild indiziert, letztlich jedoch wertend festzustellen, da es darauf ankommt, wie gewichtig die Interessen des Klauselverwenders an der Abweichung sind.[837] Die Unvereinbarkeit ist anzunehmen, wenn durch die Abweichung ein wesentliches Schutzdefizit des Vertragspartners entstünde.[838]

Will man allein auf einen unmittelbaren Vergleich mit den gesetzlichen Regelungen abstellen, weichen beide Klauselvorschläge von dem gesetzlichen Inhalt des Urlaubsanspruchs ab und benachteiligen den Arbeitnehmer im Vergleich zur gesetzlichen Regelung. Die Regelung in § 13 Abs. 1 Satz 1 BUrlG, die einer Disposition über den Inhalt des (gesetzlichen) Urlaubsanspruchs entgegensteht, ist abbedungen. Wesentlicher Grundgedanke des gesetzlichen Urlaubsanspruchs ist es, dem Arbeitnehmer die selbstbestimmte Erholung zu ermöglichen. Diese ist das Leitbild des gesetzlichen Urlaubsanspruchs.

Die Erreichbarkeit betrifft den Urlaubszweck. Zwar sind Konstellationen denkbar, in denen die Erreichbarkeit den Urlaubszweck in Form der Entscheidungsmacht unberührt lässt. Jedoch ist der Arbeitnehmer anders als in Fällen der tatsächlichen Erreichbarkeit zu einem Verhalten verpflichtet und seine Inanspruchnahme ist vorhersehbar. Der Arbeitnehmer müsste gewisse Umstände in seiner Urlaubsgestaltung dem Ziel seiner Erreichbarkeit anpassen, was ihn in seiner Selbstbestimmung einschränkt und auf diese Weise, abstrakt betrachtet,

---

835 Die Überlegungen hierzu entsprechen jenen zur Annahme der AGB-Kontrollfähigkeit des Mehrurlaubs, siehe hierzu zweites Kapitel § 9 III.1.

836 Erman-BGB/*Roloff/Looschelders*,§ 307 BGB Rn. 24; BGH v. 27.06.2007 - VIII ZR 149/06, NJW 2007, 3637, 3640 Rn. 22; Staudinger/*Wendland*, § 307 BGB Rn. 247.

837 Clemenz/Krause/Kreft/*Klumpp*, AGB-Arbeitsrecht, § 307 BGB Rn. 70, 71.

838 Clemenz/Krause/Kreft/*Klumpp*, AGB-Arbeitsrecht, § 307 BGB Rn. 71.

seine Erholung gefährdet. Der Arbeitnehmer ist faktisch in der Wahl seines Aufenthaltsortes eingeschränkt, um seine Erreichbarkeit sicherzustellen. Urlaubszeit ist für viele Reisezeit und nicht überall sind die technischen Voraussetzungen der Erreichbarkeit sichergestellt.[839] Andererseits ist die Erreichbarkeit heutzutage nahezu überall technisch möglich, wodurch die Wahl des Aufenthaltsortes letztlich nur unerheblich eingeschränkt sein kann. Ferner wird in der beispielhaft dargestellten Klausel eine Einschränkung auf die jeweiligen Möglichkeiten zur Erreichbarkeit vor Ort vorgenommen.

Die Beispielklausel enthält im Wesentlichen eine Reaktionspflicht, die zudem unter Zumutbarkeitserwägungen beschränkt sein soll. Gleichwohl verpflichtet sie den Arbeitnehmer dazu, seine Erreichbarkeit technisch zu gewährleisten. Eine Reise des Arbeitnehmers oder ein Ausflug an einen Ort, an dem diese Voraussetzungen nicht gegeben sind, ist nicht ohne Weiters möglich, da ein arbeitsvertraglicher Pflichtenverstoß rechtliche Folgen für das Arbeitsverhältnis haben kann. Wenngleich nach diesem Klauselbeispiel nur die Beantwortung dringender Anfragen geschuldet ist, sieht sich der Arbeitnehmer dennoch allein durch die Pflicht, sein E-Mail-Postfach zu überprüfen, mit betrieblichen Belangen konfrontiert. Ein „Abschalten" von der fremdbestimmten Arbeit ist so, trotz der vermeintlich einfach wahrzunehmenden Pflicht, nicht möglich. Dies entfernt sich nicht unerheblich vom gesetzlichen Leitbild des Urlaubes als selbstbestimmter Erholungsphase.

Die Unvereinbarkeit mit wesentlichen gesetzlichen Grundgedanken lässt im Zweifel auf die Unangemessenheit der vertraglichen Bestimmung schließen. Zugunsten des Arbeitgebers ist aber zu berücksichtigen, dass es sich um eine freiwillige Leistung des Arbeitgebers handelt.[840] Urlaubstage sind nach einer Auffassung bei einer Erreichbarkeitsregelung trotz längerer Tätigkeiten des Arbeitnehmers erfüllt, da das „Mehr" lediglich geschmälert sei.[841] Andere betonen, dass das Arbeitnehmerinteresse an einer den gesetzlichen Regelungen vergleichbaren vertraglichen Bestimmung aufgrund des bereits durch den gesetzlichen Urlaubsanspruch hinreichend berücksichtigten Erholungsbedürfnisses weniger gewichtig sei.[842] Demnach seien kaum Klauseln denkbar, die der Inhaltskontrolle nicht standhalten könnten.[843]

---

839 Hierzu allgemein *Richter*, AuR 2011, 16, 17.

840 Dies betonend *Freyler*, Mobile Office, S. 283.

841 *Freyler*, Mobile Office, S. 284 f.

842 Clemenz/Krause/Kreft/*Klumpp*, AGB-Arbeitsrecht, § 307 BGB Rn. 253.

843 Clemenz/Krause/Kreft/*Klumpp*, AGB-Arbeitsrecht, § 307 BGB Rn. 253.

Allein das „Mehr“ genügt indes nicht, um weite Spielräume des Arbeitgebers bei der Ausgestaltung des Mehrurlaubes zu rechtfertigen. In die Angemessenheitsprüfung sind ebenso die Interessen des Arbeitnehmers einzubeziehen. Allein weil der gesetzliche Urlaubsanspruch den Urlaubszweck ausreichend schützt, ist das Arbeitnehmerinteresse an einer ähnlichen Gestaltung des Mehrurlaubes nicht weniger gewichtig. Schließlich ist der Mehrurlaub regelmäßig eine Sonderleistung des Arbeitgebers mit Vergütungscharakter und keine altruistische Leistung. Dem Arbeitnehmer darf aus der Erreichbarkeitspflicht kein Schutzdefizit entstehen. Bedenken bezüglich der Wirksamkeit von Erreichbarkeitsklauseln sind aufgrund der Abweichung vom Leitbild des gesetzlichen Urlaubsanspruchs angebracht und diese daher nicht durch einen einfachen Hinweis auf das „Mehr“ einer eingehenden Prüfung zu entziehen.

Die Beispielklausel ist im Vergleich zu anderen denkbaren Erreichbarkeitsformen eher restriktiv gestaltet. Der Arbeitgeber darf den Kontakt zum Arbeitnehmer nur herstellen, wenn ihm ein anderes Vorgehen, durch das er die Kontaktaufnahme vermeiden kann, nicht zumutbar ist. Im Regelfall ist der Arbeitnehmer nur verpflichtet, sein E-Mail-Postfach zu einem selbst gewählten Zeitpunkt zu überprüfen. Bei einem restriktiven Verständnis dürfen E-Mails nur an den Arbeitnehmer gesendet werden, wenn sie eine dringliche Angelegenheit betreffen, die nicht in zumutbarer Weise anderweitig bearbeitet werden kann. Der Arbeitnehmer prüft nur, ob ein Fall eingetreten ist, der ihn zur aktiven Tätigkeit verpflichtet.

Nach den Gesamtumständen erscheint es noch als vertretbar, eine solche Klausel als angemessen einzuordnen, obwohl sie sich vom Leitgedanken des gesetzlichen Urlaubsanspruchs entfernt. Letztlich handelt es sich um eine Wertungsentscheidung. Ginge man von der Unangemessenheit der Klausel aus, wäre diese nach § 306 Abs. 1 BGB unwirksam. Dies hätte zur Folge, dass der Mehrurlaub, der mit seinen Gewährleistungen von der Erreichbarkeitsklausel trennbar ist,[844] sich im Sinne des Regel-Ausnahme-Verhältnisses nach den Gewährleistungen des gesetzlichen Urlaubsanspruchs richten würde.[845]

Eine eher restriktive und das gesetzliche Urlaubsleitbild schützende Sichtweise findet sich im Schrifttum zum Regelungsbeispiel einer Rückrufsvereinbarung.[846]. Sie legt nahe, dass Regelungen zum Mehrurlaub, die den Urlaubszweck

844 Vergleiche zur Trennbarkeit BAG v. 21.06.2011 – 9 AZR 236/10, NZA 2011, 1274, 1277 Rn. 47; v. 11.04.2006 - 9 AZR 610/05, NZA 2006 1042, 1045 Rn. 32.

845 *Sprink*, Vertragliche Gestaltung von Urlaub, S. 29.

846 *Sprink*, Vertragliche Gestaltung von Urlaub, S. 184.

einschränken, der Inhaltskontrolle nicht ohne Weiteres standhalten. Dieser einschränkende Ansatz ist wertungsmäßig auf den Erreichbarkeitsfall übertragbar.[847] Die unwiderrufliche Urlaubsgewährung sei nicht nur der wesentliche Grundgedanke der gesetzlichen Regelung, sondern zudem derjenige des Mehrurlaubs. Die Rückrufsvereinbarung beeinträchtige die selbstbestimmte Freizeitnutzung und Erholung von der Arbeit und benachteilige den Arbeitnehmer im Sinne von § 307 Abs. 2 Nr. 1 BGB unangemessen. Daran ändere sich nichts, wenn der Arbeitgeber vertraglich verpflichtet sei, dem Arbeitnehmer den durch den tatsächlichen Rückruf vereitelten Urlaub nachzugewähren.[848]

Richtig ist, dass aufgrund des allgemeinen Urlaubsverständnisses, das nicht zwischen gesetzlichen und übergesetzlichen Urlaubsansprüchen unterscheidet, der Urlaubszweck als gesetzliches Leitbild Eingang in die Angemessenheitsprüfung finden muss. Der Gedanke an einen in Folge der Klausel möglichen Rückruf aus dem Urlaub, insbesondere sofern sich der Arbeitnehmer auf Reisen befindet, gefährdet den Urlaubszweck stärker als die Erreichbarkeit nach der beispielhaften Klausel, da letztere keinen Ortswechsel erfordert. Die Überlegungen zur Unwirksamkeit nach § 306 Abs. 1 BGB überzeugen für eine Rückrufklausel. Die Konstellation weicht von der Erreichbarkeitsklausel nach der Intensität der Urlaubszweckgefährdung jedoch ab. Der Interessenlage des Arbeitgebers kommt bei der Erreichbarkeitskonstellation aufgrund ihrer geringeren Eingriffsintensität zwar mehr Gewicht zu als seinem Interesse an einer Rückrufklausel. Dennoch ist auch bei der Erreichbarkeitsklausel eine erhebliche Abweichung vom gesetzlichen Leitbild gegeben. Der Arbeitnehmer darf erwarten, dass es sich bei dem Mehrurlaub tatsächlich um einen Urlaub, der dem Urlaubszweck entspricht, handelt. Daran hat der Arbeitnehmer, insbesondere wegen des vergütungsartigen Charakters des Mehrurlaubs, ein berechtigtes Interesse. Die Interessensabwägung fällt bei der ersten Beispielklausel zugunsten des Arbeitnehmers aus. Die erste Beispielklausel ist als formularmäßige Erreichbarkeitsklausel nach § 306 BGB unwirksam mit der Folge des § 306 Abs. 2 BGB, nämlich dass die Regelung zum „Ob" des Mehrurlaubes hinsichtlich des „Wie" durch die gesetzliche Bestimmung zu ergänzen ist, der Mehrurlaub mithin vorbehaltslos zu gewähren ist.

---

847 Vergleiche hierzu wegen wertungsmäßiger Ähnlichkeit zwischen Rückruf und Erreichbarkeit auch *Körlings*, Mobile Erreichbarkeit von Arbeitnehmern, S. 94.

848 *Sprink*, Vertragliche Gestaltung von Urlaub, S. 184.

bb) Wirkung der Kompensationsregelung

Enthält eine Klausel eine Kompensationsregelung zugunsten des ansonsten benachteiligten Vertragspartners, kann diese zur Angemessenheit der Klausel im Gesamten beitragen.[849] Die Kompensation entspricht dem Gerechtigkeitsprinzip, wonach derjenige Vertragspartner, der mit der Regelung benachteiligt wird, hierfür einen Ausgleich erhält und dadurch seine Vertragstreue gefördert wird.[850] Ob ein sachlicher Zusammenhang zwischen dem Regelungsgegenstand und dem Kompensationsinhalt bestehen muss, wird unterschiedlich beurteilt.[851] Bei einer Verpflichtung zur Leistung von Überstunden bedeutet dies im praktischen Fall, sofern man ein Kopplungsgebot für AGB-Regelungen befürwortet, dieses dazu führt, dass der Ausgleich in der Gewährung von bezahlter Freizeit in gleicher Höhe bestehen müsste.[852] Sowohl die Arbeitszeitenregelung als auch die Freizeitgewährung dienen der Sicherung der Erholung.[853] Ob ein Kopplungsgebot zwingend den Anforderungen des § 307 Abs. 1 BGB zu entnehmen ist, kann dahinstehen. Jedenfalls kann der Sachzusammenhang als Belang innerhalb der Angemessenheitsprüfung nach § 307 Abs. 1 BGB Berücksichtigung finden[854] und auf diese Weise für die Wirksamkeit einer formularmäßigen Mehrurlaub-Erreichbarkeitsklausel mit dem kompensatorischen Element des Freizeitausgleichs sprechen. Die Kompensation muss von Bedeutung sein, um einen angemessenen Ausgleich für die Erreichbarkeit darzustellen.[855] Nach der vorgenannten Ansicht zum Rückruf ist eine Regelung trotz vorgesehener Nachgewährungspflicht des Arbeitgebers nicht ausreichend, weil der Arbeitnehmer seinen Mehrurlaub dennoch nicht frei gestalten kann.[856]

In der ersten Beispielklausel, die nicht kontrollfest ist, fehlt eine Kompensationsregelung. Durch die Kompensationsregelung in Absatz 2 der zweiten Beispielklausel bleibt die Erreichbarkeit nicht folgenlos. Daran verdeutlicht

---

849 Staudinger/*Wendland*, § 307 BGB Rn. 125; *Bieder*, Kompensatorische Vertragsgestaltung, S. 83; grundsätzlich dafür auch Ulmer/Brandner/Hensen/*Fuchs*, AGB-Recht, § 307 BGB Rn. 144.

850 *Bieder*, Kompensatorische Vertragsgestaltung, S. 83-85.

851 Befürwortend: MünchKomm-BGB/*Wurmnest*, § 307 BGB Rn. 38; Staudinger/*Wendland*, § 307 BGB Rn. 125; ablehnend und näher zum Konnexitätserfordernis *Bieder*, Kompensatorische Vertragsgestaltung, S. 330 ff.

852 *Bieder*, Kompensatorische Vertragsgestaltung, S. 331.

853 *Bieder*, Kompensatorische Vertragsgestaltung, S. 332.

854 *Bieder*, Kompensatorische Vertragsgestaltung, S. 344.

855 *Stoffels*, AGB-Recht, Rn. 487; MünchKomm-BGB/*Wurmnest*, § 307 BGB Rn. 38.

856 *Sprink*, Vertragliche Gestaltung von Urlaub, S. 184 f.

sich, dass der Arbeitgeber als Klauselverwender grundsätzlich den Urlaubszweck für den Mehrurlaub anerkennt. Die Kompensationsregelung bewirkt bei einer Erreichbarkeitssituation, die über das bloße Prüfen des E-Mail-Postfachs hinausgeht, einen Ausgleich für die beanspruchte Urlaubszeit. Der erheblich betroffene Urlaubstag ist nachzugewähren oder der Arbeitnehmer erhält in geringfügigeren Fällen einen Freizeitausgleich zu einem späteren Zeitpunkt. Der Sachzusammenhang zwischen der Bestimmung und dem kompensatorischen Vorteil ist daher gegeben. Ohne die Kompensationsregelung wäre die Erreichbarkeit bei unterstellter Wirksamkeit der Klausel, ersatzlos vom Arbeitnehmer zu leisten. Insofern kommt ihr eine nicht zu unterschätzende Funktion zu. Eine formularmäßige Erreichbarkeitsklausel mit Kompensationselement ist daher hinsichtlich der AGB-Kontrolle rechtssicherer als die erste Beispielklausel ohne Kompensation. Sie trägt zur Angemessenheit der formularmäßigen Erreichbarkeitsklausel bei.

e) Zusammenfassung – Unterschiede zur Individualvereinbarung

Soll für den vertraglichen Urlaub eine formularmäßige Erreichbarkeitsklausel Bestandteil des Arbeitsvertrags sein, dann muss die Abweichung vom gesetzlichen Inhalt des Urlaubsanspruchs deutlich erkennbar, der Gleichlauf mithin aufgehoben sein. Obwohl der übergesetzliche Urlaubsanspruch ein eigenständiger Anspruch ist, unterliegen formularmäßige ausgestaltende Klauseln, der Inhaltskontrolle nach § 307 BGB. Lediglich eine restriktive formualrmäßige Erreichbarkeitsklausel kann wirksam sein, wenngleich wegen der Abweichung von einem wesentlichen gesetzlichen Grundgedanken des Urlaubsanspruchs mehr für ihre Unangemessenheit spricht. Eine zusätzliche Kompensationsregelung kann aber zur Angemessenheit der Klausel beitragen und die Klausel „kontrollfest" gestalten.

Die nur eingeschränkte Zulässigkeit von Erreichbarkeitsklauseln mag im Hinblick auf die Gruppe der Arbeitnehmer-Führungskräfte unbillig erscheinen.[857] Die Besonderheiten dieser Vertragsbeziehung erlauben einen gegenüber sonstigen Arbeitnehmern erweiterten Gestaltungsspielraum,[858] weil im Rahmen der Inhaltskontrolle eher von der Angemessenheit der Erreichbarkeitspflicht auszugehen ist. Dies lässt sich, wie bereits in Bezug auf die ausgeprägteren

---

857 Allgemein einen anderen Bewertungsmaßstab bei der Wirksamkeit von Klauseln gegenüber Führungskräften/ leitenden Angestellten befürwortend auch *Bieder*, Kompensatorische Vertragsgestaltung, S. 429 f.

858 *Bieder*, Kompensatorische Vertragsgestaltung, S. 430.

Nebenpflichten, mit der besonderen Nähe der Führungskräfte zum Arbeitgeber und ihren arbeitgeberähnlichen Funktionen begründen.[859] Häufig liegen der Vertragsbeziehung individuell ausgehandelte Rechte und Pflichten zugrunde, sodass es im Ergebnis seltener auf eine AGB-rechtliche Wirksamkeit dieser Regelungen ankommt.[860] Ihre Wirksamkeit ist lediglich nach den allgemeinen rechtlichen Grenzen, das heißt insbesondere nach dem Gebot von Treu und Glauben im Rahmen des § 242 BGB zu beurteilen.

Individuelle Vereinbarungen tragen auch sonst zu einer rechtssicheren Gestaltung der Erreichbarkeit für den Mehrurlaub bei und sind aus diesem Grund einer formularmäßigen Regelung vorzuziehen.[861] Individualvereinbarungen mit Arbeitnehmern sind jedoch bei größeren Unternehmen in der Regel nicht praxistauglich. Denn sie setzen ein Aushandeln der Klausel voraus, was erfordert, dass der gesetzesfremde Kerngehalt der Regelung gegenüber dem Vertragspartner ernsthaft zur Disposition gestellt wird, damit dieser zur Wahrung seiner Interessen die Möglichkeit der Gestaltungfreiheit erhält.[862] Vielfach besteht bei Arbeitgebern das Bedürfnis, einheitliche Regelungen in die Arbeitsverträge aufzunehmen. Um diesem Bedürfnis zu entsprechen und gleichzeitig weitgehend kontrollfeste Mehrurlaubsklauseln mit Erreichbarkeitspflichten zu gestalten, empfiehlt es sich, eine Kompensation der Erreichbarkeitszeiten in die Klausel aufzunehmen. Die Kompensation sollte darin bestehen, Erreichbarkeitszeiten durch Freizeitgewährung auszugleichen, da darin ein sachnaher Ausgleich liegt, der zur Angemessenheit der Regelung beiträgt. Auf diese Weise können Erreichbarkeitsklauseln im Hinblick auf den Mehrurlaub in Arbeitsverträgen enthalten sein, ohne dass diese für ihre Wirksamkeit individuell auszuhandeln sind.

2. Tarifvertragliche Erreichbarkeitsklausel

Regelungen der Tarifpartner zum Mehrurlaub müssen lediglich den allgemeinen gesetzlichen und verfassungsrechtlichen Grenzen entsprechen.[863] Die

---

859 Vgl. *Bieder*, Kompensatorische Vertragsgestaltung, S. 432, 436.

860 Hansen/Kelber/Zeißig/Breezmann/Confurius/*Kelber/Busch*, Führungskräfte, C. Rn. 9.

861 Ähnliche Erwägung bezüglich Rückrufvereinbarungen *Sprink*, Vertragliche Gestaltung von Urlaub, S. 300.

862 BAG 19.05.2010 - 5 AZR 253/09, NJW 2010, 2827, 2829 Rn. 25; v. 12.12.2013 – 8 AZR 829/12, NZA 2014, 905, 907 Rn. 31.

863 BAG v. 06.09.1995 – 5 AZR 174/94, NZA 1996, 437, 439; v. 04.09.1985 – 5 AZR 655/84 NZA 1986, 225, 226; *Sprink*, Vertragliche Gestaltung von Urlaub, S. 185.

dargestellten Beispielklauseln sind daher in wirksamer Weise durch die Tarifvertragsparteien vereinbar. Wollen die Tarifpartner Regelungen treffen, die vom Regelungsregime des Bundesurlaubsgesetzes abweichen, müssen deutliche Anhaltspunkte für die Unterscheidung erkennbar sein. Durch Auslegung ist zu ermitteln, ob die Tarifvertragsparteien den Gleichlauf aufheben und von ihrer Regelungsmacht Gebrauch machen.[864] Möglich ist dies beispielsweise durch die Wahl unterschiedlicher Überschriften.[865] In den aufgezeigten Beispielklauseln wird zunächst die Dauer des gesetzlichen Urlaubsanspruchs genannt und sodann der Mehrurlaub gesondert angesprochen und bezeichnet. Diese inhaltliche Trennung ermöglicht ein abweichendes Regelungsregime.[866] Viele Klauseln sehen hingegen nur einen Urlaubsanspruch in Höhe von [x-] Tagen vor.[867] Aus dieser Formulierung ergibt sich eine bloße Zusammenrechnung der gesetzlichen und übergesetzlichen Urlaubstage. Deutliche Anhaltspunkte für die Unterscheidung fehlen, soweit keine weiteren Bestimmungen oder Anhaltspunkte, wie Protokollnotizen, vorhanden sind.[868] Dann ist ein Gleichlauf der Ansprüche anzunehmen. Lösen sich die Regelungen inhaltlich erkennbar vom Regelungsregime des Bundesurlaubsgesetzes, liegt nach der Rechtsprechung des *Bundesarbeitsgerichts* kein zwischen den Ansprüchen differenzierender, jedoch ein abweichender Regelungswille vor.[869] Die Tarifpartner lösen sich insgesamt vom Regelungsregime des Bundesurlaubsgesetzes. Die Erreichbarkeitsbestimmung ist gemäß § 13 Abs. 1 Satz 1 BUrlG unwirksam. Allerdings kann der Regelungsteil für den Mehrurlaub von der einheitlich geregelten Gesamtdauer des Urlaubes abgetrennt werden und nach § 139 BGB wirksam sein.[870] Die Erreichbarkeitsklausel bezieht sich dann lediglich auf die Dauer des Mehrurlaubes.

---

864 BAG v. 12.04.2011 – 9 AZR 80/10 NZA 2011, 1050, 1052 Rn. 22.

865 Preis/*Stoffels*, Der Arbeitsvertrag, U 20 Urlaub Rn. 93.

866 Vgl. BAG v. 12.04.2011 – 9 AZR 80/10, NZA 2011, 1050, 1052 Rn. 23.

867 Beispielsweise Manteltarifvertrag für akademisch gebildete Angestellte in der chemischen Industrie, § 9 2.; MTV zwischen Bundesarbeitgeberverband Chemie e.V., Wiesbaden und der Industriegewerkschaft Bergbau Chemie, Energie, Hauptvorstand, Hannover § 12 Abs. 2.

868 *Powietzka/Rolf*, BUrlG, § 13 BUrlG Rn. 4; *Sprink*; Vertragliche Gestaltung von Urlaub, S. 71.

869 BAG v. 12.04.2011 – 9 AZR 80/10, NZA 2011, 1050, 1052 Rn. 23, 27.

870 BAG v. 12.04.2011 – 9 AZR 80/10, NZA 2011, 1050, 1052 Rn. 27; v. 14.02.2017 – 9 AZR 386/16, NZA 2017, 655, 657 Rn. 23.

3. *Unterschiedliche Regelungsregime - Tilgungsbestimmung*

Weichen die Parteien vom Regelungsregime des Bundesurlaubsgesetzes ab, muss der Arbeitnehmer wissen, ob er nach den gesetzlichen Regelungen nicht zur Erreichbarkeit verpflichtet ist oder ob er aufgrund einer vertraglichen Regelung zum Mehrurlaub in gewissem Umfang seine Erreichbarkeit gewähren muss. Ebenso stellt sich das Problem, wenn es zur tatsächlichen erreichbarkeitsbezogenen Inanspruchnahme kommt, denn soweit die Erreichbarkeit die Erheblichkeitsschwelle überschreitet, wäre der gesetzliche Urlaubsanspruch anders als der entsprechend gestaltete übergesetzliche Urlaubsanspruch nicht erfüllt. Vorteilhaft ist es, wenn die Parteien dann bereits festlegen, ob zunächst der gesetzliche oder der übergesetzliche Urlaubsanspruch erfüllt werden soll, sie mithin eine vertragliche Tilgungsbestimmung treffen.[871] Wenig praktikabel und dem gesetzlichen Gedanken des zusammenhängenden Urlaubes zuwiderlaufend wäre es, den einheitlichen Urlaubszeitraum nach dem jeweiligen Anspruch aufzuspalten. Jedenfalls für den gesetzlichen Urlaubsanspruch ist das Leitbild des zusammenhängenden Urlaubes gemäß § 7 Abs. 2 Satz 1 HS. 1 BUrlG zu beachten. Bei unterschiedlichen Erreichbarkeitsmöglichkeiten wäre die zusammenhängende Gewährung de facto aufgehoben. Ist dem Arbeitnehmer nicht bewusst, an welchen der Urlaubstage er seine Erreichbarkeit sicherstellen muss, müsste er sich während des gesamten Urlaubszeitraums darauf einstellen, sich erreichbar zu halten.

Wenn der gesetzliche und der übergesetzliche Urlaubsanspruch einheitlich geregelt sind, dann ist § 366 BGB nicht anwendbar.[872] Der Arbeitgeber erfüllt dann beide Urlaubsansprüche teilweise.[873] Das *Bundearbeitsgericht* geht von einem einheitlichen Urlaubsanspruch aus,[874] mit der Folge, dass es keine Reihenfolge für die Erfüllung der auf unterschiedlichen Anspruchsgrundlagen beruhenden Ansprüche gibt. Bei abweichendem Regelungsregime sind die Parteien dagegen in ihrer Wahl frei, ob zunächst der gesetzliche oder der übergesetzliche Urlaubsanspruch erfüllt werden soll. Ohne besondere Regelung kann der

---

871 Preis/*Stoffels*, Der Arbeitsvertrag, U 20 Urlaub Rn. 22; *Sprink*, Vertragliche Gestaltung von Urlaub, S. 85 f., 101; *Powietzka/Fallenstein*, NZA 2010, 673, 674.

872 BAG v. v. 16.10.2012 - 9 AZR 234/11, NZA 2013, 575, 576 Rn. 12; v. 07.08.2012 - 9 AZR 760/10, NZA 2013, 104, 105 Rn. 12; *Natzel*, NZA 2011, 77, 78; *Sprink*, Vertragliche Gestaltung von Urlaub, S. 93.

873 BAG v. 07.08.2012 - 9 AZR 760/10, NZA 2013, 104 Orientierungssatz 2; v. 16.10.2012 - 9 AZR 234/11, NZA 2013, 575, 576 Rn. 12.

874 BAG v. 16.10.2012 - 9 AZR 234/11, NZA 2013, 575, 576 Rn. 12.

Arbeitgeber noch bei der Urlaubserteilung die Tilgungsbestimmung treffen.[875] Haben die Parteien keine vertragliche Vereinbarung zur Tilgung getroffen, kann sich deren Reihenfolge aus § 366 Abs. 2 BGB ergeben.[876]

Der Arbeitgeber ist aus mehreren Schuldverhältnissen im Sinne des § 366 Abs. 1 BGB verpflichtet. Mit Schuldverhältnis ist eines im Sinne von § 241 BGB als Grundlage von Forderungen gemeint.[877] Handelt es sich um zwei selbstständige Ansprüche,[878] weil der arbeitsvertragliche oder der tarifliche Mehrurlaub differenziert geregelt sind, dann erfolgt keine einheitliche Erfüllung. Dementsprechend muss feststehen, in welcher Reihenfolge der Arbeitgeber erfüllt. Nach einer Auffassung ergibt sich aus dem ausdrücklichen Hinweis auf den „zusätzlichen" Urlaub ein Stufenverhältnis, das bei der Tilgung zu berücksichtigen sei.[879] Dagegen wird zutreffend kritisch eingewendet, dass ein ausdrücklicher Hinweis für die Anwendung des § 366 BGB nicht erforderlich sei, weil die Differenzierung aufgrund des unterschiedlichen Urlaubsregimes ausreiche.[880] Dies wäre eine formelle Hürde, die in Anbetracht einer klar unterschiedlichen Handhabung nicht erforderlich ist. Ein unterschiedlicher Gehalt der Ansprüche könne genügen, um § 366 BGB „ausnahmsweise" anzuwenden.[881] Dies vermag nicht zu überzeugen, denn der unterschiedliche Gehalt ergibt sich aus den unterschiedlichen Regelungen selbst.[882]

Folglich ist bei einer Erreichbarkeitsbestimmung für den Mehrurlaub § 366 BGB anzuwenden. Der gesetzliche Erholungsurlaubsanspruch einerseits und der vertraglichen Mehrurlaub andererseits sind mehrere Forderungen im Sinne von § 366 Abs. 1 BGB, da sie nicht deckungsgleich sind. Die Tilgungsreihenfolge richtet sich nach § 366 Abs. 2 BGB. Die Erreichbarkeitsbestimmung für den Mehrurlaub bewirkt nicht, dass der Mehrurlaubsanspruch dem Arbeitnehmer weniger Sicherheit bietet als der gesetzliche Urlaubsanspruch, was

---

875 Preis/*Stoffels*, Der Arbeitsvertrag, U 20 Urlaub Rn. 22.

876 Umstritten, so aber auch *Sprink*, Vertragliche Gestaltung von Urlaubsansprüchen, S. 94 f.; *Powietzka/Rolf*, BUrlG, § 7 BUrlG Rn. 107.

877 *Natzel*, NZA 2011, 77, 78; MünchKomm-BGB/*Bachmann*, § 241 BGB Rn. 3.

878 Das BAG geht von der Einheitlichkeit der Urlaubsansprüche gerade für nicht selbstständige Urlaubsansprüche aus, sodass dieses Kriterium maßgeblich ist, um eine Abweichung von der Einheitlichkeit zu ermöglichen, vgl. BAG v. 07.08.2012 - 9 AZR 760/10, NZA 2013, 104, 105 Rn. 12.

879 *Natzel*, NZA 2011, 77, 79.

880 *Sprink*, Vertragliche Gestaltung von Urlaub, S. 94.

881 *Natzel*, NZA 2011, 77, 79.

882 *Sprink*, Vertragliche Gestaltung von Urlaub, S. 88.

typischerweise bei kürzeren Verjährungs- oder Verfallfristen anzunehmen ist.[883] Somit ist § 366 Abs. 2 Var. 2 BGB anzuwenden.

Die Lästigkeit der Forderung im Sinne von § 366 Abs. 2 Var. 2 BGB beurteilt sich nach den nachteiligen Rechtsfolgen einer Nichterfüllung der jeweiligen Schuld sowie unter Umständen nach den tatsächlichen Folgen.[884] Der Anspruch auf den gesetzlichen Erholungsurlaub, für den es keine Erreichbarkeitsbestimmung geben darf, ist die für den Arbeitgeber lästigere Forderung, da es ihm im Rahmen des Mehrurlaubes möglich ist, bei entsprechender Bestimmung den Arbeitnehmer zu kontaktieren oder andere Erreichbarkeitsanforderungen an ihn zu stellen und dennoch den Mehrurlaubsanspruch zu erfüllen. Nicht nur der Arbeitnehmer erhält ein „Mehr" durch den Urlaub, sondern auch der Arbeitgeber erlangt durch die Erreichbarkeit des Arbeitnehmers ein „Mehr" gegenüber dem gesetzlichen Anspruchsinhalt.

Der *Neunte Senat* des *Bundesarbeitsgerichts* und mit ihm Teile der Lehre gehen bei hinreichender Differenzierung davon aus, dass die Auslegung des § 366 Abs. 2 BGB zu einer vorrangigen Erfüllung des gesetzlichen Urlaubsanspruchs bei einem differenzierten Regelungsregime führen müsse.[885] Die Vorschrift enthalte den allgemeinen Rechtsgedanken, dass bei der Bestimmung der Tilgungsreihenfolge von einem vernünftigen Parteiwillen auszugehen sei und der Mindesturlaub als einzig unabdingbarer Urlaubsanspruch vorrangig zu tilgen sei.[886] Im Ergebnis ist der mit einer Erreichbarkeitsbestimmung ausgestaltete Mehrurlaub nachrangig zu erfüllen. Es kommt letztlich nicht darauf an, ob das Ergebnis über § 366 Abs. 2 BGB oder über den allgemeinen Vorrang des gesetzlichen Urlaubsanspruchs begründet wird, wenngleich § 366 Abs. 2 Var. 2 BGB passend scheint.

4. *Zusammenfassung*

Während die Wirksamkeit von Erreichbarkeitsvereinbarungen zum gesetzlichen Mindesturlaub an § 13 Abs. 1 Satz 1 BUrlG scheitert, kommt den Arbeitsvertragsparteien beziehungsweise den Tarifpartnern ein mehr oder weniger weiter

883 Vgl. *Powietzka/Fallenstein*, NZA 2010, 673, 679.

884 Staudinger/*Olzen*, § 366 BGB Rn. 41; Münch Komm-BGB/*Fetzer*, § 366 BGB Rn. 16; BeckOK-BGB/*Dennhardt*, § 366 BGB Rn. 12.

885 BAG v. 05.09.2002 - 9 AZR 244/01, NZA 2003, 726, 730; v. 07.08.2012 – 9 AZR 760/10, NZA 2013, 104, 105 Rn. 13; so auch: *Gaul/Bonanni/Ludwig*, DB 2009, 1013, 1016; *Krieger/Arnold*, NZA 2009, 530, 533.

886 *Leinemann/Linck*-BUrlG, § 7 BUrlG Rn. 15.

Spielraum in Bezug auf den Mehrurlaub zu. Der Gestaltungsspielraum ermöglicht eine Abweichung vom grundsätzlichen Gleichlauf der Ansprüche. Anders als bei dem gesetzlichen Urlaubsanspruch, kann der Arbeitnehmer auf diese Weise wirksam zur Erreichbarkeit verpflichtet sein, ohne dass dies zwingend Auswirkungen auf die Erfüllbarkeit des Urlaubsanspruchs hat. Formularmäßige Regelungen unterliegen jedoch der AGB-Kontrolle, sodass der Gestaltungsspielraum im Vergleich zu tariflichen oder individualvertraglichen Regelungen beschränkt ist. Das Kompensationselement ist eine Möglichkeit, die Erreichbarkeitsbestimmung kontrollfest zu gestalten. Beachten die Vertragspartner die Gestaltungsgrenzen, dann ist es nicht nur möglich, dass der Arbeitnehmer zur Erreichbarkeit kraft vertraglicher Regelung verpflichtet ist. Die Erreichbarkeit ist bei zulässiger Vereinbarung kein Erfüllungshindernis für den übergesetzlichen Urlaubsanspruch. Weichen die beteiligten Parteien vom urlaubsrechtlichen Regelungsregime ab, sollten sie eine Tilgungsbestimmung vorsehen. Andernfalls wird der gesetzliche Urlaubsanspruch vorrangig erfüllt.

Drittes Kapitel: Ansprüche infolge der Erreichbarkeit

Im Folgenden ist nun, nachdem die Auswirkungen der Erreichbarkeit auf Tatbestandsseite geklärt wurden, zu erörtern, wie sich die erfüllungshindernde Wirkung der Erreichbarkeit auf der Rechtsfolgenseite darstellt. Mangels besonderer Rechtsfolgenregelung im Bundesurlaubsgesetz ist der Ersatzurlaubsanspruch schuldrechtlich herzuleiten. Im Rahmen des Schadensersatzanspruchs ist unter anderem die Frage nach einem eventuellen Mitverschulden des Arbeitnehmers, das sich anspruchsmindernd auswirkt, von Bedeutung. Daneben ist ein Unterlassungsanspruch denkbar, denn das Interesse des Arbeitnehmers an einem ungestörten Urlaubsverlauf dürfte oftmals gewichtiger sein als das Interesse an einem Ersatzanspruch. Diesem Interesse kann ein Unterlassungsanspruch dienen.

§ 10 Originärer Urlaubsanspruch gemäß §§ 1, 3 Abs. 1 BUrlG

Wie bereits festgestellt, bleibt der originäre Urlaubsanspruch bei einem durch die Erreichbarkeit entstehenden Leistungshandlungshindernis erhalten.[887] Der Arbeitnehmer ist daher in Höhe der mangels Anspruchsuntergangs weiterhin bestehenden Urlaubstage anspruchsberechtigt. Häufig scheitert die Geltendmachung dieses Anspruchs aber an der Unkenntnis des Arbeitnehmers. An dieser Stelle ist die Rechtsprechung des *Bundesarbeitsgerichts* zu der Mitwirkungsobliegenheit des Arbeitgebers zu beachten.

I. Art und Weise der Urlaubsgewährung

Besteht der originäre Urlaubsanspruch weiterhin, dann stammen die Gründe hierfür aus der Sphäre des Arbeitgebers. Naheliegend erscheint es daher, den Arbeitnehmer bei der Gewährung der nicht erfüllten Urlaubstage zu privilegieren.[888] Der Arbeitnehmer darf die nicht erfüllten und erhaltenen Urlaubstage allerdings nicht ohne entsprechende Erklärung des Arbeitgebers an den

---

887 Siehe dazu zweites Kapitel § 8 I.; in diese Richtung wohl auch *Däubler*, SR-Sonderausgabe 2016, 2, 19.

888 Diese Erwägung im Rahmen eines Ersatzurlaubsanspruchs prüfend *Richter*, AuR 2011, 16, 20.

Urlaubszeitraum anhängen. Insoweit gilt nämlich dasselbe wie bei der Nachgewährung nach § 9 BUrlG, weil es kein Selbstbeurlaubungsrecht gibt und der Urlaub folglich vom Arbeitgeber nach § 7 Abs. 1 BUrlG neu festzulegen ist.[889] Der Arbeitnehmer muss seine Arbeitsleistung nach Ende des ursprünglich festgelegten Urlaubszeitraums zunächst dem Arbeitgeber erneut anbieten.[890]

Dem Arbeitnehmer könnte dann gewissermaßen aber ein Vorrecht auf die Freistellung im gewünschten Urlaubszeitraum zustehen.[891] Ein derartiges Privileg lässt sich dem Gesetz jedoch nicht entnehmen. Das Gesetz sieht in § 7 Abs. 1 Satz 1 BUrlG bereits vor, dass der Urlaubswunsch des Arbeitnehmers zu berücksichtigen ist und diesem nur dann nicht zu folgen ist, wenn dem Wunsch dringende betriebliche Belange oder Urlaubswünsche anderer Arbeitnehmer, die unter sozialen Gesichtspunkten den Vorrang verdienen, entgegenstehen. Das Gesetz bietet daher grundsätzlich ausreichend Gewähr für eine angemessene Interessenwahrung. Andere Arbeitnehmer, deren Urlaubswünsche aufgrund sozialer Gesichtspunkte vorrangig zu berücksichtigen sind, dürfen infolge des Arbeitgeberverhaltens nicht benachteiligt werden. Der Privilegierungsgedanke fügt sich nicht in das System der sozialen Gesichtspunkte ein. Dieses kommt nur zum Tragen, wenn dem Arbeitnehmer der Anspruch gewährt werden würde, aber sozial vorrangig zu berücksichtigende Urlaubswünsche dem entgegenstehen. Andernfalls müssten unbeteiligte Arbeitnehmer faktisch für das Handeln des Arbeitgebers einstehen. Die Anforderungen an die Dringlichkeit der betrieblichen Belange können aber höher sein als unter normalen Umständen üblich.[892] Da der Arbeitgeber die ordnungsgemäße Erfüllung vereitelt hat, kann sein betriebliches Interesse nur im Ausnahmefall gewichtiger sein als das Interesse des Arbeitnehmers an einer alsbaldigen Urlaubsgewährung. Diese Auslegung des § 7 Abs. 1 Satz 1 BUrlG ergibt sich aus dem Gesichtspunkt von Treu und Glauben. Hätte der Arbeitgeber seine Pflichten zuvor ordnungsgemäß erfüllt, müsste der Arbeitnehmer nicht erneut einen Urlaubswunsch äußern.

---

889 Neumann/Fenski/Kühn-BUrlG/*Neumann*, § 9 BUrlG Rn. 11; *Powietzka/Rolf*, BUrlG, § 9 BUrlG Rn. 15, 18; ErfK/*Gallner*, § 9 BUrlG Rn. 6.

890 Neumann/Fenski/Kühn-BUrlG/*Neumann*, § 9 BUrlG Rn. 11; LAG Baden-Württemberg v. 09.05.1974 - 6 Sa 137/73, BB 1974, 1300.

891 Vgl. *Richter*, AuR 2011, 16, 20.

892 *Richter*, AuR 2011, 16, 20.

II. Mitwirkungsobliegenheit des Arbeitgebers

Neben der Erfüllung im Sinne von § 362 Abs. 1 BGB kann der Urlaubsanspruch durch den zeitlichen Verfall erlöschen, da er im laufenden Kalenderjahr zu gewähren und zu nehmen ist. Eine Übertragung bis zum 31. März des Folgejahres ist nach § 7 Abs. 3 Satz 2, 3 BUrlG nur möglich, wenn dringende betriebliche Belange der Gewährung während des entsprechenden Kalenderjahres entgegengestanden haben. Dies scheint der Geltendmachung des wegen des Leistungshandlungshindernisses der Erreichbarkeit weiterhin bestehenden Urlaubsanspruchs entgegenzustehen. Viele Arbeitnehmer wissen nicht um die Nichterfüllung und damit um den Erhalt ihres Urlaubsanspruchs.[893]

Aus der Rechtsprechung *des Europäischen Gerichtshofs* in den Rechtsachen *Max-Planck-Gesellschaft*[894] und *Kreuziger/Land Berlin*,[895] welche Eingang in die Rechtsprechung des *Bundesarbeitsgerichts* gefunden hat,[896] ergibt sich ein Lösungsansatz, der diese Bedenken ausräumt. Aufgrund einer Vorlagefrage des *Bundesarbeitsgerichts*[897] sowie einer Vorlagefrage des *Oberverwaltungsgerichts Berlin-Brandenburg*,[898] entschied der *Europäische Gerichtshof*, dass ein automatischer Verlust des Urlaubsanspruchs, ohne vorherige Prüfung, ob der Arbeitnehmer tatsächlich in die Lage versetzt wurde, den Urlaubsanspruch wahrzunehmen, die zwingenden Grenzen, die sich aus Art. 7 Richtlinie 2003/88 und Art. 31 Abs. 2 GRCh ergeben, verkenne.[899] Der Arbeitnehmer sei die schwächere Partei des Arbeitsverhältnisses, weshalb eine Beschränkung seiner Rechte verhindert werden müsse.[900] Die Aufgabe, für die tatsächliche Wahrnehmung des Urlaubsanspruchs Sorge zu tragen, dürfe daher nicht vollständig auf den Arbeitnehmer verlagert werden.[901] Zwar bedeute dies nicht, dass der Arbeitgeber den Arbeitnehmer zwingen dürfe, den Urlaubsanspruch geltend zu machen. Jedoch müsse der Arbeitgeber dem Arbeitnehmer klar und rechtzeitig mitteilen, dass der Urlaubsanspruch andernfalls verfalle.[902] Erst dann, wenn

---

893 Hinweis diesbezüglich auf gesellschaftliche Realitäten *Falder*, NZA 2010, 1150, 1157; zu den Problemen bei praktischer Durchsetzung *Däubler*, ZTR 2016, 359, 362.

894 EuGH. v. 06.11.2018 – C-684/16, NZA 2018, 1474.

895 EuGH v. 06.11.2018 – C-619/16, NZA 2018, 1612.

896 BAG v. 19.02.2019 – 9 AZR 541/15, NZA 2019, 982.

897 BAG v. 13.12.2016 – 9 AZR 541/15 (A), NZA 2017, 271.

898 OVG Berlin-Brandenburg v. 14.09.2016 – OVG 4 B 38.14, BeckRS 2016, 54983.

899 EuGH. v. 06.11.2018 – C-684/16, NZA 2018, 1474, 1476 Rn. 40, 55.

900 EuGH. v. 06.11.2018 – C-684/16, NZA 2018, 1474, 1476 Rn. 41.

901 EuGH. v. 06.11.2018 – C-684/16, NZA 2018, 1474, 1476 Rn. 43.

902 EuGH. v. 06.11.2018 – C-684/16, NZA 2018, 1474, 1476 Rn. 44, 45.

der Arbeitnehmer in diesem Wissen darauf verzichte, den Anspruch geltend zu machen, könne der Anspruch verfallen.[903] Der Arbeitgeber könne den Arbeitnehmer beispielsweise durch angemessene Aufklärung in die Lage versetzen, seinen Anspruch wahrzunehmen.[904]

Der *Urlaubssenat* nahm die Argumentation des *Europäischen Gerichtshofs* in seine Entscheidung auf und stellte fest, dass § 7 Abs. 1 Satz 1 BUrlG einer richtlinienkonformen Auslegung zugänglich und daher anwendbar sei.[905] Aus der richtlinienkonformen Auslegung des § 7 Abs. 1 Satz 1 BUrlG ergebe sich eine Mitwirkungsobliegenheit des Arbeitgebers.[906] Der Arbeitgeber sei in Ermangelung konkreter gesetzlicher Vorgaben in der Auswahl der Mittel, die er für die Information über den bestehenden Urlaubsanspruch nutze, grundsätzlich frei, solange sie dem Zweck dienten, den Arbeitnehmer tatsächlich in die Lage zu versetzen, seinen Urlaubsanspruch in Kenntnis aller Umstände geltend zu machen. Dies sei unter Berücksichtigung aller Umstände des Einzelfalls festzustellen. Der Arbeitgeber trage die Darlegungs- und Beweislast hinsichtlich der Erfüllung dieser Mitwirkungsobliegenheit.[907] Ferner geht der *Neunte Senat* des *Bundesarbeitsgerichts* seither davon aus, dass eine Mitteilung der Anzahl der Urlaubstage zu Beginn des Urlaubsjahres in Textform regelmäßig genüge und diese grundsätzlich nicht ständig zu aktualisieren sei. Allerdings komme es entscheidend auf die Umstände des Einzelfalls an.[908]

Diese Rechtsprechung ist umstritten.[909] Ihr wird vorgeworfen, sie zeichne zu Unrecht das Bild eines schwachen Arbeitnehmers, der nicht in der Lage sei, sich selbst einen Überblick über das Bestehen seines Urlaubsanspruchs zu verschaffen.[910] Eine jährliche Belehrung über die Urlaubsdauer, wie sie bereits im

903 EuGH. v. 06.11.2018 – C-684/16, NZA 2018, 1474, 1476 Rn. 47.

904 EuGH. v. 06.11.2018 – C-684/16, NZA 2018, 1474, 1476 Rn. 61.

905 BAG v. 19.02.2019 – 9 AZR 423/16, NZA 2019, 977; v. 19.02.2019 - 9 AZR 541/15, NZA 2019, 982.

906 BAG v. 19.02.2019 – 9 AZR 541/15, NZA 2019, 982.

907 Zu alledem BAG v. 19.02.2019 – 9 AZR 541/15, NZA 2019, 982, 984 Rn. 42.

908 BAG v. 19.02.2019 – 9 AZR 541/15, NZA 2019, 982, 984 Rn. 43, 44.

909 *Daum*, RdA 2020, 179, 180; *Mehrens/Witschen*, EuZA 2019, 326, 344; *Rudkowski*, NJW 2019, 476, 477; *Höpfner/Daum*, RdA 2019, 270, 273.

910 *Daum*, RdA 2020, 179, 180; kritisch auch *Mehrens/Witschen*, EuZA 2019, 326, 344; *Rudkowski*, NJW 2019, 476, 477; allgemein zur Sicht auf den Arbeitnehmer *Höpfner/Daum*, RdA 2019, 270, 273; *Jacobs/Münder*, RdA 2020, 13, 14, 18, die dem EuGH eine „paternalistische Sichtweise" unterstellen.

Arbeitsvertrag stehe, sei zu weitgehend.[911] Der Arbeitgeber sei dadurch verpflichtet, bei der Durchsetzung des Anspruchs gegen sich selbst mitzuwirken.[912]

Die Mitwirkungsobliegenheit dient dem Schutz des Arbeitnehmers, dies nicht, weil der Arbeitnehmer für unfähig gehalten wird, seinen Urlaubsanspruch eigenständig geltend zu machen. Vielmehr entspricht sie der Bedeutung des Gesundheitsschutzes.[913] Der Arbeitnehmer wird davor geschützt, seinen Urlaubsanspruch mit möglichen gesundheitlichen Folgen einer Überarbeitung nicht wahrzunehmen. Bei der Mitwirkungsobliegenheit handelt es sich um eine vergleichsweise einfach zu erfüllende Obliegenheit des Arbeitgebers, insbesondere da ihm nicht konkret vorgegeben wird, wie er diese wahrzunehmen hat.[914] Zudem nimmt die Rechtsprechung im Regelfall an, dass der Arbeitgeber nicht verpflichtet sei, den Hinweis zu aktualisieren.[915] Ginge die Rechtsprechung vom Bild des uninformierten und unfähigen Arbeitnehmers aus, wäre die Obliegenheit vermutlich ausgeprägter, indem nach jedem Urlaubszeitraum ein neuer Hinweis erforderlich wäre. Es ist dem Arbeitsrecht immanent, dem Arbeitgeber Schutzpflichten gegenüber dem Arbeitnehmer aufgrund des strukturellen Ungleichgewichts der Arbeitsvertragsparteien aufzuerlegen.[916] Daher ist an dieser Stelle nicht einzusehen, hiervon eine Ausnahme zu machen, da der Urlaubsanspruch gerade dem Schutz des Arbeitnehmers dient. Nicht zuletzt rechtfertigt es vor allem die Komplexität des Urlaubsrechts, dem Arbeitgeber diese Mitwirkungsobliegenheit aufzuerlegen.

Besonders deutlich ist die Kritik bei *Jacobs* und *Münder*, die nicht nur an einer rechtlichen Grundlage für diese Entscheidung des *Europäischen Gerichtshofs* zweifeln, sondern überdies in § 7 Abs. 1 Satz 1 BUrlG keine Grundlage für eine Mitwirkungsobliegenheit erkennen.[917] Vielmehr ließen sich die Vorgaben des *Europäischen Gerichtshofs* methodisch korrekt nur durch eine richtlinienkonforme Auslegung des § 241 Abs. 2 BGB als vertragliche Nebenpflicht umsetzen.[918]

Zwar ist die Auslegung des § 7 Abs. 1 Satz 1 BUrlG sehr weitreichend, jedoch entspricht sie den Grundsätzen zur richtlinienkonformen Auslegung,

---

911 *Daum*, RdA 2020, 179, 182.

912 *Jacobs/Münder*, RdA 2020, 13, 14.

913 *Daum*, RdA 2020, 179, 180.

914 Im Ergebnis auch *Wutte*, EuZA 2019, 222, 233.

915 BAG v. 19.02.2019 – 9 AZR 541/15, NZA 2019, 982, 984 Rn. 43, 44.

916 Allerdings andere Schlüsse ziehend *Daum*, RdA 2020, 179, 180.

917 *Jacobs/Münder*, RdA 2020, 13, 14-17.

918 *Jacobs/Münder*, RdA 2020, 13, 17.

die mitunter erheblich über den Wortlaut einer Vorschrift hinausgehen kann, solange der Zweck der Vorschrift nicht umgangen wird. Das *Bundesarbeitsgericht* setzt die Vorgaben des *Europäischen Gerichtshofs* um und wahrt bei alledem den Charakter des Privatrechts.[919] In der Praxis wird kein Weg an der Wahrnehmung der Mitwirkungsobliegenheit durch den Arbeitgeber vorbeiführen, wenn dieser eine endlos möglich scheinende Ansammlung von Urlaubsansprüchen vermeiden möchte. Denn erst soweit der Arbeitgeber seiner Mitwirkungsobliegenheit durch entsprechende Hinweise an seine Arbeitnehmer entspricht, kann das Fristenregime des § 7 Abs. 3 Satz 1 BUrlG eingreifen.[920]

Für den Erreichbarkeitsfall kann die Mitwirkungsobliegenheit dabei besonders bedeutsam sein. Der *Neunte Senat* des *Bundesarbeitsgerichts* ist in seinen Vorgaben zur Mitwirkungsobliegenheit im Hinblick auf das Urteil des *Europäischen Gerichtshofs* eher zurückhaltend.[921] Der *Senat* stellt klar, dass eine Aktualisierung der Mitteilung nicht anlässlich jeder Änderung des Anspruchsumfangs erforderlich sei.[922] Sie ist folglich nicht im Regel-, durchaus aber im Einzelfall nötig. Dies leuchtet für den üblichen Fall, in dem der Urlaub beantragt und erfüllt wird, ein, weil die entsprechende Anspruchskürzung nachvollziehbar ist und es dem Arbeitgeber dann unzumutbar wäre, einen erneuten Hinweis an jeden einzelnen Arbeitnehmer zu erteilen.[923] Der Verwaltungsaufwand wäre bei einem größeren Unternehmen erheblich. Wird der Urlaubsanspruch aber wegen einer untauglichen Freistellungserklärung nicht erfüllt, erscheint es angesichts des Schutzzwecks konsequent, dementsprechend eine Aktualisierungsobliegenheit zu befürworten. Schließlich hat es der Arbeitgeber zu verantworten, dass der Urlaubsanspruch nicht erfüllt wurde. Im Schrifttum findet sich eine Aufteilung der Mitwirkungsobliegenheit in eine Ermutigungs- und eine Informationsobliegenheit.[924] Diesem System folgend ist die Aktualisierungsobliegenheit in erster Linie Bestandteil der Informationsobliegenheit. Gleichzeitig kann sie Ermutigungsobliegenheit sein, da der Arbeitgeber verdeutlicht, dass er willig ist, den nichterfüllten Urlaub zu gewähren. In komplexen Einzelfällen obliegt es

---

919 *Daum*, RdA 2020, 179; siehe dazu erstes Kapitel § 1 V.3.

920 BAG v. 19.02.2019 – 9 AZR 423/16, NZA 2019, 977, 980 Rn. 27; *Jacobs/Münder*, RdA 2020, 13, 17.

921 *Bayreuther*, NZA 2019, 945, 946.

922 BAG v. 19.02.2019 – 9 AZR 541/15 NZA 2019, 982, 984 Rn. 44.

923 Dem BAG zustimmend: *Bayreuther*, NZA 2019, 945, 946.

924 *Daum*, RdA 2020, 179, 181 f.

daher dem Arbeitgeber, den Hinweis an den Arbeitnehmer auf die Anzahl der Urlaubstage zu aktualisieren.

Der Arbeitgeber muss seine Obliegenheit in geeigneter Weise wahrnehmen. In der Regel genügt die Mitteilung in Textform.[925] In diesem Zusammenhang ist umstritten, ob die fehlende Mitwirkung des Arbeitgebers dazu führt, dass der Urlaubsanspruch ohne zeitliche Begrenzung bestehen bleibt[926] oder ob die Verjährungsregelungen beziehungsweise die vom *Europäischen Gerichtshof* in der Rechtssache *KHS*[927] definierte 15-Monatsgrenze anwendbar sind.[928] Eine zeitliche Begrenzung erscheint in Anbetracht des bezweckten Gesundheitsschutzes durchaus sinnvoll. Für den *Europäischen Gerichtshof* war dieser Schutzzweck letztlich entscheidend, diese 15-Monatsgrenze für die entstandenen Urlaubsansprüche Langzeiterkrankter festzulegen.[929] Wie der *Europäische Gerichtshof* entscheiden wird, bleibt abzuwarten. Eine Entscheidung liegt vom *Landesarbeitsgericht Düsseldorf* vor,[930] das *Bundesarbeitsgericht* hat als Revisionsinstanz hierzu jedoch noch nicht entschieden, sondern dem *Europäischen Gerichtshof* ein Ersuchen im Vorabentscheidungsverfahren vorgelegt.[931] In diesem Verfahren geht es um die Auslegung des Art. 7 Richtlinie 2003/88/EG vor dem Hintergrund der Urlaubsabgeltung und hierzu um die Frage, wie viele Urlaubstage der auf die Abgeltung klagenden Arbeitnehmerin zuletzt zustanden. Dies hängt letztlich auch davon ab, wie es sich auswirkt, dass der Arbeitgeber seiner Mitwirkungsobliegenheit in dem Zeitraum vor der dahingehenden Änderung der Rechtsprechung nicht entsprochen hat. Es kommt insoweit darauf, wie weit die Wirkungen der Verletzung der Mitwirkungsobliegenheit zeitlich zurückreichen können.[932]

---

925 In Anlehnung an BAG v. 19.02.2019 – 9 AZR 541/15, NZA 2019, 982, 984 Rn. 43.

926 Befürwortend *Bayreuther*, NZA 2019, 945, 947; so auch LAG Düsseldorf v. 02.02.2020 - 10 Sa 180/19, NZA-RR 2020, 576; *Sagan*, NZA 2020, 350, 351; LAG Köln v. 09.04.2019 – 4 Sa 242/18, BeckRS 2019, 9979 Rn. 33.

927 EuGH v. 22.11.2011 – C-214/10, NZA 2011, 1333.

928 *Bayreuther*, NZA 2019, 945, 947; *Sagan*, NZA 2020, 350, 351 f.; *Witschen*, Der Urlaubsanspruch, S. 46, 61 f.

929 EuGH v. 22.11.2011 – C-214/10, NZA 2011, 1333, 1334 Rn. 34.

930 LAG Düsseldorf v. 02.02.2020 - 10 Sa 180/19, NZA-RR 2020, 576.

931 BAG v. 29.09.2020 - 9 AZR 266/20 (A), NZA 2021, 413.

932 Siehe zum Sachverhalt des Vorlagebeschlusses BAG v. 29.09.2020 - 9 AZR 266/20 (A), NZA 2021, 413, 414.

III. Durchsetzbarkeit

Das eigene Verhalten des Arbeitnehmers während des Urlaubes kann sich indes in einer bestimmten Konstellation nachteilig auf den Urlaubsanspruch auswirken. Für den Erfüllungsanspruch kommt § 242 BGB als Einwendung der unzulässigen Rechtsausübung in Frage.[933] Typische, hier womöglich einschlägige Fallgruppen des Rechtsmissbrauchs sind die Verletzung eigener Pflichten, das Fehlen eines schutzwürdigen Eigeninteresses sowie widersprüchliches Verhalten.[934] Als Fallgruppe des Rechtsmissbrauchs kommt bei der untauglichen Erfüllungshandlung diejenige des widersprüchlichen Verhaltens in Betracht. Dieses wird unter anderem angenommen, soweit gewisse Umstände die Geltendmachung des Rechts als treuwidrig erscheinen lassen, es muss gewissermaßen der Eindruck erweckt werden, auf eine Rechtsposition verzichten zu wollen.[935] Namentlich erscheint der Einwand möglich, wenn der Arbeitnehmer um die Unwirksamkeit der Vereinbarung oder Anordnung, die der Leistungshandlung des Arbeitgebers entgegensteht, weiß.

Zumeist kennt der Arbeitnehmer die Unwirksamkeit der Vereinbarung nicht und geht davon aus, dass er verpflichtet sei, sich bei entsprechender Bestimmung erreichbar zu halten.[936] Weiß er aber um die Unwirksamkeit der Erreichbarkeitsbestimmung, dann ist zu unterscheiden, ob er sich deshalb nicht erreichbar hält oder ob er gleichwohl erreichbar ist. In letzterer Konstellation ist Zurückhaltung geboten,[937] da die Erreichbarkeitsleistung regelmäßig dem Arbeitgeber zugutekommt und der Erholungsurlaub besonders schutzbedürftig ist.[938] Das Wissen um die Unwirksamkeit genügt keineswegs zwingend, damit sich der Arbeitnehmer rechtsmissbräuchlich verhält, wenn er später den weiterhin bestehenden Urlaubsanspruch geltend macht. Vielfach kommt es dem Arbeitnehmer weniger auf die rechtliche Wirksamkeit der Bestimmung an als vielmehr auf die tatsächlichen Folgen, die sich für ihn aus der gewährten Erreichbarkeit bezüglich seines beruflichen Fortkommens ergeben können. Ihm ist es deshalb

---

933 In diesem Kontext zu Recht klarstellend, dass § 254 BGB auf Erfüllungsansprüche nicht anwendbar ist, *Richter*, AuR 2011, 16, 19 Fn. 43.

934 BeckOK-BGB/*Sutschet*, § 242 BGB Rn. 57.

935 BeckOK-BGB/*Sutschet*, § 242 BGB Rn. 108 ff.; BAG v. 23.01.2018 – 3 AZR 448/16, NZA 2018, 1558, 1562 Rn. 38.

936 *Freyler*, Mobile Office, S. 276.

937 *Richter* betont im Rahmen seiner Prüfung eines eventuellen Mitverschuldens, dass Zurückhaltung geboten ist, in: AuR 2011, 16, 19.

938 *Richter*, AuR 2011, 16, 19.

nicht vorwerfbar, wenn er erreichbar ist, sodass eine spätere Geltendmachung des Urlaubsanspruchs nicht am Einwand des Rechtsmissbrauchs scheitern darf. Einzig in Fällen, in denen sich der Arbeitnehmer in dem Wissen um die Unwirksamkeit einer Erreichbarkeitsvereinbarung dennoch auf diese einlässt und sich später bewusst nicht erreichbar hält, ist der Einwand des Rechtsmissbrauchs möglich. Der Arbeitnehmer, der sich sodann auf die Nichterfüllung beruft, handelt rechtsmissbräuchlich. Zwar fehlte es dann an einer wirksamen Erfüllungshandlung, allerdings konnte der Urlaubszweck in dieser Zeit eintreten, da der Arbeitnehmer sich auch faktisch nicht in seiner Entscheidungsmacht durch die Vereinbarung und sein Verhalten einschränken ließ. Wenngleich der Anspruch fortbesteht, ist er nicht durchsetzbar.

§ 11 Ersatzurlaubsanspruch

Ein Urlaubsnachgewährungsanspruch als originärer Urlaubsanspruch nach §§ 1, 3 Abs. 1 BUrlG i.V.m. § 9 BUrlG analog kommt mangels Analogie nicht in Betracht.[939] Der Arbeitnehmer trägt somit nach der Freistellungserklärung die Leistungsgefahr. Die erfüllungserhebliche Erreichbarkeit führt zur (teilweisen) Unmöglichkeit der Erfüllung des bereits konkretisierten Urlaubsanspruchs.[940] Der Anspruch geht in dieser Höhe nach § 275 Abs. 1 BGB unter. Möglich ist ein Ersatzurlaubsanspruch gemäß §§ 280 Abs. 1, 3, 283 BGB i.V.m. § 249 Abs. 1 BGB als sekundärer Anspruch.[941] Die Rechtsprechung nimmt in Fällen des Schuldnerverzugs und bei Einführung der Kurzarbeit gegenüber urlaubsbedingt freigestellten Arbeitnehmern, bei denen die Kurzarbeit den Leistungserfolg nachträglich unmöglich mache, einen Ersatzurlaubsanspruch an.[942] Auch nach der in der Literatur vertretenen Ansicht handelt es sich um einen Schadensersatz statt der Leistung nach §§ 280 Abs. 1, 3, 283 BGB.[943]

---

939 Offenbar stattdessen vom Nachgewährungsanspruch ausgehend *Däubler*, ZTR 2016, 359, 362; *ders.*, Digitalisierung und Arbeitsrecht, § 5 Rn. 22; dagegen eine Analogie für den Erreichbarkeitsverhalten ausdrücklich ablehnend: *Richter*, AuR 2011, 16, 18; *Freyler*, Mobile Office, S. 255.

940 Siehe dazu zweites Kapitel § 8 II.1.,3.

941 *Richter*, AuR 2011, 16, 18; *Freyler*, Mobile Office, S. 255; *Maier*, Erweiterte Erreichbarkeit, S. 164.

942 BAG v. 16.12.2008 - 9 AZR 164/08, NZA 2009, 689; v. 11.04.2006 - 9 AZR 523/05, AP BUrlG § 7 Übertragung Nr. 28.

943 *Richter*, AuR 2011, 16, 20; *Maier*, Erweiterte berufsbezogene Erreichbarkeit, S. 165.

Der Urlaubsanspruch ist ein Schuldverhältnis besonderer Art. Die Folge der für den Schadensersatzanspruch notwendigen Pflichtverletzung muss die vom Arbeitgeber veranlasste erfüllungserhebliche Erreichbarkeit des Arbeitnehmers sein. Bei dieser handelt es sich um ein Leistungserfolgshindernis, das zur (teilweisen) rechtlichen Unmöglichkeit der Anspruchserfüllung im Sinne von § 275 Abs. 1 BGB führt.

I. Anknüpfungspunkt: Zu vertretende Pflichtverletzung

Der Arbeitgeber ist im Rahmen seiner Fürsorgepflicht und der Besonderheiten, die er als Schuldner des Urlaubsanspruchs zu beachten hat, verpflichtet, den Arbeitnehmer nicht im Urlaub zu stören. Stellt er gleichwohl die Erreichbarkeit des Arbeitnehmers her, verletzt er diese Pflicht regelmäßig fahrlässig oder vorsätzlich im Sinne von § 276 Abs. 1, 2 BGB, sodass er diese Pflichtverletzung zu vertreten hat. Komplexer scheint dagegen eine im Rahmen des Vertretenmüssens mögliche Zurechnung fremden Verschuldens. Im Erreichbarkeitsfall betrifft dies auf den ersten Blick das eigeninitiierte Erreichbarkeitsverhalten des Arbeitnehmers sowie das Verhalten Dritter. Häufig und gerade in größeren Betrieben ist der Arbeitgeber nicht derjenige, der unmittelbar die Erreichbarkeit herstellt. Stattdessen sind dies die Vorgesetzten oder die Kollegen des Arbeitnehmers. Zudem kann es vorkommen, dass Dritte den Arbeitnehmer in einer betrieblichen Angelegenheit kontaktieren. Die Verschuldenszurechnung dieser Personen an den Arbeitgeber nach § 278 BGB scheint nicht für jede dieser Personengruppen passend zu sein. Gleichwohl ist in Betracht zu ziehen, ob sich das Vertretenmüssen in gewissen Fällen nicht auf eine andere Pflichtverletzung als die Erreichbarkeitsherstellung selbst bezieht. Der Anknüpfungspunkt für das Vertretenmüssen ist dann nicht die Zurechnung des Verschuldens eines anderen, sondern das Arbeitgeberverhalten selbst, das der Arbeitgeber regelmäßig auch im Sinne von § 276 Abs. 1, 2 BGB zu vertreten hat.

1. *Erreichbarkeitsverhalten des Arbeitnehmers*

Ist der Arbeitnehmer auf seiner eigenen Initiative beruhend erreichbar, kann dieses Verhalten ein Leistungserfolgshindernis sein.[944] Die Pflichtverletzung des Arbeitgebers besteht in der fahrlässigen Unkenntnis vom Erreichbarkeitsverhalten des Arbeitnehmers beziehungsweise in deren Kenntnis, wenn er die Erreichbarkeit dennoch duldet oder bloß untätig ist, statt den Arbeitnehmer zu

944 Siehe dazu zweites Kapitel § 4 II.2.

informieren, dass er die Erreichbarkeit nicht wünsche. Setzt sich der Arbeitgeber in Widerspruch zu seiner Freistellungserklärung, stellt dies die Pflichtverletzung des Arbeitgebers dar, die er zu vertreten hat.[945] Das Veranlassungselement ist schon für die Annahme des Leistungserfolgshindernisses notwendig, das aber erst auf Ebene des Schadens relevant wird. Allerdings besteht ein gewisser Gleichlauf zwischen dem Veranlassungsverhalten des Arbeitgebers und dem Verhalten, das seine Pflichtverletzung darstellt.

Die Sorgfaltspflicht ist erst verletzt, wenn objektiv die Voraussetzungen vorlagen, damit der Arbeitgeber Anzeichen für die Erreichbarkeit des Arbeitnehmers wahrnehmbar konnte. Dies ist vor allem möglich, wenn beispielsweise eine E-Mail im Postfach des Arbeitgebers eingeht. Erst dann besteht die Möglichkeit, auf dieses Verhalten zu reagieren, wozu der Arbeitgeber im Rahmen seiner Fürsorgepflicht verpflichtet ist. Reagieren kann er, indem er das berufliche Erreichbarkeitsverhalten untersagt statt es schlichtweg zu dulden.[946] Eine Duldung zeigt sich insbesondere darin, dass der Arbeitgeber sich die Ergebnisse aus der Erreichbarkeitsleistung des Arbeitnehmers zu eigen macht. Nutzen ihm diese aber nicht nur subjektiv, sondern zudem objektiv nicht, weil der Arbeitgeber kraft seiner Organisationsbefugnis für die Abwesenheitszeit die notwendigen Vorkehrungen getroffen hat, spricht dies gegen eine Duldung. Allerdings ist der Arbeitgeber dennoch aufgrund seiner Schutzpflichten aus § 618 BGB verpflichtet, den Arbeitnehmer hierüber aufzuklären. Keine Pflichtverletzung des Arbeitgebers liegt vor, wenn er das Erreichbarkeitsverhalten des Arbeitnehmers erkennbar ablehnt.

2. Herstellung der Erreichbarkeit durch andere Arbeitnehmer (Kollegen)

Ohne Weiteres nach § 278 BGB ist dem Arbeitgeber das Verhalten eines Vorgesetzten des betroffenen Arbeitnehmers zurechenbar, da dem Vorgesetzten vom Arbeitgeber Weisungsbefugnisse übertragen worden sind und der Vorgesetzte als weisungsbefugte Person damit Einfluss auf das Arbeitsverhältnis nimmt.[947]

---

945 In diese Richtung zu verstehen MüHdb-ArbR/*Klose*, Band I Individualarbeitsrecht, § 86 Rn. 8.

946 Bezüglich freiwilliger Tätigkeiten des Arbeitnehmers, jedoch bei arbeitszeitrechtlicher Betrachtung: Küttner Personalbuch/*Möller*, Mobiles Arbeiten, Rn. 8.

947 *Richter*, AuR 2011, 16, 19; *Freyler*, Mobile Office, S. 271; BAG v. 06.05.2007 - 8 AZR 709/06, NZA 1007, 1154, 1162 Rn. 81; *Benecke*, NZA-RR 2003, 225, 228.

Die Zurechnung des Verhaltens anderer Arbeitnehmer scheint dagegen problematischer zu sein.

a) Zurechnung über § 278 BGB

Erteilt der Arbeitgeber beziehungsweise ein Vorgesetzter dem Kollegen den Auftrag, die Erreichbarkeit des urlaubsabwesenden Arbeitnehmers herzustellen, so ist eine Zurechnung über § 278 BGB nicht erforderlich. Die Pflichtverletzung des Arbeitgebers beziehungsweise das ihm über § 278 BGB zurechenbare Verhalten besteht darin, dass er überhaupt einen derartigen Auftrag erteilt.[948] Soweit es an einem entsprechenden Auftrag fehlt, ist ungeklärt, in welchem Umfang eine Zurechnung des Kollegenverhaltens an den Arbeitgeber möglich ist.[949] Namentlich handelt es sich um die Frage, ob ein Arbeitnehmer Erfüllungsgehilfe des Arbeitgebers im Hinblick auf Arbeitgeberpflichten gegenüber anderen Arbeitnehmern sein kann.

Arbeitnehmer sind Erfüllungsgehilfen des Arbeitgebers im Sinne von § 278 BGB, denn sie werden mit dessen Willen in seinem Erfüllungsbereich tätig.[950] Die Erfüllung des Urlaubsanspruchs ist eine typische Arbeitgeberpflicht, bei der es abwegig erscheint, dass die Kollegen an ihr mitwirken, insbesondere da es sich um privates Arbeitsschutzrecht handelt. Die Anwendbarkeit des § 278 BGB wird, wenn es sich um Arbeitnehmer mit Schutz- und Sicherungspflichten handelt, zum Teil befürwortet,[951] während andere eine Ausdehnung des § 278 BGB auf diese Arbeitnehmergruppe offen lassen[952] oder ablehnen.[953] Es verdient Zustimmung, eine Zurechnung nur dann zuzulassen, wenn ein Vorgesetzter handelt. Die Pflichten im Zusammenhang mit der Erfüllung des Urlaubsanspruchs überträgt der Arbeitgeber in der Regel nicht.[954] Der Arbeitgeber kann

---

948 *Richter*, AuR 2011, 16, 18.

949 Jedenfalls eingeschränkt befürwortend: *Richter*, AuR 2011, 16, 18; *Freyler*, Mobile Office, S. 272; ohne Begründung uneingeschränkt befürwortend *Buschmann*, PersR 2011, 247, 250; befürwortend *Maier*, wenn Verhalten nach § 278 BGB zurechenbar sei, in: Erweiterte berufsbezogene Erreichbarkeit, S. 164.

950 BGH v. 25.01.2017 – VIII ZR 249/15, NJW 2017, 2608, 2612 Rn. 43; v. 24.01.2019 – I ZR 160/17, NJW 2019, 1596, 1601 Rn. 48.

951 *Richter*, AuR 2011, 16, 19; Freyler, Mobile Office, S. 272.

952 *Richter*, AuR 2011, 16, 19.

953 *Freyler*, Mobile Office, S. 272

954 Zur Notwendigkeit der Übertragung gerade der jeweiligen Pflicht: ErfK/*Preis*, § 619a BGB Rn. 64.

seine Schutzpflichten grundsätzlich nicht delegieren. Eine Ausnahme ist nur bei Vorgesetzten möglich, die typischerweise Arbeitgeberfunktionen übernehmen.

Zwischen dem Kollegen und dem urlaubsabwesenden Arbeitnehmer besteht oft nicht nur eine sachlich-berufliche, sondern überdies eine persönliche Beziehung, sodass Erreichbarkeitsvorfälle nicht unwahrscheinlich sind. Es ist die Aufgabe des Arbeitgebers, die Erreichbarkeit aus betrieblichen Gründen entbehrlich zu machen, folglich seinen Betrieb den Umständen entsprechend zu organisieren. Soweit hierzu Anlass besteht, muss er die Entbehrlichkeit der Erreichbarkeit durch entsprechende Hinweise an die betroffenen Arbeitnehmer deutlich zum Ausdruck bringen. Dem Arbeitgeber ist es zumutbar, rechtzeitig auf die Abwesenheit hinzuweisen und zuvor organisatorische Defizite, zum Beispiel, indem der abwesende Arbeitnehmer zum Verbleib von Unterlagen befragt wird oder ein benötigtes Passwort nennt,[955] auszugleichen. Die dem Arbeitgeber vorwerfbare Pflichtverletzung besteht darin, dass er die vorbeugenden organisatorischen Maßnahmen trotz seiner insoweit bestehenden Fürsorgepflicht nicht vornimmt.

b) Unterschiedliche Erreichbarkeitsursachen

Regelmäßig hat der Arbeitgeber aufgrund seines weiten Verantwortungsbereiches daher die Erreichbarkeitsherstellung zu vertreten. Nicht selten dürfte es aber vorkommen, dass berufliche Anfragen gemeinsam mit privaten Themen kommuniziert werden. Dann kann es an der notwendigen Pflichtverletzung des Arbeitgebers fehlen oder der Kausalzusammenhang zum Schaden unterbrochen sein. Zu unterscheiden sind Konstellationen, in denen der Kollege den Arbeitnehmer kontaktiert, um eine berufliche Anfrage zu übermitteln von anderen Konstellationen, in denen der Kollege vor allem private Motive verfolgt und dabei berufliche Angelegenheiten mitteilt. Dabei ist auf den Schwerpunkt der Kommunikation abzustellen, der durch die subjektive Zielsetzung einerseits und den objektiven Gesprächsinhalt andererseits zu bestimmen ist.

Häufig müssen die Kollegen, die durch die urlaubsbedingte Abwesenheit entstehende Mehrarbeit bewältigen. Bei organisatorischen Mängeln kann eine Anfrage an den abwesenden Arbeitnehmer unter Umständen unausweichlich oder vom Arbeitgeber gewollt sein. Die Erreichbarkeitsherstellung steht dann in einem inneren Zusammenhang mit den betrieblichen Aufgaben. Die Pflichtverletzung des Arbeitgebers besteht erneut in organisatorischen Mängeln. Zudem besteht der Kausalzusammenhang. Wurde die Erreichbarkeit zur privaten Kommunikation hergestellt und ist der Inhalt der Kommunikation überwiegend

955 *Däubler*, SR-Sonderausgabe 2016, 2, 20; *Kramer*, IT-Arbeitsrecht, B., Rn. 999.

beruflicher Art, dann ist die Pflichtverletzung dennoch kausal für die Nichterfüllung als Schaden des Arbeitnehmers.

Schwieriger erscheint dies, wenn der urlaubsabwesende Arbeitnehmer wegen beruflicher Belange kontaktiert werden soll, der Kommunikationsverlauf tatsächlich aber durch private Inhalte geprägt ist. Soweit der berufliche Inhalt nur Begleiterscheinung ist, kann der Kausalzusammenhang unterbrochen sein. Unbilligkeiten lassen sich weitgehend schon auf Ebene der Erheblichkeitsschwelle und damit auf Tatbestandsseite vermieden. Ein Gespräch, das überwiegend privater Natur ist, gefährdet den Leistungserfolg regelmäßig nicht, sodass ein Ersatzanspruch dann jedenfalls an einem Schaden auf Arbeitnehmerseite scheitert.

3. Herstellung der Erreichbarkeit durch Dritte

Fernab einer innerbetrieblichen Erreichbarkeit kann die Erreichbarkeitsherstellung von Dritten, namentlich von Kunden oder sonstigen Vertragspartnern des Arbeitgebers ausgehen.[956] Teilt der Arbeitgeber dem Dritten mit, er solle sich an den urlaubsbedingt abwesenden Arbeitnehmer wenden, dann ist dies eine Pflichtverletzung des Arbeitgebers, die er jedenfalls wegen Fahrlässigkeit zu vertreten hat, da vorhersehbar ist, dass der Dritte zeitnah die Erreichbarkeit herstellen wird.[957] Kommt es ohne Zutun des Arbeitgebers zur Erreichbarkeitsherstellung durch den Dritten, verletzt der Arbeitgeber seine Pflichten erst dann, wenn er Kenntnis von den Vorgängen erlangt beziehungsweise fahrlässig in deren Unkenntnis ist und nicht zugunsten des Arbeitnehmers einschreitet.[958] Die Überlegungen entsprechen denjenigen zur eigeninitiierten Erreichbarkeit des Arbeitnehmers. Darüber hinaus hat der Arbeitgeber die Erreichbarkeitsherstellung durch einen Dritten nicht zu vertreten.

II. Schaden

Die erfüllungserhebliche Erreichbarkeit im Urlaub verhindert, dass der Leistungserfolg eintritt. Bereits auf Tatbestandsebene wurde der Umfang der Nichterfüllung infolge des Leistungserfolgshindernisses erörtert.[959] Feststeht, dass der

956 Zurückhaltend bei der Bewertung der Erreichbarkeitsherstellung durch Dritte: *Freyler*, Mobile Office, S. 271.
957 In diese Richtung auch *Freyler*, Mobile Office, S. 271.
958 *Freyler*, Mobile Office, S. 271.
959 Zweites Kapitel § 4 I.2. c).

nicht erfüllte Urlaub, der den Schaden auf Arbeitnehmerseite bildet, im Wege der Naturalrestitution nach § 249 Abs. 1 BGB zu ersetzen ist.[960] Näher zu erörtern ist, ob der Umfang der Nichterfüllung, der in vollen Urlaubstagen besteht, vollständig im Wege des Schadensersatzes ersetzbar ist oder ob das Bereicherungsverbot dem entgegensteht.

1. *Schadensumfang: Beachtung des Bereicherungsverbotes*

Oftmals sind es kurze Erreichbarkeitssituationen, die zur Nichterfüllung jedenfalls des betroffenen Urlaubstages führen. *Freyler* meint, dass aus diesem Grund das aus der Differenzhypothese abgeleitete schadensersatzrechtliche Bereicherungsverbot eingreifen müsse.[961] Dem Arbeitnehmer bleibe für den Rest des Urlaubstages die Verfügungsfreiheit erhalten beziehungsweise erlange der Arbeitnehmer diese wieder, weshalb sich die Situation nicht nachteilig auf den gesamten Tag auswirke.[962] Ausgleichende Lösungen sucht *Freyler* folglich nicht bereits auf der Tatbestands-, sondern erst auf der Rechtsfolgenebene.[963] Würde man dem Arbeitnehmer einen ganzen Ersatzurlaubstag als Ersatz seines Schadens zugestehen, sei dieser zusätzlich um den im Übrigen nicht weiter von der Erreichbarkeitssituation betroffenen Tag bereichert und stünde infolge der Erreichbarkeitssituation besser als ohne diese.[964] Dies verstieße nicht gegen das Tagesprinzip, weil es sich nicht um einen originären urlaubsrechtlichen, sondern um einen sekundärrechtlichen Schadensersatzanspruch handele.[965] Der sekundäre Ersatzurlaubsanspruch unterliege etwa auch nicht der urlaubsrechtlichen Befristung, sondern der Verjährung, weshalb urlaubsrechtliche Besonderheiten außer Acht bleiben müssten.[966]

Einen völlig anderen Ansatz verfolgt *Richter*, der betont, dass der Ersatzurlaubsanspruch als Schadensersatzanspruch dem Prinzip der Naturalrestitution im Sinne von § 249 Abs. 1 BGB zu folgen habe, sodass er wie der originäre Urlaubsanspruch zu behandeln sei.[967] Folgerichtig lässt er einen Ersatz des geschädigten Urlaubstags in Form von Stunden oder Minuten ausscheiden.[968]

---

960 *Richter*, AuR 2011, 16, 19; *Freyler*, Mobile Office, S. 273.
961 *Freyler*, Mobile Office, S. 274 f.
962 *Freyler*, Mobile Office, S. 274.
963 *Freyler*, Mobile Office, S. 274.
964 *Freyler*, Mobile Office, S. 274.
965 *Freyler*, Mobile Office, S. 275.
966 *Freyler*, Mobile Office, S. 275.
967 *Richter*, AuR 2011, 16, 20.
968 *Richter*, AuR 2011, 16, 19.

In Frage kämen für den Ersatzurlaubsanspruch nur vollständige Ersatzurlaubstage.[969] Ferner habe der Arbeitgeber dem Arbeitnehmer, sofern der gesetzliche Anspruch auf einen zusammenhängenden mindestens zweiwöchigen Urlaub im Kalenderjahr andernfalls nicht erfüllbar sei, einen zweiwöchigen Ersatzurlaub zu gewähren.[970]

2. *Stellungnahme*

Das Bereicherungsverbot steht einem tageweise zu berechnendem Schaden nicht entgegen. Die tatbestandliche Lösung über die Erheblichkeitsschwelle wirkt nicht lediglich vermeintlichen Unbilligkeiten entgegen. Sie ist mit den Vorgaben, die sich aus dem Aufbau des Erfüllungstatbestandes ergeben, dogmatisch begründbar. *Freyler* selbst erkennt an, dass der Urlaubstag durch die Erreichbarkeit nicht zwangsläufig im Ganzen betroffen ist, da sich wenige Minuten nicht nachteilig auf die Selbstbestimmung des Arbeitnehmers auswirken.[971] Indes ist die Frage nach der Gefährdung der Selbstbestimmung durch die Erreichbarkeit tatbestandlich zu lösen, weil der Urlaubszweck im Leistungserfolg enthalten ist. Die Selbstbestimmung ist nicht erst als Bereicherung im Rahmen des Ersatzurlaubsanspruchs zu berücksichtigen. *Freyler* legt die möglichen Schwächen der von ihr vertretenen Lösung[972] über die „Kontaktsperre" offen, indem sie versucht vermeintliche Unbilligkeiten über das Bereicherungsverbot auszugleichen. Wenn die Entscheidungsmacht gewahrt ist, dann ist der Urlaubsanspruch erfüllt, sodass es nicht auf einen Ersatzurlaubsanspruch ankommt. Wird das Modell der Kontaktsperre gegenüber der „Erheblichkeitsschwellen"-Lösung bevorzugt, dann ist es nur konsequent, den gesamten Urlaubstag als entwertet zu betrachten. Denn wenn die Entscheidungsmacht des Arbeitnehmers im Erreichbarkeitsmoment nicht gewahrt ist, dann lässt sie sich nicht für den Rest des Tages ohne weiteres vollumfänglich wiederherstellen. Die Störung wirkt dann in gewissem Umfang nach. Eine Bereicherung ist nicht zu befürchten.

Freilich handelt es sich bei dem Ersatzurlaubsanspruch um einen sekundären Schadensersatzanspruch und nicht um einen originären Urlaubsanspruch.[973]

---

969 *Maier*, Erweitere berufsbezogene Erreichbarkeit, S. 164; *dies./Ossoinig*, DB 2015, 2391, 2392; dem Ergebnis nach auch *Podewills*, AuR 2013, 293, 298; *Göpfert/Schöberle*, ZIP 2016, 1817, 1818.

970 *Richter*, AuR 2011, 16, 19.

971 *Freyler*, Mobile Office, S. 274.

972 Siehe dazu *Freyler*, Mobile Office, S. 262 ff.

973 *Freyler*, Mobile Office, S. 275.

Daraus lässt sich allerdings nicht schließen, dass das urlaubsrechtliche Prinzip der tageweisen Erfüllung außer Acht zu lassen ist. Aus dem Prinzip der Naturalrestitution folgt, dass das Tagesprinzip zu berücksichtigen ist, weil insoweit die Besonderheiten des originären Anspruchs auf den sekundären Anspruch durchgreifen müssen, um den Schaden auszugleichen.[974] Bezüglich des Verweises auf die Verdrängung der Fristenregelung im Rahmen des Ersatzurlaubsanspruchs ist zu bedenken, dass dieser von der Rechtsprechung konstruiert wurde, um einen Arbeitnehmer, der seinen originären Urlaubsanspruch nicht vom Arbeitgeber gewährt bekam, nicht zu benachteiligen. Es ging um den Ersatzurlaubsanspruch infolge des Verzugs mit der Urlaubsgewährung.[975] Wäre anstelle der Verjährungsregeln die urlaubsrechtliche Frist des § 7 Abs. 3 BUrlG angewendet worden, hätte dies zu derselben Problematik führen können. Zudem geht es bei der Fristenregelung nur darum, wie lange der Arbeitnehmer seinen Anspruch geltend machen darf. Der Schadensumfang betrifft dagegen den Anspruchsinhalt.

Das Tagesprinzip ist dem Urlaubsrecht immanent und als dessen Besonderheit im Rahmen der Naturalrestitution, welche den Zustand, der ohne das schädigende Ereignis bestünde, herstellen soll,[976] auf sekundärer Ebene zu beachten. Der Schädiger muss einen Zustand herstellen, der demjenigen ohne das schädigende Ereignis möglichst nahekommt.[977] Überschreitet die Erreichbarkeitssituation die Erheblichkeitsschwelle, hat dies nicht nur Auswirkungen für den jeweiligen Moment, sondern für den gesamten Tag. Die nur minuten- oder stundenweise ersatzweise Gewährung liefe auf eine bloße Freizeitgewährung hinaus. Folglich kann die Restitution dem hypothetischen Zustand bei ordnungsgemäßer Erfüllung nur dann möglichst nahekommen, wenn das Tagesprinzip berücksichtigt wird. Eine Nachgewährung der betroffenen Zeit in Form der Freizeit für die Dauer der unmittelbar eingeschränkten Entscheidungsmacht vermag diesen Zustand nicht wiederherzustellen, da der Urlaubstag geschädigt wird. Der Schaden besteht darum in Form von Urlaubstagen, ohne dass dies gegen das Bereicherungsverbot verstößt.

---

974 *Richter*, AuR 2011, 16, 19.

975 BAG v. 17.05.2011 - 9 AZR 197/10, BeckRS 2011, 75611; v. 19.01.2016 – 9 AZR 507/14, NZA-RR 2016, 235, 236 Rn. 21; v. 14.05.2013 – 9 AZR 760/11, BeckRS 2013, 71433; v. 10.05.05 – 9 AZR 251/04, NZA 2005, 1432; v. 11.04.2006 - 9 AZR 523/05, NZA 2007, 56.

976 BGH v. 22.07.2014 – VI ZR 357/13, NJW 2014, 3151, 3152 Rn. 14; MünchKomm-BGB/*Oetker*, § 249 BGB Rn. 323.

977 MünchKomm-BGB/*Oetker*, § 249 BGB Rn. 325.

Letztlich liegt hierin eine Stärke der tatbestandlichen Lösung auf Erfüllungsebene, da vermeintliche Unbilligkeiten wegen Unerheblichkeit der Erreichbarkeit nicht entstehen, weil die Erfüllungswirkung eintritt. Eine Überkompensation des Schadens durch das Tagesprinzip ist nicht zu befürchten, da ein Ersatzurlaubsanspruch den Arbeitnehmer trotz der Kompensation meist nicht so gut stellt, wie er ohne das schädigende Ereignis, also durch einen ungestörten Urlaub stünde.[978] Die tageweise Schadensbemessung entspricht nicht nur dem Prinzip der Naturalrestitution. Aus Befragungen von Beschäftigten bestätigt sich, dass diese selbst bei kurz anhaltenden Erreichbarkeitssituationen den gesamten Tag über durch diese beeinträchtigt sind.[979] Folglich ist eine Überkompensation auch unter tatsächlichen Gesichtspunkten nicht zu befürchten. Wenn sich die Nichterfüllung über den unmittelbar betroffenen Urlaubstag hinaus erstreckt, dann ist der Arbeitnehmer bei entsprechender Ersetzung der Urlaubstage nicht bereichert. Der Schadensumfang entspricht den Besonderheiten des Urlaubsrechts, die im Rahmen der Naturalrestitution zu beachten sind. Die Erreichbarkeit wirkt sich oftmals nicht nur auf den unmittelbar betroffenen Tag, sondern zudem auf Folgetage aus. Zutreffend ist deshalb, dass die Anforderungen an den zusammenhängenden Urlaub auch für den Ersatzurlaubsanspruch zu beachten sind.[980] Wurde im laufenden Kalenderjahr, mit Ausnahme des durch die Erreichbarkeit gestörten Urlaubs, kein Urlaub gewährt, der den Voraussetzungen des § 7 Abs. 2 Satz 2 BUrlG entspricht, mithin zwei Urlaubswochen umfasst, besteht der Ersatzurlaubsanspruch deshalb in diesem Umfang.[981]

III. Mitverschulden

Ähnlich zu dem bereits bei dem Primäranspruch erläuterten Einwand des Rechtsmissbrauchs, wird über ein Mitverschulden des Arbeitnehmers im Sinne des § 254 BGB diskutiert.[982] Einige Stimmen in der Literatur meinen, dem Arbeitnehmer stehe es schließlich zu, sein Mobiltelefon auszuschalten, ein Gespräch mit einer Rufnummer des Arbeitgeberunternehmens nicht entgegenzunehmen oder eine E-Mail schlicht zu ignorieren.[983] Zum anderen könne sich das vom Arbeitnehmer initiierte Erreichbarkeitsverhalten ebenso anspruchskürzend

978 *Buschmann*, PersR 2011, 247, 250.
979 *Menz*, Erweiterte arbeitsbezogene Erreichbarkeit, S. 26.
980 Hierzu *Richter*, AuR 2011, 16, 19.
981 *Richter*, AuR 2011, 16, 19.
982 *Richter*, AuR 2011, 16, 19; *Freyler*, Mobile Office, S. 276 f.
983 *Däubler*, SR-Sonderausgabe 2016, 2, 20.

auswirken wie weitere folgende Tätigkeiten des Arbeitnehmers während des Urlaubs.[984]

An dieser Stelle ist, wie bei dem Einwand des Rechtsmissbrauchs, Zurückhaltung geboten,[985] da bereits auf Tatbestandsebene sachgerechte Lösungen zu finden sind. Setzt sich der Arbeitnehmer über das ausdrückliche Erreichbarkeitsverbot des Arbeitgebers hinweg, um seinen Urlaubsanspruch gewissermaßen zu verlängern,[986] fehlt es schon an der Veranlassung durch den Arbeitgeber und damit an einem Leistungshindernis, womit der Urlaubsanspruch erfüllt ist und erlischt. Insbesondere ist dem Arbeitnehmer die bloße Mitnahme von mobilen Kommunikationsmitteln nicht vorzuwerfen. Aus dieser ist kein Vertrauenstatbestand herzuleiten. Der Arbeitnehmer kann E-Mails meist nicht „schlicht" ignorieren, sodass ihm nicht vorzuwerfen ist, er hätte nicht antworten müssen. Oftmals fühlt sich der Arbeitnehmer durch die Kontaktaufnahme unter Druck gesetzt, da an ihn mindestens schlüssig eine Erwartung herangetragen wird.

IV. Zusammenfassung

Der Ersatzurlaubsanspruch ist ein Schadensersatzanspruch. Vorteilhaft für den Arbeitnehmer ist, dass er hinsichtlich des Vertretenmüssens des Arbeitgebers wegen der Beweislastumkehr des § 280 Abs. 1 Satz 2 BGB nicht darlegungs- und beweispflichtig ist. Der Schadensumfang weicht nicht von demjenigen der Nichterfüllung ab. Das Bereicherungsverbot ist als schadensersatzrechtliches Korrektiv zu beachten, steht dem angenommenen Schadensumfang jedoch nicht entgegen. Eine Anspruchskürzung wegen eines Mitverschuldens im Sinne von § 254 BGB erfolgt regelmäßig nicht, da entweder, wie in denkbaren Fällen der eigeninitiierten Erreichbarkeit, tatbestandlich kein Leistungserfolgshindernis vorliegt oder weil der Arbeitnehmer im Übrigen nur auf ein Verhalten des Arbeitgebers reagiert, was ihm nicht vorzuwerfen ist.

§ 12 Unterlassungsansprüche

Der Arbeitnehmer hat ein Recht auf seine Nichterreichbarkeit im Urlaub. Um dies zu schützen, muss ihm ein Unterlassungsanspruch zustehen, soweit es dennoch

---

984 Angedacht von *Richter*, AuR 2011, 16, 19; *Freyler*, Mobile Office, S. 276 f.

985 Auch *Richter* betont im Rahmen seiner Prüfung eines eventuellen Mitverschuldens, dass Zurückhaltung geboten ist, in: AuR 2011, 16, 19.

986 *Körlings*, Mobile Erreichbarkeit von Arbeitnehmern, S. 94 diskutiert dies unter dem Rechtsmissbrauchseinwand.

zu Erreichbarkeitsversuchen durch den Arbeitgeber kommt.[987] Umgekehrt kann der Arbeitnehmer ohne jegliches Veranlassungselement, das heißt ohne Anordnung oder ausdrückliche beziehungsweise konkludente Vereinbarung seine Erreichbarkeit gewähren, indem er Tätigkeiten erbringt. Der Arbeitgeber hat als Schuldner des Urlaubsanspruchs ein Interesse an der ordnungsgemäßen Erfüllung. Ihm könnte deshalb ein Unterlassungsanspruch gegen den Arbeitnehmer zustehen.

I. Anspruch des Arbeitnehmers gegen den Arbeitgeber

Die Rechtsgrundlage eines Unterlassungsanspruchs ist § 611a BGB in Verbindung mit § 241 Abs. 2 BGB.[988] Nebenvertragliche Rücksichtspflichten können ein Unterlassen beinhalten.[989] Sie sind daher in die Anspruchsgrundlage einzubeziehen. Parallel zu dem Recht auf Nichterreichbarkeit muss es eine Pflicht des Arbeitgebers geben, die Erreichbarkeit nicht herzustellen. Der Unterlassungsanspruch ist als Rechtsfigur anerkannt und bedarf keiner normativen Erörterung.[990] Aus der subjektiven Rechtsposition folgt ein Abwehrrecht, wenn der Berechtigte in dieser Rechtsposition gestört wird, um diese Störung zu beseitigen oder um ihr vorzubeugen.[991] Rechtsgrundlage des Unterlassungsanspruchs für die Erreichbarkeit im Urlaub ist daher §§ 611a, 241 Abs. 2 BGB i.V.m. §§ 1, 3 Abs. 1 BUrlG.

Typisch für einen Unterlassungsanspruch ist, dass das zu unterlassende Verhalten überhaupt erst erfolgt sein muss, damit die notwendige Wiederholungsgefahr bestehen kann.[992] In bestimmten Fällen kann eine Erstbegehungsgefahr ausreichen, soweit das zu unterlassende Verhalten ernsthaft, mithin alsbald einzutreten droht. Dann handelt es sich um einen vorbeugenden Unterlassungsanspruch.[993] Dies ist vor allem in Konstellationen denkbar, in denen der

---

987 Der Unterlassungsanspruch des Arbeitnehmers wird kurz angesprochen bei *Richter*, AuR 2011, 16, 18, der Anspruch verstehe sich von selbst.

988 *Richter*, AuR 2011, 16, 18 Fn. 24, er bezieht sich dabei auf § 611 BGB, was aber alleine auf den zu diesem Zeitpunkt noch nicht bestehenden § 611a BGB zurückzuführen ist.

989 MünchKomm-BGB/*Bachmann*, § 241 BGB Rn. 19; Tschöpe/*Rasche*, Arbeitsrecht Handbuch, Verpflichtungen des Arbeitnehmers, Rn. 181; ErfK/*Preis*, § 611a BGB Rn. 708.

990 *Pfrogner*, RdA 2016, 161, 162; *Salje*, DB 1988, 909, 913.

991 *Lobinger*, ZfA 2004, 101, 122; *Salje*, DB 1988, 909, 911 f.

992 Creifelds/*Fuchs*, Rechtswörterbuch, Unterlassungsanspruch.

993 Creifelds/*Fuchs*, Rechtswörterbuch, Unterlassungsanspruch.

Arbeitgeber in vorangegangenen Urlaubszeiträumen bereits die Erreichbarkeit des Arbeitnehmers herstellte oder ihm dies zurechenbar war. Eine Wiederholungsgefahr besteht, soweit der Erreichbarkeitsvorfall in gewissen zeitlichem Zusammenhang mit dem anstehenden Urlaubszeitraum steht. Naheliegend ist es, auf das laufende Urlaubsjahr abzustellen. Vorstellbar ist, dass der vorbeugende Rechtsschutz auch besteht, wenn der Arbeitgeber eine Erwartungshaltung gegenüber dem Arbeitnehmer erkennen lässt oder die Erreichbarkeit ausdrücklich anordnet beziehungsweise diese vereinbart wird. Bei einer Vereinbarung kann der Einwand des Rechtsmissbrauchs die Geltendmachung des Unterlassungsanspruchs nicht verhindern, weil der Arbeitnehmer sich in offenbarer Kenntnis der Unwirksamkeit dennoch auf die Erreichbarkeitsvereinbarung einlässt. Die Anzeichen für die Erwartungshaltung des Arbeitgebers müssen sich deutlich dahin gehend verdichten, dass der Arbeitnehmer damit rechnet, dass seine Erreichbarkeit im Urlaub alsbald vom Arbeitgeber hergestellt wird. Ein gewisser Bezug zum anstehenden Urlaub ist für den vorbeugenden Rechtsschutz erforderlich.

Für die Wiederholungsgefahr genügt es, dass es im laufenden Urlaubsjahr beziehungsweise im vorangegangenen Urlaubszeitraum tatsächlich zur Erreichbarkeit kam. Darüber hinaus ist von einer Wiederholungsgefahr freilich dann auszugehen, wenn es während des jeweiligen Urlaubszeitraums zur Erreichbarkeit kommt. Der Arbeitnehmer muss konkret mit einem weiteren Erreichbarkeitsvorfall rechnen. Auf den ersten Blick scheint nicht klar zu sein, ob der Unterlassungsanspruch wegen einer Wiederholungsgefahr nur besteht, soweit der vorherige Erreichbarkeitsvorfall sich auf die Erfüllung ausgewirkt hat. Dies würde jedoch dem Recht auf Nichterreichbarkeit widersprechen. Dass die Erfüllung nur in „erheblichen" Erreichbarkeitsfällen angenommen wird, hat keine Bedeutung für das Recht auf Nichterreichbarkeit. Denn selbst in erfüllungsunerheblichen Situationen ist der Arbeitgeber nicht berechtigt, die Erreichbarkeit des Arbeitnehmers zu fordern. Die Erheblichkeitsschwelle hat für den Unterlassungsanspruch keine Bedeutung.

II. Anspruch des Arbeitgebers gegen den Arbeitnehmer

Ist der Arbeitnehmer ohne Veranlassung erreichbar und erbringt Arbeitsleistungen, dann ist der Eintritt des Leistungserfolgs gefährdet. Der Arbeitgeber hat als Schuldner ein Interesse an der ordnungsgemäßen Erfüllung des Urlaubsanspruchs, da er mit dem Erlöschen des Anspruchs von seiner Schuld nach § 362 Abs. 1 BGB befreit wird. Dementsprechend ist zunächst auf Arbeitgeberseite ein Unterlassungsanspruch gegen den eigenmächtig erreichbaren Arbeitnehmer vorstellbar. Gleichwohl ist das subjektive Recht als Voraussetzung eines Unterlassungsanspruchs nicht klar. Der Urlaubsanspruch verleiht mit Ausnahme von § 8 BUrlG ausschließlich dem Arbeitnehmer ein Recht. Nur diesbezüglich ist ein Unterlassungsanspruch des Arbeitgebers anerkannt.[994] Die Situation der Erreichbarkeit weicht von § 8 BUrlG ab. Ein anderes schützenwertes und durch die Erreichbarkeit betroffenes Recht des Arbeitgebers ist nicht erkennbar. Indes ist ein Unterlassungsanspruch des Arbeitgebers ohnehin nicht erforderlich, um seinem Interesse an der ordnungsgemäßen Erfüllung zu entsprechen. Der Arbeitgeber kann, indem er die Annahme der Erreichbarkeitsleistung des Arbeitnehmers durch die Nichtverwertung des Arbeitsergebnisses verweigert beziehungsweise den Arbeitnehmer aufklärt, dass er nicht erreichbar zu sein hat, bewirken, dass das eigeninitiierte Verhalten des Arbeitnehmers kein Erfüllungshindernis ist. Folglich fehlt es an dem für den Unterlassungsanspruch notwendigen subjektiven Recht des Arbeitgebers. Der Arbeitgeber kann den Arbeitnehmer nicht dazu zwingen, Erreichbarkeitsleistungen zu unterlassen. Er kann sich von einem solchen Verhalten aber distanzieren, wodurch sich keine für ihn nachteiligen Rechtsfolgen ergeben können.

---

994 *Natzel*, Bundesurlaubsrecht, § 8 BUrlG Rn. 33; HK-BUrlG/*Hohmeister*, § 8 BUrlG Rn. 9.

Viertes Kapitel: Die Erreichbarkeit von Betriebsratsmitgliedern während des Erholungsurlaubes

Eine bislang nicht thematisierte Sonderkonstellation ist jene, in der ein Arbeitnehmer in seiner Rolle als Betriebsratsmitglied während des Erholungsurlaubes erreichbar ist. Denkbar sind verschiedene Konstellationen. Zum einen kann die Erreichbarkeit für das Betriebsratsgremium gewährleistet sein. Zum anderen kann das Betriebsratsmitglied für Arbeitnehmer des Betriebs erreichbar sein. Darüber hinaus kann der Arbeitgeber die Erreichbarkeit zu einem bestimmten Mitglied des Betriebsrats herstellen, insbesondere zum Betriebsratsvorsitzenden, der regelmäßig Ansprechpartner des Arbeitgebers in mitbestimmungspflichtigen Angelegenheiten ist. Teile des Schrifttums bezeichnen den Betriebsrat als „Co-Manager".[995] Dies wird auf sein hohes Maß an Eigeninitiative und auf seine Einflussnahme in organisatorischen Angelegenheiten zurückgeführt.[996] Das Rechtsverhältnis zwischen dem Betriebsrat und dem Arbeitgeber ist ein Kooperationsverhältnis.[997] Es beinhaltet und setzt voraus, dass ein gewisser Austausch besteht. Dieser kann in der Praxis durchaus in einer Erreichbarkeitssituation münden, unter Umständen auch während des Erholungsurlaubes.

Nicht zu verkennen ist, dass es sich bei den Betriebsratsmitgliedern um Arbeitnehmer handelt. Die Wahrnehmung des Betriebsratsamtes ist nicht Bestandteil der Arbeitsleistung, sondern ein Ehrenamt (§ 37 Abs. 1 BetrVG). Daraus ergibt sich, dass die für die Erreichbarkeit während des Urlaubes im Arbeitsverhältnis zuvor entwickelten Maßstäbe an dieser Stelle nicht unberücksichtigt bleiben dürfen. Gleichzeitig sind sie nicht ohne Weiteres auf das Betriebsratsamt übertragbar, da zahlreiche Besonderheiten in die Überlegungen einzubeziehen sind. Nachfolgend ist insbesondere auf diese Abweichungen, die sich aus dem

---

995 Siehe dazu nur *Joussen*, RdA 2018, 193, 199; *Cosack*, ZRP 2016, 177; *Schuster/Schunder*, NZA 2020, 92, 95; kritisch *Uffmann*, ZfA 2018, 225, 237 ff. und auch *Stoffels/Lembke*, BetrVR, § 4 Rn. 18.

996 *Uffmann*, ZfA 2018, 225, 238.

997 So *Stoffels/Lembke*, BetrVR, § 4 Rn. 3 mit Verweis auf Rechtsprechung: BAG v. 03.05.1994 – 1 ABR 24/93, NZA 1995, 40, 42.

Charakter des Ehrenamtes ergeben und welches seinen Bezugspunkt im Arbeitsverhältnis hat, einzugehen.

§ 13 Besonderheiten in der Betriebsratsarbeit und bei der Urlaubserteilung

Das Betriebsverfassungsgesetz ordnet das Betriebsratsamt als Ehrenamt der im Betrieb beschäftigten und in das Gremium gewählten Arbeitnehmer ein. Daraus folgt, dass die für die Betriebsratstätigkeit aufgewendete Zeit weder Arbeitszeit im Sinne des Arbeitszeitgesetzes noch im Sinne der Arbeitszeitrichtlinie ist.[998] Betriebsratsmitglieder sind in betriebsverfassungsrechtlichen Angelegenheiten nicht weisungsabhängige Arbeitnehmer, sondern innerhalb des Gremiums sozialer Partner des Arbeitgebers. Das Verhältnis zum Arbeitgeber ist damit ein anderes als dasjenige im Arbeitsverhältnis. Das Betriebsratsmitglied erbringt keine Arbeitsleistungen auf Veranlassung des Arbeitgebers.[999] Die Erreichbarkeit kann Inhalt der Aufgaben des Betriebsratsmitgliedes sein. Das Betriebsverfassungsgesetz schützt die Betriebsratsmitglieder vor Nachteilen aufgrund ihres Ehrenamtes. Neben diesem Schutz sind weitere Grundsätze im Umgang mit der Erreichbarkeit des Betriebsratsmitgliedes während des Urlaubes zu beachten.

I. Die Erreichbarkeit als Inhalt des Betriebsratsamtes

Erreichbarkeitssituationen treten nicht nur im Arbeitsverhältnis auf, sondern zudem bei der Wahrnehmung des Betriebsratsamtes. Das Betriebsratsgremium ist nicht nur Betriebspartner des Arbeitgebers. Die Betriebsratsmitglieder sind zugleich Vertrauenspersonen der Arbeitnehmer im Betrieb, welche sich in betrieblichen Angelegenheiten an ein Betriebsratsmitglied ihrer Wahl wenden können.[1000] Der Informations- und Meinungsaustausch des Betriebsrats mit den von ihm repräsentierten Arbeitnehmern ist eine der gesetzlichen Aufgaben des Betriebsrats.[1001] Jedes Mitglied muss unmittelbar erreichbar sein.[1002] Die

---

998 Richardi-BetrVG/*Thüsing*, § 37 BetrVG Rn. 15; *Stoffels/Lembke*, BetrVR, § 11 Rn. 1.

999 *Stoffels/Lembke*, BetrVR, § 11 Rn. 1.

1000 BAG v. 19.01.2005 - 7 ABR 24/04, BeckRS 2005, 30349188.

1001 BAG v. 27.11.2002 - 7 ABR 36/01, NZA 2003, 803, 804; LAG Köln v. 09.02.2004 - 2 (13) TaBV 65/03, BeckRS 2004, 40940 Rn. 15; Richardi-BetrVG/*Thüsing*, Betriebsverfassungsgesetz, § 40 BetrVG Rn. 72.

1002 BAG v. 27.11.2002 - 7 ABR 36/01, NZA 2003, 803, 804; LAG Köln v. 09.02.2004 - 2 (13) TaBV 65/03, BeckRS 2004, 40940 Rn. 15, deutlich zurückhaltender dagegen LAG Baden-Württemberg v. 17.04.2001 – 8 TaBV 1/01, BeckRS 2001, 30864023.

Erreichbarkeit ist somit Bestandteil der Betriebsratstätigkeit. Im Zuge dessen räumt die Rechtsprechung, soweit nicht im Einzelfall besondere Gründe wie eine betriebliche Ungewöhnlichkeit oder unverhältnismäßige Kosten dagegen stehen, dem Betriebsrat und in bestimmten Fällen den einzelnen Betriebsratsmitgliedern, einen Anspruch gegen den Arbeitgeber aus § 40 Abs. 2 BetrVG auf die Bereitstellung von Kommunikationsmittel in angemessenen Umfang ein.[1003] Der Anspruch kann auf die Mitbenutzung von Telefonanlagen beschränkt sein.[1004]

Vorzugsweise sollte jedem Betriebsratsmitglied ein Kommunikationsmittel zur Verfügung stehen, sodass nicht nur die Erreichbarkeit des Gremiums, sondern darüber hinaus die persönliche Erreichbarkeit der Mitglieder gewährleistet ist. Ein bestimmtes Betriebsratsmitglied kann wegen eines besonderen Vertrauensverhältnisses in der jeweiligen Situation der bessere und passendere Ansprechpartner für den betroffenen Arbeitnehmer sein und schließlich aus diesem Grund in das Gremium gewählt worden sein.[1005] Freilich können in der Interessenabwägung betriebliche Belange zu Gunsten des Arbeitgebers zu berücksichtigen sein und damit einem Anspruch des einzelnen Betriebsratsmitgliedes auf die Ausstattung mit technischen Kommunikationsmitteln entgegenstehen. Dennoch muss es im Eigentlichen die Ausnahme sein, dass die Belange des Arbeitgebers das Interesse der Belegschaft an der sachgerechten Ausübung des Betriebsratsamtes überwiegen[1006] und einem Ausstattungsanspruch des Gremiums und des einzelnen Betriebsratsmitgliedes mit Kommunikationsmitteln, wie Smartphones wegen der E-Mail-Funktion,[1007] entgegenstehen. Die Erreichbarkeit ist nicht nur eine der Betriebsratsarbeit dienende Aufgabe, sondern eine der Hauptaufgaben eines jeden Betriebsratsmitgliedes, der im Rahmen der Interessenabwägung ein hohes Gewicht beizumessen ist. Wenngleich ein Anspruch auf Ausstattung mit Smartphones bislang restriktiv behandelt wird, dürfte diese Ausstattung in vielen Betrieben Standard sein. In diesen Betrieben, in denen sie zur Arbeit bereit gestellt werden, wird ein entsprechender Ausstattungsanspruch

---

1003 BAG v. 27.11.2002 - 7 ABR 36/01, NZA 2003, 803, 804; *Fitting*, BetrVG, § 40 BetrVG Rn. 128.

1004 BeckOK-ArbR/*Mauer*, § 40 BetrVG Rn. 25.

1005 BAG v. 27.11.2002 - 7 ABR 36/01, NZA 2003, 803, 804; LAG Köln v. 09.02.2004 - 2 (13) TaBV 65/03, BeckRS 2004, 40940 Rn. 15.

1006 BAG v. 27.11.2002 - 7 ABR 36/01, NZA 2003, 803, 804; LAG Hessen v. 13.03.2017 - 16 TaBV 212/16, MMR 2017, 644, 645 Rn. 18.

1007 Siehe dazu für den Betriebsratsvorsitzenden LAG Hessen v. 13.03.2017 - 16 TaBV 212/16, MMR 2017, 644.

des Betriebsrats und der einzelnen Betriebsratsmitglieder regelmäßig bestehen.[1008] Die genaue technische Umsetzung der Erreichbarkeit kann letztlich dahinstehen, da es hier um die Erreichbarkeit im Urlaub geht, unabhängig davon, in welcher Art und Weise sie vermittelt wird.

II. Rechtsposition der Betriebsratsmitglieder

1. Rolle als Betriebspartner und als Mitarbeiter

Die nicht (vollständig) für Betriebsratszwecke gemäß § 38 BetrVG freigestellten Betriebsratsmitglieder sind dem Arbeitgeber aus dem Arbeitsverhältnis zur Erbringung ihrer Arbeitsleistung verpflichtet. Sie erlangen ihren Urlaubsanspruch und machen diesen in ihrer Rolle als Arbeitnehmer und nicht als Betriebsratsmitglied geltend. Stellt der Arbeitgeber den Arbeitnehmer zwecks Erfüllung des Urlaubsanspruchs frei, so ist er von der Arbeitspflicht für diesen Zeitraum befreit. Das Betriebsverfassungsgesetz schweigt dazu, wie sich die Freistellung während des Urlaubes auf das Betriebsratsamt auswirkt. Zwar kennt es in § 25 Abs. 1 Satz 2 BetrVG den Fall der zeitweiligen Verhinderung, jedoch lässt sich aus dem Wortlaut der Regelung nicht entnehmen, ob eine solche zeitweilige Verhinderung immer dann eintritt, wenn der Arbeitgeber den Arbeitnehmer zur Erfüllung des Urlaubsanspruchs freistellt. Dies ist zwischen der Rechtsprechung und der Lehre nicht geklärt.

Der *Zweite Senat* des *Bundesarbeitsgerichts* hat sich in dieser Frage festgelegt.[1009] Eine zeitweilige Verhinderung liege vor, wenn das Betriebsratsmitglied aus rechtlichen oder tatsächlichen Gründen nicht in der Lage sei, sein Betriebsratsamt auszuüben.[1010] Der *Zweite Senat* nimmt eine zeitweilige Verhinderung des Betriebsratsmitgliedes während des Erholungsurlaubes an, wenn das Betriebsratsmitglied nicht zuvor seine Bereitschaft anzeige, trotz des Urlaubes für Betriebsratstätigkeiten zur Verfügung stehen zu wollen.[1011] Ob der Erholungsurlaub stets zu einer Verhinderung führt, wird unterschiedlich beurteilt.[1012] Das *Bundesarbeitsgericht* ging vor seiner genannten Entscheidung davon aus, dass

---

1008 Äußerst restriktiv hingegen HWK-ArbR/*Reichhold*, § 40 BetrVG Rn. 34, da der Betriebsrat nicht zur ständigen Erreichbarkeit verpflichtet sei; GK-BetrVG/*Weber*, Band I, § 40 BetrVG Rn. 202.

1009 BAG v. 08.09.2011 – 2 AZR 388/10, NZA 2012, 400, 401 f. Rn. 25 ff.

1010 BAG v. 08.09.2011 – 2 AZR 388/10, NZA 2012, 400, 401 Rn. 24; v. 27.09.2012 – 2 AZR 955/11, NZA 2013, 425, 426 Rn. 19.

1011 BAG v. 08.09.2011 – 2 AZR 388/10, NZA 2012, 400, 401 Rn. 24.

1012 Dazu ausführlich BAG v. 08.09.2011 – 2 AZR 388/10, NZA 2012, 400, 401 Rn. 25 ff.

das Betriebsratsmitglied während seines Erholungsurlaubes zur Wahrnehmung der Betriebsratsaufgaben nicht verpflichtet, jedoch berechtigt sei.[1013] Nach einer restriktiven Auffassung sei der Erholungsurlaub stets als objektive rechtliche Verhinderung an der Wahrnehmung der Betriebsratstätigkeit einzuordnen.[1014] Dies führe dazu, dass das beurlaubte Betriebsratsmitglied trotz seines entgegenstehenden Willens nicht berechtigt sei, Betriebsratstätigkeiten wahrzunehmen.[1015]

Die Instanzenrechtsprechung schloss sich letzterer Ansicht an und diskutierte eine Öffnungsmöglichkeit durch eine positive Anzeige des beurlaubten Betriebsratsmitglied, dass es während des Urlaubes seine Betriebsratsaufgaben wahrnehmen wolle.[1016] Das *Landesarbeitsgericht Rheinland-Pfalz* beurteilte die Möglichkeit zur Teilnahme an Betriebsratssitzungen äußerst streng, was es vor allem mit Planungsunsicherheiten, welche für den Einsatz des Ersatzmitgliedes entstehen könnten, begründete.[1017] Es geht daher von einem generellen Ruhen des Amtes wegen einer objektiven rechtlichen Verhinderung während des Urlaubes aus, da andernfalls ein regelwidriger Entscheidungsspielraum entstünde.[1018]

Die Ansicht des *Zweiten Senats* des *Bundearbeitsgerichts*, wonach das Betriebsratsmitglied zwar während des Erholungsurlaubes grundsätzlich verhindert sei, weil es ihm unzumutbar sei Betriebsratstätigkeiten zu erbringen, erkennt die Möglichkeit zur positiven Anzeige seiner Bereitschaft dennoch an.[1019] Sie ist zustimmungswürdig, weil sie einerseits den Urlaub als von betrieblichen Angelegenheiten freien Zeitraum schützt, gleichzeitig aber auch die Besonderheiten des Betriebsratsamtes als Ehrenamt berücksichtigt. Die Suspendierung der Amtspflichten ist in Anbetracht des Urlaubszwecks folgerichtig. Wenngleich es sich um ein Ehrenamt handelt, weist dieses zwangsläufig aufgrund seiner Grundlage im Arbeitsverhältnis eine inhaltliche Nähe zur Betriebssphäre auf. Der Erholungsurlaub soll dem Arbeitnehmer von dieser eine Distanz ermöglichen.

Mancher geht davon aus, dass die Zweckbestimmung des Urlaubes bei der Betriebsratstätigkeit nicht durchgreife, sodass das Betriebsratsmitglied der Betriebsratstätigkeit im Urlaub nachgehen dürfe.[1020] Im Ergebnis ist es richtig, dem Betriebsratsmitglied diese Möglichkeit zuzugestehen. Es würde dem

---

1013 BAG v. 20.08.2002 - 9 AZR 261/01, NZA 2003, 1046.

1014 GK-BetrVG/*Oetker*, Band I, § 25 BetrVG Rn. 17.

1015 Kritisch dazu DKW-BetrVG/*Buschmann* § 25 Rn. 17 Fn. 49.

1016 LAG Rheinland-Pfalz v. 09.04.2001 – 7 Sa 54/01– BeckRS 2001, 30898349.

1017 LAG Rheinland-Pfalz v. 09.04.2001 – 7 Sa 54/01– BeckRS 2001, 30898349.

1018 LAG Rheinland-Pfalz v. 09.04.2001 – 7 Sa 54/01– BeckRS 2001, 30898349.

1019 Dieser Lösung letztlich zustimmend DWK-BetrVG/*Buschmann*, § 25 BetrVG Rn. 17.

1020 *Koll*, AiB 05/2016, 22, 23.

Charakter des Betriebsratsamt als Ehrenamt widersprechen, wenn dem Betriebsratsmitglied die Wahrnehmung der Betriebsratsarbeit gänzlich entzogen werden würde. Allerdings ist die Begründung, die Zweckbestimmung greife nicht durch, nicht durchweg schlüssig. Die Zweckbestimmung des Urlaubes ist schließlich dieselbe wie im Arbeitsverhältnis. Anders als bei der Arbeitsleistung handelt es sich um eine Tätigkeit, die nach § 2 Abs. 1 BetrVG nicht nur dem Wohl des Betriebes, sondern auch dem Wohl der Belegschaft dient. Das Betriebsratsmitglied könnte sich Erreichbarkeitssituationen eher entziehen, da es keine nachteiligen Folgen für das wirtschaftlich für ihn bedeutsame Arbeitsverhältnis befürchten müsste. Insoweit ist das Ehrenamt schließlich losgelöst vom Arbeitsverhältnis. Dies rechtfertigt es, die Betriebsratstätigkeit durch eine entsprechende Anzeige wahrzunehmen. Im Grundsatz aber ist die ehrenamtlich übernommene Pflicht während des Urlaubes automatisch suspendiert. Regelmäßig ist das Betriebsratsmitglied in seinen Amtspflichten derart frei von Erwartungshaltungen und anderweitigen äußeren Einflüssen, dass ihm eine selbstbestimmte Entscheidung, ob es seine Amtspflichten während des Erholungsurlaubes wahrnehmen will, möglich und ihm daher eine entsprechende Befugnis einzuräumen ist. Dennoch kann der Urlaubszweck betroffen sein, nämlich dann, wenn das Betriebsratsmitglied nicht mehr losgelöst von Erwartungen anderer handelt. Schließlich ist dann eine tatsächliche Beeinträchtigung der Entscheidungsmacht aus betrieblichen Gründen denkbar. Die positive Anzeige indiziert aber, dass die Betriebsratstätigkeit unabhängig von diesem faktischen Druck erfolgt.

Die generelle Versagung der Betriebsratstätigkeit während des Urlaubes überzeugt aus den aufgezeigten Gründen nicht. Wichtig ist die positive Anzeige der Bereitschaft. Zwar wird weder der Rechtscharakter der Erklärung noch die Stelle, derer gegenüber sie abzugeben ist, diskutiert. Da die positive Anzeige unmittelbar Auswirkungen auf die Zusammensetzung des Gremiums haben kann, weil das vorgesehene Ersatzmitglied mangels einer Verhinderung im Sinne von § 25 Abs. 1 Satz 2 BetrVG nicht nachrückt, wird es sich bei der Anzeige um eine einseitige empfangsbedürftige Willenserklärung handeln müssen, da ihr unmittelbar rechtliche Wirkung zukommt. Denn die Willenserklärung ist im Ergebnis auf die Herbeiführung einer Regelung gerichtet, die bei einseitigen Willenserklärungen ohne eine weitere Willenserklärung entsteht.[1021] Naheliegend ist, dass die Bereitschaft dem Betriebsratsgremium angezeigt werden muss. Im Schrifttum wird der Betriebsratsvorsitzende als die Person, die in

1021 Zur Folge der Willenserklärung: *Flume*, Allgemeiner Teil Band II, § 68 S. 78, Creifelds/*Fuchs*, Rechtswörterbuch kompakt, Willenserklärung.

Kenntnis zu setzen sei, erwähnt,[1022] was in Anbetracht seiner vertretungsartigen Position für das Gremium, wie bei der Entgegennahme von Erklärungen gegenüber dem Betriebsrat gemäß § 26 Abs. 2 Satz 2 BetrVG, zustimmungswürdig ist. Besonderheiten ergeben sich bezüglich des Zeitpunktes der Anzeige bei einer bevorstehenden Betriebsratssitzung, da Ladungsfristen zu wahren sind. Die Wirksamkeit eines Beschlusses könnte gefährdet sein, wenn nicht klar ist, ob das Betriebsratsmitglied verhindert ist oder nicht.[1023] Die Anzeige muss deshalb vor Urlaubsantritt oder jedenfalls rechtzeitig vor der Betriebsratssitzung erfolgen. Für die Erreichbarkeit selbst ist dieser Punkt dagegen unerheblich, da sie unbürokratisch gewährt werden kann. Allerdings darf für die Zeit der Erreichbarkeit dann nicht das Ersatzmitglied nachrücken, da der Betriebsrat sonst die von § 9 Satz 1 BetrVG abweichende Mitgliederanzahl übersteigen würde. Außerhalb von Sitzungen ist daher eine jederzeitige positive Anzeige während des Erholungsurlaubes möglich, weil es gerade auf die Person des abwesenden Betriebsratsmitgliedes ankommen kann, da diese von der Belegschaft gewählt und ihr damit Vertrauen entgegengebracht wurde.

Fraglich ist dann, ob eine Aufteilung der Betriebsratstätigkeiten denkbar ist, etwa dass das Betriebsratsmitglied anzeigen kann, für Belange im Zusammenhang mit seiner Betriebsratstätigkeit erreichbar sein zu wollen, nicht aber für die Teilnahme an Betriebsratssitzungen bereitzustehen. Die Teilnahme an Sitzungen ist die wesentliche Aufgabe im Betriebsratsamt. Aufgrund der automatischen Suspendierung der Amtspflichten für die Urlaubszeit erscheint es nur folgerichtig, eine derartige Aufteilung zuzulassen. Denn wenn schon keine Pflicht, jedoch das Recht zur Wahrnehmung der Amtspflichten während des Urlaubes besteht, könnte das Betriebsratsmitglied erst recht zur bloß teilweisen Betriebsratstätigkeit berechtigt sein. Andererseits könnte dies zu einer „Rosinenpickerei" führen. Das Betriebsratsamt begründet eine Vielzahl von Aufgaben, die gegebenenfalls nur vollständig wahrnehmbar sind.

Letztlich sind die Besonderheiten während des Urlaubes entscheidend. Diese sprechen für eine Aufteilbarkeit der Bereitschaft zur Wahrnehmung der Betriebsratstätigkeiten, da insbesondere während einer Reise zwar die Erreichbarkeit möglich sein kann, nicht aber eine Teilnahme an (physischen) Betriebsratssitzungen. Bezüglich der Erreichbarkeit ist vorstellbar, dass die positive Anzeige

---

1022 *Uhmann*, NZA 2000, 576, 579; auch aus der ablehnenden Entscheidung des LAG Rheinland-Pfalz geht hervor, dass wohl der Betriebsratsvorsitzende zu informieren wäre, v. 09.04.2001 - 7 Sa 54/01- BeckRS 2001, 30898349.

1023 BAG v. 08.09.2011 - 2 AZR 388/10, NZA 2012, 400, 402 Rn. 32.

nicht (nur) gegenüber dem Betriebsratsgremium erfolgen kann, sondern zudem gegenüber den Arbeitnehmern im Betrieb, vor allem wenn dem Betriebsratsmitglied besonderes Vertrauen entgegengebracht wird. Gegenüber dem Arbeitgeber kann der Betriebsratsvorsitzende, der berechtigt ist, Erklärungen entgegenzunehmen, seine Bereitschaft positiv anzeigen.

2. *Besonderheiten bei freigestellten Betriebsratsmitgliedern*

Die Amtspflichten der nach § 38 Abs. 1 BetrVG von ihrer beruflichen Tätigkeit zur Wahrnehmung der Betriebsratstätigkeit freigestellten Betriebsratsmitglieder sind dieselben wie diejenigen nicht freigestellter Betriebsratsmitglieder. Solange die Freistellung andauert, sind die Pflichten aus dem Arbeitsverhältnis suspendiert. Der Urlaub ist ebenfalls ein Freistellungstatbestand. Da dem Betriebsratsmitglied aus der Übernahme seines Amtes keine Nachteile erwachsen dürfen, hat auch das freigestellte Betriebsratsmitglied einen Urlaubsanspruch.[1024] Dieser kann nicht auf die Suspendierung der Arbeitspflicht gerichtet sein, da diese bereits wegen § 38 Abs. 1 BetrVG nicht besteht. Durch die Erfüllungshandlung des Urlaubsanspruchs wird folglich nicht die Arbeitspflicht suspendiert.

Die Freistellung nach § 38 BetrVG bewirkt, dass das Betriebsratsmitglied zur Erledigung von dem Betriebsrat obliegenden Aufgaben während der betriebsüblichen Arbeitszeiten verpflichtet ist.[1025] Aufgrund der Unabhängigkeit des Betriebsrats hat der Arbeitgeber gegenüber dem freigestellten Betriebsratsmitglied kein Weisungsrecht.[1026] Anstelle der Befreiung von der Pflicht zur Arbeitsleistung wird das freigestellte Betriebsratsmitglied für den Urlaubszeitraum deshalb von der Pflicht befreit, sich innerhalb der betriebsüblichen Arbeitszeit den Aufgaben eines Betriebsrats zu widmen.[1027] Dementsprechend suspendiert die Freistellungserklärung zur Urlaubsgewährung die betriebsverfassungsrechtliche Amtstätigkeit für die Dauer des Urlaubs.[1028] Nicht zu verkennen ist, dass sich die Betriebsratstätigkeit des freigestellten Betriebsratsmitgliedes inhaltlich

---

1024 BAG v. 20.08.2002 - 9 AZR 261/01, NZA 2003, 1046, 1047; HWK-ArbR/*Schinz*, § 7 BUrlG Rn. 15.

1025 BAG v. 20.08.2002 - 9 AZR 261/01, NZA 2003, 1046, 1047.

1026 Richardi-BetrVG/*Thüsing*, BetrVG, § 38 BetrVG Rn. 52; GK-BetrVG/*Weber*, Band I, § 38 BetrVG Rn. 89; *Fitting*, BetrVG, § 38 BetrVG Rn. 77; BAG v. 23.09.2014 – 9 AZR 1100/12, NZA 2015, 179 Rn. 11.

1027 BAG v. 20.08.2002 - 9 AZR 261/01, NZA 2003, 1046, 1047; MünchKomm-BGB/*Spinner*, § 611a BGB Rn. 851.

1028 BAG v. 20.08.2002 - 9 AZR 261/01, NZA 2003, 1046, 1047.

nicht von derjenigen der nicht freigestellten Betriebsratsmitglieder unterscheidet. Nur die Umstände sind andere. Dementsprechend kann bezüglich der Verhinderung im Sinne von § 25 Abs. 1 Satz 2 BetrVG nichts anderes gelten, sodass auch das freigestellte Betriebsratsmitglied durch eine positive Anzeige nicht an der Wahrnehmung der Betriebsratstätigkeit verhindert ist.[1029]

III. Zusammenfassung

Die Erreichbarkeit ist ein wichtiger Bestandteil der Betriebsratstätigkeit. Betriebsratsmitglieder sind während ihres Erholungsurlaubes von der Pflicht zur Betriebsratstätigkeit befreit. Sie sind kraft Gesetzes an der Wahrnehmung dieses Amtes während des Urlaubszeitraumes zeitweilig verhindert. Für die Dauer des Verhinderungsfalls ist in § 25 Abs. 1 Satz 2 BetrVG vorgesehen, dass ein Ersatzmitglied nachrückt, um den Verhinderungsfall auszugleichen. Gleichwohl steht es dem Betriebsratsmitglied frei, während seines Erholungsurlaubes seine Betriebsratstätigkeit wahrzunehmen. Nötig ist eine positive Anzeige der Bereitschaft durch das Betriebsratsmitglied, die regelmäßig gegenüber dem Betriebsratsvorsitzenden zu erfolgen hat. Es liegt daher am Betriebsratsmitglied, ob es seine Amtstätigkeit im Erholungsurlaub wahrnehmen möchte oder nicht.

§ 14 Die Erreichbarkeit als Leistungshindernis

I. Die positive Anzeige der Bereitschaft zur Erreichbarkeit

Die positive Anzeige der Bereitschaft führt zunächst dazu, dass kein Verhinderungsgrund für die Betriebsratstätigkeit während des Erholungsurlaubes entsteht. Daraus lässt sich indes noch nicht schließen, ob die Anzeige bewirkt, dass die tatsächliche Betriebsratstätigkeit während des Erholungsurlaubes kein Leistungserfolgshindernis darstellt. Eine ehrenamtliche Tätigkeit kann nach einer Entscheidung des *Bundesarbeitsgerichts* über die Folgen des Einsatzes eines beurlaubten Arbeitnehmers für das *Technische Hilfswerk*, die Erfüllung des konkretisierten Urlaubsanspruchs nachträglich unmöglich machen und damit ein

1029 Das BAG betont in seiner Entscheidung zum Erholungsurlaub für freigestellte Betriebsratsmitglieder, dass der Urlaub ein Verhinderungsgrund im Sinne von § 25 Abs. 1 Satz 2 BetrVG ist., v. 20.08.2002 - 9 AZR 261/01, NZA 2003, 1046, 1047. Dies kann freilich nur entsprechend der aktuellen Rechtsprechung des BAG zu § 25 Abs. 1 BetrVG in Bezug auf den Urlaub gelten.

Leistungshindernis sein.[1030] Vergleichbar sind diese Fälle nicht nur, weil beide die ehrenamtliche Tätigkeit betreffen, sondern auch weil das THW-Hilfsgesetz vorsieht, dass der ehrenamtlich Tätige für die Zeit des Einsatzes unter Fortzahlung der Vergütung durch den Arbeitgeber von seiner Arbeitspflicht freizustellen ist und bei einem Einsatz gemäß § 3 Abs. 1 Satz 1 THWG ein umfassendes Benachteiligungsverbot besteht.[1031] Das *Bundesarbeitsgericht* leitet sein Ergebnis zur Unmöglichkeit der Urlaubsanspruchserfüllung aus der rechtlichen Verpflichtung zu dem Einsatz ab. Für die Einsatzzeit wäre der Arbeitnehmer, wenn er nicht schon durch den Urlaub freigestellt wäre, somit ohnehin freizustellen. Die Einsatzpflicht erlaube, so das *Bundesarbeitsgericht*, keine selbstbestimmte Wahrnehmung der Urlaubszeit.[1032] Zwar ist das Betriebsratsmitglied gemäß § 37 Abs. 2 BetrVG von seiner beruflichen Tätigkeit ohne Minderung des Arbeitsentgelts zu befreien, wenn und soweit es nach Umfang und Art des Betriebs zur ordnungsgemäßen Durchführung seiner Aufgaben erforderlich ist. Wie bereits aufgezeigt, ist das Betriebsratsmitglied jedoch während des Urlaubes gerade nicht zur Betriebsratstätigkeit verpflichtet, sondern an deren Wahrnehmung verhindert. Mithin indiziert die gesetzliche Wertung zwar, dass bei einer angezeigten Nichtverhinderung die Wahrnehmung der Betriebsratstätigkeit die Erfüllung nicht beeinträchtigt. Jedoch ist im Folgenden näher zu untersuchen, ob dies allgemein der Fall ist oder ob die Erfüllung zwar beeinträchtigt sein kann, dies jedoch nicht zu Folgeansprüchen führt.

1. *Erreichbarkeit für das Gremium*

Typischerweise stehen die Betriebsratsmitglieder miteinander in regem Austausch bezüglich betrieblicher Belange und daraus entstehender Betriebsratsaufgaben. Innerhalb des Gremiums sind folglich Situationen denkbar, in denen die Erreichbarkeit eines Betriebsratsmitgliedes, das seine Bereitschaft zuvor positiv angezeigt hat und damit für Betriebsratstätigkeiten während des Erholungsurlaubes zur Verfügung steht, hergestellt wird. Da die positive Anzeige eine einseitige Erklärung ist und nicht die Freistellungserklärung des Arbeitgebers betrifft, wirkt sich die positive Anzeige nicht auf die Leistungshandlung aus. Das Leistungshandlungshindernis kann nur durch ein Verhalten des Arbeitgebers

---

1030 Siehe dazu BAG v. 10.05.2005 - 9 AZR 251/04, NZA 2006, 439, nach dem das Heranziehen eines Arbeitnehmers im Rahmen seiner ehrenamtlichen Tätigkeit für das THW, die Erfüllung des konkretisierten Urlaubsanspruchs unmöglich werden lässt.

1031 BAG v. 10.05.2005 - 9 AZR 251/04, NZA 2006, 439, 441 Rn. 28.

1032 BAG v. 10.05.2005 - 9 AZR 251/04, NZA 2006, 439, 441 Rn. 33.

entstehen, da dieser alleine für die Freistellungserklärung verantwortlich ist. Der Arbeitnehmer kann als Gläubiger des Anspruchs weder in dieser Position noch in der als Betriebsratsmitglied einseitig die Freistellungserklärung beeinflussen. Mithin kann es sich bei der infolge der positiven Anzeige der Bereitschaft geleisteten Betriebsratstätigkeit nur um ein Leistungserfolgshindernis handeln.

Das Betriebsratsmitglied ist bei positiver Anzeige zur Wahrnehmung der Betriebsratsaufgaben nur berechtigt, aber nicht rechtlich verpflichtet, da er diese nach dem Zweck des § 25 Abs. 1 Satz 2 BetrVG jederzeit zurücknehmen können muss. Die tatsächliche Betriebsratstätigkeit soll nach einer Meinung den Urlaub unterbrechen.[1033] Unklar bleibt dabei die rechtliche Einordnung der Unterbrechung. Die Bezeichnung als Unterbrechung lässt darauf schließen, dass eine Betriebsratstätigkeit demnach die Erfüllung des Urlaubsanspruchs beeinträchtigen soll, weil der Urlaubszweck hiermit unvereinbar wäre. Soweit dies mit der Unterbrechung gemeint sein soll, ist dem nicht ohne Weiteres zu folgen.

Nach den für die Erreichbarkeit von Arbeitnehmern vertretenen Grundsätzen liegt ein Leistungserfolgshindernis vor, wenn die Entscheidungsmacht des Arbeitnehmers beeinträchtigt ist, was anhand der Erheblichkeitsschwelle zu bestimmen ist. Die Lösung ist auch hier in den allgemeinen Grundsätzen zu suchen, um die Erreichbarkeit von Betriebsratsmitgliedern während des Urlaubes rechtlich einzuordnen. Die positive Anzeige führt dazu, dass die Entscheidungsmacht des Betriebsratsmitgliedes trotz der Erreichbarkeitssituation grundsätzlich gewahrt ist. Anders als in dem vom Bundearbeitsgericht entschiedenen Fall, in dem die Tätigkeit für das *Technische Hilfswerk* auf einer gesetzlichen Verpflichtung beruht, gibt es keine rechtliche Verpflichtung zur Betriebsratsarbeit und damit zur Erreichbarkeit. Die tatsächliche Entscheidungsmacht ist regelmäßig auch nicht aus betrieblichen Gründen eingeschränkt, denn das Betriebsratsmitglied bringt durch die positive Anzeige seine Entscheidungsmacht durch sein selbstbestimmtes Verhalten zum Ausdruck. Insbesondere besteht wie in den Fällen der zunächst eigeninitiierten Erreichbarkeit noch kein Veranlassungselement für die positive Anzeige, die erforderlich ist, damit die Entscheidungsmacht überhaupt eingeschränkt sein kann. Bei dem Betriebsratsmitglied besteht in der Regel keine Gefahr, dass dieses sich zur Anzeige und zur späteren Erreichbarkeit unter Druck gesetzt fühlt, da insbesondere keine typischen Karriereerwägungen diesen Druck auslösen. Allenfalls das Risiko seiner Wiederwahl könnte das Betriebsratsmitglied in seiner Entscheidung beeinträchtigen. Dieses Risiko ist aber wegen des Ehrenamtes der persönlichen Sphäre zuzuordnen.

1033 DKW-BetrVG/*Buschmann*, § 25 BetrVG Rn. 17.

Solange die positive Anzeige nicht widerrufen ist und deshalb weiter Wirkung entfaltet, wird mit dieser die Entscheidungsmacht auch bezüglich der Erreichbarkeit, die das Ergebnis der Anzeige ist, indiziert und ist unwiderlegbar zu vermuten. Die unwiderlegbare Vermutung rechtfertigt sich daraus, dass es dem Betriebsratsmitglied freisteht, seine positive Anzeige mit ex nunc Wirkung zu widerrufen. Nach erfolgter positiver Anzeige der Bereitschaft stört die Erreichbarkeit den Urlaub folglich genauso wie andere Betriebsratstätigkeiten nicht. Sie haben keine Auswirkungen auf die Erfüllung des Urlaubsanspruchs. Der Leistungserfolg, der in der tatsächlichen Freistellung und dem Erhalt der Entscheidungsmacht liegt, kann eintreten, solange das Betriebsratsmitglied die positive Anzeige nicht widerruft.

2. *Erreichbarkeit für die Belegschaft*

Der Betriebsrat hat eine Schutzfunktion[1034] gegenüber der Belegschaft aufgrund des betriebspolitischen Mandats eines jeden Betriebsratsmitgliedes.[1035] Daraus ergibt sich, dass keine anderen Maßstäbe als die zuvor erläuterten anzuwenden sind. Die Gleichstellung mit der betriebsratsinternen Erreichbarkeit folgt aus der dienenden Funktion des Gremiums gegenüber der Belegschaft und der Stellung seiner Mitglieder als Vertrauens- und Ansprechperson in betrieblichen Belangen.

3. *Erreichbarkeit für den Arbeitgeber*

Nicht nur das Gremium oder die Belegschaft können die Erreichbarkeit zum urlaubsbedingt abwesenden Betriebsratsmitglied herstellen, sondern auch der Arbeitgeber. Eine andere Bewertung dieser Situation ist vor dem Hintergrund, dass es sich bei dem Arbeitgeber um den Schuldner des Urlaubsanspruchs handelt, vorstellbar. Andererseits ist der Betriebsrat der Betriebspartner des Arbeitgebers und folglich hat er das Kooperationsgebot aus § 2 Abs. 1 BetrVG[1036] zu beachten.

Die Konstellation ist weniger klar zu bewerten, da der Arbeitgeber wissen muss oder spätestens bei Herstellung der Erreichbarkeit wissen kann, dass sich das Betriebsratsmitglied im Erholungsurlaub befindet, regelmäßig aber nicht

---

1034 *Stoffels/Lembke*, Betriebsverfassungsrecht, § 4 Rn. 24.

1035 Begriff zur Einordnung des Verhältnisses zwischen Betriebsrat und Arbeitnehmern *Stoffels/Lembke*, Betriebsverfassungsrecht, § 4 Rn. 24.

1036 *Stoffels/Lembke*, Betriebsverfassungsrecht, § 4 Rn. 61.

von der vorherigen positiven Anzeige der Bereitschaft weiß. Zunächst ist zu unterscheiden, ob das Betriebsratsmitglied seine Bereitschaft dem Arbeitgeber gegenüber mitgeteilt hat. Ist dies der Fall, kann nicht zwischen der Erreichbarkeit für das Gremium beziehungsweise für die Belegschaft einerseits und für den Arbeitgeber andererseits differenziert werden. Soweit die positive Anzeige nicht gegenüber dem Arbeitgeber erfolgte, ist erneut zu unterscheiden. Wird die Erreichbarkeit des Betriebsratsvorsitzenden, der nach § 26 Abs. 2 Satz 3 BetrVG für die Entgegennahme von Erklärungen zuständig ist,[1037] hergestellt und ist dessen Stellvertreter nicht erreichbar, kann sich die Erreichbarkeit nicht auf den Eintritt des Leistungserfolgs auswirken. Bei der positiven Anzeige geht es um die selbstbestimmte Entscheidung des Betriebsratsmitgliedes. Anders als im Arbeitsverhältnis ist kein strukturelles Ungleichgewicht anzunehmen, das darauf schließen lässt, dass es sich um keine freiwillige Entscheidung des Betriebsratsmitgliedes handelt.

II. Objektive Verhinderung wegen Unzumutbarkeit – Auswirkungen der Erreichbarkeit

Im Unterschied zu der erfolgten positiven Anzeige ist nachfolgend darzustellen, wie es sich auswirkt, wenn das Betriebsratsmitglied seine Bereitschaft nicht zuvor positiv anzeigt, es folglich daran verhindert ist, seine Betriebsratsamtstätigkeit wahrzunehmen und es gleichwohl zur Herstellung seiner Erreichbarkeit kommt.

1. Erreichbarkeit für das Gremium / die Belegschaft

a) Erfüllung des Urlaubsanspruchs

Gewährt das Betriebsratsmitglied seine Erreichbarkeit, könnte darin eine nachträgliche (konkludente) positive Anzeige der Bereitschaft zu sehen sein. Die Freiwilligkeit des Erreichbarkeitsverhaltens ist weniger zweifelhaft als im Arbeitsverhältnis, das von der strukturellen Unterlegenheit des Arbeitnehmers gegenüber dem Arbeitgeber geprägt ist. Eine (konkludente) positive Bereitschaftsanzeige kann allenfalls mit ex nunc Wirkung erfolgen. Der (erste) Erreichbarkeitsvorfall ist daher anhand der Erheblichkeitsschwelle zu beurteilen. Schließlich kann das Ehrenamt die Entscheidungsmacht des Arbeitnehmers in seiner Rolle als Betriebsratsmitglied beeinträchtigen. Anders als in dem aufgezeigten Fall des *Bundesarbeitsgerichts* zum ehrenamtlichen Einsatz für das *Technische Hilfswerk* kann bei einem Betriebsratsmitglied nur dessen tatsächliche

1037 *Fitting*, BetrVG, § 26 BetrVG Rn. 38.

Entscheidungsmacht aus betrieblichen Gründen eingeschränkt sein. In Anbetracht der fingierten Verhinderung an der Wahrnehmung der Betriebsratstätigkeit sowie der Bedeutung des Urlaubszwecks ist eine derartige Beschränkung der Entscheidungsmacht möglich. Das Betriebsratsmitglied hat sich schließlich nicht für die Anzeige entschieden. Ob es sich bei der Erreichbarkeit um ein Leistungserfolgshindernis handelt, ist nach der Erheblichkeitsschwelle zu beurteilen.

b) Rechtsfolge Ersatzurlaubsanspruch?

Ist der Urlaubsanspruch infolge der Erreichbarkeit nicht erfüllt, könnte dem Betriebsratsmitglied ein Ersatzurlaubsanspruch entstehen. Schuldner des Ersatzanspruches, der in Höhe der betroffenen Tage des originären Urlaubsanspruchs zu erfüllen ist, kann nur der Arbeitgeber sein, da nur er den Urlaubsanspruch erfüllen und dementsprechend den Ersatzanspruch in natura leisten kann. Für eine Haftung des Arbeitgebers muss dieser eine Pflicht verletzt und dies zu vertreten haben oder ihm muss das Verschulden eines Erfüllungsgehilfen zurechenbar sein. Weder das Betriebsratsmitglied selbst noch ein Arbeitnehmer aus der Belegschaft kann in Betriebsratsangelegenheiten Erfüllungsgehilfe des Arbeitgebers sein. Soweit der Arbeitgeber ein bestimmtes Verhalten des Betriebsrats durch unsachgemäßes Verhalten selbst veranlasst, wird ihm ein Fehler des Betriebsrats in anderen Fällen zugerechnet.[1038] Beruht die Erreichbarkeit dagegen nicht auf einem vom Arbeitgeber veranlassten Verhalten, scheint eine Zurechnung ausgeschlossen zu sein. Denkbar ist diese nur durch eine Art „Sphärenhaftung",[1039] weil das zum Schaden führende Ereignis innerhalb seiner Betriebssphäre liegt. Der Arbeitgeber kann keinen Einfluss auf den Betriebsrat nehmen[1040] und folglich nicht das Erreichbarkeitsverhalten beeinflussen, sodass eine Haftung mangels Kontroll- und Reaktionsmöglichkeiten, mithin

---

1038 Zu dem Fall der fehlerhaften Anhörung des Betriebsrats etwa BAG v. 22.11.2012 – 2 AZR 732/11, NZA 2013, 665, 669 Rn. 44; v. 06.10.2005 - 2 AZR 316/04, NZA 2006, 990, 992 Rn. 22.

1039 Begriff in Anlehnung an die Sphärentheorie des BAG, vgl. BAG v. 23.08.1984 - 2 AZR 391/83, NZA 1985, 254, 256; v. 13.06.2019 – 6 AZR 459/18, NZA 2019, 1638, 1644 Rn. 52.

1040 BAG v. 22.11.2012 – 2 AZR 732/11, NZA 2013, 665, 669 Rn. 43; v. 06.10.2005 - 2 AZR 316/04, NZA 2006, 990, 991 f. Rn. 21.

wegen getrennter Verantwortungsbereiche von Arbeitgeber und Betriebsrat,[1041] ausscheidet.

Einen anderen Ansatz verfolgt das *Bundesarbeitsgericht*, das im Fall des für das *Technische Hilfswerk* tätig gewordenen Arbeitnehmers einen Anspruch auf Nichtanrechnung der vom Einsatz betroffenen Urlaubstage aufgrund des Benachteiligungsverbotes aus § 3 Abs. 1 Satz 1 THWG annimmt.[1042] Dem schließen sich Teile der Literatur an, weil sich bei umfassenden Benachteiligungsverboten eine Pflicht zum Ersatz beziehungsweise zur Nichtanrechnung wegen urlaubsstörender Ereignisse durchsetze.[1043] Das Betriebsverfassungsgesetz enthält zum Schutz der Betriebsratsmitglieder in § 78 Satz 2 BetrVG ein Benachteiligungsverbot. Eine Benachteiligung erfordert eine Schlechterstellung im Vergleich zu anderen Arbeitnehmern, die aufgrund der Betriebsratstätigkeit erfolgt und nicht aus sachlichen Gründen gerechtfertigt ist.[1044] Ohne einen Anspruch auf die nachträgliche Gewährung der betroffenen Urlaubstage oder einen Ersatzanspruch stünde das Betriebsratsmitglied, das ohne Rechtsfolgen im Urlaub gestört werden könnte, schlechter als bei einem gleichartigen Verhalten gegenüber ihm als Arbeitnehmer. Eine Benachteiligung ist indes nicht zu befürchten. Eine Benachteiligung kann nur vom Arbeitgeber ausgehen, denn nur er kann das Betriebsratsmitglied gegenüber anderen Arbeitnehmern schlechter stellen. Die Nichterfüllung ist indes die Rechtsfolge eines Verhaltens, auf das der Arbeitgeber keinen Einfluss nehmen kann. Es entstünde ein Wertungswiderspruch zu der Ablehnung einer Sphärenhaftung, ginge man von einem Nachgewährungsanspruch aus. Zudem fehlt es an einer Vergleichbarkeit mit anderen Arbeitnehmern. Denn bezüglich des Erreichbarkeitsverhaltens sonstiger Arbeitnehmer kann der Arbeitgeber selbst verhindern, dass durch die Erreichbarkeit ein Leistungserfolgshindernis entsteht. Betriebsratsinterne Vorgänge liegen dagegen außerhalb seines Machtbereichs. Ein Anspruch auf Nichtanrechnung ergibt sich daher nicht aus dem betriebsverfassungsrechtlichen Benachteiligungsverbot. Die Erreichbarkeit gegenüber dem Betriebsratsgremium oder

---

1041 Im Zusammenhang mit der „Sphärentheorie", welche die Anhörung des Betriebsrats vor der Kündigung betrifft, betont das BAG diese getrennten Bereiche, vgl. v. 06.10.2005 - 2 AZR 316/04, NZA 2006, 990, 991 f. Rn. 21.

1042 BAG v. 10.05.2005 - 9 AZR 251/04, NZA 2006, 439, 441 Rn. 32.

1043 MünchKomm-BGB/*Spinner*, § 611a BGB Rn. 851; für den Fall des THW-Einsatzes Tschöpe/*Zerpe*, Arbeitsrecht Handbuch, Rechtsgrundlagen des Urlaubsanspruchs Rn. 37.

1044 *Fitting*, BetrVG, § 78 BetrVG Rn. 17.

gegenüber Arbeitnehmern kann damit zwar zur Nichterfüllung führen, ein Folgeanspruch in Form eines Ersatzurlaubsanspruchs gegen den Arbeitgeber entsteht jedoch nicht.

2. *Erreichbarkeit für den Arbeitgeber*

Stellt der Arbeitgeber in Betriebsratsangelegenheiten trotz nicht erfolgter Anzeige des Betriebsratsmitgliedes gleichwohl dessen Erreichbarkeit her, kann dies dem Eintritt des Leistungserfolgs entgegenstehen, was sich aus den allgemeinen Grundsätzen zur Entscheidungsmacht ergibt. Es bestehen dann keine Bedenken bezüglich eines Ersatzurlaubsanspruchs. Die Voraussetzungen eines Nachgewährungsanspruchs aus dem Benachteiligungsverbot liegen dennoch nicht vor, weil das Betriebsratsmitglied wegen seines Betriebsratsamt nach § 78 Abs. 1 Satz 2 Var. 2 BetrVG auch nicht begünstigt werden darf. Dies kommt aber in Frage, weil ein Arbeitnehmer bei demselben Verhalten des Arbeitgebers ebenso nur einen Ersatzurlaubsanspruch erlangen würde.

III. Strategien zur Vermeidung von Erreichbarkeitskonflikten

Soweit ein Betriebsratsmitglied während des Erholungsurlaubes Betriebsratstätigkeiten wahrnehmen und dazu erreichbar sein möchte, sollte es diese Bereitschaft schon vor seinem Erholungsurlaub dem Betriebsratsvorsitzenden beziehungsweise, sofern es diese Funktion selbst ausübt, seinem Stellvertreter positiv anzeigen, um insoweit für Rechtsklarheit vor allem gegenüber den Ersatzmitgliedern zu sorgen. Das Betriebsverfassungsrecht enthält die notwendigen Vorgaben, um den Verhinderungsfall auszugleichen, indem es ein zeitweises Nachrücken eines Ersatzmitgliedes vorsieht. Dennoch empfiehlt es sich, bei Unklarheiten organisatorische Vorkehrungen etwa in Bezug auf die Ausschussarbeit oder etwaige Einsichtsrechte zu treffen, sodass die Erreichbarkeit entbehrlich ist.

Der Arbeitgeber hat die urlaubsbedingte Abwesenheit des Betriebsratsmitgliedes grundsätzlich zu respektieren. Dies gebietet kein besonderes betriebsverfassungsrechtliches Gebot, sondern schon seine Stellung als Arbeitgeber, den eine Fürsorgepflicht für den abwesenden Arbeitnehmer trifft. Sofern eine positive Anzeige des Betriebsratsmitgliedes erfolgt ist, darf der Arbeitgeber mit diesem Betriebsratsmitglied Kontakt aufnehmen, was im Fall des Betriebsratsvorsitzenden von praktischer Bedeutung sein kann.

IV. Zusammenfassung

Die Erreichbarkeit des urlaubsabwesenden Betriebsratsmitgliedes ist eine besondere Konstellation. Der ehrenamtliche Charakter der Betriebsratstätigkeit erlaubt es dem Betriebsratsmitglied, während des Urlaubes seiner Amtstätigkeit nachzugehen. Gleichwohl ist das Betriebsratsmitglied vor einer Inanspruchnahme umfassend geschützt, indem § 25 Abs. 1 Satz 2 BetrVG so auszulegen ist, dass das Betriebsratsmitglied für den Urlaubszeitraum an der Wahrnehmung seiner ehrenamtlichen Betriebsratspflichten grundsätzlich zeitweilig verhindert ist. Die positive Anzeige des Betriebsratsmitgliedes, die seine Erreichbarkeit ohne Auswirkungen auf die Erfüllung des Urlaubsanspruchs ermöglicht, ist zwar eine Ausnahme zur grundsätzlichen Verhinderung, gleichzeitig aber Ausdruck seiner Selbstbestimmung, die auch das Urlaubsrecht schützt.

Fünftes Kapitel: Regelungsbedarf

Aus der bisherigen Darstellung ergeben sich Anhaltspunkte, um die aufkommenden Unsicherheiten im Umgang mit der Erreichbarkeit im Urlaub zu vermeiden. Schon jetzt besteht ein Recht auf Nichterreichbarkeit, das bei dennoch realisierter Erreichbarkeit zwar nicht zwingend die Nichterfüllung des Urlaubsanspruchs bewirkt, dem Arbeitnehmer jedoch die Gewissheit geben könnte, dass seine Nichterreichbarkeit zu keinen arbeitsrechtlichen Konsequenzen führen darf. In Zusammenschau mit den eingangs erwähnten Zahlen von Arbeitnehmern, die sich trotz des Urlaubes erreichbar halten, mag es zunächst verwundern, dass keine Rechtsprechung zu diesem Thema existiert. Dies lässt darauf schließen, dass Folgeansprüche in der Praxis zumeist nicht geltend gemacht werden.

Erst auf den zweiten Blick erschließt sich das hinter der mangelnden Anspruchsverfolgung stehende Problem. Viele Arbeitnehmer betrachten die Erreichbarkeit im Urlaub als üblich, was nicht zuletzt an der technischen Entwicklung liegt, die es Arbeitnehmern vieler Berufszweige ermöglicht, ortsungebunden zu arbeiten. Dies führt zum zweiten Grund für die mangelnde Anspruchsverfolgung, nämlich zu den bestehenden Erwartungshaltungen. Entspricht das Arbeitnehmerverhalten (vermeintlichen) Erwartungshaltungen nicht, kann dies als illoyal gelten und zu Karriereeinbußen führen.[1045] Solange dies der Wahrnehmung des Rechts auf Nichterreichbarkeit sowie der Verfolgung von Folgeansprüchen entgegensteht, lässt sich der Urlaubszweck nicht vollständig verwirklichen. Freilich ist die Erreichbarkeit im Urlaub nicht in jeder Branche und jedem Berufszweig gleich ausgeprägt. Besonders in individuelleren und wissensbezogenen Berufen ist der Trend zur Erreichbarkeit jedoch deutlich erkennbar.[1046]

Ein augenscheinlicher Grund für den Regelungsbedarf ist, dass das Recht auf Nichterreichbarkeit beziehungsweise zur Nicht-Reaktion offenbar in weiten Teilen unbekannt ist und daher in der Praxis die Folgeansprüche nicht verfolgt werden.[1047] Denkbar wäre ansonsten nur, dass Arbeitnehmer sich nicht an der Erreichbarkeit im Urlaub stören. Gegen letzteres spricht, dass 58 Prozent der Teilnehmer einer Umfrage davon ausgingen, dass es krank mache, im Urlaub

1045 *Hassler/Rau/Hupfeld/Paridon*, iga.Report 23 Teil II, S. 17.
1046 *Ossoinig*, Regulierung von Wissensarbeit, S. 16 f., 113.
1047 Problem genannt bei *Falder*, NZA 2010, 1150, 1157.

erreichbar zu sein, während 57 Prozent meinten, dass die Erreichbarkeit im Urlaub der Erholung schade und 56 Prozent ihr Privatleben als beeinträchtigt betrachten.[1048] Angesichts dieser Zahlen ist davon auszugehen, dass die mangelnde Anspruchsverfolgung oft auf Unkenntnis bezüglich der Rechtslage und der Befürchtung beruht, die Nichterreichbarkeit könne sich negativ auf das Arbeitsverhältnis auswirken. Diese tatsächliche Rechtsunsicherheit spricht für einen Regelungsbedarf.[1049]

Die Arbeitnehmer sind im Hinblick auf ihr Recht auf Nichterreichbarkeit im Urlaub schutzbedürftig. Dies gilt insbesondere wegen erkennbarer Erreichbarkeits-Erwartungshaltungen. Laut einer wissenschaftlichen Studie aus dem Jahr 2016 wünschen sich 60 Prozent der befragten Beschäftigten eine gesetzliche oder betriebliche Regelung für die Erreichbarkeit und gar 83 Prozent der Partner der Befragten.[1050] Dies verdeutlicht den enormen Einfluss der Erreichbarkeit auf das Privatleben und bestätigt ein gewisses Schutzbedürfnis.

Die zuvor genannten Aspekte zeigen auf, dass es sich bei der Frage nach dem Regelungsbedürfnis im Kern um eine Frage der Rechtssicherheit durch Rechtsklarheit handelt. Die Ungewissheit vieler Arbeitnehmer hinsichtlich ihrer Rechte und den Folgen aus deren Verletzung führt zu einer Art Resignation. Fehleinschätzungen hierzu ließen sich beispielsweise durch klarstellende Normen vermeiden.

§ 15 Vorstellung und Beurteilung betrieblicher Maßnahmen

Einige Unternehmen haben als Arbeitgeber das Erreichbarkeitsphänomen nicht nur erkannt, sondern zudem mit entsprechenden Maßnahmen reagiert.[1051] Die Handlungsstrategien können Aufschluss darüber geben, welche Regelungsmöglichkeiten die Praxis für sinnvoll hält und damit auf Arbeitgeberseite Akzeptanz finden können. Einige interdisziplinäre Forschungsgruppen suchen nach Ansätzen für eine bedarfsgerechte Lösung im Umgang mit der Erreichbarkeit im Arbeitsverhältnis, wie beispielsweise das Projekt „SANDRA", dessen Ziel ein zeitgerechtes Erreichbarkeitsmanagement ist.[1052] Die Unternehmen bieten

---

1048 „Digital Detox oder Dauernd Drauf: So ticken die Deutschen im Job"; repräsentative Online-Umfrage von YouGov Deutschland von 2019.

1049 Eine Änderung deshalb wohl für erforderlich haltend, *Falder*, NZA 2010, 1150, 1157.

1050 *Hassler/Rau/Hupfeld/Paridon*, iga.Report 23 Teil II, S. 46.

1051 Die Modelle vorstellend und bewertend *Maier/Ossoinig*, DB 2015, 2391, 2394 f.

1052 Informationen zum Projekt „SANDRA" abrufbar unter *https://sandra-projekt.de/*, - eingesehen am 04.01.2021; weitere Informationen *Laufs*, ZD-Aktuell 2018, 06151.

ihren Arbeitnehmern häufig technische Lösungen an, um das Erreichbarkeitsverhalten zu beeinflussen.[1053] Letztlich kann es sich schon um nicht mehr als technische Lösungen handeln, da der gesetzliche Erholungsurlaub der Disposition der Parteien entzogen ist. Betriebliche Erreichbarkeitsregelungen haben somit eher in tatsächlicher Hinsicht klarstellende oder sicherstellende Funktion. Diese Lösungen sind nicht nur unter dem Aspekt des „Erreichbarkeitsmanagements“[1054], sondern insbesondere als „Erwartungsmanagement“[1055] interessant.

I. Daimler-Modell

Besonders beachtenswert ist das Daimler-Modell. Während sich andere Unternehmen vor allem mit Lösungen für die Freizeit außerhalb der Arbeitszeit, mithin nach Dienstschluss oder am Wochenende beschäftigen, bietet die Daimler AG als Arbeitgeberin ihren Mitarbeitern ausdrücklich eine Lösung für den Urlaubszeitraum an. Es handelt sich um eine technische Lösung. Den Mitarbeitern, auch den Führungskräften, wird seit 2013 angeboten, für den Urlaubszeitraum den Abwesenheitsassistenten „Mail on Holiday“ zu nutzen. Dieser bewirkt, dass während des Urlaubes eingehende E-Mails automatisch gelöscht werden, der Absender hierzu einen Hinweis erhält, in dem er zugleich auf den zuständigen Vertreter des abwesenden Arbeitnehmers hingewiesen wird. Die Nutzung des E-Mail-Assistenten unterliegt der individuellen Entscheidung der Mitarbeiter. Es erfolgt weder eine Registrierung noch eine Messung der Nutzerzahlen.[1056]

Die Maßnahme „Mail on Holiday“ geht auf das gemeinsame Projekt „Mehrebenengestaltung betrieblicher Gesundheitsförderung“ der Daimler AG mit dem Fachbereich Arbeits- und Organisationspsychologie der Universität Heidelberg aus den Jahren 2011 und 2012 zurück.[1057] In diesem Rahmen kam es zu Mitarbeiterbefragungen zum Thema Work-Life-Balance. Aus den Ergebnissen

---

1053 Hierzu *Maier*, Erweiterte Erreichbarkeit, S. 29 f.; *Maier/Ossoinig*, DB 2015, 2391, 2394.

1054 *Maier/Ossoinig*, DB 2015, 2391, 2395; *Miedzianowski/Saternus/Staab*, ZD-Aktuell 2019, 04381.

1055 Begriff bei *Waas*, FS Preis, S. 1427, 1429.

1056 Zu „Mail on Holiday“ *https://media.daimler.com/marsMediaSite/de/instance/ko/Daimler-Mitarbeiter-koennen-im-Urlaub-eingehende-E-Mails-loeschen-lassen.xhtml?oid=9919305*, - zuletzt eingesehen am 17.04.2021, zu dem Ansatz *Maier/Ossoinig*, DB 2015, 2391, 2394; *Maier*, Erweiterte berufsbezogene Erreichbarkeit, S. 31.

1057 Projektleitung *Sonntag/Michel*, „Mehrebenengestaltung betrieblicher Gesundheitsförderung“, Informationen hierzu abrufbar unter *https://www.psychologie.uni-heidelberg.de/ae/abo/de_DE/forschung/projekte/abgeschlossen/daimler.html*, - zuletzt eingesehen am 12.11.2020.

ergaben sich Handlungsempfehlungen und Maßnahmen für eine geänderte Unternehmenskultur.[1058] Insbesondere die Respektierung des Urlaubszeitraums als Erholungsphase sollte hervorgehoben werden.[1059] Die sodann umgesetzte Maßnahme entspricht einem der durch das Projekt entwickelten und verbindlich gefassten Führungsgrundsätze.[1060]

II. Weitere Modelle

Auch andere Unternehmen entwickelten betriebliche Lösungen. Gewissermaßen Vorreiterin in diesem Bereich ist die Volkswagen AG, die seit 2011 für ihre tariflichen Arbeitnehmer, ausdrücklich nicht für die Führungskräfte, eine strikte E-Mail-Sperre außerhalb der Kernarbeitszeit von 18.15 Uhr abends bis 7.00 Uhr morgens verhängt, indem der Server für Internet- und E-Mail-fähige Geräte in dieser Zeit ausgesetzt wird. Außerdem soll die Erreichbarkeit in Notfällen telefonisch herstellbar sein.[1061] All dies bezieht sich nicht (ausdrücklich) auf den Urlaubszeitraum. Allenfalls ist darin eine allgemeine Haltung zur Erreichbarkeit erkennbar.

Die BMW AG setzt nicht auf eine technische, sondern auf eine regelbasierte Lösung durch eine Betriebsvereinbarung, in welcher das Recht auf Nichterreichbarkeit unter anderem für den Urlaubszeitraum festgelegt ist.[1062] Nach der

---

1058 Näher dazu unter Aktuelles v. 05.08.2013, abrufbar unter *https://www.psychologie.uni-heidelberg.de/ae/abo/wlb/aktuelles.html*, - eingesehen am 12.11.2020.

1059 Hierzu und zu der Maßnahme selbst zusammenfassend: *Hoffmann*, in: Computerwoche online Ausgabe v. 28.06.2014, Daimler: Urlaub von der E-Mail, abrufbar unter *https://www.computerwoche.de/a/keine-e-mails-waehrend-der-freizeit,2556778,3*, - eingesehen am 18.08.2021.

1060 *Sonntag*, Arbeit 4.0. Entgrenztes Leben, in: Ruperto Carola Nr. 9 2016, S. 33, 36.

1061 Das Modell zusammenfassend in der online Ausgabe der „WAZ" v. 29.11.2013 mit Aussagen des VW-Personalvorstand *Horst Neumann*, abrufbar unter *https://www.waz-online.de/Wolfsburg/Volkswagen/VW-Betriebsrat-E-Mail-Sperre-nach-Feierabend-durchweg-bewaehrt*, - eingesehen am 18.08.2021.

1062 Zusammenfassend *Bläske*, in online Ausgabe der „Stuttgarter Nachrichten" v. 19.12.2017, „Kontroverse Debatte: Arbeitgeber sehen Mail-Sperre nach Feierabend kritisch", abrufbar unter *https://www.stuttgarter-nachrichten.de/inhalt.kontroverse-debatte-arbeitgeber-sehen-mail-sperre-nach-feierabend-kritisch.c187b2e8-3404-4b3f-8271-c4a0babfc4d2.html*, - eingesehen am 18.08.2021; zur Unterscheidung zwischen technischen und regelbasierten Lösungen *Ossoinig*, Regulierung von Wissensarbeit, S. 25, 27.

Betriebsvereinbarung sollen die Mitarbeiter mit ihren Vorgesetzten allgemeine Zeiten definieren, in denen sie grundsätzlich nicht erreichbar sind.[1063]

Keine Regelungen, sondern bloße Stellungnahmen sind die Handlungsstrategien der Bayer AG und der BASF SE als Erreichbarkeitsmanagement. Sprecherinnen beider Unternehmen betonen, dass keine Verpflichtung zur Arbeit außerhalb der Arbeitszeiten, von Seiten der Bayer AG wird der Urlaub ausdrücklich genannt, bestehe. Die tatsächliche Umsetzung liege laut Sprecherin der Bayer AG, im Ermessen des einzelnen Mitarbeiters. Die Sprecherin der BASF SE betont, ein Erwartungsdruck dürfe nicht erzeugt werden. In Ausnahmen und aus betrieblichen Gründen könne die Erreichbarkeit in der Freizeit aber notwendig sein.[1064] Zum Teil werden solche Erklärung als Beitrag zur Förderung eines Umdenkens verstanden.[1065]

III. Stellungnahme

Eine betriebliche Lösung wünschen sich nicht nur viele Arbeitnehmer.[1066] Klare Regelungen können zudem dazu beitragen, Arbeitnehmer vor Erreichbarkeitserwartungen zu schützen.[1067] Bisherige betriebliche Lösungsansätze sind entweder technisch basiert oder sie beruhen auf reinen Erklärungen gegenüber den Arbeitnehmern des Unternehmens.[1068] Doch auch Unternehmen, die technische Lösungen anbieten, beziehen diese lediglich auf die E-Mail-Kommunikation. Die telefonische Erreichbarkeit, die nicht weniger erholungsgefährdend ist, wird nicht erfasst. Ziel des Forschungsprojekts „SANDRA" ist es, einen Erreichbarkeits-Assistenten zu entwickeln, der eine intelligente und bedarfsgerechte Annahme beziehungsweise Ablehnung von eingehenden Telefonaten

---

1063 Siehe dazu *Hassler/Rau/Hupfeld/Paridon*, iga.Report 23 Teil II, S. 57.

1064 Zusammenfassend *Fehling*, mit Zitaten in: Online Ausgabe der „Focus Money" v. 09.09.2015, „Büroverbot, Mailsperre, Zwangsurlaub: So verhätscheln deutsche Konzerne ihre Mitarbeiter", abrufbar unter *https://www.focus.de/finanzen/news/unternehmen/daimler-vw-siemens-deutsche-bank-und-telekom-bayer-basf-und-siemens_id_3774350.html*, - eingesehen am 18.08.2021.

1065 *Kaufmann*, in: Karriere Spiegel v. 17.02.2014, „Erreichbarkeit nach Dienstschluss: Deutsche Konzerne kämpfen gegen den Handy-Wahn, abrufbar unter *https://www.spiegel.de/karriere/erreichbar-nach-dienstschluss-massnahmen-der-konzerne-a-954029.html*, - eingesehen am 18.08.2021.

1066 *Hassler/Rau/Hupfeld/Paridon*, iga.Report 23 Teil II, S. 46.

1067 Redaktion FD-ArbR 2013, 347043 in Bezugnahme auf iga.Studie; *Kramer*, IT-Arbeitsrecht, B., Rn. 1001; *Maier/Ossoinig*, DB 2015, 2393, 2394.

1068 *Maier/Ossoinig*, DB 2015, 2393, 2394.

und E-Mails ermöglicht, die mitunter von der Position des jeweiligen Arbeitnehmers abhängt.[1069] Doch auch ohne ausdrückliche Benennung der telefonischen Erreichbarkeit ist aus den Modellen erkennbar, dass eine Erreichbarkeit dann auch in dieser Hinsicht wohl nicht erwartet wird.

Das Erreichbarkeitsphänomen entstammt in weiten Teilen der technischen Entwicklung. Folglich ist es naheliegend, diesem durch technische Ansätze teilweise entgegen zu wirken. Von den bekannten und kurz dargestellten Unternehmenslösungen erscheint das Daimler-Modell im Hinblick auf den Urlaubszweck am konsequentesten. Es knüpft an eine effektive technische Lösung an, die den Arbeitnehmer nicht nur während des Urlaubes schützt, sondern zusätzlich in dem sich unmittelbar anschließenden Zeitraum, weil der Absender einer E-Mail auf den Vertreter des Arbeitnehmers hingewiesen wird, sodass sich viele Anliegen noch während der Abwesenheit erledigen können. Dem Arbeitnehmer droht auf diese Weise nicht, dass er nach seiner Rückkehr aus dem Urlaub von der Menge der zwischenzeitlich eingegangenen E-Mails mit Arbeit überwältigt wird.

Andererseits hat dieses Modell seine Schwachstellen. Zum einen basiert es lediglich auf Freiwilligkeit. Nicht jeder Arbeitnehmer nimmt diese Vorteile wahr. Zum anderen erfolgt zwar keine Messung der Nutzungsdaten, gleichwohl bedeutet dies nicht, dass der Arbeitgeber und die Vorgesetzten faktisch nicht schon andere Möglichkeiten haben, um zu kontrollieren, ob der Arbeitnehmer die Funktion „Mail on Holiday“ nutzt oder nicht. Der Arbeitgeber oder Vorgesetzte könnte schlicht eine E-Mail zu Überprüfungszwecken versenden. Derjenige, der die Funktion nutzt, könnte entsprechend den vorherigen Erwägungen in der Karriereplanung gegenüber denjenigen Arbeitnehmern, die sie nicht nutzen und welche die im Urlaub eingehenden E-Mails bearbeiten, benachteiligt sein. Diese Bedenken sind eher theoretischer Art. Dennoch ist *Kramer* darin zu folgen, diesen Aspekt bei einer betrieblichen Regelung zu würdigen.[1070] Das automatische Löschen der E-Mails ist zudem zwar effektiv, kann aber einen abschreckenden Effekt auf einige Arbeitnehmer haben mit dem Ergebnis, dass sie die Funktion nicht nutzen. Für Arbeitnehmer-Führungskräfte kann es sinnvoll sein, E-Mails mit hoher Priorität entsprechend ihrer auf Notfälle begrenzten Erreichbarkeitspflicht schon während des Urlaubszeitraums zugestellt zu bekommen, sodass in manchen Fällen eine Differenzierung der Funktion nach der Wichtigkeit der Nachricht durch eine Priorisierung vorzugswürdig sein kann. E-Mails mit hoher Priorität könnten vom Löschvorgang ausgeschlossen sein. Gleichzeitig könnte

---

1069 Projektbeschreibung unter *https://sandra-projekt.de/*, - eingesehen am 04.01.2021.
1070 *Kramer*, IT-Arbeitsrecht, B., Rn. 1002.

die automatische Nachricht an den Empfänger angepasst sein und in der Folge dem Absender zugestellt werden.

Letztlich kann der Arbeitnehmer hierdurch nicht vollumfänglich geschützt werden. Technische Lösungen haben eine Hilfs- und Unterstützungsfunktion. Der Freiwilligkeitsaspekt bei der Wahrnehmung der technischen Hilfsmittel muss dabei nicht nachteilig sein. Denn in erster Linie geht es um eine Klarstellung gegenüber den Arbeitnehmern und dem sich daraus ergebenden Schutz. Die Arbeitnehmer können nicht zur Nichterreichbarkeit gezwungen werden. Sie müssen aber wissen, dass der Arbeitgeber dies nicht fordert und dass er die Erreichbarkeit im Urlaub dem Grunde nach ablehnt. Darüber hinaus kann der Arbeitgeber keinen Einfluss auf das Erreichbarkeitsverhalten nehmen. Das Modell basiert auf dem bereits angesprochenen „Erwartungsmanagement". Dem Arbeitnehmer wird verdeutlicht, dass der Urlaub als Erholungsphase respektiert wird, was sich auf die Unternehmenskultur auswirkt und damit dem Entstehen einer Erwartungshaltung als Veranlassungselement entgegenwirkt, soweit nicht gegenteilige Verhaltensweisen auftreten.[1071] Der Hinweis auf den Urlaub und den Vertreter gegenüber demjenigen, der die Erreichbarkeit herstellen möchte, ist sinnvoll. Der Arbeitgeber kommt auf diese Weise seinen organisatorischen Pflichten nach.

Das von der BMW AG in einer Betriebsvereinbarung gewährleistete Recht auf Nichterreichbarkeit ist deklaratorischer Art, da es für den gesetzlichen Urlaubsanspruch bereits besteht und insoweit für den Arbeitgeber ohnehin unabdingbar ist. Ähnlich dazu ist in den Stellungnahmen der Bayer AG und der BASF SE ein „Erwartungsmanagement" zu erkennen, welches dem Entstehen einer Erwartungshaltung als Veranlassungselement bei tatsächlicher Befolgung dieser Grundsätze vorbeugt.

In den Führungen vieler Unternehmen zeichnet sich der Trend ab, den Arbeitnehmern Lösungen anzubieten, um das Erreichbarkeitsphänomen einzudämmen beziehungsweise zu einem kontrollierten Umgang mit ihm zu finden. Ein auf technischen Lösungen basierendes Modell, das individuelle Interessen berücksichtigt, ist zur tatsächlichen Wahrnehmung des Rechts auf Nichterreichbarkeit stringent und daher bloßen Stellungnahmen vorzuziehen. Denn bei gegenteiligem Führungsverhalten haben diese nur eine Scheinwirkung. Betriebliche Lösungen können folglich ein wichtiger Baustein zur Vermeidung der Erreichbarkeit im Urlaub sein.

1071 Auf die Klarstellung durch Unternehmensleitlinien hinweisend *Maier/Ossoinig*, DB 2015, 2391, 2394; *Ossoinig*, Regulierung von Wissensarbeit, S. 28.

§ 16 Kontrolle der Nichterreichbarkeit

Solange Arbeitgeber keine Lösungen anbieten oder diese nur unzureichend umsetzen, wird es weiterhin zu Erreichbarkeitssituationen kommen, die als Urlaubsstörung zur (teilweisen) Nichterfüllung des Urlaubsanspruchs führen können. Über das Regelungsbedürfnis hinaus geht die Frage nach dem Kontrollbedürfnis zur Durchsetzung des Rechts auf Nichterreichbarkeit beziehungsweise zur ersatzweisen Urlaubsgewährung aufgrund eines Folgeanspruchs. Einerseits ist vorstellbar, dass eine staatliche Stelle, ähnlich wie bei den Arbeitszeitverstößen, als Kontrolleinrichtung dient.[1072] Andererseits erscheint die Einrichtung einer betrieblichen Anlaufstelle zur Anzeige von Erreichbarkeitsverstößen und zur Vermittlung mit dem Arbeitgeber denkbar. Dann ist danach zu differenzieren, ob die Einrichtung vorzugsweise gesetzlich vorgesehen werden sollte oder ob es ausreicht, diese Entscheidung, im Fall einer betrieblichen Kontrollstelle, der Regelungsbefugnis der Betriebsparteien zu unterstellen.

I. Staatliche Kontrollstelle

Zunächst lohnt sich ein Vergleich mit dem Arbeitszeitrecht, für das § 17 ArbZG die Überwachung der Einhaltung des Arbeitszeitgesetzes durch die Aufsichtsbehörden regelt. Etwaige Verstöße gegen das Arbeitszeitgesetz können eine Ordnungswidrigkeit (§ 22 ArbZG) oder sogar eine Straftat (§ 23 Abs. 1 ArbZG) darstellen. Überlegenswert ist es, durch den Arbeitgeber veranlasste oder ihm zurechenbare Urlaubsstörungen in ähnlicher Weise zu kontrollieren. Der Gesetzgeber könnte eine entsprechende Regelung in das Bundesurlaubsgesetz aufnehmen. Entscheidend dagegen spricht jedoch, dass das Urlaubsrecht mit dem Bundesurlaubsgesetz anders als das Arbeitszeitrecht nicht öffentlich-rechtliche Arbeitsschutzstrukturen aufweist, sondern lediglich einen privatrechtlichen Anspruch mit Vorschriften zu dessen Geltendmachung enthält. Eine Ahndung von Urlaubsstörungen, sei es als Ordnungswidrigkeit oder als Straftat, widerspräche dem Charakter eines privatrechtlichen Anspruchs.

Das Arbeitszeitrecht regelt anders als Bundesurlaubsgesetz nicht Ansprüche, sondern vielmehr Pflichten, wie Höchstarbeitszeiten und Verbote. Hieran verdeutlicht sich der unterschiedliche Gehalt dieser Teilrechtsgebiete, deren gemeinsamer Nenner im Wesentlichen die Gewährung von Erholungszeiten ist. Die Schutzstrukturen sind insoweit anderer Art. Der Mehrwert einer Überwachung der Urlaubsgewährung und der Durchführung des Urlaubes durch eine

1072 Angedeutet von *Falder*, NZA 2010, 1150, 1157.

staatliche Stelle ist nicht erkennbar und die Überwachung überdies systemfremd. Nicht zuletzt besteht bei einer Urlaubsstörung schon die Möglichkeit, die Arbeitsgerichte anzurufen und auf diese Weise Rechtsschutz zu erhalten. Doch genau dies scheint von Arbeitnehmerseite häufig nicht gewollt zu sein, mag dies aus der Sorge heraus sein, das Vertrauensverhältnis zum Arbeitgeber zu beschädigen oder wegen dessen erkennbarer Erwartungshaltung, die er der Arbeitsweise des Arbeitnehmers zugrunde legen möchte.

II. Betriebliche Kontrollstelle

Hingegen scheinen betriebsnahe Lösungen zielführend zu sein.[1073] Dies gilt insbesondere aufgrund eines drohenden Vertrauensverlustes im Arbeitsverhältnis und trägt dem Charakter des Urlaubsrechts als privates Arbeitsschutzrecht Rechnung. Dabei könnte es sich lohnen, auf vorhandene und bekannte Strukturen zurückzugreifen. Denkbar ist einerseits, dass Arbeitgeber von sich aus tätig werden und mit dem Betriebsrat eine freiwillige Betriebsvereinbarung gemäß § 88 Nr. 1 BetrVG abschließen. In dieser ließe sich die Einrichtung einer Kontroll- beziehungsweise einer Vermittlungsstelle bei Urlaubsstreitigkeiten, gegebenenfalls über das Problem der Urlaubsstörungen hinaus, auch für sonstige Streitigkeiten zum Urlaub regeln. In betriebsratslosen Betrieben könnte der Arbeitgeber in Abstimmung mit den Arbeitnehmern eine Person benennen, die für derartige Fragen zuständig sein soll. Andererseits könnte der Gesetzgeber eine Regelung schaffen, die den Betriebsrat als Ansprechstelle vorsieht und in betriebsratslosen Betrieben die Wahl einer Ansprechperson zwingend vorschreibt. Darüber hinaus könnte der Gesetzgeber § 87 Abs. 1 BetrVG um eine Nummer 5a ergänzen, die dem Betriebsrat ein Mitbestimmungsrecht bei der Frage des „Ob" und des „Wie" der Einrichtung einer Kontrollstelle einräumt. Möchte man dem Betriebsrat gesetzlich eine Befugnis zur Einrichtung einräumen, wäre zu beachten, dass dieser nur Arbeitnehmer im Sinne von § 5 BetrVG vertritt. Der personelle Anwendungsbereich des Bundesurlaubsgesetzes ist aber weiter. Leitende Angestellte könnten nicht von einer solchen Regelung profitieren. Dieser Gruppe fällt es jedoch häufig vermutlich leichter, Ansprüche geltend zu machen und dem Arbeitgeber gegenüber Bedenken zu äußern. Dem Status als leitender Angestellter geht meist eine längere Karriere voraus. Karrierebezogene Bedenken hindern diese mithin unter Umständen weniger an der

---

1073 Für den Vorrang von betrieblichen Lösungen: *Göpfert/Schöberle*, ZIP 2016, 1817, 1819; allgemein für betriebsnahe Lösungen, jedoch in Bezug auf das Arbeitszeitrecht: *Baeck/Winzer*, NZA 2020, 96 ff.; *Kramer*, IT-Arbeitsrecht, B. Rn. 1001.

Anspruchsverfolgung. Der Austausch mit dem Arbeitgeber ist meist ohnehin reger, wodurch es den leitenden Angestellten leichter fallen dürfte, ihre Rechte durchzusetzen.

Bei einer bloßen Erweiterung des Mitbestimmungsrechts hätten Arbeitnehmer in betriebsratslosen Betrieben weiterhin keine Einrichtung, an die sie sich wenden können. Regelmäßig handelt es sich bei betriebsratslosen Betrieben um nach der Anzahl der Arbeitnehmer eher kleine Betriebe, die besonders stark durch den persönlichen Austausch mit dem Arbeitgeber geprägt sind. Die möglichen Nachteile wären daher überschaubar und lassen sich entkräften. Vorteil einer Stärkung der Kompetenzen des Betriebsrats ist das mit dem Mitbestimmungsrecht nach § 87 BetrVG verbundene Initiativrecht.[1074] Als von den Arbeitnehmern gewähltes Gremium genießt der Betriebsrat bei den Arbeitnehmern das notwendige Vertrauen. Er kann als Vermittlungsstelle tätig sein. Eine Gesetzesänderung könnte dagegen unmittelbar in Anlehnung an den betrieblichen Datenschutzbeauftragten einen „Urlaubsschutzbeauftragten" für den Betrieb vorsehen. In Frage käme, dass der Betriebsrat gewissermaßen als Kontrollstelle bei der Prüfung der Beachtung des Rechts auf Nichterreichbarkeit auftritt oder jedenfalls als Beschwerdestelle bei etwaigen Vorfällen für Arbeitnehmer zuständig ist.[1075] Die Bezeichnung als Kontrollstelle beinhaltet ein zwingendes Element und setzt voraus, dass der vorgesehenen Stelle entsprechende Informationen zugehen müssen.

Dies erscheint sehr weitreichend und angesichts der Möglichkeit der Erlangung gerichtlichen Rechtsschutzes, der trotz offensichtlicher praktischer Bedenken jedenfalls wegen der Besonderheiten des Arbeitsgerichtsprozesses nach § 12a Abs. 1 ArbGG finanziell wenig risikobehaftet ist, nicht erforderlich. Dem Betriebsrat oder einer anderen Person im Betrieb käme ein zu starker Einfluss auf die Konflikte im Arbeitsverhältnis zu. Die zwingende Einrichtung einer Ansprech- und Vermittlungsperson in allen Betrieben ist nicht nur äußerst bürokratisch, sondern zudem teilweise nicht zielgerichtet. Dennoch ist es durchaus sinnvoll, den Betriebsrat in betriebliche Lösungen einzubeziehen. Zum einen dann, wenn es um technische Lösungen zur Reduzierung der Erreichbarkeit geht. Zum anderen im Rahmen eines Personalgespräch, sofern der betroffene Arbeitnehmer dies wünscht. Dementsprechend ist eine Lösung durch eine gesetzliche Änderung des Betriebsverfassungsgesetzes zunächst nicht

---

1074 Zum Initiativrecht m.w.N. siehe etwa *Fitting*, BetrVG, § 87 BetrVG Rn. 583 ff.

1075 Regelmäßige Kontrollen durch den Betriebsrat ohne weitere Vertiefung angedacht bei *Ossoinig*, Regulierung von Wissensarbeit, S. 28.

erforderlich und eine Änderung des Bundesurlaubsgesetzes, soweit ein gesetzgeberisches Handeln sinnvoll ist, vorzugswürdig.

§ 17 Vorschläge im Schrifttum – Regelungsvorschlag

Vorschläge zur Aufnahme von Regelungen in das Bundesurlaubsgesetz, die den Umgang mit der Erreichbarkeit betreffen sollen, gibt es bereits. Letztlich kann, sofern nicht nur technische Lösungen angestrebt sind, nur der Gesetzgeber tätig werden, um für einen verbindlichen und damit rechtssicheren Umgang mit der Erreichbarkeit im Urlaub zu sorgen.

I. Bisherige Ansätze

Im Schrifttum finden sich bereits einige, teilweise übereinstimmende Vorschläge. *Krause* stellt seinen Erwägungen die Frage voran, ob es überhaupt einer legislativen Umsetzung bedarf oder ob die Einordnung von Rechtsfragen zur Erreichbarkeit nicht vielmehr allein durch die Rechtsprechung erfolgen sollte.[1076] Letzterem steht erneut die bisherige mangelnde Anspruchsverfolgung in der Praxis entgegen. Solange sich dies nicht ändert, kann die Rechtsprechung ihrerseits nicht zu einem Zugewinn an Rechtssicherheit und Rechtsklarheit beitragen, was zu begrüßen wäre, um das Bewusstsein für die rechtliche Thematik zu erhöhen.

1. Keine gesetzlichen Anpassungen

Maier erachtet gesetzliche Anpassungen als nicht erforderlich, da die derzeitigen Regelungen interessengerecht seien.[1077] Die Regelungen ließen hinreichend Aufschluss über den Umgang mit der Erreichbarkeit im Urlaub zu, was eine ausdrückliche Norm hierzu entbehrlich mache.[1078] Im Ergebnis sieht auch *Freyler* keinen Änderungsbedarf.[1079] Zuzustimmen ist *Maier* darin, dass das Bundesurlaubsgesetz, ergänzt um die Vorschriften des allgemeinen Schuldrechts, den Umgang mit der urlaubsrechtlichen Problematik ermöglicht. So klar wie *Maier* die Rechtslage zur Erreichbarkeit darstellt, ist diese indes nicht. Das zeigt sich nicht zuletzt an den unterschiedlichen Auffassungen zu den Auswirkungen

1076 *Krause*, Gutachten B 71. DJT, B 57.
1077 *Maier*, Erweiterte berufsbezogene Erreichbarkeit, S. 165.
1078 *Maier*, Erweiterte berufsbezogene Erreichbarkeit, S. 165.
1079 *Freyler*, Mobile Office, S. 288-290; in diese Richtung auch *Göpfert/Schöberle*, ZIP 2016, 1817, 1819.

der tatsächlichen Erreichbarkeit. Die Diskussion setzt sich bei der Frage nach Folgeansprüche fort.

Einigkeit besteht darin, dass ein ausdrückliches Recht, im Urlaub nicht gestört zu werden als ausdrückliches Recht auf Nichterreichbarkeit nicht erforderlich ist.[1080] Dem ist zuzustimmen. Dieses Recht lässt sich bereits jetzt hinreichend aus dem Urlaubszweck und aus der Rücksichtnahmepflicht ableiten.

2. *Regelung analog zu § 9 BUrlG*

Einige Stimmen in der Literatur fordern eine an § 9 BUrlG angelehnte gesetzliche Lösung, nach welcher die Erreichbarkeit zu einer Nichtanrechnung der entsprechenden Tage auf den Urlaubsanspruch führen solle.[1081] Konkret wird von einer Seite vorgeschlagen, eine solche Regelung als § 8a BUrlG aufzunehmen.[1082] Dieser Vorschlag ist erheblich an § 8 BUrlG angelehnt. In der konkreten Formulierung ist die vom Arbeitgeber veranlasste Erwerbstätigkeit als Voraussetzung dafür, dass der betroffene Urlaubstag nicht auf den Jahresurlaub angerechnet werden soll, genannt.[1083] Das Merkmal der Erwerbstätigkeit ist in Anbetracht der Begriffsbedeutung unpassend, da es sich bei der beruflichen Erreichbarkeit nicht um eine Erwerbstätigkeit im Sinne von § 8 BUrlG handelt.[1084] *Krause* fordert aus klarstellenden Gründen eine Regelung, die in ihrer rechtlichen Wirkung § 9 BUrlG entspricht.[1085] Für den Arbeitgeber sei die Hemmschwelle zur Herstellung der Erreichbarkeit durch eine solche Regelung erhöht, weshalb diese Gesetzesänderung dem Erreichbarkeitsproblem präventiv entgegenwirken könne.[1086]

Überlegungen für eine Gesetzesänderung wegen Urlaubsstörungen im Allgemeinen gab es bereits anlässlich des 59. Deutschen Juristentages seitens des „Arbeitskreis Deutsche Rechtseinheit im Arbeitsrecht“. Dieser legte einen Entwurf für ein Arbeitsvertragsgesetz vor, nach dessen § 68 Abs. 1 ArbVG 92

1080 *Krause*, Gutachten B 71. DJT, B 57; *Freyler*, Mobile Office, S. 289.

1081 *Krause*, Gutachten B 71. DJT, B 57, B 110; *Schwemmle/Wedde*, Digitale Arbeit in Deutschland, S. 96; *Oetker*, JZ 2016, 817, 819; so wohl auch *Podewills*, da es „leider“ keine entsprechende Regelung zu § 9 BUrlG für die Arbeitsaufnahme gebe, in: AuR 2013, 293, 298; im Ergebnis für gleiche Behandlung der Fälle auch *Däubler*, AuR 2016, 325, 333; *Ossoinig*, Regulierung von Wissensarbeit, S. 115.

1082 *Ossoinig*, Regulierung von Wissensarbeit, S. 115.

1083 *Ossoinig*, Regulierung von Wissensarbeit, S. 115.

1084 *Okoye-Montis*, Urlaubszweck und Urlaubsstörungen, S. 173; siehe dazu zweites Kapitel § 4 II.2.a).

1085 *Krause*, Gutachten B 71. DJT, B 57.

1086 *Oetker*, JZ 2016, 817, 819.

der Arbeitgeber den Urlaub aus dringenden Gründen unter anderem unterbrechen sollen dürfte. Die Norm sah nach dem Entwurf aber einen Ausgleich für den Arbeitnehmer durch angemessene Ergänzung des Urlaubes vor, soweit der Urlaub durch die Unterbrechung seinen Erholungswert verliere oder dieser wesentlich gemindert sei.[1087] Zwar hatte dieser Vorschlag letztlich keinen Erfolg, allerdings verdeutlicht sich an diesem, dass Erwägungen, Urlaubsstörungen durch eine gesetzliche Regelung auszugleichen, durchaus nicht neu sind. Der Vorschlag bezog sich indes nicht auf die Folgen für die Erfüllung. Vielmehr räumte er dem Arbeitgeber das Recht zur Störung ein und sah dafür einen Ausgleich in Form der Ergänzung statt der Nichtanrechnung vor. Die angedachte Regelung stimmt nicht mit dem Gedanken des Urlaubes als geschützten Zeitraum ungestörter Erholung, wie er im Bundesurlaubsgesetz enthalten ist, überein.[1088] Insoweit sind die angedachten Regelungen nur bedingt miteinander vergleichbar. Beide zeigen aber das Bedürfnis für eine gesetzliche Regelung von Folgen der Urlaubsstörung auf.

Freyler lehnt eine dem § 9 BUrlG entsprechende Regelung für den Erreichbarkeitsfall ab.[1089] Durch § 9 BUrlG komme es zu einer veränderten Gefahrtragung bezüglich des Eintritts des Leistungserfolgs. Da der Arbeitgeber seinerseits die Möglichkeit zur Erholung schulde, hafte der Arbeitgeber, anders als im Krankheitsfall, ohnehin auf sekundärer Ebene.[1090] Der einzige Mehrwert einer entsprechenden Regelung bestünde darin, die Rechtsfolge im Fall geringfügiger Tätigkeiten auszuschließen.[1091] Nach dem hierzu bereits Erläutertem kann *Freyler* nach ihrem Verständnis der Rechtsfolge nur meinen, dass der Arbeitgeber nicht den Ersatz eines Urlaubstages, sondern den Ersatz für die im Urlaub gewährte Erreichbarkeit in Höhe der tatsächlich aufgewendeten Zeit schulden müsse. Dies könnte demnach durch eine dem § 9 BUrlG entsprechende Regelung nicht gelten, da diese Norm eine Nichtanrechnung von (ganzen) Urlaubstagen enthält. Die Geringfügigkeit als Ausnahme zur Nichtanrechnung wird in den Vorschlägen nicht ausdrücklich erwähnt und ergibt sich nur in Zusammenschau mit den von den Autoren vertretenen Ansichten zu den Auswirkungen der Erreichbarkeit auf die Erfüllbarkeit des Urlaubsanspruchs.

1087 Verhandlungen des 59. Deutschen Juristentages, Gutachten D 41, D 109-111.; hierzu *Leinemann*, BB 1995, 1954, 1956 f.

1088 *Leinemann*, BB 1995, 1954, 1957.

1089 *Freyler*, Mobile Office, S. 289.

1090 *Freyler*, Mobile Office, S. 289.

1091 *Freyler*, Mobile Office, S. 289.

Wenngleich die Auffassung *Freylers*, wonach das Bereicherungsverbot zu einem nur stundenweisen Freizeitersatz führen müsse, abgelehnt wurde,[1092] ist sie dennoch durchaus nachvollziehbar. Käme die Rechtsprechung zu einem ähnlichen Ergebnis, dann stünde ein Arbeitnehmer, der während des Erholungsurlaubes erkrankt, besser als ein Arbeitnehmer, der durch den Arbeitgeber und zu dessen Vorteil in seinem Urlaub gestört wird. Die Regelung des Nichtverbrauchs kann für rechtliche Klarheit sorgen und ist schon aus diesem Grund zu begrüßen. Dogmatisch würde es sich um eine Entkonkretisierung des Urlaubsanspruchs bezüglich der unmittelbaren und gegebenenfalls der mittelbar von der Störung betroffenen Urlaubstage handeln. Eine Begrenzung der Nichtanrechnung auf Fälle, in denen die Erreichbarkeit erheblich ist, lässt sich mit dem Leistungserfolg des Urlaubsanspruchs vereinbaren und ist folglich nicht zu beanstanden. Sinnvoll ist es, die Nichtanrechnung ausdrücklich auf diejenigen Erreichbarkeitsfälle zu beschränken, die dem Arbeitgeber zurechenbar sind. In Höhe der nur unerheblich durch die Erreichbarkeitssituation betroffenen Urlaubstage erlischt der Urlaubsanspruch durch Erfüllung nach § 362 Abs. 1 BGB.

3. Änderung des § 13 Abs. 1 Satz 1 BUrlG?

Diskutiert wird überdies, ob eine Öffnung des Bundesurlaubsgesetzes in der Hinsicht erforderlich ist, dass Vereinbarungen über den Urlaubszeitraum möglich würden. Befürwortende Stimmen sind auf Seiten der Wirtschaft und damit im arbeitgebernahen Umfeld zu vernehmen.[1093] Argumentiert wird mit der Flexibilität des Arbeitnehmers, welche die Erreichbarkeit ermögliche.[1094] Das Argument geht im Hinblick auf den Urlaub fehl, da eine Flexibilität des Arbeitnehmers mangels Arbeitspflicht nicht nötig ist. Entscheidend gegen die Einräumung eines derartigen Rechts und damit eine Ausnahme von der Regelung des § 13 Abs. 1 Satz 1 BUrlG spricht, dass andernfalls der selbstbestimmte Zeitraum, den im Übrigen auch das Unionsrecht gewährleistet, nicht ausreichend geschützt wäre.[1095] Ist eine Erreichbarkeitsvereinbarung von den Arbeitsvertragsparteien gewünscht, so sind diese auf ihre Regelungsbefugnis zum übergesetzlichen Urlaubsanspruch, der meist keinen unerheblichen Anteil am Gesamturlaub ausmacht, zu verweisen. Dieser bietet hinreichende Gestaltungsmöglichkeiten, welche die Parteien wahrnehmen können.

1092 Siehe dazu drittes Kapitel § 11 II.

1093 *vbw*, Moderne Arbeitswelt – Modernes Arbeitsrecht, S. 10 f.

1094 *vbw*, Moderne Arbeitswelt – Modernes Arbeitsrecht, S. 11.

1095 *Freyler*, Mobile Office, S. 288.

In diesem Zusammenhang ist der Vorschlag interessant, das Recht zur wirksamen Erreichbarkeitsvereinbarung dann einzuräumen, wenn auf Arbeitnehmerseite ein leitender Angestellter steht.[1096] Dies entspricht dem bereits im Rahmen der Erreichbarkeitspflicht in Notfällen angenommenen Gedanken zu den Besonderheiten der Pflichten von Arbeitnehmer-Führungskräften.[1097] Jedoch sind leitende Angestellte beziehungsweise Arbeitnehmer-Führungskräfte nicht nur vom personellen Anwendungsbereich des Bundesurlaubsgesetzes, sondern überdies von dem Anwendungsbereich der Arbeitszeitrichtlinie erfasst, womit die Regelung schon unionsrechtswidrig wäre.[1098] Derartige Erwägungen können deshalb nicht überzeugen. Im Ergebnis spricht sich auch *Freyler* gegen die von ihr geäußerte Gestaltungsmöglichkeit aus.[1099]

II. Regelungsvorschlag

1. *Inhalt*

Nach den vorherigen Ausführungen ist die Einfügung einer dem § 9 BUrlG nachempfundenen Regelung sinnvoll. Passend erscheint diese als § 8a BUrlG.[1100] Zum einen verdeutlicht sich einerseits dann die inhaltliche Nähe zu § 8 BUrlG, wenngleich die Fälle verschiedener Art sind und andererseits in rechtlicher Hinsicht zu § 9 BUrlG als erfüllungshindernde Urlaubsstörung. Eine solche Norm schafft nicht nur Rechtssicherheit im Umgang mit den rechtlichen Folgen der Erreichbarkeit im Urlaub. Ihr kommt zudem eine Signalwirkung im Hinblick auf den Schutz des Urlaubes als selbstbestimmter Zeitraum zur Erholung zu. Sie trägt auf diese Weise zur Aufklärung der Arbeitnehmer über ihre Rechte bei. Die Folgen der Erreichbarkeit wären für den juristischen Laien klar erkennbar. Die Norm wäre daher zugleich ein präventiver Ansatz zur Vermeidung der Erreichbarkeit im Urlaub. Für den Arbeitgeber kann sie abschreckende Wirkung haben, da eine nochmalige Gewährung aufgrund des Urlaubsentgelts ohne Arbeitsleistung eine nicht unerhebliche wirtschaftliche Mehrbelastung bedeuten würde. Folglich entstünde auf Arbeitgeberseite eine gewisse Hemmschwelle. Auf Arbeitnehmerseite könnte die Norm gleichzeitig eine Hemmschwelle bei der Anspruchsverfolgung nehmen. Wichtig ist, dass den Arbeitnehmer dann

1096 Idee bei *Freyler*, Mobile Office, S. 290.
1097 Siehe dazu zweites Kapitel § 3 III.3.b) (S 78-82.).
1098 *Freyler*, Mobile Office, S. 290.
1099 *Freyler*, Mobile Office, S. 290.
1100 Im Ergebnis auch *Ossoinig*, Regulierung von Wissensarbeit, S. 115.

nicht die volle Darlegungs- und Beweislast treffen darf. Bei der krankheitsbedingten Arbeitsunfähigkeit während des Urlaubes im Sinne von § 9 BUrlG bedarf es eines ärztlichen Zeugnisses. Eine Beweislastumkehrregel erweist sich bei der Erleichterung der Anspruchsverfolgung als sinnvoll. Der Arbeitnehmer muss dann lediglich darlegen, dass es zu einem Erreichbarkeitsvorfall kam. Ob dieser vom Arbeitgeber veranlasst war und ob es in diesem Rahmen zu einer Urlaubsstörung kam, müsste der Arbeitgeber, wenn er den Vortrag des Arbeitnehmers bestreitet, beweisen. Da die Erreichbarkeit meistens durch technische Kommunikationsmittel hergestellt wird, wäre es dem Arbeitnehmer praktisch möglich, den Erreichbarkeitsvorfall durch E-Mails oder durch ein Protokoll der Anruferliste darzulegen.

Neben einer gesetzlichen Lösung ist im Übrigen auf technische Lösungen zu setzen, sofern diese möglich sind. Vorzugswürdig sind Regelungen im Wege freiwilliger Betriebsvereinbarungen, weil sie eher zur Akzeptanz in der Belegschaft beitragen als eine einseitige Vorgabe des Arbeitgebers. Nun verfügt nicht jedes Unternehmen über dieselben technischen Kommunikationsmittel und nicht in jedem Betrieb besteht ein Betriebsrat. Ein allgemeines Modell ist daher nicht zielführend. Dennoch lässt sich festhalten, dass betriebliche Lösungen, in denen die jeweiligen Besonderheiten berücksichtigt werden, möglich und zu begrüßen sind.

2. Formulierungsvorschlag: Einfügung § 8a BUrlG

Aufgrund dieser Überlegungen ergibt sich der nachfolgende Vorschlag zur Änderung des Bundesurlaubsgesetzes.

Kommt es während des Urlaubes zu einer dem Arbeitgeber zurechenbaren beruflichen Erreichbarkeit des Arbeitnehmers, die den Arbeitnehmer aufgrund ihrer Erheblichkeit für den Urlaubszweck stört, werden die von der Störung betroffenen Urlaubstage nicht auf den Urlaubsanspruch angerechnet. Keine Anrechnung auf den Urlaubsanspruch erfolgt auch für diejenigen Urlaubstage, die mittelbar von der Störung betroffen sind, wenn der Urlaubszweck infolge dieser nicht mehr eintreten kann. Eine erhebliche Störung des Urlaubes wird vermutet, wenn der Arbeitnehmer erreichbar war und eine Leistung zu Gunsten des Arbeitgebers erbracht hat.

Zusammenfassung der Ergebnisse

Rechtsfragen zur Erreichbarkeit im Urlaub sind systematisch zu erfassen, um individuelle Erreichbarkeitssituationen in rechtliche Strukturen einordnen zu können. Obwohl das Bundesurlaubsgesetz keine ausdrückliche Regelung zur Erreichbarkeit enthält, ergeben sich Lösungsansätze zu den Rechtsfragen aus dem allgemeinen Schuldrecht in Zusammenschau mit den Besonderheiten des Urlaubsrechts.

Die vorstehenden Ausführungen sind schließlich zu folgenden Ergebnissen zusammenzufassen:

1. Der Urlaubszweck besteht in der selbstbestimmten Erholung. Der Arbeitnehmer soll durch die Suspendierung der Arbeitspflicht die ihm zustehende Freizeit zu seiner Persönlichkeitsentfaltung nutzen können. Die beiden Elemente der Selbstbestimmung und der Erholung wirken miteinander. Es handelt sich um einen einheitlichen Urlaubszweck.
2. Der Urlaubsanspruch ist privatrechtlicher Natur und dem privatrechtlichen Arbeitsschutz zuzuordnen. Die Fürsorgepflicht des Arbeitgebers besteht zwar nicht in einem aktiven Tun, da der Arbeitgeber nicht für den Eintritt des Urlaubszwecks sorgen muss, jedoch hat er dafür Sorge zu tragen, dass aus der betrieblichen Sphäre der Verwirklichung des Urlaubszwecks nichts entgegensteht. Dem Arbeitgeber obliegt es in unionsrechtskonformer Auslegung des § 7 Abs. 1 BUrlG daran mitzuwirken, dass der Arbeitnehmer seinen Urlaubsanspruch geltend macht.
3. Die Erfüllung des Urlaubsanspruchs erfolgt zweistufig durch die Vornahme der Leistungshandlung durch den Arbeitgeber und den Eintritt des Leistungserfolgs. Eine zur Erfüllung taugliche Leistungshandlung erfordert eine wirksame Freistellungserklärung, das heißt sie muss vorbehaltslos erfolgen. Die Freistellungserklärung bewirkt, dass der Urlaubsanspruch in Höhe der festgelegten Urlaubstage auf den vorgegebenen Urlaubszeitraum konkretisiert wird. Der Eintritt des Leistungserfolgs ist erst am Ende des Urlaubszeitraums zu beurteilen. Er tritt ein, soweit der Arbeitnehmer tatsächlich von der Arbeitspflicht befreit wurde. Der Arbeitnehmer muss in rechtlicher Hinsicht die Entscheidungsmacht sowie in tatsächlicher Hinsicht aus der betrieblichen Sphäre die Entscheidungsmacht über den Urlaubszeitraum erhalten haben. Die Entscheidungsmacht stellt den Urlaubszweck in seiner objektivierten Form dar, das heißt losgelöst von individuellen Vorstellungen zur Erholung und Selbstbestimmung.

4. Die Erreichbarkeit im Urlaub ist ein Zustand der Offenheit für arbeitsbezogene Belange während der urlaubsbedingt zu gewährenden Freizeit, in dem typischerweise eine fremdnützige Ansprechbarkeit zugunsten des Arbeitgebers, des Vorgesetzten, der Kollegen oder der Kunden besteht. Sie kann, muss aber nicht, die Tätigkeitsaufnahme umfassen.
5. Arbeitnehmer sind grundsätzlich nicht kraft einer arbeitsvertraglichen Nebenpflicht gemäß §§ 611a, 241 Abs. 2, 242 BGB verpflichtet, erreichbar zu sein, auch nicht in während des Urlaubes auftretenden betrieblichen Notsituationen. Arbeitnehmer-Führungskräfte sowie Arbeitnehmer mit Spezialwissen sind in betrieblichen Notsituationen ausnahmsweise verpflichtet, erreichbar zu sein. Diese Pflicht reicht nur so weit, dass sie auf Erreichbarkeitsversuche reagieren müssen, wenn ihnen dies unter Berücksichtigung der konkreten Umstände zumutbar ist.
6. Der Arbeitnehmer hat ein Recht auf Nichterreichbarkeit, das sich aus §§ 611a, 241 Abs. 2 BGB ergibt. Dieses hat keine unmittelbaren Auswirkungen auf die Beurteilung der Erfüllbarkeit des Urlaubsanspruchs. Ein derzeitiges Richtlinienvorhaben des *Europäischen Parlaments*, das zunächst von der *Europäischen Kommission* zu prüfen ist, könnte dazu führen, dass dieses Recht ausdrücklich in den Rechtsquellen der *Europäischen Union* zum Urlaub enthalten sein wird.
7. Die tatsächliche Erreichbarkeit kann ein Leistungserfolgshindernis mit der Folge der (teilweisen) Nichterfüllung des konkretisierten Urlaubsanspruchs sein. Ob es sich bei ihr um ein Erfüllungshindernis handelt, ist anhand einer Erheblichkeitsschwelle zu beurteilen, die sich aus mehreren Kriterien, die für die Bewertung der Entscheidungsmacht zu berücksichtigen sind, zusammensetzt. Die Erfüllungsrelevanz der Erreichbarkeitssituation ist auf diese Weise typisiert zu beurteilen.
8. Die vom Arbeitnehmer initiierte freiwillige Erreichbarkeit kann der Erfüllung entgegenstehen. Hierfür bedarf es jedoch zwingend einer (scheinbaren) Veranlassung durch den Arbeitgeber, sodass die erste Erreichbarkeitssituation noch kein Leistungshindernis sein kann. Ausreichend ist eine Duldung des Erreichbarkeitsverhaltens, wenn der Arbeitgeber von diesem Kenntnis erlangen konnte.
9. Die Nichterfüllung betrifft ganze Urlaubstage und kann sich nicht bloß auf die rein tatsächliche Dauer der Erreichbarkeitstätigkeit beziehen. Das Leistungserfolgshindernis kann auf den hiervon unmittelbar betroffenen Tag beschränkt sein oder weitere Urlaubstage, gegebenenfalls den „Resturlaub" betreffen.

10. Damit die potenzielle Erreichbarkeit, bei der sich die Erreichbarkeit nicht durch eine Kontaktaufnahme und / oder eine Tätigkeit realisiert, ein Leistungshindernis darstellt, bedarf es einer Veranlassung zu diesem Verhalten. Ausgangspunkt der Veranlassung kann die erkennbare, aber unausgesprochene Erwartungshaltung des Arbeitgebers sein, der Arbeitnehmer werde sich im Urlaub erreichbar halten. Entspricht der Arbeitnehmer der Erwartungshaltung, indem er seine Erreichbarkeit gewährt, kommt eine konkludente Erreichbarkeitsvereinbarung zwischen den Arbeitsvertragsparteien zustande. Im Übrigen handelt es sich um eine konkludente Anordnung des Arbeitgebers. Das nötige Veranlassungselement kann zudem eine ausdrückliche Erreichbarkeitsvereinbarung beziehungsweise eine ausdrückliche Anordnung zur Erreichbarkeit im Urlaub sein.

    Die Erreichbarkeitsvereinbarung ist ebenso wie die Anordnung zur Erreichbarkeit in Bezug auf den gesetzlichen Urlaubsanspruch gemäß § 13 Abs. 1 Satz 1 BUrlG i.V.m. §§ 1, 3 Abs. 1 BUrlG unwirksam.

11. Erreichbarkeitsvereinbarungen sind Leistungshindernisse. Die Freistellungserklärung ergeht entweder von Beginn an nicht vorbehaltslos oder sie ergeht zunächst vorbehaltslos und wird von den Arbeitsvertragsparteien später einvernehmlich (konkludent) widerrufen und an ihre Stelle tritt die Freistellungserklärung unter dem Vorbehalt der Erreichbarkeit. Der originäre Urlaubsanspruch geht mangels Leistungshandlung nicht unter.

    Erreichbarkeitsanordnungen können ein Leistungshandlungshindernis sein. Entscheidend ist, zu welchem Zeitpunkt sie erfolgen. Erfolgen sie vor oder mit der Freistellungserklärung, so ist diese nicht vorbehaltslos und hat daher keine Konkretisierungswirkung. Der Urlaubsanspruch bleibt erhalten. Wird die Erreichbarkeit erst nach der vorbehaltlosen Freistellungserklärung angeordnet, kommt der Leistungshandlung weiterhin Erfüllungswirkung zu. Der Urlaubsanspruch ist dann auf den vorgesehenen Urlaubszeitraum konkretisiert und kann, sofern kein Leistungserfolgshindernis eintritt, gemäß § 362 Abs. 1 BGB durch Erfüllung untergehen.

12. Sofern der originäre Urlaubsanspruch erhalten bleibt, obliegt es dem Arbeitgeber, an dessen Geltendmachung durch den Arbeitnehmer insoweit mitzuwirken, dass er den Hinweis auf den Urlaubsanspruch um die weiterhin bestehenden Urlaubstage aktualisieren muss. Andernfalls kann der Urlaubsanspruch wegen der unionsrechtskonformen Auslegung des § 7 Abs. 1 BUrlG nicht nach § 7 Abs. 3 Satz 1 BUrlG verfallen.

13. § 9 BUrlG ist keine Spezialnorm zu § 275 Abs. 1 BGB, sondern zu § 243 Abs. 2 BGB. Folglich wird der Urlaubsanspruch bei der nachgewiesenen und zur Arbeitsunfähigkeit führenden Erkrankung des Arbeitnehmers vor oder während des Urlaubes entkonkretisiert. Der originäre Urlaubsanspruch bleibt durch die Nichtanrechnung der betroffenen Tage erhalten. Zwar ist § 9 BUrlG analogiefähig, nicht jedoch auf den Erreichbarkeitsfall analog anwendbar. Da die Arbeitspflicht des Arbeitnehmers im Erreichbarkeitsfall, anders als im Krankheitsfall, nicht schon aus anderen Gründen als dem Urlaub suspendiert ist, fehlt es an der Vergleichbarkeit.
14. Liegt ein Leistungserfolgshindernis vor, geht der Urlaubsanspruch nicht nach § 362 Abs. 1 BGB unter, jedoch nach § 275 Abs. 1 BGB wegen der Unmöglichkeit der Erfüllung. Für den infolge der tatsächlichen Erreichbarkeit nicht erfüllten Urlaubsanspruch entsteht dem Arbeitnehmer bei Vorliegen der Voraussetzungen ein Ersatzurlaubsanspruch gemäß §§ 280 Abs. 1, Abs. 3, 283, 275 Abs. 1 BGB i.V.m. § 249 Abs. 1 BGB. Das schuldrechtliche Bereicherungsverbot steht dem Ersatz nur in Form ganzer Urlaubstage nicht entgegen.
15. Ist die Herstellung der Erreichbarkeit durch den Arbeitgeber konkret zu befürchten oder kam es im laufenden Urlaubszeitraum bereits hierzu, kann der Arbeitnehmer vom Arbeitgeber die Unterlassung fordern.
16. Der Mehrurlaub bietet den Arbeitsvertragsparteien und den Tarifpartnern die Möglichkeit, vom gesetzlichen Urlaubsrecht abweichende Regelungen für den übergesetzlichen Urlaubsanspruch zu treffen. Grundsätzlich ist ein Gleichlauf des gesetzlichen und des übergesetzlichen Urlaubsanspruchs anzunehmen, soweit keine abweichende Regelung erfolgt oder kein entsprechender Regelungswille deutlich erkennbar ist.

    Bei einer Regelung durch die Arbeitsvertragsparteien ist danach zu unterscheiden, ob die Erreichbarkeitspflicht formularmäßig in den Arbeitsvertrag aufgenommen oder ob sie individuell vereinbart wird. Die formularmäßige Erreichbarkeitsklausel unterliegt der AGB-Kontrolle, da es sich um eine ausgestaltende Klausel handelt. Dementsprechend ist die Gestaltbarkeit durch die Inhaltskontrolle begrenzt. Die Erreichbarkeitspflicht sollte, um der AGB-Kontrolle standzuhalten, restriktiv gestaltet sein und eine Kompensationsregelung enthalten. Außerhalb der AGB-Kontrolle sind die Arbeitsvertragsparteien in der Gestaltung freier. Lediglich die allgemeinen gesetzlichen Grenzen sind zu beachten. Die Tarifpartner können Regelungen zur Erreichbarkeit unabhängig von den Gestaltungsgrenzen des AGB-Rechts treffen.

17. In der Sonderkonstellation der Erreichbarkeit von Betriebsratsmitgliedern ist es möglich, dass diese erreichbar sind, ohne dass sich die Erreichbarkeit auf die Erfüllbarkeit des Urlaubsanspruchs auswirkt. Anderes kann gelten, soweit das Betriebsratsmitglied an der Wahrnehmung des Betriebsratsamtes im Sinne von § 25 Abs. 1 Satz 2 BetrVG zeitweilig verhindert ist. Das Betriebsratsmitglied ist grundsätzlich verhindert, solange es nicht positiv anzeigt, seine Amtstätigkeit wahrnehmen zu wollen. Zeigt es diese Bereitschaft nicht an und kommt es zur Erreichbarkeit, haftet der Arbeitgeber nur, soweit er die Erreichbarkeit selbst oder in ihm zurechenbarer Weise veranlasst hat. Für die Erreichbarkeit durch das Gremium oder die Belegschaft haftet der Arbeitgeber nicht.
18. Der Erreichbarkeit während des Urlaubes lässt sich präventiv entgegenwirken. Die betroffenen Arbeitnehmer benötigen Rechtssicherheit, um ihre Rechte praktisch auch wahrzunehmen. Betriebliche (technische) Lösungen bieten sich ergänzend an, um der Erreichbarkeit vorzubeugen. Der Gesetzgeber kann durch eine Regelung, die rechtlich dieselbe Wirkung wie § 9 BUrlG hat, zu einem Zugewinn an Rechtssicherheit beitragen. Diese Regelung hätte angesichts der klaren Rechtsfolge präventive Wirkung, indem sie den Arbeitgeber an der Veranlassung der Erreichbarkeit hindern könnte und dem Arbeitnehmer deutlich aufzeigt, dass er Ansprüche gegen den Arbeitgeber geltend machen kann. Der Gesetzgeber kann die Nichtanrechnung infolge der Erreichbarkeit etwa als § 8a in das Bundesurlaubsgesetz aufnehmen.

Literaturverzeichnis

Arnold, Christian/Zeh, Ricarda, Der EuGH und das deutsche Urlaubsrecht – schon wieder Neues aus Luxemburg!, NZA 2019, S. 1-6.

Arnold, Manfred/Tillmanns, Christoph, Bundesurlaubsgesetz – Praxiskommentar, 4. Auflage, Freiburg 2019 (zitiert: Arnold/Tillmanns/*Bearbeiter*, PK-BUrlG).

Bader, Peter/Fischermeier, Ernst/ Gallner, Inken/Klose, Oliver K./Kreft, Burghard/ Kreutzberg-Kowalczyk, Matthias/Krumbiegel, Markus/Link, Christian/Lipke, Gert-Albert/Rinck, Ursula/Rachor, Stephanie/Spelge, Karin/Spilger, Andreas Michael/Treber, Jürgen/Vogt, Norbert/Weigand, Horst, KR Gemeinschaftskommentar zum Kündigungsschutzgesetz und zu sonstigen kündigungsschutzrechtlichen Vorschriften, 12. Auflage, Köln 2019 (zitiert: KR/*Bearbeiter*).

Baeck, Ulrich/Winzer, Thomas, Aktuelle Herausforderungen des Arbeitszeitrechts – betriebsnahe Vereinbarungen als Lösungsansatz - Ein Plädoyer für die Stärkung der Betriebsparteien in Arbeitszeitfragen, NZA 2020, S. 96-101.

Bauer, Jobst-Hubertus/Arnold, Christian, EuGH kippt deutsches Urlaubsrecht, NJW 2009, S. 631-636.

Bauer, Jobst-Hubertus/von Medem, Andreas, „One size fits all" – im Arbeitsrecht nicht angemessen, NZA 2013, S. 1233-1238.

Baumert, Georg, Konsequenzen eines Verstoßes gegen § 8 Bundesurlaubsgesetz, DB 1966, S. 1565-1567.

Bayreuther, Frank, Urlaubsrecht – finalisiert, NZA 2019, S. 945-951.

beck-online.GROSSKOMMENTAR zum Zivilrecht, Gsell, Beate/Krüger, Wolfgang/ Lorenz, Stephan/Reymann, Christoph (Hrsg.), Stand 01.09.2021, München 2021 (zitiert: BeckOGK/*Bearbeiter*).

Beck'scher Online-Kommentar Arbeitsrecht, Rolfs, Christian/Giesen, Richard/Kreikebohm, Ralf/Meßling, Miriam/Udsching, Peter (Hrsg.), 61. Edition, München 2021 (zitiert: BeckOK-ArbR/*Bearbeiter*).

Beck'scher Online-Kommentar BGB, Hau, Wolfgang/Poseck, Roman (Hrsg.), 60. Edition, München 2021 (zitiert: BeckOK-BGB/*Bearbeiter*).

Benecke, Martina, Mobbing im Arbeitsverhältnis, NZA-RR 2003, S. 225-232.

Bieder, Marcus, Kompensatorische Vertragsgestaltung im Arbeits- und Wirtschaftsrecht, Baden-Baden 2015 (zitiert: *Bieder*, Kompensatorische Vertragsgestaltung).

Bissels, Alexander/Domke, Carsten/Wisskirchen, Gerlind, BlackBerry & Co: Was ist heute Arbeitszeit? DB 2010, S. 2025-2055.

BITKOM Bundesverband Informationswirtschaft, Telekommunikation und neue Medien e. V. (Hrsg.), Arbeit 3.0 Arbeiten in der digitalen Welt, Berlin 2013.

Böckel, Eberhard, Das Urlaubsrecht in der betrieblichen Praxis: Ein aktueller Ratgeber für Arbeitgeber und Arbeitnehmer, 2. Auflage, Freiburg 1989.

Boecken, Winfried/Düwell, Franz-Josef/Diller, Martin/Hanau, Hans, Gesamtes Arbeitsrecht Band 2, Baden-Baden 2016 (zit. NK-ArbR/*Bearbeiter*).

Boldt, Gerhard/Röhsler, Waldemar, Mindesturlaubsgesetz für Arbeitnehmer (Bundesurlaubsgesetz) Kommentar, 2. Auflage, Köln 1968.

Bröckner, Sebastian, Nebenpflichten und Haftung von Arbeitnehmern in Führungspositionen, Baden-Baden 2012 (zitiert: *Bröckner,* Arbeitnehmer in Führungspositionen).

Bundesanstalt für Arbeitsschutz und Arbeitsmedizin (Hrsg.), Die Auswirkungen arbeitsbezogener erweiterter Erreichbarkeit auf Life-Domain-Balance und Gesundheit - baua: Bericht, 2. Auflage, Dortmund/Berlin/Dresden 2016.

Buschmann, Rudolf, Beschäftigte online – Die ständige Erreichbarkeit und ihre Folgen, PersR 2011, S. 247–250.

Buschmann, Rudolf, Ständige Erreichbarkeit – Job around the clock – das wird nicht geschuldet, PersR 2013, S. 351–354.

Chevalier, Anja/Kaluza, Gert, Psychosozialer Stress am Arbeitsplatz: Indirekte Unternehmenssteuerung, selbstgefährdendes Verhalten und die Folgen für die Gesundheit, gesundheitsmonitor Newsletter 01/2015.

Clemenz, Susanne/Krause, Rüdiger/Kreft, Burgard (Hrsg.), AGB-Arbeitsrecht, 2. Auflage, Köln 2019.

Cosack, Katrin, Betriebsratskorruption: Co-Manager ohne rechtliche Verantwortung, ZRP 2016, S. 177-180.

Creifelds kompakt, Rechtswörterbuch, Weber, Klaus (Hrsg.), 3. Edition, München 2020.

Creifelds, Rechtswörterbuch, Weber, Klaus (Hrsg.), 23. Auflage, München 2019.

Däubler, Wolfgang, Digitalisierung und Arbeitsrecht - Internet, Arbeit 4.0 und Crowdwork, 7. Auflage, Frankfurt am Main 2020 (zitiert: *Däubler,* Digitalisierung und Arbeitsrecht).

Däubler, Wolfgang, Digitalisierung und Arbeitsrecht, SR-Sonderausgabe 2016, S. 2–44.

Däubler, Wolfgang, Herausforderungen für das Arbeitsrecht – Deregulierung, Globalisierung, Digitalisierung, AuR 2016, S. 325–334.

Däubler, Wolfgang, Steuerung der Arbeitsmenge in der digitalisierten Welt?, ZTR 2016, S. 359-366.

Däubler, Wolfgang/Hjort, Jens Peter/Schubert, Michael/Wolmerath, Martin (Hrsg.), Arbeitsrecht – Individualarbeitsrecht mit kollektivrechtlichen Bezügen Handkommentar, 4. Auflage, Baden-Baden 2017 (zit. HK-ArbR/*Bearbeiter*).

Däubler, Wolfgang/Klebe, Thomas/Wedde, Peter (Hrsg.), Betriebsverfassungsgesetz – Kommentar für die Praxis, 17. Auflage 2020 (zit. DKW-BetrVG/*Bearbeiter*).

Daum, Jan Alexander, Die Urlaubs-Verantwortlichkeit des Arbeitgebers Zugleich eine Besprechung von BAG v. 19.2.2019 – 9 AZR 321/16, 9 AZR 541/15 und 9 AZR 423/16, RdA, S. 179-184.

Deinert, Olaf/Heuschmid, Johannes/Zwanziger, Bertram (Hrsg.), Arbeitsrecht: Handbuch für die Praxis, 10. Auflage, Frankfurt 2019.

Dersch, Hermann, Die Urlaubsgesetze Kommentar, München 1954.

Dettmers, Jan/Bamberg, Eva, Verfügbarkeit für die Erwerbsarbeit - Analyse von Anforderungen, Belastungen und Ressourcen, in: *Jeschke, Sabina* (Hrsg.): Innovationsfähigkeit im demografischen Wandel, S. 115-124, Frankfurt 2013 (zitiert: *Dettmers/Bamberg*, Verfügbarkeit für die Erwerbsarbeit).

Deutsche Gesetzliche Unfallversicherung e.V. (Hrsg.), IAG Report 1/2012: Ständige Erreichbarkeit: Wie belastet sind wir? - Ursachen und Folgen ständiger Erreichbarkeit, Berlin 2012 (zitiert: *DGUV*, IAG Report 1/2012).

Dörner, Klemens/Luczak, Stefan/Wildschütz, Martin/Baeck, Ulrich/Hoß, Axel, Handbuch des Arbeitsrechts, 15. Auflage, Köln 2020 (zitiert: Dörner/Luczak/Wildschütz/Baeck/Hoß/*Bearbeiter*, Hdb-ArbR).

Durlach, Emilie/Renaud, Maud, Das Recht auf Nichterreichbarkeit – Droit á la Déconnexion – nach der Loi Travail, AuR 2017, S. 196-197.

Erfurter Kommentar zum Arbeitsrecht, Müller-Glöge, Rudi/Preis, Ulrich/Schmidt, Ingrid (Hrsg.), 21. Auflage, München 2021 (zitiert: ErfK/*Bearbeiter*).

Erman, Bürgerliches Gesetzbuch, Grunewald, Barbara/Maier-Reimer, Georg/Westermann, Harm Peter (Hrsg.), 16. Auflage, Köln 2020.

Falder, Roland, Immer erreichbar – Arbeitszeit- und Urlaubsrecht in Zeiten des technologischen Wandels, NZA 2010, S. 1150-1157.

Fenski, Martin, Was am Ende (vom Urlaubsrecht) übrigbleibt – Falsche Prämissen, falsche Ergebnisse - Warum Dirk Neumann doch Recht hatte, NZA 2014, S. 1381-1385.

Fitting, Karl (Begr.), Betriebsverfassungsgesetz Handkommentar, 30. Auflage, München 2020.

Flume, Werner, Allgemeiner Teil des Bürgerlichen Rechts – Zweiter Band Das Rechtsgeschäft, 4. Auflage, Berlin 1992 (zitiert: *Flume*, Allgemeiner Teil Band II).

Forst, Gerrit, Unterliegen Geschäftsführer dem Bundesurlaubsgesetz (BUrlG)?, GmbHR 2012, S. 821-828.

Franke, Dietmar, Rechtsmissbräuchliches Urlaubsverlangen bei geringfügiger Arbeitsleistung – Zum Urteil des Bundesarbeitsgerichts vom 28.1.1982, BB 1983, S. 1036-1039.

Freyler, Carmen, Arbeitszeit- und Urlaubsrecht im Mobile Office- Eine Untersuchung der Flexibilität des Arbeitsrechts hinsichtlich technischer Entwicklungen, Tübingen 2018 (zitiert: *Freyler*, Mobile Office).

Friese, Birgit, Urlaubsrecht, München 2003.

Fritz, Hans-Joachim, Die Führungskraft in der Matrix-Organisation, NZA-Beilage 2018, S. 98-103.

Gaul, Björn, Leistungsdruck, psychische Belastung & Stress, DB 2013, S. 60–65.

Gaul, Björn/Bonanni, Andrea/Ludwig, Daniel, Urlaubsanspruch trotz Langzeiterkrankung – Handlungsbedarf für die betriebliche Praxis!, DB 2009, S. 1013-1017.

Gaul, Dieter/Boewer, Dietrich, Probleme des Urlaubsrechts, München 1966.

Göpfert, Burkard/Schöberle, Andreas, Recht auf Unerreichbarkeit?, ZIP 2016, S. 1817-1819.

Grobys, Marcel/Panzer-Heemeier, Andrea, Stichwortkommentar zum Arbeitsrecht- Alphabetische Gesamtdarstellung, 3. Auflage, Baden-Baden 2017 (zitiert: SWK-ArbR).

Hamacher, Anno, Von der Kunst, den Urlaubsanspruch zu erfüllen, NZA 2018, S. 487-491.

Hanau, Hans, Zum Flexibilisierungspotenzial der Arbeitszeitrichtlinie, EuZA 2019, S. 423-440.

Hansen, Jessica/Kelber, Markus Friedrich/Zeißig, Rolf/Breezmann, Andreas/Confurius, Manfred, Rechtsstellung der Führungskräfte im Unternehmen – Begründung, Inhalt, Beendigung, München 2006 (zitiert: Hansen/Kelber/Zeißig/Breezmann/Confurius/*Bearbeiter*, Führungskräfte).

Hassler, Melanie/Rau, Renate/Hupfeld, Jens/Paridon, Hiltraud, iga.Report 23: Auswirkungen von ständiger Erreichbarkeit und Präventionsmöglichkeiten - Teil 2: Eine wissenschaftliche Untersuchung zu potenziellen Folgen für Erholung und Gesundheit und Gestaltungsvorschläge für Unternehmen, Dresden 2016 (zitiert: *Hassler/Rau/Hupfeld/Paridon*, iga.Report 23 Teil II).

Heilmann, Joachim, Urlaubsrecht – Basiskommentar zum BUrlG und zu anderen urlaubsrechtlichen Vorschriften, 6. Auflage, Frankfurt am Main 2019.

Hein, Hauke/Tophof, Paul Alexander, Folgen einer Quarantäneanordnung während bewilligten Urlaubs - Keine analoge Anwendung von § 9 BUrlG, NZA 2021, S. 601-605.

Henssler, Martin/Willemsen, Heinz Josef/Kalb, Heinz-Jürgen, Arbeitsrecht Kommentar, 9. Auflage, Köln 2020 (zitiert: HWK-ArbR).

Herlitzius, Stephan, Der Urlaubsanspruch als schuldrechtlicher Anspruch im Arbeitsverhältnis -Zur neueren Rechtsprechung des BAG, Baden-Baden 2000 (*Herlitzius*, Der Urlaubsanspruch als schuldrechtlicher Anspruch).

Herschel, Wilhelm, Mittelbare Probleme der Arbeitszeitverkürzung, in: Arbeitszeit und Freizeit, Nürnberger Abhandlungen zu den Wirtschafts- und Sozialwissenschaften, Heft 15, Berlin 1961, S. 169-178.

Hohenstatt, Klaus-Stefan/Krois, Christopher, Lohnrisiko und Entgeltfortzahlung während der Corona-Pandemie, NZA 2020, S. 413-418.

Hohmeister, Frank/Oppermann, Angelika, Bundesurlaubsgesetz Handkommentar, 3. Auflage, Baden-Baden 2013 (zitiert: HK-BUrlG).

Höpfner, Clemens, Das deutsche Urlaubsrecht in Europa – Zwischen Vollharmonisierung und Koexistenz – Teil 1, RdA 2013, S. 16-28.

Höpfner, Clemens, Das deutsche Urlaubsrecht in Europa – Zwischen Vollharmonisierung und Koexistenz – Teil 2, RdA 2013, S. 65-73.

Höpfner, Clemens/Daum, Jan Alexander, Die Pflicht des Arbeitgebers zur Erfassung der Arbeitszeit, RdA 2019, S. 270-280.

Hromadka, Wolfang/Maschmann, Frank, Arbeitsrecht Band 2 Kollektivarbeitsrecht + Arbeitsstreitigkeiten, 8. Auflage, Berlin / Heidelberg 2020 (zitiert: *Hromadka/Maschmann*, ArbR Band 2).

Hueck, Alfred, Die Pflicht des Unternehmers zur Fürsorge für den Gefolgsmann nach dem Gesetz zur Ordnung der nationalen Arbeit, in: Festschrift für Justus Wilhelm Hedemann zum sechzigsten Geburtstag, S. 312-329, Jena 1938 (zitiert: *Hueck*, Festschrift Hedemann 1938).

Hueck, Alfred/ Nipperdey, Hans Carl, Lehrbuch des Arbeitsrechts, Erster Band, 7. Auflage, Berlin 1963.

Hunold, Wolf, Rechtsprechung zur Nebentätigkeit des Arbeitnehmers, NZA- RR 2002, S. 505-511.

Initiative Neue Qualität der Arbeit (INQA) (Hrsg.), Ständige Erreichbarkeit – Ein Thema in meinem Unternehmen?, 2. Auflage, Berlin 2019.

Jacobs, Matthias, Reformbedarf im Arbeitszeitrecht, NZA 2016, S. 733-737.

Jacobs, Matthias/Münder, Matthias, Deutsches Urlaubsrecht im europäischen Wandel – Teil II Grundlegende Urteile des BAG aus dem ersten Quartal 2019 und ihre Hintergründe, RdA 2020, S. 13-25.

Joussen, Jacob, Die Vergütung freigestellter Betriebsratsmitglieder, RdA 2018, S. 193-200.

Kamanabrou, Sudabeh, Urlaubsabgeltung bei krankheitsbedingter Arbeitsunfähigkeit nach der Schultz-Hoff-Entscheidung des EuGH, SAE 2009, S. 233-250.

Kanzlsperger, Sandro, Nachgewährung von Urlaub bei Krankheit, Schwangerschaft und Inanspruchnahme des Erziehungsurlaubs, AuR 1997, S. 192-195.

Kohte, Wolfhard/Faber, Ulrich/Feldhoff, Kerstin (Hrsg.), Gesamtes Arbeitsschutzrecht - Handkommentar, 2. Auflage, Baden-Baden 2018.

Koll, Christopher, Betriebsrat im Urlaub, Interview, AiB, 05/2016, S. 22-23.

Körlings, Peter, Mobile Erreichbarkeit von Arbeitnehmern: Eine arbeitszeitrechtliche Bewertung, Frankfurt 2019 (zitiert: *Körlings*, Mobile Erreichbarkeit von Arbeitnehmern).

Kramer, Stefan (Hrsg.), IT-Arbeitsrecht - Digitalisierte Unternehmen: Herausforderungen und Lösungen, 2. Auflage, München 2019.

Krause, Andreas/Dormas, Cosima/Peters, Klaus, Interessierte Selbstgefährdung: Was ist das und wie geht man damit um?, HR TODAY 04/2010.

Krause, Rüdiger, Arbeitsrecht, 4. Auflage, Baden-Baden 2020.

Krause, Rüdiger, Herausforderung Digitalisierung der Arbeitswelt und Arbeiten 4.0, NZA-Beilage 2017, S. 53-59.

Krause, Rüdiger, Verhandlungen des 71. Deutschen Juristentages Essen 2016, Band I: Gutachten/ Teil B: Digitalisierung der Arbeitswelt - Herausforderungen und Regelungsbedarf, München 2016 (zitiert: *Krause*, Gutachten B 71. DJT).

Krieger, Steffen/Arnold, Christian, Urlaub 1. + 2. Klasse – Das BAG folgt der Schultz-Hoff-Entscheidung des EuGH, NZA 2009, S. 530-533.

Küttner, Wolfdieter (Hrsg.), Personalbuch 2020, 28. Auflage, München 2021.

Larenz, Karl, Lehrbuch des Schuldrechts – Erster Band Allgemeiner Teil, 14. Auflage, München 1987 (zitiert: *Larenz*, SchuldR).

Laufs, Uwe, Erste Ergebnisse des Forschungsprojekts „SANDRA", ZD-Aktuell 2018, 06151.

Leege, Jan, Das Verhältnis von Urlaubs- und Urlaubsabgeltungsanspruch, Aachen 1966.

Leinemann, Wolfang, Reformversuche und Reformbedarf im Urlaubsrecht, BB 1995, S. 1954-1960.

Leinemann, Wolfgang/Linck, Rüdiger, Urlaubsrecht, 2. Auflage, München 2001.

Lepke, Achim, Die Gewährung gesetzlichen Erholungsurlaubs, DB Beilage 10 1988, S. 1-7.

Lepke, Achim, Die nachträgliche Änderung bereits erteilten Erholungsurlaubs, DB 1990, S. 1131-1139.

Lobinger, Thomas, Zur Dogmatik des allgemeinen betriebsverfassungsrechtlichen Unterlassungsanspruchs, ZfA 2004, S. 101-181.

Maier, Natalie, Erweiterte berufsbezogene Erreichbarkeit Lösungsvorschläge zum Gesundheits- und Persönlichkeitsschutz, Wiesbaden 2019 (zitiert: *Maier*, Erweiterte berufsbezogene Erreichbarkeit).

Maier, Nathalie/Ossoinig, Verena, Freizeit und Beruf – Rechtliche und technische Unterstützung der Work-Life-Balance, DB 2015, S. 2391-2396.

Martens, Klaus-Peter, Das Arbeitsrecht der leitenden Angestellten, Wiesbaden/ Stuttgart 1982.

Medicus, Dieter/Lorenz, Stephan, Schuldrecht I Allgemeiner Teil, 21. Auflage, München 2015 (zitiert: *Medicus/Lorenz*, Schuldrecht I AT).

Mehrens, Christian/Witschen, Stefan, Der unionsrechtliche Urlaubsanspruch und seine Auswirkungen auf das nationale Recht – Ein Zwischenbericht, EuZA 2019, S. 326-349.

Menz, Wolfgang, Erweiterte arbeitsbezogene Erreichbarkeit Ausprägungen, Belastungen, Handlungsstrategien Ergebnisse einer qualitativen Beschäftigtenbefragung des Projekts MASTER – Management ständiger Erreichbarkeit, München 2017 (zitiert: *Menz*, Erweiterte arbeitsbezogene Erreichbarkeit).

Meyer, Jürgen/Hölscheidt, Sven (Hrsg.), Charta der Grundrechte der Europäischen Union, 5. Auflage, Baden-Baden 2019.

Miedzianowski, Nadine, Stakeholderbezogene und rechtliche Anforderungen an ein Erreichbarkeitsmanagement-System, ZD-Aktuell 2019, 04381.

Möller, Berenice, Führungskräfte: Abgrenzung, kündigungsrechtliche Sonderstellung und Haftung?, NZA 2017, S. 1567-1571.

Monsch, Christine, Bring Your Own Device (BYOD) - Rechtsfragen der dienstlichen Nutzung arbeitnehmereigener mobiler Endgeräte im Unternehmen, Berlin 2017 (zitiert: *Monsch*, BYOD).

Münchener Handbuch zum Arbeitsrecht, Kiel, Heinrich/Lunk, Stefan/Oetker, Hartmut (Hrsg.), Band 1: Individualarbeitsrecht I, 5. Auflage, München 2021 (zitiert: MüHdb-ArbR/*Bearbeiter*).

Münchener Kommentar zum Bürgerlichen Gesetzbuch, Säcker, Franz Jürgen/Rixecker, Roland/Oetker, Hartmut/Limperg, Bettina (Hrsg.), (zitiert: MünchKomm-BGB/*Bearbeiter*)

- Band 1 – Allgemeiner Teil, §§ 1-240 BGB, ProstG, AGG, *Schubert, Claudia (Red.)*, 9. Auflage, München 2021.
- Band 2 – Schuldrecht Allgemeiner Teil I, §§ 241-310 BGB, *Krüger, Wolfgang (Red.)*, 8. Auflage, München 2019.
- Band 3 – Schuldrecht Allgemeiner Teil II, *Krüger, Wolfgang (Red.)*, 8. Auflage, München 2019.
- Band 5 – Schuldrecht Besonderer Teil II §§ 535-630h BGB, BetrKV, HeizkostenV, WärmeLV, EFZG, TzBfG, KSchG, MiLoG, *Henssler, Martin/Krüger, Wolfgang (Red.)*, 8. Auflage, München 2020.
- Band 8 – Sachenrecht, §§ 854-1296 BGB, WEG, ErbbauRG, *Gaier, Reinhard (Red.)*, 8. Auflage, München 2020.

Natzel, Benno, Bundesurlaubsrecht – Handkommentar des gesamten Urlaubsrechts des Bundes für die betriebliche Praxis, 4. Auflage, Düsseldorf 1988.

Natzel, Ivo, Tilgungsbestimmung – Heilmittel im Urlaubsrecht, NZA 2011, S. 77-79.

Neumann, Dirk/Fenski, Martin/Kühn, Thomas, Bundesurlaubsgesetz nebst allen anderen Urlaubsbestimmungen des Bundes und der Länder, 12. Auflage, München 2021.

Nikisch, Arthur, Arbeitsrecht - Erster Band, 3. Auflage, Tübingen 1961.

Oetker, Hartmut, Digitalisierung der Arbeitswelt – Herausforderungen und Regelungsbedarf, JZ 2016, S. 817-824.

Okoye-Montis, Krystyna, Die Bedeutung des Urlaubszwecks für den Anspruch auf Urlaub nach dem Bundesurlaubsgesetz und die Behandlung von Urlaubsstörungen, Frankfurt am Main 2016 (zitiert: *Okoye-Montis*, Urlaubszweck und Urlaubsstörungen).

Ossoinig, Verena, Regulierung von Wissensarbeit – Betriebliche Regelungen zum Umgang mit erweiterter berufsbezogener Erreichbarkeit, Kassel 2020 (zitiert: *Ossoinig*, Regulierung von Wissensarbeit).

Overkamp, Yvonne, Urlaubsanspruch und krankheitsbedingte Arbeitsunfähigkeit, Saarbrücken 2019.

Pfeiffer, Sabine, Schriftliche Stellungnahme zum öffentlichen Fachgespräch des Ausschusses Digitale Agenda am Mittwoch, dem 30. September 2015 BT-Ausschussdrucksache 18(24)70.

Pfrogner, Julia, Unterlassungsanspruch des Arbeitgebers gegen den Betriebsrat, RdA 2016, S. 161-166.

Plüm, Joachim, Wohin im Urlaub?, NZA 2013, S. 11-18.

Podewils, Felix, Beschäftigung in der Großkanzlei – Bereichsausnahme vom Anwendungsbereich des deutschen Arbeitsrechts?, AuR 2013, S. 293–299.

Pollert, Dieter, Arbeitnehmer-Smartphone als Betriebsmittel – ein kostensparendes Modell?, NZA-Beilage 2014, S. 152-154.

Powietzka, Arnim/Fallenstein, Diana, Urlaubsklauseln in Arbeitsverträgen Regelungsbedarf und Gestaltungsmöglichkeiten nach der „Schultz-Hoff"-Entscheidung, NZA 2010, S. 673-679.

Powietzka, Arnim/Rolf, Christian, BUrlG - Bundesurlaubsgesetz, 2. Auflage, Köln 2017.

Preis, Ulrich (Hrsg.), Der Arbeitsvertrag, 6. Auflage, Köln 2020.

Preis, Ulrich, § 611 a BGB – Potenziale des Arbeitnehmerbegriffes, NZA 2018, S. 817-826.

Preis, Ulrich/Sagan, Adam, Europäisches Arbeitsrecht- Grundlagen, Richtlinien, Folgen für das deutsche Recht, 2. Auflage Köln 2019.

Prütting, Hanns/Wegen, Gerhard/Weinreich, Gerd, BGB Kommentar, 16. Auflage, Köln 2021 (zitiert: PWW/*Bearbeiter*).

Rambach, Peter H.M./Feldmann, Cornelia, Urlaub und Europa - eine unendliche Geschichte? Die neuen Anforderungen des EuGH bei Übergang von Vollzeit in Teilzeit und deren Auswirkungen auf das deutsche Urlaubsrecht, ZTR 2010, S. 561-567.

Reinhard, Barbara, Sonntags bleibt die Küche kalt - Arbeitsrechtliche Fragestellungen zur ständigen Erreichbarkeit, ArbRB 2012, S. 186-189.

Renaud, Werner, Die Abgeltung von Urlaubsansprüchen nach dem Mindesturlaubsgesetz für Arbeitnehmer, Berlin 1977.

Richardi, Reinhard, Betriebsverfassungsgesetz mit Wahlordnung, 16. Auflage, München 201.

Richter, Julian, Der gestörte Urlaub- Rechtsfolgen arbeitgeberseitiger Kontaktaufnahme während des Erholungsurlaubs, AuR 2011, S. 16-20.

Rudkowski, Lena, Unbegrenzte Ansammlung des vom Arbeitnehmer nicht in Anspruch genommenen Urlaubs bei verweigerter Urlaubsvergütung, EuZA 2018, S. 366-376.

Rudkowski, Lena, Urlaub als Grundrecht des Arbeitnehmers, NJW 2019, S. 476-480.

Sagan, Adam, Die urlaubsrechtliche Rechtsprechung im Umbruch - Zur Rückwirkung der Mitwirkungsobliegenheit des Arbeitgebers, NZA 2020, S. 350-353.

Salje, Peter, Quasinegatorischer Rechtsschutz im Betriebsverfassungsrecht, - Zugleich ein Beitrag zu der Lehre von der Durchsetzung subjektiver Rechte, DB 1988, S. 909-913.

Schaub, Günter (Begr.), Arbeitsrechts-Handbuch, 18. Auflage, München 2019.

Schaub, Günter/Koch, Ulrich, Arbeitsrecht von A-Z, 25. Auflage, München 2021.

Scheicht, Katrin, Ständige Erreichbarkeit über Smartphone & Co. – Mobiles Arbeiten, AuA Sonderausgabe 2014, S. 35-38.

Scheicht, Katrin, Wann beginn die Freizeit? Die rechtlichen Aspekte der Entgrenzung von Arbeit und Privatleben, Personalführung 5/2014, S. 82-86.

Schinz, Reinhard, Neuerungen im Urlaubsrecht, jM 2020, 148-155.

Schinz, Reinhard, Urlaubsabbruch (nur) in Extremfällen?, jM 2016, S. 193-199.

Schlegel, Rainer, Grenzenlose Arbeit, NZA-Beilage 2014, S. 16–22.

Schubert, Claudia, Der Erholungsurlaub zwischen Arbeitsschutz und Entgelt Kürzung oder Umrechnung des Urlaubsanspruchs und deren Folgen, NZA 2013, S. 1105-1112.

Schuchart, Uta, Ständige Erreichbarkeit – Arbeitszeit light vs. Recht auf Unerreichbarkeit, AuR 2016, S. 341-343.

Schuchart, Uta, Ständige Erreichbarkeit im Arbeitsverhältnis - Ist das Arbeitszeitgesetz noch zeitgemäß?, in: Latzel, Clemens/Picker, Christian (Hrsg.), Neue Arbeitswelt, 3. Assistententagung im Arbeitsrecht 2013 in München, Tübingen 2014, S. 175–210 (zitiert: *Schuchart*, Ständige Erreichbarkeit im Arbeitsverhältnis).

Schulze, Götz, Die Naturalobligation - Rechtsfigur des Rechtsverkehrs einst und heute – zugleich Grundlegung einer zivilrechtlichen Forderungslehre, Tübingen 2008 (zitiert: *Schulze*, Die Naturalobligation).

Schuster, Doris-Maria/Schunder, Maximilian Luca, Betriebsratshaftung – nach 100 Jahren noch alles beim Alten? NZA 2020, S. 92-96.

Schwarze, Roland, Arbeitnehmerbegriff und Vertragstheorie – Der paternalistische Kern des Arbeitnehmerschutzes, ZfA 2005, S. 81-107.

Schwemmle, Michael/Wedde, Peter, Digitale Arbeit in Deutschland, Potenziale und Problemlagen, Bonn 2012 (zitiert: *Schwemmle/Wedde*, Digitale Arbeit in Deutschland).

Sedelmeier, Johannes, Urlaubsabgeltung ohne Grenzen?, EuZA 2010, S. 88-99.

Siebert, Jens, Keine Mitteilungspflicht privater Mobiltelefonnummer zum Zwecke der Erreichbarkeit außerhalb der Rufbereitschaft, öAT 2018, S. 172.

Sprink, Miriam, Vertragliche Gestaltung von Urlaub - Möglichkeiten und Grenzen, Frankfurt am Main 2015.

Stahlhacke, Eugen/Bachmann, Bernward, Bleistein, Josef, Gemeinschaftskommentar zum Bundesurlaubsgesetz, 4. Auflage, Darmstadt 1984 (zitiert: GK-BUrlG).

Staudinger, Kommentar zum Bürgerlichen Gesetzbuch mit Einführungsgesetz und Nebengesetzen (zitiert: Staudinger/*Bearbeiter*)

- Zweites Buch, Recht der Schuldverhältnisse, §§ 241-243 (Treu und Glauben), *Looschelders, Dirk/Olzen, Dirk/Schiemann, Gottfried,* Neubearbeitung, Berlin 2019.
- Zweites Buch, Recht der Schuldverhältnisse, §§ 305-310; UKlaG (AGB-Recht 1 und Unterlassungsklagengesetz), *Mäsch, Gerald/Wendland, Matthias/Coester-Waltjen, Dagmar/Piekenbrock, Andreas/Stoffels, Markus,* Neubearbeitung, Berlin 2019.
- Zweites Buch, Recht der Schuldverhältnisse, Anhang zu §§ 305-310 (AGB-Recht 2: Ausgewählte Verträge; AGB-Kontrolle im Arbeitsrecht; Internationaler Geschäftsverkehr), *Bieder, Marcus/Leupertz, Stefan/Gutmann, Thomas/Piekenbrock, Andreas/Weber, Christoph/Billing, Tom,* Neubearbeitung, Berlin 2019.
- Zweites Buch, Recht der Schuldverhältnisse, §§ 362-396 (Erfüllung, Hinterlegung, Aufrechnung), *Löwisch, Manfred/Olzen, Dirk/Gursky, Karl-Heinz,* Neubearbeitung, Berlin 2016.
- Zweites Buch, Recht der Schuldverhältnisse, §§ 613a-619a (Betriebsübergang, Zahlung der Vergütung, Arbeitsschutz, Arbeitnehmerhaftung), *Rieble, Volker,* Neubearbeitung, Berlin 2019.

Stoffels, Markus, AGB-Recht, 3. Auflage, München 2015.

Stoffels, Markus, Anmerkung zu Pfändbarkeit des Urlaubsentgeltanspruchs – Rückruf aus dem Urlaub, BAG, Urteil vom 20.06.2000 - AZR 405/99, SAE 2001, S. 331-333.

Stoffels, Markus, Grundfragen der Inhaltskontrolle von Arbeitsverträgen, ZfA 2009, S. 861-895.

Stoffels, Markus/ Lembke, Mark, Betriebsverfassungsrecht, 7. Auflage, München 2020.

Strobel, Hannes, iga.Report 23 Auswirkungen von ständiger Erreichbarkeit und Präventionsmöglichkeiten Teil 1: Überblick über den Stand der Wissenschaft und Empfehlungen für einen guten Umgang in der Praxis, 2013 (zitiert: *Strobel,* iga.Report 23 Teil I).

Tschöpe, Ulrich, Arbeitsrecht Handbuch, 12. Auflage, Köln 2021.

Uffmann, Katharina, Vergütung der Aufsichtsräte und Betriebsräte, ZfA 2018, S. 225-253.

Uhmann, Martin, Kündigungsschutz von Ersatzmitgliedern des Betriebsrats, NZA 2000, S. 576-582.

Ulmer, Peter/Brandner, Hans E./Hensen, Horst-Diether (Hrsg.), AGB-Recht Kommentar zu den §§ 305 - 310 BGB und zum Unterlassungsklagengesetz, 12. Auflage, Köln 2016.

v. Steinau-Steinrück, Robert, Smartphone versus Arbeitsrecht, NJW-Spezial 2012, S. 178-179.

Vereinigung der Bayerischen Wirtschaft e. V. (Hrsg.), Moderne Arbeitswelt – Modernes Arbeitsrecht, Position, Stand September 2018, München (zitiert: *vbw*, Moderne Arbeitswelt – Modernes Arbeitsrecht).

Vogt, Volker, Smartphone - begrenzte Arbeitspflichten auch außerhalb der Arbeitszeit?. BB 2010, S. 2299.

Voßberg, Veit, BAG: Urlaub trotz störender Ereignisse, SPA 2020, S. 187-188.

Waas, Bernd, Das Recht auf Nichterreichbarkeit, in: Brose, Wiebke/Greiner, Stefan/Rolfs, Christian/Sagan, Adam/Schneider, Angie/Stoffels, Markus/Temming, Felipe/Ulber, Daniel (Hrsg.), Festschrift für Ulrich Preis zum 65. Geburtstag, München 2021, S. 1427-1438 (zitiert: *Waas*, FS Preis).

Wachter, Gustav, Der Nachurlaub wegen urlaubsstörender Ereignisse, AuR 1982, S. 306-314.

Wiese, Günther/Kreutz, Peter/Oetker, Hartmut/Raab, Thomas/ Weber, Christoph/Franzen, Martin/Gutzeit, Martin/Jacobs, Matthias, Gemeinschaftskommentar zum Betriebsverfassungsgesetz (GK-BetrVG), Band I, Band II, 11. Auflage, Köln 2018 (zitiert: GK-BetrVG/*Bearbeiter*).

Wietfeld, Anne-Christin, Jahresurlaub unabhängig von einer Mindestarbeitszeit, EuZA 2012, S. 540-549.

Winderlich, Ute, Der Urlaubszweck, AuR 1989, S. 300-306.

Witschen, Stefan, Der Urlaubsanspruch: Erfüllung, Verfall und Abgeltung, in: Giesen/Junker/Rieble (Hrsg.), Neues Urlaubsrecht, agiles und mobiles Arbeiten, München 2019, S. 46-67.

Wutte, Joachim, Mitverantwortung des Arbeitgebers für die Urlaubnahme seiner Arbeitnehmer, EuZA 2019, S. 222-233.

Zöll, Oliver/Kielowski, Jacek B., Arbeitsrechtliche Umsetzung von „Bring Your Own Device" (BYOD), BB 2012, S. 2625-2630.

www.ingramcontent.com/pod-product-compliance
Ingram Content Group UK Ltd.
Pitfield, Milton Keynes, MK11 3LW, UK
UKHW021843290926
8980IPUK00005B/617

9 783631 871768